［ミズーラ］

名門大学を揺るがしたレイプ事件と司法制度

ジョン・クラカワー

菅野楽章 訳

Jon Krakauer

Missoula

亜紀書房

ミズーラ　名門大学を揺るがしたレイプ事件と司法制度

MISSOULA
by **Jon Krakauer**

リンダへ

レイプ犯罪は特異なものだ。これほどまでに物議をかもし、これほどまでにジェンダーとセクシュアリティの論争や駆け引きに巻き込まれる暴力犯罪はほかにない。……そしてレイプに関してもっとも議論になりやすいのは、虚偽の申し立ての問題である。何世紀にもわたって、根拠もなくこのような主張がなされてきた。女性たちは「レイプされたと嘘をつく」のであり、レイプの申し立ての大部分は、復讐などの目的で、悪意を持ってでっち上げられているのだ、と。

——デイヴィッド・リザック、ローリ・ガーディニアー、サラ・C・ニクサ、アシュリー・M・コート

「性的暴行の虚偽の申し立て」（「女性に対する暴力」二〇一〇年十二月号）

Contents

はじめに

レイプは大半の人の認識よりもはるかにありふれた犯罪であり、大学生の年代の女性がもっとも被害を受けている。二〇一四年十二月に米国司法省が発表した特別報告書によれば、「一九九五年から二〇一三年の期間において、十八歳から二十四歳の女性が、ほかの年齢層の女性と比較し、レイプや性的暴行の被害を受けた割合がもっとも高い」。その報告書では、毎年、この年代の女性の〇・七パーセント――約十一万人の若い女性――が性的暴行を受けると推定されている。しかし、この調査はそもそも犯罪率の実証にかかわるものであり、性的暴行というものを比較的狭く定義していた。特に注目すべきは、薬物やアルコールの影響で被害者が同意能力を欠いていたかもしれない事件について質問がなされていなかったことである。

別の連邦機関、疾病予防管理センターが二〇一四年九月に発表した報告書は、刑事司法というよりも、公衆衛生の観点から性暴力の問題を調べたものであり、薬物やアルコールが絡んだ性的暴行に目を向けていた。そうして算出されたのは、司法省の調査とまったく異なる数字だった。二〇一一年収集のデータを使用した疾病予防管理センターの調査によれば、年齢層を問わず、アメリカ人女性の十九・三パーセントが「これまでにレイプ被害を受けたことがあり」、アメリカ人女性の一・六パーセント――ほぼ二百五十万人――が「調査に先立つ十二ヵ月のあいだにレイプ被害を受けたと報告している」。

これら二つの政府調査の異なる結果が示唆しているように、毎年どれだけの女性がレイプ被害にあっているかを断言するのは不可能だ。性的暴行の広がりを数値で表すには、かなりの部分を推測に頼らなければならない。暴行を受けた人の少なくとも八十パーセントが当局に届け出ていないのだから。本書が目指すのは、これほど多くのレイプ被害者が警察に行くのをためらう原因は何なのかを理解すること、そして被害を受けた人々の観点から性的暴行の影響を認識することである。

そのために、わたしはアメリカのあるひとつの町――モンタナ州ミズーラ――で二〇一〇年から二〇一二年に多発した性的暴行について書くことにした。これらの暴行の被害者はたまたま女子大学生だったが、大学に入学していない若い女性はいっそう危険性が高いだろう。それに、レイプの危険にさらされているのは若い女性だけではない――さらに言えば、女性だけではない。先に挙げた疾病予防管理センターの報告書では、約二百五十万人の現在存命するアメリカ人男性、男性人口の一・七パーセントが、一生のうちにレイプ被害を受けるだろうと推定されている。

本書のためのリサーチで、わたしは被害者やその家族、知人、そして可能な場合は被疑者にインタヴューを行ったが、すべての被害者やすべての加害者とされる人物と話したわけではない。できるかぎりのことを学ぶため、そしてさまざまな情報源を通して知ったことを裏づけるため、著名な心理学者や法律家とじっくり話し、裁判に出向き、何千ページもの裁判記録や裁判文書、Ｅメール、手紙、警察の報告書、大学の懲戒手続きに関連する文書を読み、警察の事情聴取や大学の懲戒手続きの録音を聴き、新聞記事や政府の調査結果、査読付き雑誌に掲載された科学論文を調べた。

この先のページに出てくる引用符にくくられたダイアローグはどれも、発言者、発言者の言ったことを伝える情報源、正式な手続きを経た録音、あるいは記録文書からの言葉どおりの引用である。

本書には読み進めるのがつらい部分があるかもしれない。描写されている出来事のいくつかは実に穏やかならざるものだ。また、登場人物（プライバシーを守るために何人かには仮名を使った）は膨大な数に上る。だれがだれであるかを把握しやすいよう、繰り返し名前が出てくる人物は巻末（488ページ）の人物一覧に記載している。

二〇一五年二月

ジョン・クラカワー

第一部

アリソン

さて、われわれは女性たちを独立した主体、自ら責任を負うものとみなすべきか。もちろんそうだ。しかし、責任を負うこととはレイプされることとは関係がない。女性たちは酒を飲んだり薬をやったりしたからレイプされるのではない。女性たちは用心が足りなかったからレイプされるのではない。女性たちはだれかが彼女たちをレイプしたからレイプされるのだ。

――ジェシカ・ヴァレンティ『純潔神話』

第一章

ミズーラの事務用品会社、オフィス・ソリューションズ&サーヴィシズは、二〇一一年のクリスマスパーティーを、年も明けた二〇一二年一月六日にようやく開催した。冷え冷えとしたモンタナの夜と対照をなすように、スタッフは会場をハワイ風に飾りつけていた。午後九時ごろ、駐車場に面した部屋で、三十人から四十人の人々——主に従業員とその家族——が談笑し、パーティーゲームに興じ、赤いプラスティックカップに入った飲み物で喉をうるおしていると、ピカピカのクライスラー300が掃き出し窓の前にゆっくりと止まり、浮かれ騒ぐ人々の目を引いた。身なりのいい二人の男が、厳しい表情を浮かべて車を降り、そこで足を止めた。「すごく立派な黒い車でした」と、オフィス・ソリューションズのオーナー、ケヴィン・ヒュゲットはのちに振り返っている。

ヒュゲットがクライスラーに見惚れていると、会社のセールスマンの一人が彼に訊いた。「あの人たちはだれですか?」

ヒュゲットには見当がつかなかった。そこで外に出て訊いた。「どうされました?」

「われわれはミズーラ市警の刑事です」と、車を運転していた男が答えた。「アリソンさんに話があります」

「アリソンはわたしの娘ですが」ヒュゲットはむっとして言った。「どういうご用件でしょうか」

「お父さん、大丈夫だから」二十二歳のアリソン・ヒュゲットが割って入った。父親のすぐあとに駐車場に出てきていた。

百九十五センチ、百十五キロのガイ・ベイカー刑事が、スレンダーでキラキラした瞳、ポニーテールのアリソンをじっと見下ろした。「話がある」と彼は言った。「お父さんの前じゃなくてもいい。どうしたい?」。彼らは車を離れ、二人だけで話すことにした。そのあいだ、マーク・ブラッド刑事がケヴィン・ヒュゲットと残った。

「さてと」少し離れたところで、ベイカーがいくぶん声のトーンを和らげてアリソンに言った。「二人は四年前から顔見知りだった。高校最後の年、アリソンが彼に課題の指導を頼んだのである。それはどちらにとっても有意義な経験だった。ベイカーは、会社のクリスマスパーティーの最中に訪問した理由を説明した。「できるだけ早く君に直接伝えることが大切だと思ったんだ。一時間ほど前、ボー・ドナルドソンを逮捕した。完全な自白を引き出して、奴は拘置所に入れられた」

アリソンの目に安堵の涙があふれた。

一方、クライスラーのそばのケヴィン・ヒュゲットは、アリソンとベイカーが何やら話し込んでいるのを見ながら、もどかしさを募らせていた。「ねえ、刑事さん」数分経ったところで、彼はブラッド刑事に言った。「いったいどうなってるんだ。あれはわたしの娘だ。どうなってるのか知りたい」。ケヴィンはいきなり大股で歩きだし、ベイカーと向かい合った。

「娘さんは何もしていませんよ」とベイカーは言った。「そういう話ではありません」。それからアリソンのほうを向いて言った。「お父さんにきちんと話して、伝えるべきだと思う」

アリソンは父親の顔を見て、震える声で告白した。「ボーにレイプされた」


ケヴィンは言葉を失い、冷たい舗道に立ち尽くした。娘がいま言ったことをなんとか理解しようとして、彼女の肩に腕をまわした。娘を抱きしめ、ボー・ドナルドソンが彼女にしたことを飲み込みはじめると、ケヴィンの衝撃と混乱は激しい怒りに変わった。

「父がボーを見つけて殺したりするんじゃないかと思いました」と、アリソンはその夜のことを振り返り、わたしに言った。


ボー・ドナルドソンは、暴行当時、モンタナ大学の三年生で、大学のアメフトチームに所属していた。アリソンは陸上競技の奨学金を受けて東オレゴン大学に通っていた。二人はミズーラで育ち、小学一年のときから親友同士だったが、恋愛関係になったことはなかった。

ドナルドソンはよくヒュゲットのことを「妹」と言っていた。その気持ちはヒュゲットも同じで、幼少期から青年期まで、ドナルドソンのことを自分にはいない兄だとみなしていた。十六年にわたり、ヒュゲットの両親は、ドナルドソンを家族の一員のように家に迎え入れていた。

「でも、だれが思うでしょうか。娘の信頼していた友達が、実はけだもので、夜に襲いかかってくるなんて」

ケヴィン・ヒュゲットはわたしに言った。「子どもを持てば、全人生をかけてその子を守りますよね」ケヴィン・ヒュゲットはわたしに言った。


アリソンも父親に劣らず憤慨していたが、入り混じったほかのさまざまな感情が怒りに取って代わっていた。ドナルドソンにレイプされたのは二〇一〇年九月二十五日。それから一年三ヵ月にわたって苦しい沈黙の時間を過ごし、ようやく警察に行った。そのあいだ、母親と三、四人の親友をのぞいて、レイプされたことをだれにも言わなかった——父親や姉妹ですらその事実を知らなかった。このような沈黙は、実のところ、性的暴行の被害者にありがちなことである。レイプ事件で警察に被害届が出されるのはわずか二十パーセント。このデータを理解するには、米国で性的暴行事件がどのように裁かれているかを詳しく見ていく必要がある。

モンタナ州はその広大な面積に比して人口が少ない。ミズーラは州で第二の都市だが、人口はわずか七万人である。この町は、快適で風光明媚、初めて訪れた人が数時間も過ごせば不動産に金を落としたくなるような魅力を持っている。学士以上の学位を持つ人の割合は、国のほかの地域が二十八パーセントなのに対して、四十二パーセントと高い。素晴らしいレストランや活気あふれるバーがたくさんある。鱒釣りの聖地、クラークフォーク川がダウンタウンの中心部を勢いよく清らかに流れ、それと並行する廃線跡は、サイクリング、ジョギング、散歩向けののどかな道として整備されている。川の南側の広大な盆地には、落ち着いた諸地域が広がり、まわりには五つの山脈が連なっている。

町が誕生した十九世紀中頃から二十世紀後半まで、ミズーラの地域経済は周囲の山地で伐採される木材に大きく依存していた。しかし、三十五年ほど前、林業が衰退しはじめる。製材所の大半が廃業し、山用ブーツと作業用ズボンという格好の木こりは絶滅危惧種となった。巨大なパルプ工場はかつて年間四千五百万ドルを地域経済に運んでいた（そしてときに有害なスモッグを生み出し、それが町に立ち込めると運転手は昼間でもヘッドライトを点けなければならなかった）

が、二〇〇九年に閉鎖され、スクラップとして売りに出された。

現在、ミズーラ・ヴァレー最大の雇用主は、何と言ってもモンタナ大学である。一万五千人の学生が通い、八百人以上の教員が勤める同大学（略称UM）は、ミズーラ市に多大な影響を与えている。たとえば、この町は州全体と比較して民主党員の割合がかなり高い。地元の人たちがよく冗談で言うように、ミズーラに住むことの素晴らしさのひとつは、そこがモンタナからわずか二十分の距離にあるということだ。モンタナ州のなかにあり、その豊かな自然を享受しながらも、州のほかの地域とは一線を画しているのである。

ただ、大学町特有のリベラルな傾向があるとはいえ、ミズーラは多くの点でロッキー山脈地域のほかの同規模の都市と似ている。人口構成は白人が九十二パーセント、ネイティヴアメリカンが二パーセント、ヒスパニックが二パーセント、アフリカンアメリカンが一パーセント未満。平均世帯年収は四万二千ドル。人口の二十パーセントが貧困線以下で暮らしている。市民のあいだには、武器を保有し携帯する権利や、連邦政府の干渉の制限を支持する強い声がある。

しかしながら、古くからの勇ましいフロンティア精神と大学の数知れぬ影響が融合したおかげで、ミズーラには独自の文化が育まれている。モンタナ大学には全国的に有名な生物学と生態学のプログラムがあるし、おそらくそれ以上に誉れ高いのは文学の分野における評判だろう。一九二〇年に設立された創作科の教員には、リチャード・ヒューゴ、ジェイムズ・クラムリー、ウィリアム・キトリッジといった影響力のある作家が名を連ねてきた。キトリッジは、ある見事なエッセイのなかで、最初にミズーラに引きつけられたきっかけをこのように回想している。

真の住むべき世界と思えるところを探していた。近ごろの西洋世界にありふれているらしい現実離れした考えを、理解できるように、我慢できるようになりたかった。……ロッキー山脈北部は未発見の土地のように思えた。そこには秘密がたくさんあるのに、だれもわざわざそれを守ろうとしていないのだ。

ミニマリズム小説の始祖であるレイモンド・カーヴァーは、一九七二年に飲んだくれの旅でミズーラを訪れ、キトリッジと釣りに行ったが、そのあいだに、この町と、大学出版部長のダイアン・セシリーにぞっこんになった。ピューリッツァー賞を受賞している小説家のリチャード・フォードは、一九八〇年代、ミズーラで過ごした三、四年間に充実した作品群を生み出し、市民はいまも誇らしげにそのことを語る。しかし、この町ともっとも密接に結びつく文学者は、ノーマン・マクリーンだ。彼の作品『マクリーンの川』は、ミズーラとその近くを流れるビッグ・ブラックフット川を舞台とした半自伝的小説で、アカデミー撮影賞を受賞したブラッド・ピット主演の映画（『リバー・ランズ・スルー・イット』）の原作である。

だが、キトリッジもフォードもビッグ・ブラックフット川も忘れていい。ミズーラ市民の誇りを何より生み出しているものは、議論の余地なく、モンタナ大学のアメフトチーム、愛すべきグリズリーズ（グリズ）である。グリズは、ビッグ・スカイ・カンファレンス〔訳註：全米大学体育協会第一部に加盟するリーグのひとつ〕に属し、一九九五年と二〇〇一年にフットボール・チャンピオンシップ・サブディヴィジョン〔訳註：全米大学体育協会第一部内の下位カテゴリ〕の全国選手権を制している。また、二〇〇九年まで十二年連続でカンファレンス優勝を果たし、それは全米大学体育協会第一部で史上二番目に長い連続優勝の記録となっている。一九八五年、ミズーラの建設業界の大物で億万長者のデニス・ワシントンが、百万ドルを寄付し、ワシントン＝グリズリー・スタジアムを建てた。これは二万五千二百人を収容する美しい施設で、ホームゲームはほぼ毎試合満員になる。スタジアムのオープンから二〇一一年までのグリズリーズの総合成績は、百七十四勝二十四敗という見事なものだ。

グリズは、フロリダ州立大学、オハイオ州立大学、アラバマ大学といった大学アメフトの名門と同じ最上位レベルで戦っているわけではない。仮に、ビッグ・スカイ・カンファレンスのような僻地ではなく、ビッグ・テン・カンファレンスやサウスイースタン・カンファレンスといった花形のリーグで戦っていたら、チームの勝敗記録はずっと地味なものになっていただろう。とはいえ、グリズリーズがミズーラで巻き起こす熱狂は、セミノールズがタラハシーで巻き起こす熱狂や、クリムゾン・タイドがタスカルーサで巻き起こす熱狂に勝るとも劣らない。モンタナ大学のファンは自分たちを「グリズの民」と呼ぶ。ミズーラは「グリズリーの町」だ。グリズのアメフトがモンタナ西部の住人にどれほど賛美されているかは、いくら誇張してもしすぎることはないだろう。

ところが、最近起きた出来事によって、少なくとも一部のミズーラ市民は、グリズのすべてを崇めることを考え直さざるをえなくなった。二〇一〇年十二月、ボー・ドナルドソンのチームメイトであるモンタナ大学アメフトチームの選手四人が、酩酊状態で抵抗できない女子学生を集団レイプしたと訴えられたが、彼らはセックスは合意の上だったと主張し、罪に問われなかった。

一年後の二〇一一年十二月、グリズのアメフト選手三人が薬を飲ませた上で女子学生二人に性的暴行を加えたと伝えられたが、三人ともやはり訴追されなかった。

二〇一一年の事件が地元紙の報道で明るみに出ると、モンタナ大学総長のロイス・エングストロムは、一九八九年に女性として初めてモンタナ州最高裁判所判事となったダイアン・バーズに調査を依頼した。二〇一一年十二月三十一日に公表された仮報告書に、バーズはこう書いている。

本調査により……大学内で報告されていない非合意の性行為があったことを裏づける証拠が見出された。……大学は直ちに適切な処置を行う必要がある。

バーズの最終報告書は二〇一二年一月三十一日に完成した。そのなかで彼女は、二〇一〇年九月から二〇一一年十二月までの期間にモンタナ大学の学生（全員がアメフト選手というわけではない）が起こした九件の性的暴行を確認している。そのリストのトップに記されているのは、ボー・ドナルドソンによるアリソン・ヒュゲットのレイプ事件である。バーズはこう警告している。

モンタナ大学キャンパスにおける性的暴行について調査した結果、即座の処置と教育改正法第九編（タイトルIX）の速やかな遵守が必要だと判断される。……効果のないプログラム、被害者（サバイバー）への不十分なサポート体制、不公平な苦情処理システムしかないレイプに寛容な大学は、全学生を脅威にさらしている。……一般に、性暴力行為は大学において大幅に過小報告されており、性的暴行の被害者は、鬱状態、心的外傷後ストレス障害（PTSD）、アルコールや薬物の乱用、学業上の諸問題に苦しむ可能性がある。

ダイアン・バーズの報告書はミズーラを震撼させた。そして、そのわずか三ヵ月後、米国司法省もまた、モンタナ西部における性的暴行の蔓延の疑いについて捜査を行っていると発表した。連邦政府は、ミズーラで過去三年に少なくとも八十件のレイプ被害申し立てがあったと公表し、司法省の捜査は「大学生にかぎらず、ミズーラの全女性に対する暴行」を対象にするとした。

米国司法長官のエリック・ホルダーはこう述べた。「モンタナ大学、地元警察、郡検事局が性的暴行の問題に十分に取り組まなかったという疑惑は非常に気がかりだ」

グリズリーの町で頻発するレイプ事件に、「ニューヨーク・タイムズ」や「ウォール・ストリート・ジャーナル」のような全国紙も穏やかならぬ記事を掲載した。しかし、ミズーラの評判をおそらくもっとも傷つけたのは、司法省の発表の九日後にウェブサイト「Jezebel」に掲載された三千八百ワードの特報だろう。ケイティー・J・M・ベイカーが書いたその記事のタイトルは「アメリカのいわゆる『レイプの首都』で過ごしたわたしの週末」。この蔑称はインターネット上で急速に広まり、これを不当だとするミズーラ市民の激しい抗議を招いた。

とはいえベイカーは、辛辣で洞察力のあるその報告のなかで、この表現がふさわしいものであるかはわからないと書いていた。タイトルは記事の第二パラグラフから取られているが、そこで彼女が引用していたのはミズーラに住む二十歳のドラッグディーラーの嘆きだった。「いまじゃうちらはアメリカの『レイプの首都』だと思われてる」——しかし、その直後にこう続いている

――「でも、違うんだ。ミズーラはほかの大学町と同じだ」

実際、三年間のレイプ発生件数が八十件というのは、ベイカーが記事のなかで言及しているとおり、「ミズーラと同規模の大学町の全国平均と同じ水準」であるようだ。FBIの最新の統計によると、二〇一二年にミズーラと同規模のアメリカの町で報告された「強制レイプ」は平均二十六・八件であり、三年間では八十・四件ということになる。つまり、ミズーラの性的暴行の件数は驚くべき数に思えるが、FBIの数値が正確だとすれば、実際にはごくふつうの数なのである。結局のところ、レイプは米国全体でぞっとするほど頻繁に発生しているということだ。

第二章

アリソン・ヒュゲットが五歳のとき、彼女の家族はグレイシャー国立公園に近いカリスペルからミズーラに引っ越し、ビタールート川とクラークフォーク川の合流点に近い、市の西端のターゲット・レンジという閑静な地区に家を買った。ヒュゲットはターゲット・レンジ・スクールの第一学年（小学一年）に入学し、すぐにボー・ドナルドソンと仲良くなった。それから十二年、二人は親しい友達であり続けた。

ヒュゲットとドナルドソンは二〇〇八年六月にビッグ・スカイ高校をそろって卒業した。二人とも優秀な生徒で、スポーツで素晴らしい活躍を見せていた。陸上チームに所属していたヒュゲットは、最高学年の四年のときに棒高跳びでモンタナ州のチャンピオンになった。ドナルドソンはアメフトで校内記録を十個樹立し、チームの最優秀選手に選ばれた。ドナルドソンが奨学金を受け、モンタナ大学でアメフトをプレイすると決めたとき、それは重大ニュースとして受け止められ、地元紙の「ミズーリアン」でも報じられた。「ずっとグリズでプレイしたいと思っていました」と、ドナルドソンは取材で語った。彼はほかにも多くの大学から勧誘されていて、そのなかにはモンタナ大学の最大のライバル、ボーズマンのモンタナ州立大学も含まれていた。彼がモンタナ大学に行くと決めたとき、ミズーラではちょっとした騒ぎになった。

ヒュゲットはドナルドソンを誇りに思っていた。「頭のいい人だといつも思っていました」と彼女はわたしに言った。「彼が奨学金を受けたときはほんとうにうれしかったです。彼の家族には大学に行った人はいないですし、ほとんどは高校も出ていないんです」。彼女のほうは、高校を卒業するとモンタナを離れ、スポーツ奨学金を受けて東オレゴン大学に進んだ。大学進学後、ドナルドソンとは一、二度会っただけだった。

二〇一〇年九月二十四日、ヒュゲットはミズーラの母親の家に滞在中だった。まもなくはじまる三年生の新年度に向けてオレゴン州ラグランドに戻る準備をしていると、夕方、友達のキーリー・ウィリアムズから電話があった。ミズーラ大学地区のボー・ドナルドソンが借りている家でパーティーがあるから行かないかということだった。ウィリアムズもターゲット・レンジ地区の育ちで、ヒュゲットとは引っ越してきたときからの付き合いだった。ビッグ・スカイ高校ではヒュゲットとドナルドソンと同じクラスだった。卒業後は町を出てポートランド州立大学に通っていたが、ちょうど一週間の帰省中だった。六歳のときからの遊び仲間のほとんどがそのパーティーに来るとウィリアムズから聞くと、ヒュゲットは絶対に行くと心躍らせて答えた。

運転はウィリアムズがした。午後十時ごろ、ドナルドソンの家に着くと、二人は子どものころからの気心の知れた親友たちとの再会を喜んだ。「下の階に行ったら、すぐにボーが見つかったので、ハグしました」とヒュゲットは振り返る。「楽しい夜でした。みんなくつろいで、いい時間を過ごしていました」。彼らは地下でビアポン（訳註：ビールが入ったカップをテーブルの両端に並べ、二チームに分かれてピンポン玉を投げ入れ合うゲーム。玉を入れられたらビールを飲み干す）をしたり、だれがいちばん早くツイステッド・ティー（モンタナ大学の学生に人気がある甘い麦芽酒の銘柄）を飲み干せるかという「ティー・レース」をやったりしていた。

金曜日の夜だった。グリズのアメフトチームは土曜日の午後にサクラメント州立大学との試合を控えていたが、ドナルドソンは夏に足首の大けがをしたため、その試合ではユニフォームを着ないことになっていた。彼は楽しそうに酒をがぶがぶ飲んでいた。めったに会えない友達といられるのがうれしくて、ヒュゲットとウィリアムズも気がつくといつも以上に飲んでいた。

午前一時半ごろになると、パーティーは静まり、残っていた数人も上の階のリビングに移動した。ドナルドソンとヒュゲットは一緒にカウチに座った。ヒュゲットは、眠くなってきたため、カウチで横になり、枕をドナルドソンの腿に置いて、その上に頭を乗せた。とはいえ性的なことはいっさいなかったと、ヒュゲットとウィリアムズは言う。「アリソンはボーとそういう関係を持つことにまったく興味がありませんでした」とウィリアムズは断言している。「これっぽっちもありませんでした」

同じくターゲット・レンジ時代のクラスメイトで、その家にボー・ドナルドソンと住んでいたサム・アーシュラー（仮名）は、キーリー・ウィリアムズとアリソン・ヒュゲットに、飲んでいるのだから運転して帰るのはやめたほうがいいと言った。「それは彼のやさしさでした」とヒュゲットは認めている。「サムはそういう人なんです。面倒見がいいというか。『帰らないでカウチで寝てけばいいよ』と言われたので、そうすることにしました」

それからまもなく、ドナルドソンはヒュゲットと一緒にいたカウチから立ち上がり、下の階に行った。一人になったヒュゲットはカウチで眠った。服はすべて着たままだった。カウチで寝るのは気持ちよかった。家にいるときも、ベッドではなくカウチで寝ることがよくあったのだ。一方、ウィリアムズはあいているベッドを探しに行き、すぐに見つけた。「ベッドメイクまでされてました!」と彼女は振り返る。「泊まっていかなきゃいけないなら、ここで寝るしかないと思いました」

使われていないベッドルームを見つけたあと、ウィリアムズはリビングに戻ってヒュゲットを呼ぶことにした。寝ていた彼女を揺さぶり起こし、「アリ、ベッドに来ない? あの部屋で寝ようと思うんだけど、ベッドあるよ」と言った。

「ううん、大丈夫」と、ヒュゲットはもうろうとした意識のなかで答えた。「ここにいるよ」。ウィリアムズは毛布を取ってヒュゲットにかけてやり、ベッドルームに戻った。彼女がいなくなると、リビングにはヒュゲットだけが残った。ほかのみなは眠っているようだった。

二時間ほどしてヒュゲットは目を覚ました。まだ暗かった。彼女はカウチの上でうつ伏せになり、ジーンズと下着のパンツを引きずり下ろされていた。「ボーのうめき声と、激しい圧迫と痛みで目を覚ましたことを覚えています」と、彼女はのちに証言している。ドナルドソンは彼女の上に乗って、うしろからペニスを膣に挿入していた。「目を開けました、少しだけ」と彼女は言う。「うめき声だけでボーだとわかりました」

ヒュゲットは恐怖でいっぱいだったが、無理やり目を閉じたままにして、彼が終えるのを待った。彼女はエリートアスリートで、護身術の授業を受けたこともあった。しかし、身長は百六十五センチで、体重は五十九キロ。ドナルドソンは百四キロあり、全米大学体育協会一部リーグのアメフトチームでフルバックとラインバッカーの二つのポジションをつとめていた。ヒュゲットは考えた。寝ているあいだにレイプするような人なら、抵抗されたり助けを呼ばれたりしないように容赦なくわたしを痛めつけることだってためらわないだろう、と。「わたしの首を小枝みたいにぽきっと折ることもできたと思います」彼女は言う。「だから、うつ伏せのまま寝てるふりをしました」。ドナルドソンはさらに五分にわたってヒュゲットを犯し続け、彼女のなかに射精した。コンドームはつけていなかった。

行為を終えると、彼はヒュゲットのジーンズを少し引っ張り上げ、毛布を彼女に放りかぶせ、何も言わずに立ち去った。放心状態のヒュゲットは、彼が部屋を出たとわかるまで動かずにいた。それから音を立てないように靴と携帯電話を拾い、裸足のままつま先歩きでキッチンを抜け、裏口から外に出ると、助けを求めて砂利道を全力で走った。ドナルドソンにジーンズをひざまで引きずり下ろされたときにボタンが取れてファスナーが壊れてしまったようで、靴を抱えながらジーンズがずり落ちないように片手で押さえ、もう一方の手でボーイフレンドに電話をかけ、そうしているうちもできるかぎりの速さで走った。

「どうして彼に電話したのかよくわからないです」とアリソンは言う。「彼は引っ越してコロラド州にいて、助けに来られるような感じじゃなかったので。たぶん、ちゃんと頭が働いてなかったんです。二回電話しましたけど、出ませんでした」

走り続けながら、アリソンは次に母親に電話をかけた。「電話が鳴ったとき」と、ベス・ヒュゲットはわたしに言った。「時計を見ました。朝の四時十一分でした。電話の向こうからしわがれた声が聞こえてきました。興奮していて、言葉は聞き取れませんでした。でも、言葉はなくても、アリソンだとわかりました。あのときのことは絶対に忘れないです。わたしは一生これを抱えて生きていくんです」

「お母さん！」アリソンは走りながらようやく言葉を発することができた。「追いかけられてる！　助けて！　お願い！　お母さん！」。アリソンが家から逃げ出すのを見るか聞くかしたドナルドソンが、彼女を追いかけていた。

「お母さんと電話で話しはじめてほんの数秒のときに、いきなりうしろで人の気配がしたんです。それでボーが追いかけてきてるとわかりました」とアリソンは言う。数秒後、うしろからつかまえようとする彼の手が彼女の背中をかすめた。「彼の手につかまれるのを感じたときは、電話に向かってほんとに叫んでました。『レイプされた！』って。お母さんからは『逃げて！　走り続けて！』って」。アリソンはドナルドソンが銃を何丁か持っていることを知っていた。逃げるためにいっそう速く走ったが、「彼に殺されると思いました。これで死ぬのだと思いました」という。

さらに懸命に小道を走り、引っ張ってくるドナルドソンの手を半狂乱で押しのけていたアリソンは、砂利で足をけがしても気にしなかった。「走りながら彼をたたいてました」と彼女は言う。「何かしゃべったかはわからないです。とにかくお母さんと話してました。でも、携帯のバッテリーが残り少なくて、もうすぐ切れるとわかっていたので不安でした」

電話の向こうのベスは、泣きじゃくって息が苦しそうなアリソンの声とともに、ドナルドソンの声を聞いた。彼は「逃げるな、アリソン！　止まれ！　戻ってこい！　悪かった。何も言うな。大丈夫だから。オレと一緒に家に戻ろう！」と言っていた。

「彼の声はすごく落ち着いていました」と、高校教師であるベスは言う。「それが何より怖ろしいことです。彼がいかに落ち着いていたか。娘がいかに興奮して、彼がいかに落ち着いていたか。

背筋がぞっとしました」。アリソンと話しながら、ベス・ヒュゲットは素早く服を着て、ヴァンに乗り、大学地区に向かって時速百キロほどでサウス・アヴェニューを飛ばした。そのあいだずっと「逃げて、アリソン！　逃げて！」と切実に訴えていた。

やがてアリソンが「もううしろにいない！　ああ、いなくなった！」と言うのを聞いた。何らかの理由で、ドナルドソンは彼女を追うのをやめて引き返したのだ。「ボーに解放されたときはびっくりしました」とアリソンは振り返る。「銃を持っていて、撃たれると本気で思っていて」。もう追いかけられていないとはいえ、彼女は走るのをやめなかった。

ベスはドナルドソンが大学の近くに住んでいるのを覚えていたが、大学地区は広大だった。アリソンも家の住所はおろかどの通りにあるかすら知らなかった。だが、最終的に、サウス・アヴェニューとヒギンズ・アヴェニューの交差点にあるサッカー場の近くにいると伝えることができ、それを聞いたベスは出せるかぎりのスピードでその方向へ向かった。

「裸足で走りながら、ずっとズボンがずり落ちないようにしてました」とアリソンは言う。「それで小道を抜けてサウス・アヴェニューに出たら、お母さんがいました」。その時点で携帯電話のバッテリーが切れていたため、アリソンは道路の真ん中に走っていき、手を振ってベスを止めた。

「アリソンを見てすぐ、悪いことが起きたのだとわかりました」とベスは言う。「わたしのほうに向かってくるとき、足を引きずって倒れ込みそうでした。ヴァンに乗ると、体を前後に揺らして、ヒステリックに泣きはじめました。わたしはさっとUターンして、まっすぐコミュニティ・ホスピタルに向かいました。彼女が暴行されたのはわかりました。ただ、どこまでかはわかりませんでした」

病院に向かいはじめて数分後、アリソンはキーリー・ウィリアムズがまだドナルドソンの家にいることに気づいた。彼女は寝ていて、危険な状況だとわかっていない。「キーリー!」アリソンは母親に向かって叫んだ。「引き返してキーリーを連れ出さないと!」。ベスは逆戻りして、ヴァンを彼の家の方向に走らせた。アリソンはウィリアムズに電話をかけた。「ボーにレイプされた!」ウィリアムズが電話に出ると彼女は大声で言った。「そこを出て! そこをいますぐ出て! わたしとお母さんが外で待ってるから」

ウィリアムズはバッグをつかみ、靴を履いて、逃げた。大慌てだったため、暗闇のなかで頭を裏口の角にぶつけ、目のまわりにあざができた。「走ってガレージを出たらアリソンたちがいました」と彼女はわたしに言った。「ヴァンのうしろに飛び乗りました。アリソンは前の席で体を丸めて、泣いていました。こっちを向こうとしませんでした。そんなアリソンを見て、わたしも泣けてきて、ほんとうに心苦しいと言いました」

ウィリアムズは、二年以上経ってわたしにこのときの話をしながら、泣きじゃくりはじめた。「罪悪感があったんです。パーティーに行って友達と会いたかったのはわたしだから」彼女は頬に涙をこぼしながら続けた。「わたしが運転するからと言いました。それなのに飲みすぎて帰れなくなっちゃって。アリソンをカウチに一人きりにしてしまいました。わたしがベッドで寝たかったせいで。もし帰るか、彼女をわたしとベッドに寝かせるか、わたしがカウチで一緒に寝るかしていれば、こんなことにはならなかったんです。罪悪感を感じることはないとわかってますけど、感じてしまいます。どうしてあそこにアリソンを一人残すことができたのか」

「それは」アリソンが答えた。「わたしたちのだれにも、あの家に危険があるなんて思う理由がなかったからだよ。みんな友達で、完璧に信頼し合ってたから」

第三章

ベス・ヒュゲットは、アリソンとキーリー・ウィリアムズを乗せたあと、傷の手当てのためにアリソンをミズーラ・コミュニティ・メディカルセンターの救急治療室へ連れていった。しかし、この病院はレイプ被害者の法医学検査を行っていなかったため、病院職員はアリソンを町の向こうのファースト・ステップ・リソースセンターに送った。そこは聖パトリック病院の性暴力救援機関であり、レイプキットを用いて証拠が集められることになっていた。

二〇〇五年の米国・女性に対する暴力防止法は、すべての性暴力被害者が証拠採取キット、いわゆるレイプキットを自由に利用できると定めている。キットは滅菌綿棒、小さな容器、ビニール袋、顕微鏡用のスライドグラスなどの用具からなり、精液、血液、唾液、毛髪、衣服の繊維など、刑事裁判で証拠として採用されうるものを採取および保存する。ほとんどの被害者にとって、こうした証拠収集の手続きにしたがうことはとてつもなく屈辱的な経験である。

アリソンの場合もまさにそうだった。ファースト・ステップに着いたあと、「それからの四時間、実質的にもう一度レイプされました」という。「素っ裸で白いシートの上に立って、看護師に体中にブラシをかけられました。ボーのＤＮＡが含まれているかもしれない証拠を集めるために」。もっともプライベートなところが、見知らぬ人たちに見られ、探られ、綿棒で拭われ、写真に撮られ、徹底的に調べられた。看護師は彼女の膣内の映像を撮り、ドナルドソンに犯されたときに裂けた部分を記録した。「そのプロセス全体が——間違いなく必要なことだとはいっても——トラウマになるほどでした」とアリソンは言う。「看護師さんとカウンセラーは元気づけようとしてくれましたけど」

土曜日の午前十時になって、アリソンとベスはようやくターゲット・レンジのベスの家に帰ることができた。長い夜だったが、アリソンはベッドにもぐって眠ることが許されなかった。熱いシャワーを浴び、服を着て、父親と会えるくらいに気持ちを落ち着かせようとした。その日の午後、グリズのアメフトの試合を父親と一緒に観に行くことになっていたのである。

ミズーラの東端にあるセンティネル山は、高さ六百メートルで、モンタナ大学のキャンパスの背後にそびえ立っている。山腹の三分の一のところの斜面を、白いコンクリートの「M」の字が飾っているが、十階建ての高さのそれは市でもっとも有名なランドマークとなっている。そして、その「M」の真下にあるのがワシントン＝グリズリー・スタジアムだ。

アリソンの両親は、彼女が十五歳のときに別居し、やがて離婚した。その夏、彼女は母親の家に滞在していたが、父親のケヴィンとも仲良くしていた。彼は大のグリズファンで、アリソンが試合の日に町にいれば、必ず一緒にスタジアムに行って観戦した。「わたしはミズーラで生まれ育ちました」と、ケヴィン・ヒュゲットはわたしに言った。「この町ではグリズのアメフトがとても重要なのです」

ケヴィンが子どものころ、彼の父親は彼と五人の兄弟を連れてセンティネル山の急勾配を七、八十メートル登り、グリズのアメフトの試合を観た。「わたしたちは大家族で、お金がなかったんです」とケヴィンは言う。「でも、丘に座ってタダで観戦できました」。ローカルビジネスのオーナーとして成功してからは、グリズリー体育部の法人スポンサーとなり、シーズンチケットを保有している。「アメフトの試合は一日がかりの町のイベントです。二万何千人という仲間が朝からテールゲートパーティー〔訳註：駐車場で車のそばに集まって行うパーティー〕をします」

試合に行く前、アリソンはいつも父親の家で朝食を食べていた。しかし、ボー・ドナルドソンにレイプされた翌朝は、ベーコンエッグ越しに父親と向かい合う心の準備ができていなかったため、朝食は抜きにして試合開始直前に直接スタジアムに行くとメールした。父親は絶対に遅れるなと返信した。

アリソンは困り果てていた。「レイプされたことを、ほかのだれよりお父さんには知られたくなくて」と彼女は説明する。「動揺していました。考えたり、決断したりすることができなくて。ただ表面的に取り繕うだけです。あのときは、ほとんど、どうやったら五時間泣きっぱなしの目に見えなくできるかって考えてました」。彼女はサングラスをかけて充血した目を隠し、グリズリー・スタジアムに行った。

アリソンの親族は毎試合、三十ヤードラインの、フィールドから十二列以内の席を押さえていた。彼女が到着したとき、祖父、数人のおじ、何人かのいとこ、そして父親がいた。ケヴィンは開口一番、彼女にこう言った。「下でボーに会ったたか？　今日は試合に出るのかな？　元気にしてるか？」

「知らない」アリソンはぶっきらぼうに答えた。「あんなゴミ野郎」。ケヴィンは、彼女がドナルドソンを悪く言うのを聞いたことがなかったため、あっけにとられたが、そのまま流した。フィールドの向こう側に、アリソンはドナルドソンの姿を見た。チームメイトとサイドラインに立ち、胸に銀色の45番が輝く栗色のゲームジャージを着ていた。

ハーフタイムの前に、アリソンは自分をレイプした男と会わなければならない状況を避けるために父親と別れ、試合に来ると言っていたキーリー・ウィリアムズを探すことにした。ウィリアムズと話すことで少し気持ちが楽になると考えた。探している途中、サム・アーシュラーに出くわした。ウィリアムズとヒュゲットに、帰らないでドナルドソンの家に泊まっていくように言ったアーシュラー――ドナルドソンのもっとも古くからの友達の一人――は、何か問題が起きたなどとは思ってもいなかった。「なんでそうしたかも、どんなふうに言ったかもわからないですけど」アリソンは思い起こす。「ボーにレイプされたことを彼に言ったんです」

「それはつらかったね、アル」アーシュラーはそう言って、彼女をハグした。そして、朝起きたときにドナルドソンの様子がおかしかったと説明し、困惑した様子でこう付け加えた。「最近のボーはどうしちゃったんだろうな」

ヒュゲットは立ち去り、ウィリアムズを見つけた。二人はスタジアムの人目につかない隅のほうで話すことにした。だがすぐに、モンタナ大学の若い学生二人がナンパ目的で近づいてきた。「わたしたちに言い寄ってきたんです」とヒュゲットは言う。「自分たちは面白いことを言ってるつもりらしくて、行こうとしなくて。最終的に、キーリーが、『ここから消えて！　さっさと！　ほんとに！』って怒鳴らないといけませんでした」

ナンパ男たちがいなくなると、ヒュゲットとウィリアムズは、残りの試合のあいだじゅう、ドナルドソンの家で起きたことについて話した。ウィリアムズは、ヒュゲットをカウチに一人で寝かせてしまったことになぜそれほど罪悪感があるのかを説明するなかで、ごくわずかな人にしか話していない秘密を打ち明けた。二年前、モンタナを出てオレゴンのポートランド州立大学に通いはじめたころ、彼女も知り合いにレイプされていたのである。

それが起きたのは、オレゴンでの最初の週、まだ授業もはじまっていないころだった。「オリエンテーションの週でした」とウィリアムズは振り返る。「すごくいやでした。なんにもしませんでした。友達もつくりませんでした。そこにいたくありませんでした。ただ自分の部屋で座っていたかった。ミズーラを出なければよかったと思っていました」。そんなとき、ルイス・ローナン（仮名）という、高校のときに少し面識のあった、やはりポートランド州立大学に通う学生から電話があり、彼のアパートでのパーティーに招待された。「やった！」と彼女は思った。「知り合いだ！」

小さな集まりだった。ウィリアムズが到着したとき、ローナンの友人たちはマリファナを吸っていた。ウィリアムズは酒をがぶがぶ飲みはじめた。「ほんとうに酔っ払ってしまって」彼女は言う。「吐きはじめたんです――一気に飲みすぎたせいで、かなり。知らない女の子が一緒にバスルームにいて、やさしく介抱してくれました」。その女の子はウィリアムズを寮まで送ると言ったが、彼女の嘔吐はあまりにひどく、どこにも移動できなかった。そのため、その女の子とバスルームに残り、胸を便器の縁にあて、ときおり発作的に嘔吐した。

吐き気が落ち着くと、その女の子は寮へ送ると繰り返し言ったが、そのたびにルイス・ローナンがあいだに入り、「いや、彼女は今日はここに泊まっていく」と主張した。

結局、ウィリアムズはローナンのアパートで一夜を明かすことに同意したが、そのときのことをわたしにこう言った。「ほんとうに酔っていたので、選択肢はなかったんです。そのあと意識もなくしました。ルイスの部屋に行ったことも覚えてません。でも、その夜少しして彼のベッドで目を覚ましたら……」彼女は一瞬話を止め、泣きはじめた。「ルイスがわたしの上にいて、セックスしてたんです」泣きじゃくりながら続けた。「それでまた気を失いました。次の日に起きたときは、自分がどこにいるのかも、どうやったら大学のキャンパスに戻れるのかもわかりませんでした。ルイスに帰らないといけないと言いました。お母さんが会いに来ることになっていたので」

ローナンは自分が悪いことをしたと考えていなかった。ウィリアムズを車で寮まで送るときも、なんら問題ないというような振る舞いだった。「最初はレイプされたということがはっきりわかりませんでした」と彼女は言う。母親がやってきたとき、キーリーはその出来事について何も言わなかった。「とにかくミズーラに連れて帰ってと頼み続けました」と、彼女は涙ながらにわたしに説明した。「『うちに帰りたい。ここにいたくない。大学にも行きたくない。ポートランドにいたくない』って」。母親はキーリーがなぜそれほど悲嘆に暮れているのかわからなかった。「お母さんは『だめ。ここにいなきゃ。まだ一週間も経ってないでしょ』という感じでした」

その日のうちに、キーリー・ウィリアムズは、意識を失っているあいだの無理やりの性交で尿路に炎症が起きていることに痛ましくも気づかされた。母親には言いたくなかったため、近くのセーフウェイ〔訳註：スーパーマーケットのチェーン〕に行ってクランベリージュースとピリジウム〔訳

註：尿路感染症治療薬〕を買い、炎症の手当てをすることにした。「おしっこが明るいオレンジ色になりました」と彼女は振り返る。「でも、膀胱の感覚がなくなって楽になりました」。ウィリアムズはその後の数日のほとんどをベッドでクランベリージュースを飲んで過ごした。嘔吐中に便器に押し当てた胸に紫色のあざが広がっていた。

一方、ルイス・ローナンはウィリアムズの携帯にメールを送りはじめた。ぜひまた会いたいという内容で、無意識のあいだのセックスを彼女が喜ばしく思わなかったことに気づいていないようだった。「あの男からメールが来るたびに吐き気がしました」とウィリアムズは言う。「ほんとうに吐きたくなりました。わたしと遊びたいだとか、どうして話してくれないのだとか、そんな話はやめてほしくて。『この男はわたしをレイプした』と意識的に考えていたわけじゃありません。そのときは、積極的にセックスに同意しなければそれはレイプだというのを理解していなかったし。ただ何かがおかしいと気づいているだけでした」

やがて、実はローナンにレイプされたのかもしれないという考えが頭に浮かんだ。「それで少し調べてみたら」ウィリアムズは言う。「そのとおりでした。でも、知り合いがそういうことをするというのがまだ理解できませんでした。わたし何か言ったかな、何かしたかな、みたいな感じで」。ほかの多くのレイプ被害者と同じように、彼女が最初に思ったのも、自分に何らかの責任があるのだろうかということだった。

「ちょっと経ったあとも」ウィリアムズは言う。「とにかくあのことが頭から消えてほしいと思ってました。何をすべきか、だれに話すべきかわからなくて。……いろいろ訊かれたくなかったんです。話し合いたくもありませんでした。ほんとうに近い関係の人に話したら、心配されて、いろいろ訊かれて、何かしなくちゃって言われるに決まってます。でも、わたしはそういうことにはかかわりたくなくて。それで、レイプされたと思うんだけどと当時の彼氏に話しました」

その彼氏はキーリーの話を信じず、腹を立ててこう言った。「おまえはビッチなんだよ。別の男とファックして、レイプされたとか言ってごまかそうとしてるんだろ」


ルイス・ローナンがキーリー・ウィリアムズをレイプした二年後の二〇一〇年九月、ボー・ドナルドソンがアリソン・ヒュゲットをレイプしたことで、ウィリアムズのかつてのトラウマがどっと蘇った。ウィリアムズは、ヒュゲットが暴行された半日後、グリズリー・スタジアムの隅で話をしたとき、ヒュゲットをドナルドソンの家のカウチに一人で残してしまったことにこれほど罪悪感があるのは、ある面で、アリソンが味わわされていることが自分のことのように想像できるからで、特に、母親のヴァンの助手席でボールのように体を丸め、どうすることもできずに泣きじゃくっているのを見てそう感じた、と説明した。「痛みを全部吸い取ってあげたかった」と彼女はヒュゲットに言った。「わたしが代わりに痛みを受けたかった。そうすればわたしが味わわされたことをアリソンが経験しなくてすんだのに」

ウィリアムズの強い同情は、しかし、ヒュゲットの苦しみを和らげることにはならなかった。ヒュゲットはレイプされたのであり、遅かれ早かれ、そのことと向き合わなければならなかった。そこで彼女とウィリアムズはまず何ができるかを話し合った。

「わたしは警察に行ったり、お父さんに話したりできるほど、自分は強くないと思っていました」とヒュゲットは言う。とはいえ、ドナルドソンに自分のしたことを認めてほしいと心から思っていた。彼女とウィリアムズが決めたのは、ヒュゲットからドナルドソンの友達のサム・アーシュラーに頼んで、ドナルドソンに家に来て謝ってほしいと伝えてもらい、もし拒否したら、そのときは警察に届けるということだった。

ウィリアムズはヒュゲットに、もしドナルドソンが会うと言ったら彼の謝罪をこっそり録音するべきだと言い聞かせた。ウィリアムズはポートランド州立大学で刑事司法を専攻しており、モンタナ州の厳格なプライバシー保護法にしたがえば、録音されていることを当事者全員が知らされていないかぎり会話の録音が違法であることは知っていた。しかし、たとえ法廷で認められなくとも、「絶対に録音しなくちゃいけない。彼がもう一度認めるかはわからないんだから」とウィリアムズは主張した。

ヒュゲットは同意した。「ボーと話したいという思いはなかったです」と彼女は言う。「それにあのときは警察に届け出るつもりもありませんでした。でもボーはわたしのそういう気持ちを知っているわけじゃないし。警察に行くと脅しをかけることが、彼にやったことを認めさせる唯一の強力な手段だと思ったんです。それと、警察に行くにしても、だれか別の人に話すにしても、ボーがほんとうにわたしをレイプしたのかということで争うのはいやでした。とにかく証明したかったんです」。そこで土曜日の午後、グリズの試合が終わると、ヒュゲットは母親とラジオシャック〔訳註：家電量販チェーン〕に行き、四十五ドルのデジタルレコーダーを買った。

日曜日の午後、ボー・ドナルドソンとサム・アーシュラーがベス・ヒュゲットの家に来た。アリソンも母親もまだひどく気が立っていた。彼らが到着する前に、アリソンはレコーダーの電源を入れて、ソファのクッションのあいだに押し込んでいた。ドナルドソンはちょうどそのすぐ横に座った。彼が座るとすぐ、アリソンは訊いた。「ボー、わたしに謝りたい？　それとも……」

　ドナルドソンは「とにかく悪かった」と答えた。そして、落ち着きなく一気にこう言った。「オレたちは、まあ、カウチにいた。オレは、どう見ても、完璧にべろんべろんだった。お互いに酔っ払ってた。ていうか、あそこに横になってた。あのカウチでいちゃついてたんだよな。一緒にカウチに横になって。やることをやりはじめた。それからちょっと――そのあとは何もちゃんと覚えてないけど、なんか……いちゃついてたのは覚えてる」

　ドナルドソンが面と向かって嘘をつき、この場から逃れられると思っていることに激怒し、アリソンは問いつめた。「ボー、わたしにはあのカウチで寝た記憶があるんだけど？　それから、途中で目が覚めて、あなたが上に乗ってヤッてた記憶が。……ボー！　わたしは眠ってたでしょ！」

「カウチでいちゃついてただろ！」ドナルドソンは言い張った。

「違う、してない！」アリソンも同じくらい激しく答えた。

「問題は」ベス・ヒュゲットが言った。「それが合意のないセックスで……」

「問題はね、ボー」アリソンがきつい口調でさえぎった。「あなたがわたしを食い物にしたこと」

「たしかにそうだ」ドナルドソンは白状した。嘘をついても意味がないと急に気づいたようだった。「認めるよ。たしかにやった。悪かった」。ドナルドソンの到着から二分もしないうちに、アリソンは求めていた自白を引き出した。とはいえ、話はまだまだ終わっていなかった。

「わたしがあそこで気持ちいいくらいに安心して寝てられてたのは、あなたを小学一年のときから知ってるから」とアリソンは言った。

「わかってるよ!」ボーは言った。「それに……酒のせいにはできない。それはしちゃいけないことだから。オレのやったことだ、オレがやらかしたんだ」

アリソンは訊いた。「前にもあったの?……」

「ないよ! 一度も!」ドナルドソンは泣きじゃくった。「こんなことになったのは生まれて初めてだ。初めてだよ! ……ほんとうに悪かった」

ベスはドナルドソンに、あなたのことを兄のように思ってくれている人の信頼を裏切ったのだと諭した。

涙を流しながら、ドナルドソンも「彼女は妹です!」と言った。

「何か問題があれば、アリソンはあなたたちのところに行った」ベスはドナルドソンとサム・アーシュラーに語りかけた。「男にちょっかいを出されてると感じたら、彼女が頼りにするのはあなたたちだった。……」

アリソンはドナルドソンに、わたしはいつもあなたを応援していた、あなたのことをあちこちで褒めそやしていた、と伝えた。そこでドナルドソンは取り乱し、抑えきれず号泣しはじめた。

「彼女の体のなかを切り裂いたことはわかってる?」ベス・ヒュゲットが訊いた。「なかを切ったの、膣の。……それがどれだけむごいことかわかる? 母親として、死ぬほどつらい。……娘がそんなふうに体を傷つけられたと考えると。……あまりに下劣!」

「ボー」アリソンが言った。「女であるのがどんなことか、目が覚めたらこの百キロの人に背中に乗られてて、寝てるあいだに襲われてるっていうのがどんなことか、あなたにわかってもらいたい。ひたすらじっとしてなきゃいけなかったんだからね、あなたが終えるまで」

アリソンはドナルドソンに言った。「こんなことがまた別の子の身に起きて、そのときわたしが警察に話してなかったら、わたしはきっと自殺する」

ドナルドソンはよくわかっていると言った。「オレもあの夜は自殺するとこだった」と彼は主張した。小道でアリソンを追うのをやめたあと、「ガレージのトラックのなかで、拳銃を持ってちぢこまってたんだ」。

アリソンと母親は彼の反省が心からのものであるかを疑っていた。「あなたたちが知ってるかはわからないけど」ベス・ヒュゲットは言った。「アリソンは十歳のときに嚢胞が破裂して、入退院を繰り返してたの。……それが原因で……肉体関係を持つことをすごくシリアスに考えてる。……だれとでも寝るような子じゃないの。無節操に関係を持ったりしない。そうじゃなきゃレイプしていいってことじゃないけど。言いたいのはそこじゃなくて。あのね……わたしたちは何時間も病院にいたわけ。あなたはアリソンの体のなかから何からすべて切り裂いたのよ」

「アリソン、マジで悪かったよ！」ドナルドソンは泣き叫んだ。

「わたしがあなたの幼馴染みじゃなかったら」アリソンは言った。「あなたと友達じゃなかったら――もしあなたがそのへんの子にこんなことをして、その子が警察に行って話したら、あなたの全人生が終わるんだよ、ボー。……『ミズーリアン』が見えない？　――『またもグリズリーのアメフト選手が不祥事。女性を強姦』って。……何か助けが必要？　アルコールのことで助けが必要？　薬のことで助けが必要？　だって明らかにこれは問題だから。……彼女だっているでしょ？　彼女のこと好きなんでしょ？」

「だれよりも愛してるよ」ドナルドソンは答えた。「あの子と結婚したい。……」

「意味がわからない」アリソンは言った。「彼女を愛してるなら、どうして裏切るの？　……わたしだけじゃないことはわかってるんだから」。彼らの仲間内で、彼が恋人以外の女性と関係を持つことがあるのは周知のことだった。

「ほんとうにしっかり人生を見つめなさい」ベスが叱責した。「これまでのことを振り返って、どう改善していくべきかを考えて。ボー、わたしたちが心配してるのは――アリソン、違ってたら言ってね――彼女が警察に行きたい理由のひとつは、こんなことがまた別の子の身に起きてほしくないってことなの。一、二ヵ月して、あなたがだれか別の子を犯したなんてことを彼女は聞きたくない。それに、自分が話していれば止められたなんて思いたくない。……」

「アリソン」ドナルドソンは泣きじゃくった。「ほんとうに悪かった。……」

「あのね」アリソンは語りかけた。「わたしにもすごく大切な彼氏がいるの。今回のことは彼にも話せない。こんなことは言いだせない。冗談じゃなく、彼はここに来てあなたを殺すかもしれないから。……真剣な話、一度でも何か聞いたら、ボー――女の子があなたに手を出されたって言ってるのを聞いたら、すぐに警察に行くよ。……」

ベス・ヒュゲットはドナルドソンに治療を受けることを強く勧めた。「ちゃんとだれかに話して、『これがわたしのしたことです。どうやったら自分を変えられるでしょうか？』って言う必要がある。それで、絶対にこんなことがほかの人の身に起こらないようにしてちょうだい」

「何か治療が必要なのは間違いないです」ドナルドソンは認めた。もう泣いていなかった。「ほんとうにすみません」

アリソンはドナルドソンにくぎを刺した。「わたしがいますぐ警察署に行ったら、あなたの人生は終わるの。だからわたしはそうしない。……そんなことを抱えて生きていくのはいやだもん。でも起きたことを許すわけじゃない。……告訴しに行かないからって、あれが許されたってことじゃない。ほんとうに許されることじゃないから。……もう二度と起きちゃいけない。……しっかり助けてもらって、ボー」

ドナルドソンはそうすると請け合った。「彼は薬物、アルコール、セックスの問題の治療を受けると約束しました」とアリソンは言う。「それでわたしはきっぱり言いました。その約束がわたしが警察に行かない唯一の理由だと」

第四章

「あれの数日後」と、ベス・ヒュゲットはわたしに言った。「アリソンがわたしの家の地下のカウチに座って、毛布にくるまっていたのを覚えています。彼女は何も言いませんでしたけど、あれが頭のなかでループしているのは明らかでした。顔に表れていました」

「打ちのめされてました」とアリソンは振り返る。東オレゴン大学の三年次の授業が数日後にはじまることになっていたが、「安全な家から出る心の準備ができてませんでした。家族のそばで守られてると感じてたくて」。結局、その学期はミズーラに残ってオンラインですべての授業を受けることにした。そして、レイプから一週間が経ったころ、アイダホ州ボイシの大学に通う妹のキャスリーンから電話があった。

キャスリーン・ヒュゲットはアリソンに、共通の知り合いが「お姉ちゃんとボーが先週末にセックスした」と言い触らしていると言った。キャスリーンはその噂がほんとうかアリソンに訊こうともしなかった。明らかにむちゃくちゃな話だったからだ。この世のほかのだれより、お姉ちゃんは絶対にボー・ドナルドソンと寝るわけがない。怒りに震えるキャスリーンは、ばかげた噂を流すのはやめろという喧嘩腰のメッセージをフェイスブックでその知り合いに送ったと報告した。

「キャスリーンからそれを聞いてぞっとしました」アリソンは言う。「話を整理することもできなかったです」。ドナルドソンと友人のサム・アーシュラーは、レイプのことはいっさいだれにも言わないとアリソンと母親に請け合っていた。にもかかわらず、彼女がレイピストといそいそと寝たという噂がすでに広まっているのだ。モンタナ州ミズーラで、アイダホ州ボイシで、オレゴン州ラグランドで。

アリソンはキャスリーンにはレイプのことを何も言わなかった。そのかわり、慰めてもらおうとキーリー・ウィリアムズに電話し、「こんなの信じられない」と言った。それからドナルドソンにメールをし、どんな話になっているかを知らせた。「わたしがあなたと寝たって言う人があと一人でもいたら、警察に行くって約束してもいいんだよ」と警告もした。

ドナルドソンはすぐに返信してきた。だれがその噂を流しているのかはわからないが、「やめさせて始末する」ということだった。

ドナルドソンのメールは心から過ちを悔いているようだった。それを読んでアリソン・ヒュゲットは自分でも驚くほど自信を取り戻した。感情をコントロールできるという感覚、少なくともコントロールできるという錯覚を得て、それは一年以上続いた。「あのときは」彼女はわたしに言った。「自分にほんとうに力があると感じたので、彼のことがそれほど怖くありませんでした。それに、彼は自分を立て直すための助けをほんとうに求めているんだと確信していました」。ヒュゲットは、レイプの事実をだれにも知られないかぎり、何もなかったように生活を再開できる、すべてが通常に戻る、と信じることができた。心理療法を受ける理由は見当たらなかった。

「次の年はわたしにとって不思議な一年になりました」と彼女は言う。「レイプのことをよく考えていたのか考えていなかったのか思い出せません。きちんと眠れていたのか悪夢を見ていたのかも。あの時期全体がある種の空白なんです。とりあえず頭から追い払えてたのはたしかですけど」。その学期中は、「オフィス・ソリューションズの父の下でフルタイムで働いていました。かなり勉強して、オンラインの授業もしっかりできました。それと、週末はときどきプルマンに行きました」という。

東オレゴン大学のヒュゲットの親友二人が、卒業して、ワシントン州にある大学町、プルマンに引っ越していた。ヒュゲットはそこに行くと、友人たちとバーに繰り出した。「あの年はいつもよりかなり飲んでました」と彼女は言う。「飲んで、パーティーをやって、楽しく過ごすんです。いま思うと、よくない考えでした。いまになってみると、どうしてああいうよくない考えを持ったのかわかります。でもあのときは、ボーがわたしをそんなふうに変えてしまったという事実を受け入れたくなかったんです。彼にそんなことができてしまうということを認めたくなかったんです」

二〇一一年一月、ヒュゲットはミズーラからラグランドに戻り、友達の友達のナターシャとアパートを借りて、再び大学で授業を受けはじめた。「彼女といるのは楽しかったです」とヒュゲットは言う。「すごく仲良くなりました、あっという間に。彼女はフェミニストで、ほんとうに強く、ほんとうに独立した女性でした」。ある晩ヒュゲットは、自分でも驚いたことに、レイプされたことをナターシャに打ち明けた。「ターシャは『それはひどいよ、アリソン。警察には行ったんでしょ？』みたいな反応でした」。ヒュゲットは、おどおどしながら、行っていないと告白した。「ターシャは愕然としてました」と彼女は言う。「どうして行きたくなかったかは理解できると言ってましたけど、『警察はその男がだれなのか、何をしたのかを知る必要がある』と言われました」

それからまもなく、ナターシャは〈嵐からの隠れ場所《シェルター・フロム・ザ・ストーム》〉という、DVと性暴力の被害者のための緊急相談所で働きはじめた。驚いたことに、プロのカウンセラーや支援者と仕事をはじめると、レイプ被害を警察に届け出るのが望ましいというナターシャの意見が変化した。同僚たちの指摘によれば、性暴力被害者は刑事司法制度にかかわることであらためて深刻なトラウマを負う場合があるため、相談所の職員は必ずしも届け出を勧めているわけではなかった。一方で、すべての被害者がカウンセリングを受けることを強く奨励していた。レイプから半年以上が経っていたが、ヒュゲットはまだセラピストによる治療の必要性を感じていなかった。問題なくいっていると思っていた。精神科医と話す理由などなかった。

いま、当時のことを振り返り、ヒュゲットはこう語る。「とにかくボーがわたしにしたことを認めたくなかったんだと思います。もし認めたら、対処しなければいけないですし、あの日のことが現実になってしまう。人の心は、トラウマになった体験を遮断して、考えずにすむようにするのがすごく得意なんです。少なくとも、何かに引き金を引かれるまでは」

東オレゴン大学での最後の年の秋、ヒュゲットは家族と感謝祭を過ごすために車でラグランドからミズーラへ行った。二〇一一年十一月二十三日、祝日前の水曜日の夜、友達三人とダウンタウンへ出かけ、ミズーラ・クラブという古くからのハンバーガーとビールの店、通称モ・クラブで息抜きをすることにした。店内は混雑していた。ヒュゲットは、バーでキャロル（仮名）という友達としゃべっていたが、気がつくと、わずか六、七メートル先のところから、ボー・ドナルドソンにじっと見られていた。「彼はそこに立って笑っていました」とヒュゲットは振り返る。「わたしをじろじろ見ながら」

ドナルドソンが上機嫌なのには理由があった。四日前、彼とグリズのチームメイトは、最大のライバルであるモンタナ州立大学ボブキャッツとレギュラーシーズン最終戦を戦っていた。「野性の喧嘩」として知られる年に一度の試合に、グリズは三十六対十で勝利を収め、九勝二敗の成績でビッグ・スカイ・カンファレンス同率優勝となった。その結果、NCAAフットボール・チャンピオン・シリーズのプレイオフに進出することが決まり、それが十日後にはじまることになっていた。そして、二〇一〇年のシーズンは足首の故障で出場できなかったドナルドソンも、二〇一一年はチームの好成績に貢献する活躍を見せていた。

ヒュゲットがドナルドソンに会うのは、レイプされた次の日、母親の家に彼が謝罪に来たとき以来だった。一年二ヵ月が過ぎていた。直接顔を合わせたショックでヒュゲットの胸は締めつけられた。友達のキャロルは、高校のときにドナルドソンと長く付き合っていたが、元彼がヒュゲットをレイプしたとは知らなかった。「どうしてかわからないんですけど」ヒュゲットは言う。「何が起きたか、キャロルに話したんです。そのときそこで。彼女はぎょっとしてわたしを見ました」

キャロルはそこでドナルドソンのところへ向かい、険しい顔をして、「いますぐ出てって」と言った。

ドナルドソンもキャロルをにらみ返して、「ファックユー」と言うように口を動かし、笑った。

―彼はわたしを嘲笑っていました」とヒュゲットは言う。「うぬぼれた、偉そうな顔で。『ここはオレのテリトリーだ。こいつらはオレの仲間だ。おまえがここにいる権利はない』という感じで」。ひどく動揺した彼女とキャロルは、急いでバーを出た。母親の家に着くと、ヒュゲットは下の階に行き、インターネットでミズーラ市警のページを開いて、ガイ・ベイカー刑事のメールアドレスを調べた。

ヒュゲットはビッグ・スカイ高校の三年生だったときに初めてベイカーと会った。受講していた刑事司法の授業で彼が話をしたのである。一年後、警察のSWAT部隊に興味があったヒュゲットは、四年次のプロジェクトでSWATの訓練について研究することに決め、ベイカーに指導を頼んだ。彼女は、SWATチームに入るための体力要件が女性に対して差別的であるかを考察する十ページの論文を書いただけでなく、ミズーラ市警SWATチームへの入隊を目指す全男女に課される過酷な体力テストを受けた。志願者は、三百メートルの障害物コースを、十一キロの重さの防弾チョッキを身につけた状態で、七分半以内にゴールしなければならない。

ヒュゲットにとっての最大の障害は、高さ一・八メートルのつるつるとした壁で、これを登るには体を二度持ち上げなければならなかった。「あれで彼女は火がついたんです」と、ベイカー刑事はわたしに言った。「何度も何度も乗り越えようとして、絶対にあきらめませんでした。最終的に七分ちょっとでゴールして、タイムをクリアしました。すごいことですよ。当時、われわれの部署の女性であのテストに合格した人はいませんでしたから」。ベイカーは感心した。ヒュゲットも彼を尊敬し、信頼するようになった。

ヒュゲットがベイカー刑事のメールアドレスを見つけたとき、時刻は午前二時半になっていた。

怒りのあまり眠れなかった。「あの夜、ボーに会ったとき」彼女は振り返る。「ダムが決壊した感じでした。あれが引き金になって、自分で気づいてもいなかった、埋もれていた感情が一気に噴き出してきたんです。それまでは、レイプのことはまったく考えないで、もうあのことに影響されることはないと信じてましたけど、あのとき、ずっとわたしに大きな影響を与えていたと気づいたんです。ボーがわたしの心を支配していたと気づいて、もうこんなふうに支配されたくないと思いました。警察に行かなかったのは間違いだったかもしれないと考えはじめました」

アリソン・ヒュゲットがベイカー刑事と最後に話したのは高校を卒業する前で、それから四年近く経っていた。ボー・ドナルドソンのことを届け出るべきか、まだ非常に悩んでいたが、ベイカーのことを十分に信頼していたから、あたりさわりのない言い方で話を切り出した。彼に送ったメールに、彼女はこう書いている。

ベイカー刑事、……アリソン・ヒュゲットです。高校四年のときにＳＷＡＴの訓練に参加した者です。実はミズーラであることに巻き込まれまして、ぜひお話ししたいと思っています。すごく個人的な法律関係のことで、どんな選択肢があるかを知りたいのです。ご返信いただければ幸いです。

ベイカーは一日後、感謝祭翌日の金曜日に返信し、どんな問題であれその日の午後に会って話し合おうと提案したが、ヒュゲットは自分では制御することも止めることもできないかもしれない手続きに二の足を踏みはじめていたため、メールに返事を出さなかった。そのかわり、母親を説得して、レイプの件を警察に届け出るべきだと思うか、公選弁護人をしている家族ぐるみの友人に訊いてもらった。「彼の意見は、ようするに、『その道を選ぶなら、人生でもっとも厳しく厄介な闘いになることを覚悟するべきだ』ということでした」とヒュゲットは言う。「暮らしをメチャクチャにされる、生活のすべてが公にさらされる、それにこういったケースで被害者が勝つのは難しい、と言われました」

十一月二十九日の火曜日、会おうと提案してから四日が経っていたが、ベイカー刑事はまだヒュゲットから返信をもらっていなかった。そこでもう一度メールを送り、「まだ話したいと思っているかな?」と訊いた。

ヒュゲットはこう答えた。

いまはオレゴンに戻っています。どうすればいいのか迷っていて、弁護士とは話したのですが、あまり慰めにはならなくて、人生が完全に変わるのを覚悟しておけというふうに言われました。私が知りたいのは、もし会ってこのことについて話したら、ベイカー刑事はそれを報告しなければいけないのかということです。

ベイカーはすぐに返信した。

それは場合によるよ。もし君が暴力犯罪を犯したというなら、捜査する義務があるだろうけど、そうでないなら、話し合えるはずだ。電話がよければそれでもいい。君が何かをした話なのかな？　それとも何かをされた話なのかな？」

ヒュゲットは答えた。

「されたの話です。もう一年数ヵ月前のことですが、弁護士に話したら時効の問題はないと言っていました。最初は自分で処理できると思っていたんです。でも、実家に帰るたびに、このことを届け出ない自分にイライラしてしまいます。今度の金曜日に実家に行くので、そのあとにお会いできるかもしれません」

二〇一一年十二月九日、アリソン・ヒュゲットはクリスマス休暇のためにミズーラに戻った。それからまもないある夜、キャロルとほかの女友達数人とボデガというバーに出かけた。会話はすぐに、モ・クラブでボー・ドナルドソンと出くわしてからヒュゲットがどれだけ落ち着かない気持ちでいるかという話になった。偶然にも、その夜、ドナルドソンの親友のサム・アーシュラーもボデガに来ており、ヒュゲットとキャロルと同じ席で飲んだ。夜が更け、酔いがまわってくると、ヒュゲットはドナルドソンが暴行の反省をしていないようであることに徐々にいきり立ちはじめた。彼女が悪夢を見ていると打ち明けると、アーシュラーも悪夢――ドナルドソンが小道でヒュゲットを追いかける夢――を見ていると明かした。彼はヒュゲットの気分を晴らすためなら何でもやると言った。

「えーと、ほんとにわたしのために何でもしてくれるなら」ヒュゲットは酔って不機嫌に応じた。

いと言った。

「ボーを痛めつけることもできるよね」。彼女は千ドル出すからドナルドソンをぶちのめしてほしいと言った。

「アリソン」アーシュラーは答えた。「わかるだろ、それはできない」

サム・アーシュラーが復讐をしてくれないことに失望したヒュゲットは、帰りにキャロルとそのボーイフレンドに車で家まで送ってもらっている途中、ドナルドソンの家に寄って彼のトラックのタイヤを切り裂いてほしいと言いだした。「自分が狂ったことをしてると気づいたのはそのときだと思います」ヒュゲットは言う。「完全に自制心がなくなりはじめてました。ふつうの精神状態だったら考えもしないようなことをしたくなってたんです。正直言って、ボーを殺してくれるっていう人が見つかってたら、あのときならお金を払って頼んでました。それで、すごく怖くなってきたんです――そんなふうに考えるほど自分が怒り狂ってるというのが」

数日後、キャロルはヒュゲットに言った。「実家に戻ってくるたびに、どんどん怒りが増してるよね。ボーにされたことが完全にストレスになってるんだよ。ほんとうに何かしなきゃいけないと思う。ボーのことを警察に言うべきじゃないかな」

二〇一一年十二月十六日の金曜日、ヒュゲットはキャロルのアドバイスを心に留め、ミズーラ警察署へ行き、ボー・ドナルドソンにレイプされたことをベイカー刑事に話した。一方で、被害届を出したいのかはよくわからないということもはっきり説明した。

第五章

アリソン・ヒュゲットはボー・ドナルドソンが彼女を「襲った」と認めるところをデジタル録音していたし、ファースト・ステップ性暴力救援センターの看護師はレイプの物的証拠を押さえていた。しかし、ドナルドソンは録音されていることを知らなかったから、その自白が証拠として認められることはなさそうだった。また、暴行があったのは二〇一〇年九月で、ヒュゲットがベイカー刑事に打ち明けるまでに一年三ヵ月近くが経過していたが、ファースト・ステップの通例としてレイプキットがわずか六ヵ月で処分されることを考えると、彼女のレイプキットが破棄されている可能性も十分にあった。有罪判決を勝ち取り、ドナルドソンを刑務所送りにすることは、決して保証されているわけではなかった。ベイカーはヒュゲットの事件をぜひ捜査したいと思っていたが、週末にもう一度考えを整理してみてはどうかと彼女に提案した。

その一日前、偶然にも、「ミズーリアン」紙の一面が、モンタナ大学のキャンパスで近ごろ性的暴行事件があったことを報じていた。「伝えられるところによれば、二人の女子学生と複数の男子学生、デートレイプドラッグのロヒプノールが関係している」。二〇一一年十二月十六日の続報では、容疑者の「少なくとも三人」がグリズのアメフト選手であるということが明らかにされた。

この二つの記事を書いたグウェン・フロリオは、「フィラデルフィア・インクワイアラー」紙の記者として腕を上げ、二〇〇一年には「デンヴァー・ポスト」紙の取材でアフガニスタンに行き、急速に拡大するアメリカの対テロ戦争について報じたベテランのジャーナリストである。グリズの選手が関与したとされる性的暴行について彼女が二〇一一年十二月に書いた記事は、その後「ミズーリアン」紙で百本以上の関連記事が書かれ、まもなく「ミズーラ・レイプスキャンダル」と名づけられることになる事態を最初に報道したものだった。

どうすべきか悩んでいたヒュゲットにとって、二〇一一年十二月のフロリオの記事は考慮すべきひとつの要素になった。ボー・ドナルドソンがレイプの罪に問われた場合、彼女はグリズのファンから容赦ない批判を浴びるだろうと承知していた。仮に裁判となれば、ドナルドソンの弁護団に貶められるだろうと理解もしていた。しかし、もし届け出なければ、彼が別の女性をレイプするかもしれないともわかっていた。後者の可能性に前者以上に悩まされたヒュゲットは、十二月二十日、ミズーラ警察署に行ってベイカー刑事に正式な申し立てをした。彼はそれを録画し、厄介な司法手続きを始動させた。

グウェン・フロリオの報道に駆り立てられ、公の場に出て話をしたいと思った性暴力被害者はほかにもいた。モンタナ大学の学生ケルシー・ベルナップの母親、テリー・ベルナップは、グリズの選手の集団レイプを報じる二〇一一年十二月十六日のフロリオの記事をたまたま目にし、一年前の二〇一〇年十二月にケルシーの身に起きたことと気が滅入るほど似ていると思った。テリーがその記事を娘の目に留めさせると、彼女も自分の身に起きたことと耐えがたいほどにそっくりだと感じた。「嘘でしょ」とケルシーは思った。「わたしが防げたかもしれなかった」

テリー・ベルナップはフロリオにメールを送り、ケルシーはグリズのアメフトチームの選手四人にレイプされたことを話す気がある、そうすることで自分が強いられてきた苦しみをほかの人たちが味わわずにすむことを願っている、と伝えた。

アリソン・ヒュゲットがレイプされた三ヵ月後の二〇一〇年十二月十五日、ケルシー・ベルナップは学期の最後の試験を終え、すがすがしい秋の空気を味わっていた。彼女のいちばんの親友、ベツィー・フェアモント（仮名）も同じ試験を受け終えたところで、夜にボーイフレンドの家で打ち上げをしようとベルナップを誘った。「もちろん行く」とベルナップは答えた。「楽しくなりそうだね」。ともに当時二十一歳のフェアモントとベルナップは、まずベルナップのアパートに行き、同棲している彼女のボーイフレンドと一緒に食事をした。しかし、彼はその夜やることがあったため、学期終わりの乾杯には参加できなかった。

フェアモントのボーイフレンドは、ベルナップも以前に一度だけ会ったことがあったが、ベンジャミン・スタイロン（仮名）というグリズのディフェンシブラインマンで、体重は百十キロを超えていた。午後五時四十五分にフェアモントとベルナップが彼のアパートに着くと、スタイロンと、彼のルームメイトで同じくらいの体重のグリズの選手が、外で葉っぱを吸っていた。四人は部屋に入り、アルコール約五十度のシュナップスのショットを飲んだ。まもなくアメフトチームの別の三人も加わった。ベルナップはスタイロンとそのルームメイト以外にはだれとも面識がなかった。五人のグリズの選手が、だれがいちばん飲めるかを競いはじめ、女性二人にも参加するようにけしかけた。「数分おきにみんなショットを飲みました」と、ベルナップはわたしに言った。「『さあ、ついてこられるかな』的な。わたしは『あー、オーケイ』みたいな感じで」

ベルナップはアメフト選手たちが自分をレイプできる状態にしようとしているとは思わなかった。害のない打ち上げだと思っていた。「友達とその友達と遊んでいるっていうだけでした」と彼女は言う。「わたしにはアメフトチームに所属していた弟がいます。そのチームの用具室で働いていたこともあります。あのときは、よくないことが起こるなんて想像してませんでした」

アメフト選手の一人がマリファナを巻いて、順番にまわしはじめた。「わたしはマリファナを吸ったことがありません」とベルナップは言う。「それに吸う気もなかったので、居心地が悪くて、ベツィーにそう言いました。でも彼らのアパートなので、『お願いだからやめて』とは言わなかったんです」

ベツィー・フェアモントは肺いっぱいに煙を吸い込むと、ベルナップのほうを向いて「ヤバい！」と声を上げた。マリファナの効き方を急に思い出したようだった。「わたしって、酔ってハイになると」フェアモントは警告するように言った。「マジでわけわかんなくなるんだ」

数分後、ベルナップは時計を見て、六時半か六時四十五分ごろであることを知った。「でも時計は完全にぼやけてました」と彼女は言う。「それで『もう飲むのはやめよう』って自分に言い聞かせたんです。その時点で、べろんべろんだとわかってたので。それから、ベツィーの言葉を聞いて、『最悪だ。ベツィーを送ってかなきゃいけない』とも考えていました」

ケルシー・ベルナップは、それまでの約四十五分間に、八杯から十一杯のショットを飲んでいた。そのあとに起こったことはほとんど思い出せない。飲むのをやめると、リビングのカウチに座ったが、「次にわかっているのは、暗いベッドルームにいて、ベッドの足元に座っていたことです。ドアを見ながら、『ベッドルームで何してるんだろう』と考えてたのを覚えています。それから、音が聞こえたので、振り返ったら、ベッィーとベンジャミンがわたしのうしろのベッドでセックスしてたんです」

ベルナップは性的に大胆なタイプではない。「他人がやってるのを見ることに興味はないです」と彼女は言う。「ポルノ映画を見たこともありません。生のセックスを見るなんて絶対にいやでした」。そこで彼女はベッドから立ち上がって部屋を出ようとしたが、「体がふらふらでした。動けなかったんです。少しして、ドアが開きました。最初は、『だれかがこの部屋から出してくれるんだ』と思いました。そしたら突然、そいつはわたしの前に立って、ペニスをわたしの顔につけたんです。わたしは『やだ！』と言って押しのけました」。しかし彼女の抵抗は相手にされなかった。

現在も、ケルシー・ベルナップは加害者の正体を知らない。その男は彼女の顎をつかみ、口を開かせて、勃起したペニスをそのなかに押し込んだ。「それを境に記憶が飛んでます。しばらくして、別のだれかが部屋に入ってくるまで」と彼女は言う。この二番目の人物もだれだかわからないが、「ベルトのバックルをいじられて、それからどういうわけかベッドに身をかがめさせられてたのを覚えてます」という。その後の二時間、「意識を失ったり取り戻したり」していたが、そのあいだにも別の男たちが部屋にやってきて、彼女と性交し、また出ていった。「ほとんどずっと意識を失っていて、ほんのごくわずかのことしか覚えてません」。のちに警官から聞かされたことによると、ベンジャミン・スタイロンのチームメイト四人全員と性交していたという。

ゆっくりと意識が戻りはじめたあとの最初の記憶を、ベルナップはこう話す。「バスルームで、バスタブに吐いてました。ベツィーは便器に吐いてて、男はベンジャミン以外いなくなってました。ベツィーは『ベンジャミン！　出てって！』みたいな感じで。彼にあんな姿を見られるのが恥ずかしかったんですね」

ようやく体の具合が戻ると、ベルナップはわっと泣きだした。ベツィー・フェアモントが友達を呼び、フェアモントとベルナップはコミュニティー・メディカルセンターの救急治療室に連れていってもらった。ベルナップが受け入れられたのは午後九時。看護師の記録によると、彼女は「明らかに酩酊」しており、ろれつがまわっていなかった。飲むのをやめて二時間半が経っていたが、血中アルコール濃度は〇・二一九パーセントで、飲酒運転の法定許容量の三倍近かった。痛みがあるかという質問に、彼女は膣が痛いと答えた。詳しい説明を求められると、「レイプされたのかも」と思っていると話した。看護師のいくぶん混乱した記録にはこう書かれている。

彼女が覚えているのは、おそらく二人の男にオーラルセックスをされ、おそらく一人の男にペニスを膣に挿入されたということ。その男を押しのけようとしたことを覚えており、男に対してセックスの同意はまったくしなかったという。出来事をはっきりと覚えてはいないが、合意のないセックスが行われたことはわかっているとのこと。その話をしているとき、患者は非常に感情的になり、泣きはじめた。

ベルナップの母親はミズーラで生まれ、両親は二人ともモンタナ大学を卒業しているが、ケルシーはアイダホ州アイダホフォールズで育ち、両親はまだそこに住んでいた。だが、母親のおばがミズーラに住んでいたため、ケルシーが救急治療室に受け入れられると、病院はこの大おばに連絡した。彼女はすぐに救急治療室に来て、ケルシーの母親に電話をかけ、ケルシーに話をさせた。彼女は絶望的な声でこう洩らした。「お母さん、わたしレイプされたみたい」

救急治療室のスタッフは、ケルシー・ベルナップが性的暴行を受けたかもしれないと知ると、ミズーラ市警に通報した。午後十一時、ミッチェル・ラング巡査が病院に来て彼女と話した。ベルナップによれば、ラングは「すごくびくついてるように見えて、こんな事態はこれまで対処したことがないよ、みたいな感じ」だった。ラング巡査が提出した一次報告書にはこう書かれている。

ケルシーはまだかなり酔っているようで話は支離滅裂だった。ケルシーはその夜に起きたことをあまり覚えていないと説明した。……アパートの一室に連れていかれたが、どの部屋かはわからないと説明した。……

ケルシーはさらに二〜三人がベッドルームに入ってきたと説明した。……男の一人に頭をつかまれ、彼がオーラルセックスをさせようとしてきたと振り返った。ケルシーはその男を押し返したが、再び頭を押さえつけられると、怖くなったために抵抗をやめたと説明した。その男が何か言ったかという質問に対して、「あの娘がこんなに酔っててよかったよ」と言ったと思うと説明した。……ケルシーはさらに一人か二人の男とオーラルセックスをしたと説明し、それからベッドに「身をかがめさせられ」、膣に挿入されたと説明した。ケルシーはさらに男たちが順番に行為に及んだと説明した。……ケルシーはだれもトラブルに巻き込みたくないため、現時点での告訴には気が進まないと説明した。

ケルシー・ベルナップと簡単に話をしたあと、ラング巡査はベツィー・フェアモントから事情を聞いた。彼女は何があったかまったく思い出せないと言いながらも、ベルナップが性的暴行でだれかを告訴する気がないのはたしかだと話した。しかし、ラングはベルナップに、ファースト・ステップのレイプ外来で法医学的な婦人科検査を受けることを勧めた。

午前一時、ベルナップのボーイフレンドと大おばが彼女をファースト・ステップに連れていき、そこで彼女はアリソン・ヒュゲットを検査したのと同じ看護師、クレア・フランコーアに検査された。フランコーアはベルナップの膣と直腸に精液を確認すると同時に、子宮頸部の赤みと、挿入の外傷と思しき「複数の生殖器の裂傷」を見つけた。「まだかなり気分が悪くて、まだ少し酔ってる感じでした」とベルナップは振り返る。「だからあそこにいるのはきつかったです。でも、フランコーアはすごく思いやりのある人でした」

その日の午後、トラヴィス・ウェルシュというミズーラ市警の巡査がケルシー・ベルナップに連絡し、刑事捜査に踏み切りたいかどうかを確認した。ベルナップはウェルシュ巡査に、自分とベツィー・フェアモントがラング巡査にどんな話をしたにしろ、自分は絶対に告訴したいと言った。一日後、ベルナップは警察署に行き、刑事のガイ・ベイカーとマーク・ブラッドから事情聴取を受けた。ベイカーが提出した報告書によると、ベルナップは、ベッドルームに座っていたときにアメフト選手の一人が歩いて向かってきたと説明した。報告書にはこのように書かれている。

彼はズボンのボタンを外し、ペニスを出した。ケルシーは、彼がそれから彼女の頭を押さえ、彼の勃起したペニスのほうに向けさせたと説明した。ケルシーは「したくない」という趣旨のことを言って、彼を手で押しのけたと説明した。……彼はそれから再び彼女のほうに向かい、彼女の広げた腕と手を胴のわきに押して／下ろさせ、それからペニスを彼女の口に入れた。ケルシーは恐怖を感じ、何も言わずに彼のペニスを口に入れさせたと説明した。……彼女はそれからオーラルセックスをした……その男に対して数分間。……ケルシーはその男が部屋から出ていって、「クソ！」と叫び、それからほかの男たちに何か別のことを言っていたと説明した。

ケルシーは別の男が……それからベッドルームに入ってきたと説明した。……彼が歩いて向かってきたとき、彼女はまだベッドの端に座っていた。……彼もペニスをズボンから出した。ケルシーは、彼は彼女に何も言わず、彼女も彼に何も言わなかったと説明した。……彼のペニスは勃起しておらず、彼女はそれを口に入れたあとに数分間オーラルセックスをした。ケルシーは怖かったからオーラルセックスをしたと説明した。……彼女は二人目の男とのオーラルセックスのあいだに意識を失ったか失神したと考えていた。というのは、次の記憶がベッドに仰向けになり、何者かが彼女のズボンの前部を強く引っ張ってボタンを外そうとしていたことだからである。……彼女が次に覚えているのはベッドのわきに立ち、腕をベッドにつけて腰から身をかがめさせられ、その間、うしろに立つ何者かが彼女の腰を押さえ続けていたことである。ケルシーはペニスが膣に挿入されたのを覚えているが、どの男が自分と性交したかの確信はないと説明した。ケルシーはその男に「いやだ」や「やめて」とは言わず、性交中にその男に対していかなる言葉も発しなかったと説明した。

　ケルシーはその男との性交中に再び意識を失うか失神するかしたと思うと説明した。次の記憶が再びズボンを身につけてベッドルームから出ていったことだからである。……次に記憶しているのはベツィーとバスルームにいたことである。……

　ケルシーは事件後に膣の部分に痛みを感じ……事情聴取のときもまだ膣部に疼きと不快感があると説明した。……彼女は事件の結果として、首と肩にも疼きを感じた。男たちはこれらの性行為を合意非合意のどちらと考えていただろうかと尋ねると、ケルシーは合意の上での性交だと考えていただろうと答えた。詳述を求めると、ケルシーはひどく酩酊していたため彼らに抵抗できず、「いやだ」や「やめて」などという言葉で性交を「したくない」と言い表すことをしなかったと説明した。


四年後の二〇一四年にこの事情聴取を振り返ったベルナップは、集団レイプをされてから四十八時間もしないうちにあのような尋問を受ける心の準備ができていなかったと言った。事情聴取に被害者支援員を同席させられることはだれからも聞いていなかった。「つらい体験をしたばかりのときに、二人のお偉方の男性と部屋に入れられたんです。すごくびくびくしましたよ。毅然とした顔を崩さないようにして、だれの助けもいらないと考えてはいましたけど、女性が一人いてくれたらもう少し気が楽になっていたのになと思います」

　ベルナップがそわそわしており、出来事をしっかり思い出せず、しかも親友がベルナップにはレイプ被害を訴える気がないと断言していたことで、ベイカー刑事とブラッド刑事はベルナップの話の信用性を疑問視していた。「疑ってるみたいでした」と彼女は言う。「また酔っ払いの子だろうっていう感じで。わたしが犯罪者であるような気分になってきました。『ペニスを顔につけてきた男はどうやって顎をつかんだのか？　力ずくでつかんだのか、ただ引っ張るような感じだったのか？』と何度か訊かれました。わたしはその男がどのようにしたのか正確に説明しましたけど、わたしがほんとうに抵抗したこととか、ノーと言ったことは信じてないみたいでした」

ベイカー刑事はベルナップに、付き合っている人はいるかと訊いた。レイプされたと届け出る女性に警官がよくする質問である。『はい、います』と答えたとき」ベルナップは言う。「あの人の反応を見て感じました。わたしが彼氏を裏切って、それを隠すために嘘でレイプされたと言ったと考えてるんだなって。そんなことはまったくないのに」

彼女と性交した男たちは合意非合意のどちらと考えていただろうかというベイカーの質問について、ベルナップはこう言う。「いま振り返ると、すごく的外れな質問のように思えます。どうしてわたしに男たちの考えがわかるんですか？　わたしはほとんど意識を失ってたんですよ。あいつらがわたしに何をしてるかもわかってなかったのに」

ベンジャミン・スタイロンのアパートでの事件の翌日、ベツィー・フェアモントはケルシー・ベルナップに何通か謝罪のメールを送り、ベルナップがレイプされたことがどれだけ心苦しいかを伝えた。「ベツィーは何度も何度もメールしてきました」とベルナップは言う。「『ほんとうにごめん。もっとあなたのことを気にかけるべきだった』って」

しかし、ベルナップが警察に被害届を出してスタイロンの友人たちをレイプで訴えたと伝えると、フェアモントの憐れみは消えた。ベルナップによれば、フェアモントは事態を軽く扱おうとし、警察沙汰にするのはやめてほしいと懇願してきたという。「だれもトラブルに巻き込みたくない！」とフェアモントは主張した。

事件から四週間近くが経った二〇一一年一月十一日、ベイカー刑事から事情聴取されたベツィー・フェアモントは、ベルナップはベンジャミン・スタイロンのチームメイト四人全員と快くセックスしていたと断言した。フェアモントは「結局、アメフト選手五人全員をかばったんです」と、ベルナップは苦々しく言う。「みんな彼女の友達ですからね。わたしが『でも実際にこうなっちゃったんだよ、ベツィー。わたしはレイプされたの』と言ったら、彼女は話を変えて嘘を並べ立てました」

スタイロンと、ベルナップをレイプしたとされる男たちは、事件の直後にクリスマス休暇で町を離れ、カリフォルニア州、アリゾナ州、ワシントン州の五つの町に散り散りになった。ベツィー・フェアモントはベルナップがアメフト選手たちとのセックスに同意していたと言って譲らなかったし、警察にしてみればベイカー刑事を遠い三つの州に事情聴取に行かせるのは法外な金銭的負担だったから、スタイロンも容疑者たちも春学期のはじまりにミズーラに戻ってくるまで尋問されず、それまでには七週間が経過していた。ベイカー刑事とブラッド刑事がようやくベンジャミン・スタイロンとそのルームメイトに事情聴取したのは二〇一一年二月三日、三人のチームメイトについては二月中旬であり、それまでに四人の容疑者は、スタイロンやフェアモントと、そしてお互いに、たっぷりと供述のリハーサルができていた。

二月十八日、ベイカー刑事はミズーラ郡検事補のジェイソン・マークスと会って話をした。ベイカーは総括事件報告書にこう記している。「捜査に基づき、本件に関係するいずれの人物についても刑事上の罪に問う相当な理由はないと判断された」

「ベイカーから電話があって、『話し合う必要がある』と言われました」とケルシー・ベルナップは振り返る。警察署に着くと、ベイカー刑事は、ベツィー・フェアモント、ベンジャミン・スタイロン、そしてそのチームメイト四人全員がセックスは合意の上だったと供述しているため、ミズーラ郡検事局は捜査を進めるのに十分な証拠がないと判断したと説明した。ベルナップ一人の言い分に対して、目撃者六人の言い分があったということだ。

ベルナップによると、ベイカーは決め手についてこう言ったという。「彼らは君があえぎ声を上げていたから、意識を失っていたはずはないと言っている。君の側に立って、君の話を裏づけてくれる人がもう一人必要だったが、そういう人はいなかった。申し訳ないが、わたしたちにできることはない」。事件は幕引きとなった。

当時、ミズーラ警察長はマーク・ミューアだった。二〇一四年に放送された「60ミニッツ・スポーツ」のミューアへのインタヴューで、アーメン・ケテイアン記者は、なぜこの事件が訴追されなかったのかを尋ねた。「合意のない性交だと十分に示すことができなかった」とミューア警察長は答え、結論を出すのは簡単だったと付け加えた。彼は、ケルシー・ベルナップがベイカー刑事に話をしたなかで、彼女と性交した男たちは合意があったと「考えていただろう」と言っていたことにあらためて言及した。「これをどうやって覆せますか?」

これに対してケテイアンは、モンタナ州の法律にしたがえば、身体的に無能力である者は同意能力を欠くとされていると反論した。彼女の極度に高い血中アルコール濃度を考慮すれば、ベルナップは明らかに無能力だったのではないかと言った。

「違います」とミューア警察長は答えた。「身体的無能力と精神的無能力、つまり心神耗弱は別物です」。ベルナップが「意識を喪失していた」という事実は「彼女がそのとき身体的に無力であったことを明確に示すものではありません」と彼は主張し、仮にベルナップが最初から最後まで完全に無意識であったならこの事件は訴追できただろうが、彼女が断続的に多少の意識を取り戻していたことをふまえると、同意しなかったという主張は信用に値しないという考えを示した。

しかし関係する法律、モンタナ州制定法45‐5‐501は、被害者が「身体的に無力」であることを同意能力欠如の絶対条件だとは言っておらず、ミューアの主張は不正確だった。州法によれば、被害者の同意能力が欠如しているとされるのは、「精神的に欠陥があるか無能力」、「身体的に無力」、あるいは「策略、強制、奇襲によって圧倒されている」場合である。そして、レイプがはじまったとされる二時間以上あとの血中アルコール濃度が〇・二一九パーセントであったことを考えれば、ベルナップがかなりの程度まで精神的に無能力であったと想像するのはたやすい。

ミズーラ郡検事フレッド・ヴァン・ヴァルケンバーグとのカメラの入ったインタヴューのなかで、ケテイアンは、最初の加害者がペニスをベルナップの顔に押しつけたとき、彼女は「いやだ」と言って相手を押しやろうとしたと指摘した。合意がなかったことを示すのに、「それで十分ではないのですか?」と彼は問うた。

それに対してヴァン・ヴァルケンバーグは、ケルシー・ベルナップは性行為がエスカレートするなかで同意していないことをそれ以上伝えていないため、法廷に持ち込むための十分な証拠はなかったのだと答えた。「これは訴追できるケースではありませんでした。だから、提起しなかったことに何の後悔もしておりません。われわれは何も間違ったことをしたと思っておりません」

ヴァン・ヴァルケンバーグは、ミズーラ郡検事局のトップでありながら、実際には把握していた有罪の証拠について言及しなかった。たとえば、救急治療室の看護師の記録や、ベイカー刑事の事件報告書の記述である。後者には、最初の加害者が勃起したペニスを彼女の顔に突きつけたとき、「ケルシーは『したくない』という趣旨のことを言い、彼を手で押しのけた」と書かれていた。

さらに、ヴァン・ヴァルケンバーグは、ベルナップの膣にたしかに残り、文書でも裏づけられている傷や、ベツィー・フェアモントからベルナップへの「ほんとうにごめん。もっとあなたのことを気にかけるべきだった」というメール――ベイカー刑事がベルナップの携帯電話から取り込み、証拠として提出したもの――についても認めなかった。しかも、録音された加害者たちのベイカーへの供述では、半昏睡状態で顔を下げてベッドの上に身をかがめていたベルナップが、どのように同意を示したのかが正確に説明されていなかった。また、加害者たちの供述では、彼女がその夜初めて会った四人の男と積極的に痛く暴力的なセックスをしたという主張の疑わしさも問題にされていなかった。

ミズーラ郡検事による不起訴の決定は、ケルシー・ベルナップと彼女の家族を激怒させた。集団レイプはとりわけ忌まわしい犯罪である。ケルシーを暴行したとされる男たちはほかの女性を暴行していてもおかしくないし、責任を問われなければ再びレイプ行為に及ぶこともあるだろう。ベルナップ家の人々は、ヴァン・ヴァルケンバーグよりも意欲的な検察官であれば、もっと徹底した捜査を命じ、加害者をレイプの罪に問い、司法取引に応じさせるか、法廷に持ち込み、そこで加害者の証言が信用できないことを示し、場合によっては、陪審員を説得して有罪評決を出させていただろうと考えている。

しかし実際は、「わたしたちは答えもそれ以上の捜査もなく取り残されました。……ほんとうに鼻であしらわれたと感じました」と、テリー・ベルナップがグウェン・フロリオに嘆いたとおりである。「ミズーリアン」紙のフロリオの記事によれば、テリー・ベルナップが娘のケルシー・ベルナップに、家族で弁護士を雇い、ヴァン・ヴァルケンバーグに訴追をするよう圧力をかけたいかと訊いたとき、ケルシーはこう答えたという。「お母さん、相手はアメフト選手だよ。だれもわたしの話なんか聞いてくれないよ。わたしの人生は地獄になる」

グウェン・フロリオがケルシー・ベルナップについて書いた記事は、二〇一一年十二月二十一日の「ミズーリアン」紙の一面に掲載された。これを読んだアリソン・ヒュゲットは、ベルナップがほかの女性の性的暴行被害を防ぎたいという思いでフロリオに話をしたと知り、ボー・ドナルドソンの件を警察に届け出たのは正しい判断だったという思いを強くした。さらに勇気づけられたのは、自分のレイプキットが、暴行に関連するほかの証拠とともに、実のところ破棄されておらず、州都ヘレナのモンタナ州司法省に保管されていると、看護師のクレア・フランコーアがベイカー刑事に伝えたことである。十二月二十二日、ベイカーはフランコーアからその証拠品を受け取った。

一日後、令状を取ってから、ベイカーはヒュゲットを警察署に呼び、彼女の携帯でドナルドソンに電話をかけさせた。そのあいだベイカーは、証拠として使える自白が得られることを期待して、内密に会話を録音した。

「警察に届けを出したときに」ヒュゲットはわたしに言った。「こういう電話をする必要が出てくるかもしれないとベイカー刑事にあらかじめ言われていました。でも、実際にそんなことができるとは思えませんでした。ほんとうに難しかったです」。ベイカーはヒュゲットの携帯電話を録音機器に接続した。そして彼女がドナルドソンの番号に電話をかけたが、彼は出なかった。ベイカーはヒュゲットに十分ほど待たせてからもう一度かけさせた。今回もドナルドソンが出ないと、折り返しの電話を求めるメッセージを留守電に残すように言った。

三十分後、ボー・ドナルドソンから電話がかかってこないため、ベイカーはレコーダーの電源を切り、数日後にもう一度やってみようとヒュゲットに伝えた。しかし、事情聴取室を出て歩いているときに、彼女の電話が鳴りはじめた。「ボーでした」と彼女は言う。「でも、ベイカー刑事から出ないでほしいと言われました。レコーダーがつながっていなかったので」。その場は電話を鳴らしたままにして、レコーダーを再接続してからかけ直した。「たぶん人生でいちばんぎこちない会話でした」と彼女は言う。「どんなふうに話しはじめたのかも覚えてません。あの出来事のことで腹が立ちはじめてると言ったとは思います。……それから、大学で性的暴行が続いているというのを読んで、ボーもかかわってるのか気がかりだと言いました。彼はすぐにすごくムキになりました。『そんなの何も知らない！　まったく関係ない！』という感じで。興奮状態でした」

ヒュゲットはドナルドソンに対して、レイプの次の日に謝罪に来たときに、薬物とアルコール乱用の治療を約束したにもかかわらず、感謝祭の直前にモ・クラブで出くわしたときの態度を見ると、まったく進歩がないようだと指摘した。ヒュゲットによれば、「ボーは『そうか、オレが友達と軽く飲むのも問題だって言うんだな』と言いました。それでわたしは、『そう、問題。だってちょうどそんな感じでわたしをレイプしたんだから』と言いました」

アリソン・ヒュゲットがボー・ドナルドソンと電話で話しているあいだ、ベイカー刑事は話す内容を彼女に指示していた。ドナルドソンからあいまいさのない明白な自白を引き出すためである。最終的に、ドナルドソンは「ああ、オレはおまえを襲ったよ」と認め、そのことを「マジで後悔」していると言った。

少しして、ボー・ドナルドソンは二人の心理療法士に治療を求めたと言った。それを受けてヒュゲットは訊いた。「それでレイプしたって言ったの?」

「言ったよ」とドナルドソンは答えた。

「その時点で、警察は満足だろうと思いました」とヒュゲットは言う。しかし、ベイカー刑事はそう思わなかった。彼は非常に熱心な刑事だった。彼の父親は三十一年にわたってミズーラ市の法執行官をつとめていた。祖父は三十四年にわたってモンタナ・ハイウェイ・パトロールで働いていた。当時四十四歳のベイカーは二十一歳のときにミズーラ市警に入った。二十三年のうち十三年が刑事としての勤務であり、約七百件の事件で捜査主任官をつとめたが、そのうち百件ほどが性的暴行事件だった。疑いようのないレイプ事件の捜査でさえ、不測の事態によって実にあっさりと打ち切られてしまいうることはいやというほどわかっていた。そして、有罪を確実にするためには、容疑者から議論の余地のない自白を引き出す以上の術はないと理解していた。

ベイカーはヒュゲットにもう少し電話を続けさせ、なぜレイプしたのかをドナルドソンに説明させるように促した。彼女はしぶしぶ了解した。「でも、どうしてやったのかと何度訊いても」彼女は言う。「ボーは『知らねえよ！　知らねえよ！』と言うばかりで。結局、彼はほんとにキレて、わたしに向かって怒鳴りはじめたんです。それでわたしは『わかった、どうしてやったか説明できないなら、わたしは警察に行くしかない』と言いました。そしたら彼は『そうか。そうするしかないなら……』って。そこでわたしは電話を切りました」

電話が終わってすぐ、ヒュゲットは平静さを失って泣きじゃくりはじめた。「あの電話はものすごくこたえました」と彼女は言う。「ボーは、わたしが長いあいだすごく大切に思っていた人です。レイプされたとはいっても、まだ少しはどうしても気にかけてましたし、彼の運命を決めてしまった――わたしが言わせてテープに残したことで、彼はこれから大変な世界に行くんだ――とわかったので。でも同時に、それこそわたしが望んでいたことだったんです。どうして泣きわめいてるのかベイカー刑事に説明したら、『アリソン、覚えておきなさい。君は正しいことをしているんだ』と言われました」

十一日後、ベイカーは十分な証拠を集め、これでドナルドソンに対する強力な主張を組み立てられると確信した。電話の会話を録音し、ヒュゲットのレイプキットを手に入れたことに加え、ヒュゲットの母親、サム・アーシュラー、キーリー・ウィリアムズ、そしてファースト・ステップでアリソンを検査した看護師のクレア・フランコーアから詳しく事情を聞くことができた。ベイカーはドナルドソンの逮捕状を請求し、二〇一二年一月六日の午後二時三十分に受領した。二時間後、ベイカー、マーク・ブラッド刑事、三人の制服を着たミズーラ市警の巡査がドナルドソンの家へ向かい、事情聴取に応じるか尋ねたあと、警察署へ連れていった。署に着くと、ベイカーはドナルドソンの携帯電話を押収し、ミランダ権利〔訳註：被逮捕者の権利〕について通知した。ドナルドソンは権利について了解したと言い、弁護士を立ち会わせずにベイカーとブラッドと話すことに同意した。

録画されたその後の事情聴取でドナルドソンが最初に主張したのは、彼とヒュゲットは彼のリビングのカウチで一緒に眠った、ヒュゲットは快く彼といちゃついた、だから性交は合意の上だったと信じている、ということだった。しかし、キーリー・ウィリアムズがカウチに一人で寝ているヒュゲットを見たとはっきり言っていることをベイカーが指摘すると、ドナルドソンは結局、「アリソンのズボンを引きずり下ろして、彼女が寝ているあいだに性交しました」と認めた。ベイカーが提出した事件報告書によれば、「ボーは、アリソンが眠っていたという事実から、それが非合意の性行為だとわかっており……彼女を『レイプ』したと認めた」。

一時間にも満たない事情聴取のあと、ベイカー刑事はボー・ドナルドソンに携帯電話を返し、父親に電話することを許可した。それからドナルドソンを逮捕し、ミズーラ郡拘置所へ移送した。そこで彼は合意のない性交――モンタナ州におけるレイプを表す法律用語――という重罪で名簿に記録されることになった。保釈金は当初、十万ドルとされた。ドナルドソンの父親は、ミルト・ダツォプロスというミズーラの著名な弁護士にボーの代理人をしてもらう手配をした。ダツォプロスは何年にもわたってモンタナ大学の多くのアスリートの法律問題を手助けしてきた人物である。実際、その数があまりに多いため、グリズファンはよく「有罪《ギルティー》ならミルティーおじさんを呼べ！」とジョークを言っていた。ドナルドソンが弁護士の同伴なしでベイカー刑事と話をしたことにひどく不満を感じたダツォプロスは、名簿に記録する手続きがなされているあいだにベイカーに電話をかけ、何があろうとこれ以上ドナルドソンと話してはいけないと伝えた。

ベイカー刑事は大男で、その振る舞いは威圧的に思えるかもしれないが、実際には人一倍親身になってくれる人物である。彼はレイプ被害者にとって警察に行くことがときにどれほど難しいかをよく理解している。刑事司法制度がしばしばレイプ被害のトラウマをいっそう悪化させるうえ、あまりにたびたび、レイピストに責任を取らせられないことを知っている。だから彼は、ボー・ドナルドソンが逮捕されたことをアリソン・ヒュゲットに電話で伝えるのではなく、ブラッド刑事とともに町の向こうのオフィス・ソリューションズ&サーヴィシズまで車で行き、ドナルドソンが完全な自白をして拘置所に入ったと直接知らせたのである。

その夜、八時十一分、ベイカーがヒュゲットに報告をする一時間も前、〈grizfan1984〉というハンドルネームの失望したグリズリーファンが、人気のインターネットフォーラム「eGriz.com」でこう発信した。

いま拘置所名簿を見たら、またボー・ドナルドソンが逮捕されてたよ。今回は合意のない性交（つまりレイプ）だって。保釈金十万ドルっていうから、もうグリズでプレイすることはないだろうな。

九時三十一分、〈grizindabox〉というハンドルネームの人物が投稿した。

ありえない、ドナルドソンはモンタナ出身だぞ！

十時四十三分、〈PlayerRep〉が投稿した。

その件については何も知らないけど、ドナルドソンのことは知ってるし、レイプがほんとにあったのか、事実として認められるのか、疑問があるね。ドナルドソンは立派な若者だと思う。立派な若者だってデートレイプみたいなことで捕まるかもしれないのはわかってるけど、直感的に彼はレイプしてないと思うな。

真夜中、ドナルドソンの逮捕に関するグウェン・フロリオの記事が「ミズーリアン」紙のウェブサイトにアップされたのを受け、〈Sportin' Life〉と名乗る腹を立てたグリズファンが、午前五時八分、「eGriz」に次のような投稿をした。

これは完全にグウェン・フロリオのせいだ。また汚いことしやがって。アンチアメフトを主張したいだけでこんなことまでするのかよ。

午前九時八分、〈jcu27〉が投稿した。

一、女たちはレイプを大げさに言う。二、女は男のチンポを吸っても、あとになってしたくなかったと言えばレイプされたことになる。三、司法制度は実際には何も機能していない。何が起きたかほんとうにわかるのは当事者だけだ。それに嘘つきがいっぱいいる。

女たちはセックスがしたいのだと、ようやくだれもが認めるようになった。これまでわたしたちは、男の調教師、子どもの世話人、などと言われてきたが、いまでは欲情のあるものだと正しくとらえられている。しかしそれは、わたしたちの欲望の感じ方が男のそれと同じであるという意味なのだろうか？　わたしの性欲から判断するに、そうではない。わたしのは、正直に言って、盲目でも、猛烈でも、獣的でもない。終わりのない内面的なモノローグ――あるいはダイアローグ、あるいはバベルのような雑多な声――から生じている。わたしの欲望はいつもあれこれ推測し、あとからとやかく言うことも多い。女の性欲は強力だが、それは意見の表明というより、むしろ疑問文のかたちでわき上がるのである。「これをしたい」ではなく、「わたしはこれをしたいの？　わたしがほんとうにしたいのは何？　いまするのはどう？　どうだろう？」なのだ。

――クレア・ディーダラー
「女がセックスについて書くのはなぜこれほど大変なのか？」
（『アトランティック』二〇一四年三月号）

第二部

掟の門前に門番が立っている

第六章

　ダウンタウンミズーラの心臓部は、コンパクトな碁盤目状で、店やオフィス、政府機関、レストラン、バーが軒を連ねている。北端にはノーザン・パシフィック鉄道〔訳註：現在は他社と合併し、BNSF鉄道の一部となっている〕の線路が通り、南端にはクラークフォーク川が流れている。そのすぐ南東、川の対岸にあるのが、モンタナ大学のキャンパスで、二つある四車線の自動車用の橋と、それよりだいぶ小さな二つの歩行者および自転車用の橋を使ってアクセスできる。ダウンタウンの中心の八×四のブロック内にある十数軒のパブやバーは、学期中の木曜、金曜、土曜の夜、いつもモンタナ大学の学生でにぎわっている。

　二〇一一年九月二十二日、ニュージャージー州出身でモンタナ大学四年生のケリイ・バレットは、友達四人とショーン・ケリーズというパブに行った。木曜日の夜で、「のどの渇いた木曜日《サースティー・サーズデー》」として知られる毎週のどんちゃん騒ぎの真っ只中だった――この伝統は国中の大学で一般的になっており、いまではかなりの数の学生が金曜日の朝の授業を受講登録しなくなっている。ミズーラは熱気を帯びていた。

　ショーン・ケリーズで、バレットはジーク・アダムス（仮名）という、背が高くがっしりした体格の学生と知り合った。彼はバレットとその友達と打ち解け、その夜の大半を一緒に過ごした。バレットはアダムスとお互いに魅かれ合い、彼がキスをはじめるとそれに応じたという。日付が変わった午前一時半ごろ、すでに酩酊していた彼女たちは、バッドランダーという別のバーに行った。バレットの女友達の一人も一緒だったが、彼女は少しして家に帰った。「ジークは信用できそうでした」と、バレットはわたしに言った。「なので、友達が先に帰っても大丈夫だと思ったんです」。バレットとアダムスはどちらもヒギンズ・アヴェニュー――ダウンタウンの碁盤目を南北に走る幹線道路――の近くに住んでいて、午前二時、バッドランダーのラストオーダーのあと、一緒にヒギンズ・アヴェニューを歩いてそれぞれのアパートに向かった。

ジーク・アダムスはクラークフォーク川の橋を渡ってすぐのところに住んでいた。ケリイ・バレットはそこから南に約一・六キロ行ったところに住んでいた。「ジークのところに着くと」彼女は思い起こす。「『うちに来ない？』という感じだったので、いいよと答えたんです。でも、玄関を入る前に、『あなたと寝るつもりはないからね。そういうことを期待してるなら、うちに帰るよ』と言いました。そしたら『違う、違う。全然そんなこと思ってないよ。まあ入って。ちょっと休もう』ということだったので、なかに入りました」。しかしアダムスは、その小さなアパートのリビングではなく、ルームメイトを起こさないためにベッドルームに行こうと言いだした。

バレットはアダムスのあとについてベッドルームに入り、彼が友達に描いてもらったという抽象画について話した。そしてアダムスが明かりを消すと、二人はベッドに横になり、いちゃつきはじめた。「それは合意の上でのことでした」とバレットは説明する。「ほんとうに彼のことをいいなと思っていました。そのときまで一緒にいた感じでは」。やがてアダムスは彼女のズボンとパンツを腿の真ん中まで下ろし、指を膣に入れた。これもやはり合意の上だったとバレットははっきりさせているが、「そのあと彼がちょっと興奮しはじめて、不快に思えてきました」という。そこで彼女はやめるように言い、服をすべて着て、セックスはしたくないと念を押し、帰ると宣言した。

アダムスは午前三時に帰るのはよくないと主張した。バレットの記憶では、彼はこう言った。「酔ってるだろ。寝てけばいいよ。明日の朝、家まで送るから。わかってるだろ、オレはやさしい男だから、何もしないって」

「わたしは実際それほど酔ってませんでした――彼と比べたら全然」とバレットは言う。「でも、わたしたちは性暴力の現実を知るより前に、夜一人で外を歩くのは危険だ、知らない人に襲われる、と教わってきていますからね。たしかに彼のアパートにいるほうが安全に思えたんです。だから帰るのはやめました」

のちの警察への供述のなかで、アダムスはバレットの説明を裏づけている。「僕は『いや、帰ることないよ』と言いました。……彼女はまたベッドに横になって、僕とセックスはしたくないと言いました――僕もそれで問題なかったので、いいよと言いました」

すべて服を着て、スキニージーンズのファスナーをしっかりと締め、ボタンも留めた彼女は、彼のベッドで眠りについた。約三十分後、「目が覚めると彼が素っ裸で、それにわたしのズボンが――すごくタイトで、簡単には脱げないのに――足首のところまで下ろされていたんです」。アダムスはうしろから彼女を愛撫し、ペニスを背中にこすりつけ、それから膣に入れようとした。アダムスは身長百八十三センチで、体重七十七キロ。一方、バレットは百七十センチ、六十一キロだった。「目が覚めたら、あんなでっかい男がレイプしようとしてるんです。恐ろしかった」。バレットは死に物狂いで彼を押しのけ、ズボンを引きずり上げたが、アダムスはまたそれをぐっと引き下ろし、再び膣に挿入しようとした。

「もう一回、彼を押しました」とバレットは言う。「それと同時に立ち上がって、電気をつけて、自分の持ち物をつかみました。彼はそこに座って、わたしをじっと見てるだけでした。何も言わずに。あの視線は一生忘れないです」。バレットはショックで泣きながらアダムスのアパートを逃げ出し、二ブロック歩いてヒギンズ・アヴェニューに出たところで、その夜ショーン・ケリーズで一緒だった女友達の一人に電話した。その友達は、バレットのもとに駆けつけ、彼女が悲痛に泣きじゃくっているのを見て、何があったのかと訊いた。『あいつがレイプしようとしてきた！』と泣きながら言いました」とバレットは言う。「それからそこに座り込んで、一緒にヒステリックに泣きました。二人ともどうすればいいかわからなかったので」

彼女たちはキャンパス内の寮に住む別の友達も呼び、警察に被害を届け出るかどうか三人で話し合った。午前四時ごろ、バレットはニュージャージーの両親に電話し、父親――元警部補――にミズーラ警察署に行くよう説得された。そして、署の入口のベンチで、ブライアン・ヴリーランドという巡査から事情を聞かれた。バレットによると、ヴリーランドは「どんなことを期待しているのかな？」と訊いてきた。

その質問に啞然としたバレットは、わからないと答えた。「わたしは弁護士でも何でもないけどね」ヴリーランドは言った。「だれも君を見ていないし、君はそれまで遊んでたわけだから、きちんと立証するのは難しいよ」

ヴリーランド巡査は話を聞き終えると、カート・トローブリッジというもう一人の巡査とともに、パトカーに乗ってアダムスのアパートまで案内してほしいとバレットに頼んだ。「正確な住所は知りませんでした」とバレットは言う。「でも、見つけられるはずでした。たぶん朝の五時ごろになっていました。まだ暗かったです。パトカーに乗る前に、ヴリーランドが『あっ、もうひとつあった。君は彼氏はいる?』と訊いてきました。わたしが『いえ、いないです。どうしてですか』と答えたら、『いや、ときどき女の子たちは彼氏を裏切って、後悔して、レイプされたって言いだすことがあるからね』みたいなことを言われました」。バレットは、警官が性的暴行を受けたばかりの女性にこんなことを言うのはわけがわからないし不適切だと感じたが、まだ放心状態だったため、しっかり考えることができなかった。「なので、ただ『ああ、そうなんですか』と言いました。それでその話は終わりです」

ケリイ・バレットはヴリーランド巡査とトローブリッジ巡査をジーク・アダムスのアパートに案内すると、パトカーの後部座席で待機した。ヴリーランドと三人目の巡査のマイケル・カムラーがアダムスに接触しようとしているあいだに、彼女は「トローブリッジ巡査に報告書番号が書かれたポストイットの小さいメモを渡されて、数日したら報告書を受け取れると言われました。それからうちに送ってもらいました」

バレットが帰ったあと、ヴリーランド巡査はアダムスの玄関のベルを鳴らし、ドアを強く叩いたが、だれも出てこなかった。そこでアパートの側面にまわって、開いた窓を見つけ、なかを覗くと、アダムスがベッドで寝ているのが見えた。ヴリーランドがフラッシュライトをアダムスの目に向けると、彼は起きて正面玄関に来た。ヴリーランドが提出した報告書にはこう書かれている。

私とカムラー巡査が名乗ったあと、私はジークに話をしてもいいかと尋ねた。彼はまだ非常に酩酊しており、何かを決めることはおろか、筋の通った理解可能な話をすることも難しそうだった。ようやくジーク・アダムスであることを認めると、話をするために我々をなかに招き入れた。……彼が服を着たあと、私は、申し立てられた事件に関していくつか質問をする必要があるが、その前にミランダ警告を読み上げる必要があると伝えた。彼はほぼ一貫して非協力的だったが、酩酊度合いのせいかもしれない。弁護士であるかのように法律用語を使おうとしていたものの、その言葉の使い方ではまったく意味をなさなかった。……法律上の権利について理解しているか尋ねると、「イエス」や「ノー」と言うのに難儀し、私が「きょよう［強要のこと］している」と主張した。

彼はようやく私と話すと言った。私は、その夜ショーン・オケリーズ［原文ママ］にいたか、ケリイという女性に会ったか、と尋ねた。彼は私が弁護士なしで話をさせようとしているのではないかと言った。話すことに同意したはずだと私が言うと、「ショーン・ケリーズで」「人々」に会ったことを認めさせたいのだろうと言った。

ジークはそこで「人々に会うということの正確な定義」について長々と支離滅裂な話をはじめた。今夜ケリイに会ったかを訊いているだけだと私が説明しようとすると、「またきょようしようとしている、法定代理人が必要だと思う」という趣旨のことを言った。

私は事情聴取が終わったこと、彼の側の言い分についてあとでだれかが連絡することを伝えた。

二〇一一年九月二十六日の月曜日、ジェイミー・メリフィールドという女性刑事がケリイ・バレットに電話し、バレットの事件の担当になったと言った。そのときの会話を書き起こしたものによると、メリフィールド刑事は、バレットとジーク・アダムスだけが目撃証人であることから、これは「手ごわいケース」だと伝えている。アダムスの酩酊度合いと、バレットが巡査に話したことにもとづくと、バレットの説明が「とても信用でき」、彼女の話した事態が実際に起きたということは「とても、とても明らかに思える」とメリフィールドは言っているが、同時に、このケースの訴追は「とても、とても難しい」だろうと警告している。「彼の自白が足りないから、わたしたちはこれ以上何もできないの」

とはいえメリフィールド刑事は、バレットが事を進めたいのならアダムスに警察署で供述してもらうとも言った。「少なくとも、彼をビビらせ」、ほかの人に性的暴行を加えることは防げるかもしれないと説明した。

「それを聞いてすごくがっかりしました」とバレットは言う。「軽くあしらわれた感じで、あの人たちは真剣に取り組んでくれないんだなと。自分がどうしたいのかよくわからないと刑事に言ったら、『じゃあ、何日か考えてから教えて』と言われました」

当初、バレットはジーク・アダムスを告訴したいのかよくわからなかった。「『うん、彼のやったことはいけないことだ。でも、いい人そうに見えた。ただの誤解だったのかもしれない』と考えていたのを覚えています」と彼女は言う。しかし、あの夜のことを頭のなかで再現していると、アダムスのベッドで眠る前、彼が自分は信頼できる男で「何もしない」と断言していたことを思い出した。その約三十分後、目が覚めると彼に襲われていたのである。そうだ、絶対に誤解なんかじゃない、と彼女は自分に言い聞かせた。アダムスは意図的に欺いたのだ。「ジークがレイプしなかったのはわたしが起きたからです」とバレットは言う。ジークは連続暴行魔で、このように女性を誘惑してベッドに連れ込むのを習慣にしているのだろうと、彼女は推測した。そこで彼には責任を取る必要があると判断し、メリフィールド刑事に彼を告訴したいと申し出た。

メリフィールド刑事がようやくケリイ・バレットに事情聴取する時間を持ったのは、二〇一一年十月十三日で、バレットがレイプ未遂の被害を届け出てから二十日が経っていた。バレットから話を聞いたあと、メリフィールドはジーク・アダムスに電話をして彼の言い分を聞こうとしたが、つながらなかった。そこで、十月二十六日にアダムスのアパートへ行き、電話を求めるメモを残した。

アダムスは次の日にメリフィールドに電話した。九月二十三日、暴行疑惑の二時間後にヴリーランド巡査が話そうとしたとき、アダムスは喧嘩腰で非協力的だった。しかし、メリフィールド刑事が提出した報告書によると、五週間後に彼女と電話で話したときの態度はまったく違っていた。

ジークは非常に感情的になった。……ケリイ・バレットへの暴行で訴えられたことに心からショックを受けているようだった。電話中、何度か泣いているようだった。……彼は彼女が不快に感じたなら悪かったと思うと言いながらも、決して暴行はしていないと主張した。きれいさっぱり片づけたいから、できるかぎり早く供述をしに来ると言った。……ジークの精神状態、事態の整理ができないであろうことをふまえ、私は週末に来られるかと尋ねた。また、自殺衝動があるかも尋ねた。彼は自殺衝動はないと断言した。

十月三十一日、ジーク・アダムスは警察署に行き、メリフィールド刑事に供述をした。彼女はまず、「今回のことはただの大きな誤解だと思うの。……罪に問われることがあったとしても、わたしは軽罪での立件しか勧めないわ」と言って彼を安心させた。それから、「以前に逮捕されたことはある?」と訊いた。

アダムスは「ありません」と答えた。これは事実ではなかった。彼は二〇〇八年十二月に軽い窃盗で捕まっていた。しかし、メリフィールドは彼の犯罪経歴を確認せず、供述を額面どおりに受け入れた。

メリフィールドはショーン・ケリーズでバレットと会う前に何杯飲んでいたかと尋ねたが、アダムスは返答を断った。「そういう質問は僕が面倒なことに巻き込まれるだけのような気がします」と、その理由を説明した。

「あの夜、巡査が来て話をしたとき、あなたはすごく酔っていたみたいね」メリフィールドは言った。「わたしが知りたいのは、あなたがかなり飲んでいて、記憶に影響が出ていたかということなの。起きたことをすべてきちんと覚えていると思う?」

「はい」アダムスはきっぱりと言った。「たとえば、何があったか具体的なことも言えますよ。

彼女がニュージャージー出身だとか。……それから、たしか、生物学専攻でした」（バレットの専攻は心理学である）。「記憶はすごく鮮明です」

鮮明であろうとなかろうと、アダムスのその夜の出来事の記憶は、ある時点――バレットがエスカレートする性行為を不快に感じはじめ、帰ると告げ、そこでアダムスに「何もしない」と約束され、泊まっていくように説得された時点――まで、バレットの説明とかなりの程度一致していた。しかし、それから寝ているあいだに性交しようとしてきたというバレットの主張については断固として否定した。

「彼女とセックスしようとはしていません」彼はメリフィールド刑事に言った。「彼女がもう一度ベッドに横になったときに、少しキスしましたけど、そしたら彼女は『だめ、帰る』と言ったんです。……彼女は残りの持ち物をつかんで家を出ていきました。……百パーセント確信を持って言えます。彼女を傷つけたり、痛めつけたり、ほかにも彼女がしてほしくないことをするつもりはありませんでした」。ここでアダムスはわっと泣きだした。「僕がそんなことをしたなんて、彼女はいっさい言ってなかったんです」彼は涙を流しながら言い張った。「うちを出ていくとき、むしろ、たしか、まあ、ただそういう、あの――その、まあ、彼女は、『いいよ、これはモラルに反することかもしれないけど』っていう感じだったんです」

「怒ってるように見えた、ジーク？」メリフィールドは訊いた。「ドアをバタンと閉めた？」

「うんと、出ていくときの、あの、感じは――『だめ、帰らなきゃいけない』みたいなことを言ってました」アダムスは答えた。「ほんとですよ！　嘘なんかついてないですからね！」

「信じてるわ」メリフィールドは同情的に言った。「あなたがキスして、彼女がまたベッドに横になったあとで、彼女がノーと言ったことはあった？」

『あなたとセックスはしないしできない』と言われました。それで僕はセックスしようとしなかったんです。絶対にしてません」

「ペニスを彼女の背中にこすりつけた？」

「いえ」アダムスは言った。

「彼女が寝ているあいだに、彼女のズボンを下ろした？」

「いえ」

「オーケイ。じゃあ、その前にいちゃいちゃしてたとき、彼女のほうはあなたの体に触れたり、こすりつけたりした？」

「はい」

「あなたたちがベッドに戻ってから彼女が立ち上がって出ていくまでに、どのくらい経っていたと思う？」

六秒間の沈黙のあと、アダムスは答えた。「はっきりとはわかりません」

「彼女はあなたの家にいるあいだに眠っていた？」メリフィールド刑事は訊いた。

アダムスはその質問に答える前にたっぷり十秒間は沈黙した。「こう言いましょうか」ようやく口を開いた。「僕が彼女に触れて、愛撫などの行為をしていたあいだ、彼女が寝ていたと思った瞬間はありません」。彼はさらに数分にわたってバレットの訴えを否定し続け、それからじっくり考えて言った。「あの子が嘘つきだとはまったく思っていません。……ただ、彼女があなたに言ったことが厳密にすべて事実かどうかがわからないだけです。それに、彼女がある種の悪人だとかいうようなことを言うつもりもないです。彼女は少し思い違いをしているんだろうと思ってるだけです」

　メリフィールドは全面的に同意した。「わたしもまさに誤解だったと思ってるわ」と彼女は言った。「家に連れていけば彼女の意志に関係なくセックスできるだなんてことを、あなたが考えていたとはまったく思わない」

「ほんとうに考えてませんでした」アダムスはきっぱりと言った。「絶対にです」

「明らかなこととして」メリフィールドは言った。「あなたたち二人のあいだには体格の違いがあるから、あなたはやろうと思えばできた。……人はみんな望まないセックスをしてきたわ。だからってそれがすべてレイプだということにはならない」

　泣きじゃくりながら、アダムスは言った。「あの子を傷つける気も、犯す気も、不快にさせる気も絶対にまったくありませんでした。彼女がそういうふうに感じたなら、そうなってしまって悪かったと思います。僕はモラルのある人間です。……確信している絶対的事実をお話ししました。僕がここに来たのは、そもそも自分が潔白で、法を犯してなどないとほんとうに信じているからです」

「すべてよくわかったわ」メリフィールド刑事は言った。

　アダムスを警察署に呼ぶ目的は「彼をビビらせる」ことだとケリイ・バレットに話していたにもかかわらず、事情聴取のあいだじゅう、メリフィールドはことさらにアダムスを慰めた。彼の供述に積極的に異議を唱えることも、彼がバレットのジーンズを寝ているあいだに下ろしたかについて細かく問いつめることもしなかった。逆に、彼の無実を確信していると何度も何度も言った。

「いまのあなたは何の隠し立てもない感じね」メリフィールドはアダムスに言った。「四日前に電話で話したときからそう。……今朝ここに来てわたしと話したというのが、あなたの性格をよく表してるわ。……保証する、この件の立件は勧めない。……犯意を示せないもの。あなたに人を傷つける気があったなんてほんとうに思えない。……あなたはほんとうに善良な人で、前途有望に見える」

メリフィールドはこうも言った。「女の子が自分でもよくわからずに被害届を出しに来ることはよくあってね。それがレイプになっちゃう。不公平でしょ。あなたにとって不公平よね。……あなたたちは一緒にはじめたのに。……彼女は快くあなたと家に来たのに。彼女が心変わりして一人で家に帰ったのは、……あなたのせいじゃない」

「でも、あなたに事情聴取しないといけないの」少し間をおいて、メリフィールドは申し訳なさそうに言った。「彼女が被害届を出しに来たから、彼女と話さないといけない。もしわたしがこの件を適当に流したりしたら、彼女は警察は何もしないって言うだろうし。……そういうイメージは広まってほしくないから。『まあ、われわれとしては君の件は適当に扱うよ。だってほんとうに起きたとは思えないから』みたいなのはね」

メリフィールドはアダムスにこう明言した。「あなたが悪いことをしたとは思ってない。訴えられて苦しいでしょ。わたしもたまらない。……この件は、わたしの考えでは、これで打ち切り。……事実無根として記録されることになるわ。ただの誤解ってこと。犯罪ではないでしょうね」

「僕はいい息子なんです」とジーク・アダムスは主張した。泣きじゃくりながら、自分の名前が性犯罪者としてコンピュータの画面に死ぬまで現れ続けるのはいやだと言った。「母や父をそんな目にあわせたくありません。……僕が有罪だなんてどう考えてもありえません」

「そうよ」メリフィールドは彼を安心させた。「男と女はまったく違った考え方をするの。男のほうがずっと具体的。……わたしたち女の考え方では、物事をぐるぐるまわして、ひっくり返して、友達に話すってことになりがちでね。そうやってアドバイスをもらったがために、余計なことをいろいろ考えちゃうような状況になったりするのよね」。お人よしだが神経が高ぶっている友達に促され、捜査が必要なほどでもない出来事を警察に届け出る女性がよくいると、彼女は説明した。

「わたしのなかではこの件は打ち切り」メリフィールドは断言した。「このことでこれまで以上に自分を責めないでね、いい？　これはもう済んだことよ、ジーク。あなたは何も悪いことをしてないわ」

メリフィールド刑事から電話を受け、ジーク・アダムスを性的暴行で罪に問う十分な証拠がなく、この件は事実上打ち切りだと聞いて、ケリイ・バレットは口もきけないほど驚いた。アダムスの性的暴行の事実を陪審員に納得させるのが難しいだろうことはわかっていた。「わたしはお酒を飲んでいました」と認め、「それは被害者にとって不利に働きます。暴行される前に合意の上でいちゃついてもいました——それについては何も隠し立てしませんでした。それもわたしに不利に働きました」と理解してもいた。しかし、「これ以上したくないとはっきり伝えて、何も起きないと言っていたのに、ジークは寝ているあいだにわたしをレイプしようとしたんです。それは犯罪です。いまとなっては、わたしの主張に実際どれくらい力があったかはわかりません。警察はちゃんとした捜査をしようともしなかったので。そこがイライラするところです」と彼女は言う。

「あれが合意の上だったなら」バレットは付け加える。「わたしが深夜三時に泣きわめきながら部屋を出ていったことを、ジークがどう説明するのか知りたいです」。彼女はメリフィールド刑事に証人のリストを渡していた。そのなかにはアダムスのルームメイトも含まれており、おそらく彼女の言い分を裏づけられたはずだが、ミズーラ市警の人間はだれ一人として証人の事情聴取をしようとしなかった。

ケイティー・J・M・ベイカーがウェブサイト「Jezebel」の記事に書いているように、「ミズーラでは……『過ちを犯した』かもしれない酔った男が、ほとんどいつも、『疑わしきは罰せず』となる。酔った女は、しかし、そうならない」のである。

問題の夜を振り返っていたとき、バレットのいらだちはいっそう増した。背中と尻にペニスをこすりつけられて目を覚ますまで、ジーク・アダムスに実際に何をされていたのかわからないと気づいたためである。「寝ていたのは二十分から三十分だと思います」と彼女は言う。彼がタイトなジーンズのボタンを外し、足首のところまで引きずり下ろし、パンツを下ろすことが——すべて彼女を起こすことなく——できたという事実から、バレットは自分が意識を失っているあいだにアダムスがほかにも勝手なことをしていたのではないかと心配になった。「あのあと一日じゅう出血していました。警察で巡査に、痛むか、救急の手当てが必要か、と訊かれましたけど、大丈夫だと言いました。あのときはショックが大きすぎて、寝ているあいだに何かされていたかもなんて考えられなかったんです」

バレットは性的暴行を受けたと届け出てから何週間も憂鬱の淀みに沈んでいた。あまりに打ちひしがれてベッドから出られない朝もあった。気がつくと、バスルームの床の上で何時間もずっと泣きじゃくっていた。授業にはほとんど行かなくなったが、これはまったくもって彼女らしくないことだった。バレットは競争率の高い奨学金を二つ与えられてモンタナ大学に通っており、ほとんど授業を休んだことがなく、前の年の成績はGPA四・〇〔訳註：最高点〕だった。

その後の鬱との苦闘の時期について、彼女はこう話してくれた。「あと少しで退学してニュージャージーに戻るところでした。かなり飲みまくるようになりました。それに、ほかにもかなり危ないことをするようになって。……レイプ被害者はセックスを避けるようになると聞きますよね。でも、自己破壊的にヤリまくるのも実は同じくらいよくあることなんです。わたしはそうなりました」

レイプ被害者のなかには、トラウマを負ったために性的関係を拒むようになる人がたしかにいる。しかし、逆説的なことだが、危険で見境のないセックスに手を出す被害者も多くいるのである。ハーバード大学医学校の精神医学教授であるジュディス・ルイス・ハーマンは、革新的な著書『心的外傷と回復』のなかでこう述べている。

一般に、トラウマを負った人は、自分が何をしているかもわからないまま、そのトラウマの場面の何らかの面を偽ったかたちで再演する。……再演には何か不可解なものがある。たとえ意識的に選択していても、意図していないという感覚がある。フロイトはこの繰り返される外傷体験の侵入を「反復強迫」と名づけた。

ジークムント・フロイトはこれを、外傷体験をコントロールし、結果的に消し去るための無意識の試みだと考えた。心的外傷後ストレス研究の傑出した権威の一人、医師のベセル・A・ヴァン・デア・コルクはこう説明する。

トラウマを負った人の多くは、強迫観念にとらわれたかのように、元のトラウマを思い出させる状況に自らをさらす。……フロイトは制御することが反復の目的だと考えたが、臨床経験上、そういうことはめったにない。むしろ、反復は被害者やその周囲の人々にさらなる苦痛をもたらすのである。

バレットは自身のケースを振り返り、暴行被害の余波についてこう言っている。「人生が崩壊していきました。でも、なんとかがんばりました。教授たちはすごく理解があって、成績評価をいくつか保留にして、授業に出ないでいいようにしてくれました」

バレットはセラピーに通いはじめたが、これは効果的だった。また、思いきって話すことに治癒効果があることもわかった――自らの苦しみに対してだけでなく、被害を受けたほかの女性たちにとっても。

第七章

ジーク・アダムスにレイプされそうになったあとの数日間、ケリイ・バレットは大学構外のアパートをほとんど出なかった。ようやく抜け出し、思いきって大学の敷地に戻ると、ケイトリン・ケリーに出くわした。頭がよく活発な三年生で、二〇〇九年秋からの知り合いだった。「彼女が泣いていたんです」とバレットは言う。「信じられませんでした。ケイトリンはわたしが会ったなかでいちばんタフな子だったので。それで、何か深刻なことがあったんだなとわかりました」。どうして取り乱しているのか訊くと、ケリーは三日前にレイプされたのだと打ち明けた。

ケイトリン・ケリーは、モンタナ大学のキャンパス内にある三階建ての女子寮、ターナー・ホールに住んでいた。二〇一一年九月三十日、金曜日の夜、彼女はダウンタウンの北東の静かな住宅街、ラトルスネイク地区の家で開かれたパーティーに参加した。九時半ごろ到着し、五時間にわたってテキーラと安いウイスキーをあおり、土曜日の未明にグレッグ・ウィット（仮名）というゲイの友達とタクシーで大学に戻った。キャンパスに着くと、ケリーとウィットは彼女の寮に近いジェシー・ホールの前のベンチに座った。ケリーが部屋に戻る前にタバコを吸うためである。ハンドバッグのなかを探し、パーティーに忘れてきたことに気づくと、ウィットが通りがかりの人にせびってみると言った。

午前三時ごろ、二人の一年生が通りかかった。カルヴィン・スミス（仮名）とラルフ・リチャーズ（仮名）で、どちらもかなり酔っていた。ウィットがタバコが余っていないか訊くと、スミス――背が高く体格のいい十八歳――が二人とも喫煙者ではないと答え、ケリーの隣に座った。リチャーズもウィットの隣に座った。

陽気で厚かましいグレッグ・ウィットは、その年下の学生二人と話しはじめ、話題はセックスのことになった。ケイトリン・ケリーはカルヴィン・スミスのことを「かわいい」と言った。ウィットはスミスとケリーはくっつくべきじゃないかと言った。彼女は一年以上だれとも寝ておらず、ウィットの控えめな意見では、ベッドをともにするのは双方にとっていいことだったからだ。

グレッグ・ウィットにそそのかされ、ケイトリン・ケリーはカルヴィン・スミスを部屋に呼んだ。スミスは大喜びで応じた。ケリーによると、スミスは「よし、行こう！」と言い、二人で駐車場を抜けて彼女の寮に向かった。数週間後にモンタナ大学学生部長の求めで書いた陳述書のなかで、ケリーはその後のいきさつをこう説明している。

玄関に着くとカルヴィンが腕をまわしてきました。キーカードを通して一緒になかに入り、上のわたしの部屋に行きました。なかに入ると、わたしのルームメイトとその彼氏がベッドで寝ていました。わたしは彼女たちがいるから何もできないとカルヴィンに言いました。彼は「大丈夫だよ、静かにしてよう」と言いましたが、わたしはだめだと言いました。

カルヴィンはそこでわたしのベッドに横になりました。わたしは彼の隣に入って、しっかり入れるように彼をたたき、つめてもらいました。そのときわたしは眠ったのだと思います。目が覚めると、カルヴィンが三本の指をわたしの膣に繰り返し激しく挿入していました。わたしは「やめて」と何度も言いながら、右手で彼の手を払おうとしました。けれども、わたしが必死に振り払ってやめてと言っても、カルヴィンは挿入を続けました。そして、同じくらい強く、同じような動きで、肛門にも激しく挿入してきました。わたしはまた彼の手を払おうとしました。すると彼は「大丈夫、潮吹かせたいだけだ」と言いました。そして上半身を起こして壁を背に寄りかかり、わたしの腕をペニスのほうに引き寄せました。そしてわたしは頭をぐっと押され、フェラチオを強要されました。苦しくて吐き気がしました。どうにか離れることができ、横になりました。するとカルヴィンはわたしの上に乗って、セックスしようとしました。膣に挿入されたときは猛烈に苦しかったです。わたしは右の前腕で彼を押しのけて、大声でおしっこと言いました。そして立ち上がってショートパンツを穿き、廊下を通ってバスルームに行きました。

カルヴィンもバスルームについてきました。何も言葉はなく、仕切り越しにこちらをじっと覗いていました。そして、わたしがまだ用を足しているあいだに出ていきました。彼を見たのはそれが最後です。

わたしは部屋に戻りました。なかに入ると、ルームメイトのナンシーが立っていて、わたしのシーツを恐ろしい表情で見ていました。わたしも見てみると、シーツが血まみれでした。……わたしはヒステリックに泣きはじめ、廊下の向こうの勉強ラウンジまで行きました。カウチに座って泣きました。ナンシーが来て、大丈夫か、病院に行きたいか、と訊かれました。

わたしはただ眠りたいと言いました。

「すごく苦しかったです――ものすごく」と、ケリーはわたしに言った。「やっとカルヴィンを押しやったところで、廊下を走ってバスルームに行って、トイレに閉じこもりました。用を足してるときはかなり痛くて、苦しくてヒステリックに泣き叫んでました。あの男はバスルームまでついてきて、仕切りの上から覗いて、わたしが泣いてるのを見たんです。無言だったと思います。わたしはただトイレに座って頭を下にして、泣きわめいてました。三日間、出血が続くことになりました」。カルヴィン・スミスが寮を出ていったあと、ケリーは部屋に戻り、「ほんとうに疲れていたので、少し寝ようとしました」。

そして土曜日の朝、数時間の眠りから目を覚ますと、陽光で明らかになった部屋の惨状に気が動転した。「わたしが寝ていた枕に血がついていたんです」と、彼女はのちにミズーラ市警のコニー・ブリュックナー刑事との事情聴取で涙ながらに振り返っている。「顔を上げると、壁の上のほうにも血がありました。それでさっと起き上がって、横を見たら、右側の壁にも血がついてました。ベッドを飛び出したら……シーツ全体に血が。……それですぐに立ち上がって、ジャームX〔訳註：衛生用品のブランド〕のウェットティッシュを取って、壁をしっかり拭きました。そのあと、泣きながらシーツと枕カバーを取って、白いウォルマートの袋に入れて、もしかしたらキャンパスのスーパーの袋だったかもしれないですけど、全部そのなかに押し込んでダストシュートに捨てました」

壁を拭いてシーツを処分したあと、ケイトリン・ケリーはジーンズとベルトがないことに気づいた。「わけがわからなかったです。どうしてわたしのズボンを持っていったのか。いまでも信じられないです」。彼女はルームメイトのナンシー・ジョーンズ（仮名）と車で出かけ、頭をすっきりさせようとした。「何をされたのか理解してませんでした」とケリーは振り返る。「ナンシーに『何が起きたの？』と訊き続けたら、『あなたはレイプされた』って」

ナンシーが簡潔に言い表したあとも、「ちゃんと理解するまで数日かかった」とケリーは言う。「月曜日に、ナンシーに説得されて、カリー保健センターでレイプキットの手続きをしました」。保健センターの医師は、膣と直腸の激しい痛み、膣の出血、内腿と膣円蓋の擦り傷を認めた。しかし、ケリーは警察にレイプ被害を届け出たくなかった。

火曜日、ケイトリン・ケリーはケリイ・バレットと出くわし、何が起きたかを話した。そのとき、「ケイトリンはカルヴィンがだれなのかを知らなくて、名字も知らなくて、どこに住んでるかも知りませんでした」とバレットは言う。「それに、身の危険を感じていました。起きたのは彼女の部屋だったし、その男が戻ってくるかもしれなかったので」。バレットは届け出ることを強く勧めたが、ケリーは反対した。「彼女はトラブルになるのを心配していたんです」とバレットは言う。「彼女はお酒を飲んでましたけど、まだ二十歳で、飲んじゃいけない年齢でした〔訳註：米国では二十一歳から飲酒が認められる〕。それに、警察が話を信じてくれないと思っていたんです」

ケリイ・バレットは、友人をレイプした男の責任が問われないことを案じ、自分の手で対処することに決めた。ケイトリン・ケリーとカルヴィン・スミスが入るときに使ったターナー・ホールのドアには防犯カメラが設置されていた。「なので、大学の警備機関に電話して、カメラのテープはいつまで保存しているのか訊きました」とバレットは言う。「そしたら、うまく言いくるめられて、どうして知りたいのか教えることになりました」。バレットがケリーの身に起きたことを明かすと、大学の警備員がバレットのアパートに向かい、彼女を事務所に呼んで防犯カメラの映像を調べさせた。

まもなくバレットはケリーの姿を確認した。大柄な若い男とターナー・ホールに入るところで、午前三時二十七分。「レイプした男がケイトリンに腕をまわして寮に入るところを見ました。彼女は相当酔っ払ってるようでした。そのあと、三十分くらいして、レイピストが彼女のズボンを手に持ってドアを出ていきました」。どうやら戦利品として持ち帰ったようである。

バレットは大学警察に行ったことをその時点ではケリーに話していなかった。映像を見せてくれた警備員には、ケリーがレイプ被害を届け出たくないと思っていることをはっきり伝え、ケリーに連絡しないでほしいと頼んだ。彼は了解し、ケリーが心変わりしたときに見られるよう、該当場面を保存しておくと約束した。

一日後、バレットは自分のしたことをケリーに打ち明け、レイピストの映像が保存されていることを説明し、大学警察はケリーをトラブルに巻き込むことはないと保証していると言った。しばらく悩んだあと、ケリーは考え直し、大学警察に暴行の被害を届け出ることに決めた。申し立てられた犯罪が重罪であったことから、モンタナ大学警察はただちにこの事件をミズーラ市警に引き渡した。そこでランディー・クラステル巡査がケリーの寮の部屋に向かい、事情を聞き、まだ残っている証拠をすべて集めることになった。

その時点で、ケイトリン・ケリーがレイプされたというときから五日が経っていた。「血の染みたシーツはもう捨てていました。気持ち悪かったし、どうすればいいかもわからなくて」と彼女は言う。「でも血のついたショートパンツと、血のついた下着のパンツ、血のついたTシャツを警官に渡しました。血が全体に染み込んだ五センチの厚さの形状記憶マットレスも持っていきました」。クラステル巡査はケリー、ケリイ・バレット、ケリーのルームメイトに事情を聞き、犯罪現場の写真を撮った。

レイプ容疑者のカルヴィン・スミスはその年の六月に小さな町の高校を卒業していたが、高校時代はスポーツの分野で目立った存在だった。スミスを知る人たちは、彼を「やさしい」、「気安い」、「アホ」と評していた。しかしケイトリン・ケリーと会う前にセックスの経験はなく、ソーシャルメディアへの投稿を見ると、どうやら欲求不満のやむを得ない禁欲者だったらしい。二〇一一年一月十一日、スミスは自分のフェイスブックページにコメディーアニメ『ファミリー・ガイ』のセリフを投稿している。「女は人じゃない、神様が男の楽しみのためにここに設置したのだ」

フェイスブックの友達が、実際のセリフは「女は人じゃない。イエス・キリスト様がわれわれの楽しみのために生み出した装置だ」だとコメントすると、スミスは「あーー、オレにもそんな力がありゃいいのに」と返信した。

クラステル巡査が寮に来たあと、ケイトリン・ケリーはダウンタウンの警察署に来るように言われ、コニー・ブリュックナーという、ミズーラ市警で八年の経験を持つ評価の高い女性刑事と話すことになった。事情聴取は、録音され、四十二分に及んだ。ブリュックナーは非常に細かく、問いつめるような質問をしたが、その態度は気遣いがあって協力的だった。寮に入る前にカルヴィン・スミスとのセックスに同意していたことをケリーが認めると、ブリュックナーは「そのときはどう思ってた？」と訊いた。

「楽しくなるだろうなと」ケリーは答えた。

「どういうことになると思ってた？」

「きっと、たぶん、セックスする」

「そのときはそれでよかった？」

「そうです」ケリーは答えた。「だから彼を部屋に入れたんです」

「それが変わった？」ブリュックナーは尋ねた。「その気持ちが」

「はい」ケリーは言った。「たぶん部屋に入ったときです。ルームメイトが彼氏と部屋にいたんです。二人は、いびきをかいて、爆睡してる感じで。それで彼に『ルームメイトが彼氏といるから何もできない』って言ったんです。そしたら彼は『大丈夫だよ。静かにしてよう』って」

「それについてはどう思った？」ブリュックナーは訊いた。

「それはだめだろうと」ケリーは答えた。

ブリュックナー刑事は、寮の部屋に入ったあとにセックスに対する気持ちが変わったのは理解できるし受け入れられると言って、ケイトリン・ケリーを安心させた。そしてこう言った。「もしルームメイトがいなかったら問題なかった？」

「いえ」彼女は迷うことなくきっぱり言った。「寮に入ってすぐ、わたしは『やだ！　やりたくない』みたいに言ったんです。……『朝までただベッドで寝るだけね』って」

「それで彼はどう答えた？」ブリュックナーは続けた。

「えっと、わたしのベッドの上で横になりました」ケリーは答えた。「それでわたしも彼の隣で横になりました」

ブリュックナー刑事は、彼女とカルヴィン・スミスは服を着たままベッドに入ったのかと尋ねた。

「はい」ケリーは答えた。「そのあと何があったかはわからないんですけど、次に覚えているのは目が覚めたときのことです。彼が指をなかに入れてきてて、突き刺すような動きでした、すごく乱暴な」

「膣のなか？」

「はい」ケリーは言った。

ブリュックナーは、着ていた服はどうなっていたのかと確認した。

「目が覚めたときですか？」ケリーは言った。「ズボンは穿いてなかったですけど、シャツは着たままでした」

「それで、そういうことになったと気づいてどうなった？」ブリュックナーは訊いた。

「手を伸ばして、彼の手を払い続けました」ケリーは説明しながら、手でその動きを再現した。「彼の親指をつかんで、なんていうか、彼のほうに引っ張り続けました。追い払うために。でも彼は、なんか、何度も戻ってくるんです」

「彼は何か言った？」ブリュックナー刑事は訊いた。

ケイトリン・ケリーによると、カルヴィン・スミスは彼女に「おい、待てよ。待てよ」と言った。

動きで」

「あなたは何か言ってた？」ブリュックナーは訊いた。

「わたしは『やめて！』と言ってました」ケリーは主張した。「それから――」

「二人ともどのくらいの大きさの声で？」ブリュックナーがさえぎった。

「わたしはそれほど大きくなかったと思います」ケリーは答えた。一瞬口をつぐんでから、悲しげにこう説明した。「ルームメイトがいたから、起こしたくなくて。わたしはとにかくやめさせたかったんです。そしたら彼はわたしのお尻に入ってきたんです。また手で同じ突き刺すような動きで」

少しして、ブリュックナー刑事は、同じ部屋の一メートルほど先でルームメイトとそのボーイフレンドが寝ていたのに、なぜそれ以上彼女たちに気づかせることをしなかったのかと、ケイトリン・ケリーに再び尋ねた。「わかりきった質問になっちゃうけど」ブリュックナーは詫びた。「人がよく訊くことだから。……静かな声でやめてと言う。それはある程度理解できる。でもそのときあなたはどう考えてたのかしら？　ただ大声で叫べばよかったんじゃない？　そうすれば間違いなくやめさせられたでしょ」

「わかりません」ケリーは言った。「正直、わからないんです。とても怖かったんです」

「彼は何か脅しをかけてきた？」ブリュックナーは訊いた。

「いえ」ケリーは答えた。

「あなたの気を悪くさせようとして訊いてるわけじゃないけど」ブリュックナーはこだわった。「ただ――いまこうして考えてみて、『こんなことができたかもしれない』とか言うのは簡単よね。もう起きてしまったことだけど」

「シーツを捨てたことはほんとうに後悔しています」とケリーは言った。そして、あの晩の自分の沈黙がこうした境遇に置かれていない人にとってどれほど不可解に思えるかに気づき、わっと泣きだした。「どうしたらいいかわからなかったんですよ。ひたすら忘れたかったんです、何もなかったみたいに。届け出るのだってほんとうにつらかったです」

実際、性的暴行の研究をしている心理学者や精神医学者の報告によれば、ケイトリン・ケリーと同じような反応をするレイプ被害者は珍しくない。二〇一二年のボルティモアでの発表で、デイヴィッド・リザック――臨床心理士・法医学コンサルタントで、顔見知りによるレイプ問題の専門家――が会場いっぱいの検察官、弁護士、警察官、医療従事者に向かって説明したのは、レイプされた被害者は、その経験のショックがあまりに大きいため、さまざまな不可解に思える行動を取ることが多いということだった。「『麻痺したようだった』とレイプ被害者が言うのを聞いたことがある方はどれくらいいるでしょうか？」と、リザックは会場に問いかけた。「『叫びたかった、でもできなかった』と聞いたことがある方は？　トラウマを負った被害者の治療をしている方で、『昨日の夜、悪夢を見た。逃げたいのに動けなかった』と聞いたことがある方は？」

レイプが寮の部屋で起こった場合、捜査員は被害者が容易にベッドを出て部屋から逃げ出せたと判断することが多い、とリザックは言った。しかし、「すぐに逃げようとしなかったということ、あるいは叫ばなかったということ――そうした事実は必ずしもそれが合意の上での行為だったことを意味しません」。

リザックが話したあと、彼の同僚のラッセル・ストランド――性犯罪の専門家で、米国陸軍軍事警察学校の家族支援法施行研修課長――が同じ会場いっぱいの人々に向け、自宅でパーティーを開いた陸軍の夫妻の話をした。このような話である。客の一人の兵士が家に帰れないほど泥酔した。夫妻は彼に付き添って地下へ行き、カウチに寝かせた。彼はすぐに意識をなくし、夫妻は上階に戻って自分たちのベッドで四歳の息子と一緒に寝た。

真夜中、妻が目を覚ますと、あの泥酔した客が横にいて、指を膣に入れ、刺激してきていた。夫と息子が同じベッドで寝ているなかで。彼女はぞっとしたが、何も言わなかった。十五分間、彼が指の挿入を続けるあいだ、黙って横になっていた。この暴行事件の弁護団は、主張を組み立てるにあたって、夫を起こせばすぐに暴行を止められたのに無言のままでいたという事実を重大視した。

それでも検察はこの事件を法廷に持ち込み、妻を証人席に着かせ、問題に正面から取り組んだ。巧みに質問を組み立て、陪審員の心に響く正直な説明を引き出した。ストランドによると、検察官の一人はまず彼女にこう言ったという。「あなたが経験したことについて思い出せることを教えてもらえますか？」

「はい、彼の指がわたしの膣に入れられていました」と彼女は言った。

検察官は訊いた。「目を覚まして『彼の指がわたしの膣に入れられている』とわかったときはどう思いましたか？」

彼女は「ヤバい、夫が起きなきゃいいけど」と思ったと答えた。「夫はこの男を殺したでしょうし、四歳の息子が隣で寝ていたので、息子の人生が破滅して、わたしの人生が破滅し、夫の人生が破滅することになったと思います。だから、最初に思ったのは『夫が起きなきゃいいけど』ということでした」

この証言が加害者側の主張を崩し、彼は有罪になったと、ストランドは言った。

コニー・ブリュックナーによる事情聴取が続くうちに、ケイトリン・ケリーはいらだってきた。ブリュックナーは暴行の被害を届け出たことを褒め、彼女の気持ちを楽にさせようとした。「今回の出来事は許されることじゃない」とブリュックナーは言った。「あなたが動揺してるのがわかる。あなたは強い子で、きっといつも的確な判断ができるんでしょう。……必要ならティッシュがあるからね」

それからブリュックナーは、ケリーとカルヴィン・スミスがともに酩酊していたため、この事件の訴追は困難だろうと指摘した。「あなたがノーと言ったのを彼が聞いていなかったのが悔やまれる。でも、今回の件でよかったのは、このことをのちの人生でまた思い出さなくてすむこと。……あなたには支えてくれる素晴らしい家族がいる。大学にも立派な機関がある。……乗り越えられる、間違いなく。いまそうしたほうがずっといいでしょ、何年か経ったあとに向き合おうとするより」

「わたしはただ、あの男にもうこんなことをだれにもしてほしくないだけなんです」ケイトリン・ケリーは涙を流した。事情聴取がはじまってまだ二十一分、ブリュックナー刑事はまだ加害者と話もしていない。しかし、ケリーには、ブリュックナーがカルヴィン・スミスをいかなる罪にも問わないとすでに決めているように思えた。

「彼とは話をする、絶対に」ブリュックナーはケリーに請け合った。しかし、それからこう付け加えた。「彼が刑務所に入ったところで、これが大ごとになるとは保証できない。……ここに来る人たちは『あいつを刑務所に入れたい！』という感じだけど。……それに、『彼はああ言っている、彼女はこう言っている』の話だと、刑務所に放り込むのは簡単じゃないしね。でも、彼を連れてはくるし、こういった行為が認められないということをはっきりわからせる。それから、性的なことをするときは、相手がオーケイかを確かめてなきゃいけないということも」

ブリュックナー刑事は、自分の第一の関心事はケリーの安全と幸せで、その次はカルヴィン・スミスに行為の不当性を理解させることだと言った。彼を刑務所に入れることはそれに比べればずっと重要度が低いと言った。「わたしにしてみれば、それはほかのいろいろの二次的なこと。同意してくれるかしら？」

それの意味することが、スミスが罪や責任に関する講義を受けるだけで放免されるということなら、ケリーは同意できなかった。「どうして」彼女はブリュックナーに抗議した。「『やめて！』と言うのを聞こえなかったなんていうことがありえるんですか？　だって、その、あいつの顔はわたしの顔のすぐ横にあったんですよ」

「聞こえていたでしょうね」ブリュックナーはそう答えたが、酩酊状態のスミスにはケリーが同意を撤回しようとしていることが理解できなかったのではないかと主張した。

ケリーは、スミスは理解していたはずだと反論し、「無視したんだと思います」と言った。

「それがこういうケースの問題でね」ブリュックナー刑事は切り返した。「薬をキメてたり、ハイだったり、酔ってたりして、しっかりと考えることができないときは、同意ができないことになってる。……それはすごくシンプルなこと。でも今回のように二人とも酩酊してるときは厄介なことになるの」。事情聴取が終わりに近づくと、ブリュックナーはケリーにこう言った。「火曜日に彼に電話して、ここに来てもらって供述を取る。言ったとおり、簡単なケースじゃないけど。でも彼にしっかり話をさせて、彼が何と言うにしろ、あなたが何と言って何をしたにしろ、あなたが酔い潰れてて同意できなかったことをはっきりさせたい。それにわたしには……あなたはそもそも最初の段階で同意してないように思える。だから争点ですらないと思う。……今週末は実家に帰るの？」

「いいえ」ケリーは答えた。「実家に帰ったら、もう戻ってこないです。……お母さんは退学して帰ってきてほしいって。すごくショックを受けてるんです」

「あなたは強い子に見える。がんばって乗り越えられると思う。……これはひどいことだし、この状況はつらいけど、あなたがいましていることは……それに見合う前向きな影響を人に与える。……それに、カルヴィンもこれが許されないことだと理解するはず。……それにね、彼が警察に行くはめになったって友達に話したとしたら？　ねえ、その友達にもわかるでしょ、……これがよくないことだって。こういう悪いことには、実はプラスの波及効果がある場合もあってね。うまくいけば、ほかの人がこういう目にあうのを防ぐことができる」

ブリュックナー刑事はカルヴィン・スミスに電話をかけ、「質問がいくつかある」から折り返し連絡してほしいというメッセージを留守電に残した。二〇一四年八月、ケイトリン・ケリーとの行為についてわたしに話してくれたスミスは、そのメッセージを聞いても不安は感じなかったと言った。十日前のケイトリン・ケリーとのことは、酩酊していたためによく覚えていなかった。ただ、セックスが合意の上であったことは確信しており、ケリーが楽しんでいたのは間違いないと思っていた。ブリュックナーから電話があったときは、「ズボンのことだろうと思った」。

彼は高校時代にアルコールを一度しか飲んだことがなかったという。真面目なアスリートとして、パフォーマンスに悪影響を及ぼすことを慎重に避けていたためだ。しかし、二〇一一年八月にモンタナ大学に入学すると、「よし、もうスポーツから離れたんだから、飲むのもありだろう」と考えた。ミズーラでの最初の一ヵ月、スミスは「たぶん四、五回」――ほぼ毎週末――酔っ払ったと言っている。そして九月三十日――ケイトリン・ケリーと会った夜――、彼は羽目を外した。完全にへべれけになった。「人生であんなに飲んだことはありません。メチャクチャ酔って、ちゃんと真っすぐ歩けなかった記憶があります。どうして吐かなかったのかわからないです」

スミスの記憶では、あの夜、九時ごろにキャンパス構外の友人宅に行き、ビアポンをはじめた。寮に戻るまでに十杯から十二杯のビールを飲んだのではないかと考えている。そして真夜中を少し過ぎたころ、友人のラルフ・リチャーズと寮に着くと、廊下の向かいの住人たちとラムのショットを二杯飲んだ。それからスミスとリチャーズは寮を出てジェシー・ホールの近くの屋外広場に行くことに決めた。スミスいわく、「あそこの前ではいつも何かやってて、話す人がいて、楽しいことがあるからです」。

ケイトリン・ケリーと出くわし、セックスすることに合意したあとのことを、スミスはわたしにこう説明した。「彼女がようするにオレを部屋に運んだ感じです。そのときオレはろくに歩けなかったんで。彼女にもたれかかってる感じでした。……それで彼女の部屋に上がって、彼女のベッドに横になりました。そのとき、なんていうか……」スミスは一瞬口をつぐんでから、次に何があったかは酔っ払っていたからよく思い出せないと繰り返した。

十月十四日、彼は警察署に行ってブリュックナー刑事から事情聴取を受けた。ケリーの寮にたどり着いた経緯について彼が話したことは、ケリーがブリュックナーに話したこととかなりの程度一致していた。しかし、部屋に入ったあとのことになると、スミスの説明とケリーの説明はなかなか嚙み合わない。ブリュックナーが事件報告書とともに提出した、スミスへの事情聴取の一ページ半の梗概にはこう書かれている。

スミスは性行為をすることに関してその女性と交わした非常に率直な議論について説明した。……スミスの受けた印象では、その女性は酩酊していなかった。……

彼は部屋が暗かったと言い、彼女のベッドが壁に突き当たっていたと振り返った。スミスは部屋にほかの人がいるとは思わなかった。その女性と彼女のベッドでいちゃついたと振り返った。彼は二人ともズボンを脱いだと供述した。より明確に、彼女のズボンを脱がしてあげた「かもしれない」と言い換えた。スミスはその女性はベッドで横になっており、自分は彼女の足元にいたと供述した。指を膣に挿入したと供述した。肛門に挿入したとは考えていなかった。スミスはその女性は何も言わず、あえぎ声を上げていたと供述した。彼女は性的接触に同意しているような印象だったと供述した。スミスはその女性がある時点で彼にオーラルセックスをしたと報告した。彼は射精したことを否定したが、勃起したことは認めた。スミスは彼女を押さえつけたり、逃げられないようにしたりしたことは決してないと供述した。彼は彼女が「自ら動いた」と記憶していた。

スミスはその女性に出ていくように言われたあとにもう少し「いちゃついた」と供述し

た。彼女に本気で言っているのかと訊き、そうだと言われたと振り返った。立ち上がって寮を出たと振り返った。スミスは当初、寮のバスルームに行った記憶はないと言った。のちに、女子用のバスルームにいたことを「夢のなかのことのように」覚えていると供述した。より明確に、それは記憶ではあるが、夢であるかのように覚えており、実際にあったことだとは思っていないと言い換えた。スミスはその女性のあとについてバスルームへ行き、それからベッドルームに戻ったと振り返った。わたしがその女性はバスルームで泣いていたと言っていると伝えると、スミスは明らかに取り乱して涙ぐんだ。彼は泣きはじめ、彼女が気分を害したことは非常に申し訳なく思うし、彼女を傷つけたり悲しませたりするつもりは決してなかったと供述した。その感情に偽りはないようだった。話をした結果、彼が訴えに驚いていること、接触が非合意だったと彼女が感じていることに動揺していることは明らかだった。……スミスはのちに、その女性に出ていくように言われたと記憶している時点で彼女との性交を試みたかもしれないと供述した。彼はこれを彼らの行為における「ターニングポイント」だと表現した。スミスは彼女に出ていくように言われたときに出ていったことは間違いないと言った。

スミスは当初、その女性のジーンズを持っていったことを報告しなかった。この衣服の問題を突きつけられると、スミスは部屋を出るときにたしかにジーンズを持っていったと供述した。自分の行動が恥ずかしいと供述した。これまで性行為の経験がなく、友達への証拠としてジーンズを持っていったと説明した。ターナー・ホールから帰ったあとに寮の自室でジーンズを振りまわしたと振り返った。スミスは次の日にそのジーンズを処分したと言った。

スミスはその女性の寮の部屋を出たときに手に血がついていた記憶はないと言った。手とジーンズに少しついていることにあとから気づいたと供述した。彼はおそらく彼女の月経周期にあたっていたためだろうと思った。スミスはターナー・ホールを出てヌーンズ［九ブロック離れたところにある二十四時間営業のガソリンスタンド・コンビニエンスストア］に歩いて行ってから寮の自室に戻ったと供述した。

事情聴取の最後、スミスはひどく落ち着きを失っているようだった。捜査の成り行きを非常に心配していた。とても申し訳なく思っている、傷つけるつもりはなかったとその女性に知ってもらいたいと、繰り返し口にした。スミスは過ちを犯したとわかっていた。飲むべきではなかったし、飲んでいるかもしれない相手に性的なことをにおわせるべきではなかったと供述した。スミスは女性のジーンズを持っていったことをよくないことだと理解していた。

事情聴取のあいだ、ブリュックナー刑事はケリーが「ノーというようなこと」を言ったかどうか、カルヴィン・スミスに繰り返し訊いたという。「オレは『いえ。……もしノーと言われたらやめてました』みたいに答えました。実際、最終的に、彼女がもうやだと言ったときはやめましたし」と、スミスはわたしに言った。ブリュックナーともう一人の刑事が「変な質問ばかりしてきたんです。オレに血がついてたかとか。……でも、まあ、イライラするようなほどではなかったです。それで、最終的には、まあ、『彼女があなたにレイプされたって言ってる』みたいな話になって」〔原註：モンタナ州において、レイプを表す法律用語は「合意のない性交」である。性交は「故意若しくは意図的な……他人の陰茎による陰門、肛門、口への挿入、他人の身体部位による……陰門や肛門への挿入、又は……異物や器具による……陰門や肛門への挿入。……肉体的損傷や屈辱、苦痛を与える、若しくは侮辱する、又は……どちらか一方の側の性反応や欲望を刺激する、若しくは満足させる。……しかし、挿入はいかに軽微でも十分である」と定義されている」。そのとき、「オレはパニックになって泣きはじめました」。

スミスが手に負えないほど泣きじゃくったため、ブリュックナーはテープレコーダーの電源を切り、オフレコで、家に帰って自殺する恐れはあるかと訊いた。彼が自殺するつもりはないと請け合うと、ブリュックナーは訴追について悩むべきではないと言い聞かせたという。「まだやるべき捜査がたくさんある」と彼女は言った。

続く数週間、ブリュックナー刑事は、ラルフ・リチャーズ、グレッグ・ウィット、スミスのルームメイト、ほか多数の証人から事情を聞いた。そして十一月上旬、ケイトリン・ケリーに電話し、事件の最新の状況を伝えた。「ようするに」ケリーは言う。「カルヴィンを罪に問う十分な証拠がないという話でした。わたしが渡したものからはＤＮＡが検出されなかったと。……彼女はわたしがシーツを捨てたことを大げさに言いました、それが唯一の証拠だという感じで。血まみれの服とか血のついたマットレスのことは何も言いませんでした。……法医学検査のことも何も言いませんでした。……あの男がわたしのズボンを持って出ていくところの映像のことも。完全に閉め出されました。それで終わりです。最悪の結果でした」

警察に犯罪の被害届を出したあと、容疑者の罪を問い、訴追するか否かを判断するのは被害者の特権だと多くの人が信じている。ニュースメディアは、被害者が「告訴するのを断わった」という報道によって、しばしばレイプ被害者に関するこのような誤解を生み出している。しかし実際のところ、刑事司法制度は被害者に直接の決定権を与えていないのだ。容疑者が逮捕されるべきかを判断するのは基本的に警察で、有罪判決が求められるべきかを最終的に決めるのは検察である。

　刑事事件で人を逮捕、訴追するために、警察と検察に必要とされるのは、理性のある人がその訴えをおそらく正しいと思える証拠である。この基本的な法的基準は一般に「相当な理由」と呼ばれる。相当な理由が足りないためにカルヴィン・スミスが訴追されないというブリュックナーの発言は、当時もいまも理解しがたいものだ。たしかに陪審員に説明するのは困難で、スミスは最終的に無罪になったかもしれない。しかし、これまでにレイピストたちは、ミズーラ市警とミズーラ郡検事がスミスに対する主張を組み立てる際に集めた証拠よりもずっと少ない証拠で、罪に問われ、訴追され、裁判にかけられ、正当に有罪判決を受けているのである。

第八章

ケイトリン・ケリーにとって、勇気を奮い起こし、レイプされたことを両親に伝えるのは大変なことだった。「きつかったです――たぶん、わたしが両親に味わわせた、いちばんひどい苦痛だったと思います」と彼女はわたしに言った。ケリーの父親は、警察が事件の捜査を打ち切り、加害者が罪に問われないと知って怒り狂った。彼とケイトリンはミズーラ市警に行き、事件報告書のコピーを求めたが、警察は何も見せてくれなかったという。「振りまわされただけでした。……お父さんはかんかんに怒ってました」

ケイトリン・ケリーにとって幸運だったのは、ミズーラ市警のほかにモンタナ大学にもレイプ被害を届け出ていた結果、学生部長のチャールズ・クーチャーがこの件を深刻に受け止めたことである。二〇一一年十月二十日、ケリーと会ってまもなく、クーチャー学生部長はカルヴィン・スミスに手紙を送り、こう通知した。

あなたがモンタナ大学学生行動規範第5条第A項第18号に違反したという申し立てがあり、調査を開始しました。第5条第A項第18号は強姦を禁じています。あなたは、二〇一一年十月一日、ケイトリン・ケリーをターナー・ホールの彼女の部屋で強姦したと報告されています。

調査が行われているということは、私がこの申し立てについてすでに結論を下しているということではありません。事実、私の調査の目的は、申し立てが正確であるかを判断することにあります。

二〇一一年十月二十六日（水）に面談を設定しました。大学（メイン）ホール022号室で午前十時からです。申し立ての件、並びに学生行動規範の手続き規則について話し合うことになります。あなたには手続きのすべてに、弁護士を含めた任意の人物を同席させる権利があります。……面談の欠席は学生行動規範の重大な違反となります。

調査の結論を出すにあたり、申し立て通りあなたが学生行動規範に違反したという十分な証拠を得られた場合、あなたの即座の除籍を要求するつもりです。……当座の間、ミズ・ケイトリン・ケリーと、仲介者を介する場合を含め、いかなる接触も持ってはなりません。

カルヴィン・スミスは十月二十六日のクーチャー学生部長との面談に一人で現れた。両親に話すことなく窮地を脱したいと思っていたため、弁護士に金を払うなど論外だった。友人のラルフ・リチャーズにサポートに来てもらうつもりだったが、リチャーズは重要な証人であり、クーチャーは後日、スミスのいないところで事情を聞きたいと思っていた。「なので、一人で話しに行きました」とスミスはわたしに言った。『よろしい、あなたの言い分を聞きたい』みたいに言われました」

スミスはケイトリン・ケリーがセックスに同意していたと言って譲らなかった。しかし、面談のあいだじゅう、クーチャー学生部長はケリーから聞いた話をもとにスミスの主張に異議を唱えた。スミスはこう振り返る。「真実を話しなさいとか延々と言いまくってましたけど、真実を話したらあの人はもっと激しくなるだけですよ。いちばん最後に、『ああ、君は有罪だ。……そうだ、君は除籍される』みたいに言われました」

このクーチャー学生部長との話し合いのあいだ、カルヴィン・スミスはかなりの時間、子どものようにわーわー泣いていた。ブリュックナー刑事との事情聴取の終わりに泣いたのと同じように。彼はケイトリン・ケリーをレイプした事実はないと繰り返し主張し、除籍しないでほしいと涙ながらに訴えた。そしてその後、にっちもさっちもいかないと気づき、深刻なトラブルに巻き込まれていると両親に打ち明けた。

カルヴィンの母親、メアリー・スミス（仮名）は、事情を知ったときのことをわたしにこう話した。「本気で耳を疑いました……どうしてそんなことがありえるのかって。特にあの子の場合は。……あの子は生まれたときからいっさい卑劣なところがないんですから」。メアリーと夫はミズーラの評判の弁護士、ジョシュ・ヴァン・デ・ウェテリングを雇い、今後の大学の審理におけるカルヴィンの代理を頼んだ。

二〇一一年十一月二日、カルヴィン・スミス、ケイトリン・ケリー、そのほかの証人たちから事情を聞いたチャールズ・クーチャー学生部長は、スミスにこのような手紙を送った。

先日は、モンタナ大学学生行動規範に違反したとの申し立てに関して、面談にお越しいただきありがとうございました。あなたがミズ・ケイトリン・ケリーを強姦したことで第5条第A項第18号に違反したとの申し立てに関し、これを裏づける十分な証拠を得ました。……私の結論および望ましい制裁の根拠となった事実を以下に記します。

一．レイプ被害者ミズ・ケリーの書面による詳細な説明。このなかで彼女は以下のように述べている。彼女とあなたは、お互いに望んで性行為をするため、学生寮の彼女の部屋に行った。到着すると、彼女はルームメイトとそのボーイフレンドが室内で寝ていることを知り、その時点で、彼らがいることを理由に性行為を「しない」と言った。彼女はあなたとベッドに入って眠りについたが、あなたに「三本の指を繰り返し激しく膣に挿入された」ために目を覚ました。被害者が「やめて、いやだ」と何度も言ったにもかかわらず、あなたは強姦し続けた。その後あなたは、「同じくらい強く、同じような動きで」被害者の肛門に指を入れた。

二．事件の前にビアポンという飲酒ゲームで十杯から十二杯のビールを飲んだというあなたの供述。

三．事件の前に、ビールに加え、ラムのショットを少なくとも二杯飲んだというあなたの供述。

四．事件の最中に「メチャクチャ酔っていた」というあなたの供述。

五．事件のことを、その少しあとまで含めて、しっかり覚えていないというあなたの供述。

六．ミズ・ケリーとオーラルセックスをしたというあなたの供述。

七．ミズ・ケリーの肛門と膣に指を入れたというあなたの供述（三本の指だったとミズ・

ケリーが言っていることを私が伝えると、あなたは二本の指だったと思うと言った）。

八．ミズ・ケリーに「大丈夫、潮吹かせたいだけだ」と言ったというあなたの供述。あなたは、以前に鑑賞したいくつかのポルノで、何人かの女性の潮吹きを見たと言った。

九．事件後にミズ・ケリーのあとについてターナー・ホールの女性用バスルームに行き、放尿中の彼女を仕切りの上から見ていたというあなたの供述。

十．記念品がほしかったため、事件後にミズ・ケリーのジーンズをクレイグ・ホールの自室へ持ち帰ったというあなたの供述。

十一．自室で目を覚まし、ジーンズに気づいたが、最初はだれのものか、どこにあったものかがわからなかったというあなたの供述。

十二．のちに、ジーンズをどのように手に入れたか、なぜそれが自室にあるかを思い出したというあなたの供述。

十三．このジーンズを取っておく理由などないと思ったため、のちにそれを捨てたというあなたの供述。

十四．ミズ・ケリイ・バレットの書面による詳細な説明。ミズ・バレットはミズーラ市警の巡査がミズ・ケリーの部屋から押収したいくつかの血のついた物品を見ており、枕カバー、マットレスパッド、マットレスの血、「刑事が押収したショートパンツについた大きな血の染み」を確認した。

十五．ミズ・ケリーのルームメイト、ミズ・ナンシー・ジョーンズの事情聴取の詳細な記録。事件中、ミズ・ジョーンズはベッドで熟睡していたが、部屋のドアがバタンと閉まる音で目を覚ました。その後、男性（のちにあなたと特定される）が身をかがめて何か（のちにミズ・ケリーのジーンズとベルトと特定される）を拾い、部屋を出るのを確認した。ミズ・ジョーンズはルームメイトのシーツ全体に血がついているのを見た。隣の勉強ラウンジから泣きじゃくる声が聞こえ、そこに行くと、ミズ・ケリーがヒステリックに泣きじゃくっていた。ミズ・ケリーは何が起きたかをミズ・ジョーンズに話した。ミズ・ケリーは片方の手の三本の指をもう片方の手でつかみ、その時点でだれだかわからなかった男性（のちにあなたと特定される）に指を「突き刺され」ていたと言った。ミズ・ジョーンズはその後、その日の午前のうちに、血のついたシーツがなくなっていること、ミズ・ケリーがそれを捨てたことに気づいたと言った。

十六．ミズ・ケリーは、強姦された二日後に、骨盤の痛みのためにカリー保健センターへ行った。

十七．担当医はミズ・ケリーの両内腿に表皮剝脱と痣を見つけた。

十八．担当医は「膣円蓋」の内側に「動悸で痛む」擦り傷を見つけた。

十九．被害者の月経はまだはじまっていなかった。

二十．強姦のあと、被害者はカリー保健センターの学生暴力対策センターを利用した。

こうした目に余る行動への適切な制裁は以下の通りです。

一．モンタナ大学からの永久除籍。即時発効。

二．大学所有物の利用や大学が主催する活動への参加の禁止。即時発効。

あなたは学生行動規範に違反したという告発を受け入れることも否認することもできます。また、制裁を受け入れるかどうかも選択できます。告発を否認するか、制裁を受け入れない、またはその両方を選択する場合、学生担当副総長または彼女が指名した人物との事務協議、そして大学裁判所での審問を要求する権利があります。下の適切な線の上に署名をし、どのような手続きを望むかを示してください。

カルヴィン・スミスは告発を否認し、十一月七日に設定された学生担当副総長テレサ・ブランチとの協議で、クーチャー学生部長の決定に対して不服を申し立てた。話し合いの終わりに、ブランチ副総長は、スミスは強姦罪で有罪であり除籍されるべきだというクーチャー学生部長の意見に同意した。スミスによると、クーチャーはそれを受け、大学における司法取引にあたる手続きを提案した。規則にしたがって強制的に除籍されるかわりに自主的に大学を退学すれば、レイプに関することはいっさい履歴に残らないというものである。スミスはその申し出を受けようとは考えもせず、クーチャーに、「やったと言うつもりはありません」と言ったという。そしてブランチの決定を不服として、学生行動規範で認められているとおり、上級機関の大学裁判所に上訴した。裁判所での審問は二〇一一年十一月十八日の午後に行われることになった。

モンタナ大学の審理のプロセスは、刑事司法制度におけるレイプ事件の扱われ方と決定的に異なるものとして定められている。レイプの申し立てを受けた際、大学当局は主に二つの目標を定めるものだ。ひとつは、事実をできるかぎり早く正確に解明すること。もうひとつは、容疑をかけられた学生が結果的に有罪だとわかった場合、レイピストであるその人物をキャンパスからただちに追放し、ほかの学生たちを守ることである。刑事司法に携わる人々と同じように、大学当局者も無実の者の処罰を避ける重大な責任があることを理解している。とはいえ、大学が科すことのできるもっとも厳しい処罰は除籍——つまり、容疑をかけられた学生の自由を奪うことはなく、前科をつけることもない——であるため、モンタナ大学を含むほとんどの大学は、何がなんでも被疑者の権利を守ることより、真実を見つけることのほうが重要だと考えている。

アメリカの刑事司法制度は、大学の審理のプロセスと異なり、証拠排除などの行為を日常的に認め、被疑者の憲法上の権利が侵害されないことを保証している。また、検察は、有罪判決を得るために、公訴事実が「合理的な疑いを差し挟む余地がない」ことを証明しなければならない。これほどまでに被疑者の権利を保護すれば、犯罪者が責任を免れるケースが生じるのは必然だ。これは合衆国憲法に記されている不可侵の公民権を保護することの代償だと広く理解されている。イングランドの法学者ウィリアム・ブラックストンが十八世紀に残した有名な言葉のとおりである。「重罪の推定証拠はすべて慎重に認定されるべきである。一人の無実の者が罰せられるより、十人の罪人が罰を逃れるほうがいいと法律は考えるためである」

だが、モンタナ大学は、アメリカのほかのすべての大学と同様、一九七二年の教育改正法第九編の規定で、学生をセクシュアルハラスメントや性暴力から守る義務を負っている。改正法第九編はそもそも、学生スポーツにおける男女の機会均等を目的としていたが、性的暴行の訴えに対処する包括的な制度をつくることも高等教育機関に求めている。

レイプ容疑者に対するモンタナ大学の審理は、刑事手続きというより懲戒手続きであるため、大学は刑事司法制度に付随する証拠のルールには縛られず、それゆえ、訴えられた人物の権利と同じ程度、被害者とされる人物の権利に重きを置くことが許されている。法律尊重主義のへりくつによって証拠があいまいになるのを防ぐため、そしてそれによってレイピストが罰を逃れ、大学内部の人々が危険にさらされることがないように、モンタナ大学はレイプ事件に対処する際、弁護士の役割を最小限にしようとしている。

クーチャー学生部長がカルヴィン・スミスに説明したとおり、学生行動規範は、規範に違反したとされる学生に対して、すべての懲戒手続きに弁護士を同席させる権利を与えている。だが、「法律顧問の役割は……当該学生との相談のみに限られる」〔原註：学生行動規範に筆者が傍点を付した〕ともされている。大学の審理のあいだ、弁護士は異議を唱えることはおろか大学当局者に直接話すことも禁じられている。依頼人の耳元でささやく以上のことはできず、じっと口を閉ざしていなければいけないのである。

カルヴィン・スミスの代理人となった弁護士のジョシュ・ヴァン・デ・ウェテリングは、モンタナ大学による審理のあいだ、依頼人のかわりに話すことができず憤慨していた。大学の審理で代理人をつとめる弁護士は、ほとんどが同じようないらだちを感じる。十一月十八日午後一時五分、スミスの大学裁判所での審問が予定されている時間まで二時間を切ったとき、ヴァン・デ・ウェテリングはクーチャー学生部長にメールを送り、事件に関する警察の報告書をさらに時間をかけて集めたいため、審問を十二月二日に延期してほしいと要請した。

スミスは、ミズーラ郡首席検事補のキルステン・パブストが三日前にこの事件を不起訴にしたことをすでに知っていた。ヴァン・デ・ウェテリングはこの事実が評決の前に大学裁判所に考慮されるべきだと考え、パブストをスミス側の証人として審問に呼ぶつもりだとクーチャーに伝えた。ヴァン・デ・ウェテリングはブリュックナー刑事も証人として呼びたいと言った。クーチャーはすぐにヴァン・デ・ウェテリングにメールを送り、彼の要請を断った。

ジョシュ、審問まであと二時間というところになってなぜ延期を要求するのか、わけがわからず困っています。その女性刑事を出席させるという要請については、ミューア警察長が断ったと昨日の段階で報告を受けました。……あなたは大学裁判所の審問に証人を呼んではいけないということを思い出すべきでしょう。あなたの依頼人は自身で証人を呼び、自身の主張を述べることになっています。あなたが関与できる範囲は、依頼人との私的な相談に厳密に制限されています。依頼人の陳述は今日の午後三時にはじまります。……わたしがあなたの依頼人に対して大学側の主張を述べたあと、依頼人は審問を十二月二日に続行することを議長に要請できます。これは教育的手続きであり、刑事的手続きではありません。

ヴァン・デ・ウェテリングは反撃した。

私は時間稼ぎを狙っているのではありません。立証されれば今後の人生に大きな影響を及ぼす重大な訴えに対して、依頼人がしっかりと抗弁できることを保証したいだけです。この取り組みは一筋縄ではいきません。それを裏づけているのは、経験を積んだ捜査官や検察官が強姦は起きていないという結論を出していながら、学生部長のあなたは起きたという結論を出しているという事実です。これは看過できません。……

私は自らの役割を理解しています。また、知識と経験を持つあなたが大学側の主張を述べるのに対し、十八歳の青年に一人で反論することを余儀なくさせるのは、酷なことだと思いますが、甘んじて規則に従う次第です。我々は三時に到着します。私は議長に審理時間の延長を求めます。

どうかご安心ください。すべてが実に教育的に行われております。

大学裁判所の七人の裁判員はモンタナ大学総長に任命され、学部生三人、院生一人、教員二人、職員一人で構成される。二〇一一年十一月十八日にメイン・ホールの地下で行われたカルヴィン・スミスの審問では、経営学部の著名な教授が議長となった。彼女は大学裁判所における裁判官の役割を果たし、手続きを取り仕切った。大学側の利害を代弁するチャールズ・クーチャー学生部長は検察官にあたる役割であり、証人を呼び、スミスに不利な証拠を提示した。

クーチャーが最初に証言させたのはケイトリン・ケリーだった。彼女は十七分にわたってクーチャーと裁判員からの質問に答え、クーチャーおよびコニー・ブリュックナー刑事との一対一の事情聴取で伝えた内容を短縮したかたちで話した。そしてそれが終わると、ケリーのためにクーチャーに召喚された六人の証人――ケリイ・バレット、ケリーのルームメイト、ルームメイトのボーイフレンド、大学の学生支援対策センターのコーディネーター、ケリーの両親――が次々に証言した。

手続きがはじまって九十分が経ったところで、カルヴィン・スミスが自ら頼んだ証人を呼ぶ番になった。最初に出廷した証人は、ミズーラ郡検事局で性的暴行部門を取り仕切る検察官のキルステン・パブストだった。

パブストは四十四歳で、堂々とした風格があった。彼女が育ったのはモンタナ州ハヴレ――カナダとの国境から五十キロほどの、グレート・ノーザン・ハイライン地帯に位置する吹きさらしの鉄道町――で、両親は労働者階級だった。「ミズーリアン」紙のキャスリン・ハアケ記者に語ったところによると、子どものころ、「不景気になると」、彼女たち家族は水道もない改装したガレージに住むことがあったという。一九八五年、パブストはモンタナ大学に入学した。美術を専攻したが、卒業せずに退学し、グレートフォールズに引っ越した。復学して弁護士補助員《パラリーガル》になることを決めたときは、シングルマザーであり、レストランで働いていた。やがて、モンタナ大学で法学位を取得し、一九九五年、二人目の子どもを産んだ一週間後に、カスケード郡の検察官として働きはじめた。二年後にはミズーラ郡検事補の職に就き、以来検察の仕事に従事している。

二〇〇六年、パブストはミズーラ郡首席検事補に昇進し、性的暴行事件の訴追を監督する立場になった。カルヴィン・スミスの大学裁判所の審問に出廷した二〇一一年までに、彼女は二度結婚し、四人の子ども（いちばん下の子はまだ幼児）を産んでいた。また、乗馬の達人で、絵も得意だった。押しの強い態度と、肩に届くブロンドの髪で、町中で独特の注目を集めていた。

「キルステン・パブストがカルヴィンの証人として出てきたとわかったときは、ほんとうに衝撃でした」とケリイ・バレットは振り返る。「彼女はケリーのレイピストに対する刑事訴訟の責任者ですよ。それが大学裁判所で彼の弁護をするなんて」。バレットの驚きは、パブストがスミスや彼の両親と古くからの友達のように親しくしているのを見てさらに強まった。

ケリイ・バレットと同じく、クーチャー学生部長も郡検察官がカルヴィン・スミスの弁護をすることを問題視した。審問のあと、クーチャーは、パブストの出廷は「完全に場違い」で「適切でない」とケリーに言った。大学の審理にパブストが関与することを嫌った理由はいくつかあるが、とりわけ大きな理由は、スミスの無罪有罪を決定する際に大学に求められる立証責任が、パブストが刑事事件として起訴しないと決めた際の立証責任とはまったく異なるということだった。

七ヵ月前の二〇一一年四月、米国教育省公民権局は全国の大学に書簡を送っていた。「同僚への書簡」として知られるようになったこの書簡は、第九編にしたがって学生をセクシュアルハラスメントや性暴力から守る義務を、ストレートな言葉で大学にあらためて伝えていた。また、学生がレイプという罪を犯しながら罰を免れるというケースを発生しにくくするため、大学が性的暴行の訴えを審理する際には「証拠の優越」基準という立証責任にしたがうよう命じていた。言い換えれば、学生を有罪とするために、大学は、たしかな証拠を調べた上で、被疑者が違法行為をした「可能性が高い」と断定するだけでいいということである。カルヴィン・スミスの審問のあいだ、クーチャー学生部長は、この場における立証責任はパブストら検察官が刑事裁判で負わされる立証責任――「合理的な疑いを差し挟む余地がない」基準――よりもずっと軽いと、裁判員たちに何度か念を押した。

キルステン・パブストが大学裁判所でスミスのために行った証言は四十二分に及んだ。これはケイトリン・ケリーを含めたほかの証人の二倍以上の長さである。パブストはこの機に乗じ、スミスを不起訴にした根拠――そしてそれゆえ、大学裁判所が彼を強姦罪で有罪にすることがなぜ間違いだと言えるか――を説明した。その際に強調したのは、コニー・ブリュックナー刑事とこの事件について話し合った際に、ブリュックナーがスミスを刑事上の罪に問う「相当な理由すらない」と言ったということだった。パブストはブリュックナー刑事が集めた証拠をその後独自に調べ、「訴追できないという同じ結論に達した」と言った。モンタナ州で性犯罪を担当する検察官は、被害者が同意していないことを証明するだけでなく、「相手の女性が同意していないと被告人が合理的に了解していたことを証明する」ことも必要なのだと、彼女は説明した。

「アルコールや薬物が絡んだ性的接触のケース――デートレイプタイプのケース――はたくさんあります」パブストは続けた。「そしてそのようなケースは、われわれにとって、非常に、非常に難しいものです。……しかし今回の件は違います。今回の件はもう少し明快でした。それはつまり、ミスター・スミスと被害者とされる人物がたしかに性行為に合意していたとすべての証人が言っているからです。彼女の友人と彼の友人の双方が、二人を――露骨な言葉になってしまいますが――二人を寝させようとしていました。そして実際、被害者はそれが自分の考えていたことだったと刑事に言っているんです。自室に戻って性行為をすることが。だから、われわれがだんだん対処している、あいまいな同意の問題がまるっきりないのです」

しかしながら、裁判員の一人に疑問を投げかけられると、パブストはこう認めた。「もちろん、同意を撤回することはできます。しかし、これほど明白な同意をそのケースに当てはめるのは一般的ではありませんし、証人全員の話が一致しています。これは非常に大きな要素でした。もうひとつ大きかったのは、ミスター・スミスが性行為を終えていないと全員が認めていることですね。彼はどこかの段階で行為をやめたのだと。こう言うと少しあいまいになりますが、つまり彼は彼女が不快に思ったどこかの段階でやめるように言われ、実際にそうしたということです」

数分後、パブストはこう付け加えた。「性行為をするという断定的な口頭の取り決めをしたということは、同意したということですし、その同意を口頭で撤回したかどうかは彼女自身もあやふやです。ですから、われわれ検察官としては、口頭の同意があった段階で、容疑者に相手の気持ちを読むことを期待するのはフェアではないわけです」

キルステン・パブストは忙しいなか相当の時間を割いてカルヴィン・スミスのために大学裁判所に出廷したが、ケイトリン・ケリーとはまったく話そうともしなかった。これは検察官にレイプ被害者との話し合いを義務づけるモンタナ州の法律〔原註：モンタナ州注釈付法令集46－24－104。特定の犯罪の被害者との話し合い。訴訟の決着に先立ち可能な限り早く、刑事訴訟の検察官は、身体への傷害、その脅威、若しくはその可能性を伴う重罪又は軽罪の被害者……と話し合うものとする。訴訟の決着には以下の事項が含まれる。(一)訴訟の棄却。(二)司法手続き中の被疑者の解放。(三)司法取引。(四)司法手続きからの公判前事件処理への移行〕に違反した行為である。しかもパブストは、ブリュックナー刑事によるケリーの事情聴取の録音を聞くための時間は割かなかったようだった。というのも、ケリーが何を言ったか何を言わなかったかについての彼女の主張は、その多くが明らかな間違いだったのだ。

たとえば、「[スミスは]彼女が不快に思ったどこかの段階でやめるように言われ、実際にそうした」という発言は、ケリーの証言をふまえていなかった。その証言によれば、スミスが最終的に行為をやめたのは、ケリーが彼を突き飛ばして部屋から逃げることができたからであり、それまでに彼女は指の挿入やペニスを無理やり口に押し込むことをやめるように何度も言っていた。

それに、ブリュックナー刑事への証言、クーチャー学生部長への証言のどちらにおいても、ケイトリン・ケリーは口頭で同意を撤回したかについて「あやふや」とは正反対だった。彼女はスミスによる挿入のあいだに「いやだ」、「やめて」と何度も言ったと一貫してきっぱり主張していた。また、寮の自室に入ってルームメイトとそのボーイフレンドがいるのを見た時点でセックスの同意を口頭で撤回したと断言していた。

ケリーは、最初の同意の撤回に対してカルヴィン・スミスが「大丈夫だよ。静かにしてよう」と答えたのを受けて、ほかの人が部屋にいるからセックスはしないとあらためて言ったかどうかは覚えていない。とはいえ、部屋に入って撤回したあとに、同意の肯定と解釈されうることをいっさい言わなかったことは確信している。それに、レイプをはじめとする淫行についてのモンタナ大学の方針は、「沈黙、過去の同意、違う形の性行為への同意から」同意があったと推定してはならないとはっきり定めている。

ケイトリン・ケリーは、意識がなく、それゆえ同意が不可能だったあいだに、スミスにズボンとパンツを脱がされ指を膣に挿入されたと、ブリュックナー刑事とクーチャー学生部長のどちらにも話していた。これを受けて裁判員の一人がパブストに尋ねた。「眠っているときに同意はできませんよね。だから、たとえその前に同意していたとしても、眠っていたら認められないのではないですか？」

「そのとおりです」とパブストは答えた。だが、その直後にこう言ってはぐらかした。「まあ、場合によりますけどね。厳密なルールというわけではないんです。もしわたしがだれかと家に帰って、『よし、セックスしよう』ということになったあとに、眠って、起きて、相手の男がわたしとセックスしていたら――それは合意の上だと言う人もいるでしょうし、そうではないと言う人もいるでしょう」

質問者は追及を続けた。「法律上はどうなっているのですか？」

「それに対する答えはわかりません」パブストは言った。「厳密なルールはありませんから」

別の裁判員がパブストに、同意を撤回するためには「『いやだ』や『やめて』と一度でも言えばよく、それで同意は撤回されたことになる」と断定するように言った。

「通常はそうです」パブストは断定した。「被告人がそれを聞き、理解できる状況で、だれかが『ノー』と言うのを聞いたのであれば、……『ノー』はノーを意味します。そのように伝達された場合は疑問の余地がありません」

しかしキルステン・パブストは、ケイトリン・ケリーがはっきり「ノー」と言ったことや、何に合意したかを理解できないほど酩酊していたことを認めようとしなかった。「とにかく係争事実がそれほどないのです」と彼女は裁判員たちに言った。カルヴィン・スミスと学生寮に入る前、ケリーは一緒にいた友人のグレッグ・ウィットにスミスのことをかわいいと思うと言っていたし、彼とのセックスに合意していた。それにパブストは、ケリーがそのとき「同意ができないほど酔っ払っていた」とは考えていなかった。

チャールズ・クーチャー学生部長はパブストが結論へ飛躍していると非難した。ケリーがスミスのことをかわいいと言っただけで、「また、家に帰って望んで性行為をすることに合意したというだけで、あなたは彼らが実際に望んで性行為をしたと決めつけるのですか」と疑問を呈した。そして、ケリーがスミスと部屋に入ってすぐに同意を撤回したという事実を無視しているようだと抗議した。

パブストは、ブリュックナー刑事から受け取った事件報告書にはケイトリン・ケリーがはっきりノーと言ったことを確証するものはなかったと答えた。「いっさい結論への飛躍などしていません」

証言の序盤、キルステン・パブストは裁判員たちにこう言った。「未来の行動を予言するのに過去の行動以上のものはありません。……ミスター・スミスについて言うと、彼には犯罪歴がいっさいないのです。交通違反のキップすら彼の経歴には見つかりません」。知人のだれもが彼をトラブルを起こしたことのない「立派な市民」と評していると、彼女は言った。カルヴィン・スミスは「楽天的で、親切で、思いやりがあります。こういったことは、起訴するケースであるかを判断する際にわれわれが考慮しなければいけないことです」

またパブストは、ブリュックナー刑事に警察署で事情聴取をされ、ケイトリン・ケリーがレイプの訴えを起こしたと知らされたときに、スミスが「取り乱し、涙ぐんで、彼女が気分を害したことを非常に申し訳なく思っていた」ことが重要だと思うとも言った。「彼は彼女を傷つけたり悲しませたりするつもりは決してなかったと言いました。……その感情に偽りはないようで、訴えにほんとうに驚いていたのです」

パブストがカルヴィン・スミスはレイピストになるには親切で思いやりがありすぎると話すのを聞き、ケイトリン・ケリーは口もきけないほど驚いた。「わたしがどうしてこの事件に何の対応もないのか知りたかったときに、キルステン・パブストはわたしと話しすらしませんでした」

とケリーは苦々しく振り返る。「それなのに彼女はわざわざ大学裁判所にまで来て、わたしをレイプしたあのクズのために証言したんですよ。信じられませんでした」

弁護士のジョシュ・ヴァン・デ・ウェテリングの助言にしたがい、カルヴィン・スミスは審問のあいだ、証言や裁判員からの質問への答弁を断った。そして、自ら話すかわりに、十月十一日のブリュックナーへの簡潔な供述の内容をパブストに説明させ、さらに、「それについてどう思うか」を話させた。

パブストはこう語った。「黙秘する権利はだれもが絶対的に有していますが、わたしが感銘を受けるのは、自ら進み出て、率直かつ正直に、事情を話すことをいとわない人です。それはまさにミスター・スミスがブリュックナー刑事にしたことです。……彼は自発的に警察に来て、彼女の質問にすべて答えました。ブリュックナー刑事の話では、彼は誠実に供述し、[ケイトリン・ケリーが」少なくともはじめのうち、何か違うと気づくまでは、楽しんでいるものだと、ほんとうに思っていたそうです」。また、指かペニスでケリーに挿入する前に、「ミスター・スミスは二人でいちゃつき、キスも少ししたと言っていますが、彼が言ったことのほとんどは、被害者が言ったことと重なり合っています……短い時間のオーラルセックスに関しても」。彼女はそれらすべてをセックスが合意の上だった証拠だと見た。

キルステン・パブストは、スミスが酩酊状態のために自らの権利を過大視し、ケイトリン・ケリーのやめろという言葉を軽視した可能性は考慮に入れなかった。ケリーの寮の部屋に入って別の二人が寝ているのを見たとき、スミスは、これではセックスはできないという彼女の意見を受け入れるかわりに、「静かにしてよう」と言い、計画の変更を断った。数分前に彼女は一発やろうと誘ってきたのだし、ついに童貞を捨てられると意気込んでいた彼にとって、いまさらその提案を撤回させることはありえなかった。取り決めは取り決めだ。彼女は一度イエスと言ったのであり、彼にしてみればそれで必要な同意は得られたのである。ケリーが意識を失うと、スミスは彼女のズボンとパンツを下ろし、指を膣に押し込みはじめた。彼女が激しい痛みで目を覚まし、やめてと頼むと、「おい、待てよ」と逆らい、彼女の後頭部をつかんで勃起したペニスを口に突っ込んだ。

大半の女性にとって、カルヴィン・スミスのような男性はあまりにもありふれた存在だ。特権意識のために、女性が「遠慮する」、「興味ない」、あるいは「死ね、クズ」とまで言っても耳を貸さない男性のことである。

スミスはケイトリン・ケリーにフェラチオを強要した。キルステン・パブストはこれを「短い時間のオーラルセックス」と呼び、ケリーが「事の成り行きを楽しんで」いるとスミスは心から信じていたのだと主張した。しかし、もしパブストが時間を割いて、ブリュックナー刑事によるケリーへの質問の録音を聞いていたら、まったく異なる説明を聞いたことだろう。

ケリーは、スミスが指を膣に激しく突き刺すのをやめ、指を肛門に激しく突き刺しはじめるまでのことを、ブリュックナー刑事にこう話していた。「あいつはオーラルセックスをしたいと思ったんです。それで、ずっとわたしの頭を押さえつけてて――次の日も喉が痛いくらいでした。吐きそうで、かなりげえげえ言ってました。ルームメイトがあれで起きなかったのがびっくりです。気持ちのいいものじゃなかったので。……あいつはわたしを引っ張って上に乗らせて、まあ、あの、ファスナーを開けて、あれを出して、それからわたしの頭を強引に押さえつけてきました。

……息ができなかったです。いろんなところにつばを吐きました。ものすごくムカムカさせられました」

無理やりの性行為をケリーが楽しんでいると信じていたというカルヴィン・スミスの主張は、ある事実を明らかにする。未熟な十八歳の彼は、「ケイトリンとのことは僕の女性経験でいちばん進んだものでした」と先に証言していた。本人が認めていることだが、女性の性的関心についての彼の理解は、主にインターネットのポルノから得られていた。だからこそ、十月にクーチャー学生部長と話した際、ケリーに「潮吹かせ」たかったと説明したのである。それまでに見たポルノの影響で、スミスは、膣の潮吹きが女性の性的快楽の至上の表現であり、指を膣や肛門に猛烈に突っ込むことでその反応を引き出せると信じていた。

レイピストは、その定義にしたがえば、自らの欲望を満たすことにしか興味がない。レイピストは女性の望みに注意を払わない。それができていれば、レイプすることはないのだ。

裁判員の一人がキルステン・パブストに、カルヴィン・スミスがケイトリン・ケリーのジーンズを盗んだことが「何かを示唆している」と思うか尋ねると、彼女はその重要性を否定した。「まあ、それで思うのは」彼女は言った。「典型的な十代の男の子の行動だということですね」

パブストは、一方で、ケリーの証言のささいな矛盾を非常に重要だと考えた。「何点か……［ケリーの］状況説明――起こったことの順番――に変化しているところがあり、それはきわめて重大なことです」と、裁判員たちに言った。「というのも、ある時点で彼女は、彼に指を挿入されて目を覚まし、ほんとうに痛かったと言いました。しかしのちの説明では、彼にフェラチオを強要され……それが最初だったと言っています。つまり、フェラチオを強要されたという時点で彼女はすでに目を覚ましていたわけです。すべてのはじまりは指を膣に入れられて目を覚ましたことだと以前は言っていたにもかかわらず」

パブストは、いつペニスを口に押し込まれたのかに関して説明が矛盾していることから、検察官としてケリーに疑問を持ったと主張した。「第一に、合理的な疑いを差し挟む余地なくこの犯罪が実際に起きたと陪審を納得させられるでしょうか？　第二に、相当な理由のあるレベルに達しているでしょうか？　われわれは、被害者の申し立てのこうした矛盾を考慮しなければいけないのです」

若いシングルマザー、大学中退者として、生活費に苦労していたキルステン・パブストは、独力で身を立てた。そののちに彼女は、ドメスティックバイオレンスの被害を受けている。また、それからしばらく経った二〇〇八年のある日の午後、仕事から帰ってくると、十三歳の息子が息をしていないのを見つけた。悲惨な事故で亡くなったのだ。心のトラウマはパブストにとって抽象的な概念ではなかった。じかに経験していたことだったのである。にもかかわらず、彼女の考えでは、ケイトリン・ケリーの身に起こったことは大した問題ではなく、疑いなくレイプではなかった。あれは合意の上での行為であり、ケリーの期待に添えなかっただけだ。ケリーはこれを乗り越えて人生を歩み続けなければならない。

「［ケイトリン・ケリーとは］会っていません」とパブストは認めた。「話してもいません。ですが、わたしはこれまでに多くの被害者と話をし、被害者とかかわり、信頼できる被害者の代弁者だと考えられています。ですから、彼女が今回の出来事でトラウマを感じていること自体に疑問はありません」。しかしパブストは、ケリーの苦痛が「生じたのは事件のあと」、つまり、翌朝、二日酔いで、ぎこちないセックスを振り返り、「あの行為は……どちらの思いどおりにもいかなかったと気づいた」ときだと考えていた。

この点について、また、ケイトリン・ケリーとカルヴィン・スミスの行為の多くの詳細について、パブストはまったくもって間違っていた。ケリーと話をしていなかったため、彼女の結論は不適当な情報から導き出されており、ケリーの証言に矛盾があるという主張も正確でなかった。ケリーは、ブリュックナーにも、クーチャーにも、ほかのだれにも、フェラチオが最初だったとは言っていない。スミスに指を膣に激しく突き刺されるのを感じて目を覚ましたと、一貫して断言していた。

ケリーの証言で唯一矛盾していたのは、スミスの指の挿入で目を覚ましたあとにどのような順番で事が起きたかという点である。当初彼女はクラステル巡査に対し、スミスにまず指を膣に入れられ、それから肛門に突き刺され、そのあとにフェラチオを強要されたと話していた。しかしのちにブリュックナー刑事から事情聴取を受けたときは、最初はやはりスミスに指を膣に突き刺されて目を覚ましたが、その次は彼の股のところまで引きずり下ろされてフェラチオを強要され、さらにそのあとに指を肛門に突き刺されたと言った。

デイヴィッド・リザックやラッセル・ストランドなど、レイプ事件の捜査官やコンサルタントをつとめてきた専門家によると、性的暴行の被害者の説明にこのような矛盾があるのはきわめて一般的で、トラウマがいかに記憶に影響を与えているかによって簡単に説明できるという。この現象は、査読付き雑誌に掲載されたいくつもの実証研究で証明されている。精神科医のジュディス・ルイス・ハーマンは、著書『心的外傷と回復』のなかでこのように説明している。

トラウマとなる記憶にはふつうではない性質がいくつもある。通常の成人の記憶とは違い、進行中のライフストーリーと同化する直線的な言葉のナラティヴで記号化されることはない。……むしろ、生々しい感覚とイメージのかたちで記号化されるのである。

それゆえ、カルヴィン・スミスに暴行されたケイトリン・ケリーの記憶が完全に直線的でなく、むしろ漠然とした印象だったことは驚くに値しない。しかも、ケリーの供述には順序的矛盾があったにもかかわらず、スミス自身の供述が、ケリーが説明した性行為はどれも実際に起きたことだと裏づけていた。ケリーの証言のわずかな矛盾がスミスの不起訴を決める重大な要素だったというパブストの主張は、こうして彼女の信用性に穏やかならぬ疑問を投げかける——それは大学裁判所の審問でのことだけでなく、スミスに対するミズーラ郡の刑事訴訟を専断的に退けたことについても言えることだ。

キルステン・パブストが証言を終えると、カルヴィン・スミスは次の証人、ラルフ・リチャーズを呼んだ。彼は自分とスミスは高校が一緒で、十年生（高校二年）のときからの親友だと言った。スミスがケイトリン・ケリーとの行為を終えて帰ってきたとき、リチャーズはスミスの寮の部屋でスミスのルームメイトと会っていた。「帰ってきたとき、カルヴィンはジーンズを持ってました。……なんで持ってるのかわからないとか言って、まあそのへんに放っておきました」とリチャーズは認めた。そして、大学法廷の場で、突然、こらえきれずに妙なバカ笑いをはじめた。すぐに抑えたとはいえ、彼にとってケリーのズボンの窃盗が笑える話だったことは間違いなかった。

証言は続き、ラルフ・リチャーズは、カルヴィン・スミスがジーンズを持って部屋に入ってきたあと、二人で外に散歩に行き、スミスから「[ケイトリン・ケリーを]指でやって、少しオーラルセックスをしてもらった」ことを聞いたと言った。この会話を思い出しながら、リチャーズは再びゲラゲラ笑いだした。スミスのバットヘッドに対してビーバスを演じているかのようだった〔訳註：バットヘッドとビーバスは、コメディーアニメ『ビーバス&バットヘッド』の主人公である悪ガキコンビ。バットヘッドが主にツッコミ、ビーバスが主にボケの役まわり〕。落ち着きを取り戻すと、彼は裁判員たちにこう言った。「何とも思わなかったです。あいつから聞いたのはこんな感じです」

ラルフ・リチャーズは退席を許され、カルヴィン・スミスの父親が性格証人として入廷した。カルヴィンは「僕がどんな人間か説明してくれますか」と言った。

「わたしにわかるのは、おまえがとてもいい子だということだ」スミスの父親は感情的な声でそう答え、涙をぼろぼろ流した。「決してわたしに無礼なことはしない。みだりに神の名を口にすることもない。……おまえの友達が、おまえのことを大きなテディベアだと言っていたよ。そう、ほんとうにテディベアなんだ。おまえが人を傷つけられるなんて思えない」

次の証人はスミスの母親のメアリーだった。「訴えについて聞いたとき、どう思いましたか？」とカルヴィンは訊いた。

「息子が故意に人を傷つけるなんて、絶対にありえるはずがないと思いました」と彼女は答えた。

「酩酊している息子さんの姿を見たことはありますか？」と裁判員の一人がミセス・スミスに訊いた。

「ありません」と彼女は答えた。

両親が証言を終えると、カルヴィン・スミスは、さらに自らの主張ができるようにと、審問の後日続行を求めた。「それはできません」と議長は宣告した。「手続きで認められている法廷審問は一度だけで、これがあなたの法廷審問です。何か申し立てをしますか？」

スミスは断った。「申し立てなら警察にしました」と説明した。「弁護士のアドバイスにしたがって、発言を拒否します」。弁護人のジョシュ・ヴァン・デ・ウェテリングは、スミスに審問で証言をしないよう助言していた。後日彼が罪に問われた場合、検察が彼に不利になるように発言を使う可能性があるからである。

だが、議長はかまわずスミスに発言を促した。「これは内密の手続きですから、それは関係ないと思います」

「彼には黙秘する権利があります」クーチャー学生部長が議長に指摘した。

「彼に質問することはできますか？」議長はクーチャーに訊いた。

「できます」クーチャーは答えた。「しかし、答えるつもりはないと言うだけでしょう」

モンタナ大学法律顧問のデイヴィッド・アロノフスキーは、黙って審問を見守っており、大学裁判所で発言することは認められていなかった。にもかかわらず、カルヴィン・スミスの審問の後日続行の要請について熟考した末、遠慮なく話しはじめた。「言っておかないといけません。

裁判所の許可が得られるかはどうでもいい。この大学の最高法務責任者として、この手続きを今日終わらせなければいけないとここで決めてしまうことにいくつか懸念があります。もし物証があったら――」

「デイヴィッド」クーチャー学生部長がさえぎった。「あなたの参加は認められていません」

「わたしは参加します、チャールズ！」アロノフスキーは抗議した。

「あなたの参加は認められていません！」クーチャーはもう一度、語気を強めて言った。

「そうですか、では許可なしでいきましょう」アロノフスキーは言い放った。

「現にそうしているでしょう」クーチャーは厳しく言った。

「それと、わたしが裁判所の許可なく話しているということを記録に残しておいてください」アロノフスキーは続けた。「しかし、最高法務責任者としてのわたしの責任の一部は、全当事者が確実に法律にしたがうようにすることです。そして、もしそれによって除籍の救済につながりうる判断に影響が出ると考えられるなら、わたしの意見としましては、大学からの義務として本法廷はそのことを熟慮しなければいけません」

「議長がデイヴィッドを制止しないため、異議を唱えます」クーチャー学生部長は言った。「彼には参加する権利がありません」

　問題の原因はこうだ。ミズーラ郡検察官のキルステン・パブストはミズーラ市警から得られた供述と証拠をもとに審問で証言していたが、警察はそれらの供述や証拠を、ケイトリン・ケリーやカルヴィン・スミスには、二人からの要請があったにもかかわらず公開していなかった。スミスとジョシュ・ヴァン・デ・ウェテリングはこの証拠のなかに無罪を証明するものがあるだろうと考え、評決が下される前にそれを大学裁判所に提示する機会を求めていた。

だが、モンタナ大学の方針にしたがえば、ケイトリン・ケリーが受けたとされるレイプについて、チャールズ・クーチャー学生部長は独立して調査する義務を負っている。そのため、モンタナ警察の刑事捜査も、カルヴィン・スミスを起訴する相当な理由が不十分だというキルステン・パブストの判断も、大学の懲戒手続きには何ら影響を及ぼすべきではない。

カルヴィン・スミスはさまざまな機会を与えられ、自らの言い分をクーチャー学生部長とテレサ・ブランチ副総長に伝え、大学裁判所の審問に証人を呼ぶことができた。クーチャーは自分が徹底した調査を行ったと確信していただけでなく、ミズーラ市警やキルステン・パブストよりもしっかりと証拠を集めて吟味したと考えていた。彼の見解では、二度目の審問を行う理由はなかった。

議長も同意した。「手続きを進めます」と宣言し、秩序を回復させようとした。「わたしたちはスケジュールどおりに手続きを行ってきました」彼女はデイヴィッド・アロノフスキーにそう言って、なぜ審問が後日続行されないかを説明した。「そもそもスケジュールがタイトなのです。法的手続きのように、永遠に審理することはありません。今夜で終わらせることに反対する裁判員はいないようですね」

裁判員の一人が、カルヴィン・スミスに証人から事情を聞く時間、審問に先立って準備する時間が十分に与えられていたのかを気にかけ、こう訊いた。「［スミスが］十一月二日にチャールズ・クーチャーから［調査されているという］通知を受けたというのは事実ですか？」

「違います」クーチャー学生部長は言った。「彼が申し立てについて知らされたのは、わたしから彼への手紙に日付がありますが、十月二十日のことです」

「わかりました」裁判員は言った。「ということは、ほぼ一ヵ月あったわけですね。……こちらはすべてをきちんと聞けたし、彼は一ヵ月かけて準備を整えられ、……それにここは司法裁判所ではないですものね。失礼しました」

「説明してもいいでしょうか？」ジョシュ・ヴァン・デ・ウェテリングが切り出し、依頼人のカルヴィン・スミスがさらに時間をかけて自らの主張をするべき理由について、裁判員たちを啓発しようとした。

「だめです」クーチャーがそう言って制止した。

このとき、役職者だけで合議するために議長が審問を休止した。裁判員たちをいったん退出させるのが賢明だと考えた。そうすることで彼らは間を入れ、一斉に深呼吸し、少し話し合って、すべてが正しく進んでいることを確かめられる。数分後、審問が元どおり再開すると、彼女はこう宣言した。「まず、法廷として法律顧問のお二方に強調しておきますが、あなたがたが関係する当事者と話し合うことは自由です。しかし、どんなにこらえきれなくなっても、直接わたしたちに話しかけないでください。本法廷は全員一致で、この審問を今夜終わらせるというわたしの決定に同意しています」

数人の証人がさらなる質問のために呼び戻され、それからクーチャー学生部長が最終弁論をはじめた。「親御さんのほとんどは子どものことをよく言います。そして子どものいちばんいいところを信じようとするのです」。しかし、と彼は付け加えた。「承知のとおり、親は子どもの行動のすべてを知っているわけではありません。それは既知の事実です。わたしのオフィスで最初に会った日、カルヴィンはほとんど泣いていました。彼は合意の上の行為だったと言いました。彼害者を心から心配して泣いていたのではありません。恐れていたのです。完全に怯えていたのです。……彼が泣くのを見て、わたしもどうするべきか感情的に迷いました。彼はたいへんみじめな姿でした」

最初に会ったとき、クーチャー学生部長はカルヴィン・スミスに対する申し立てを調査している最中だった。まだケイトリン・ケリーのメディカルレポートを受け取っていなかったし、重要な証人への事情聴取もしていなかった。一週間ほどあと、調査を終え、スミスが強姦罪で有罪であると裁定すると、彼はスミスを再びオフィスに呼び出した。「二度目にわたしのオフィスに入ってきたとき」クーチャーは裁判員たちに言った。「彼の態度はまったく違っていました。高飛車になっていました。追加の証拠についてわたしが何を言おうと特に気にしていないようでした」

クーチャー学生部長が話し終えたすぐあとに、カルヴィン・スミスが最終弁論を行った。「わたしが学生部長の前で泣いた理由は、警察官の前で泣いた理由と同じです。悔やんでいたんです。……人を傷つける気はありませんでした。怖かったです。つまり、除籍のことを考えていました。刑務所に入る可能性のことも。これまで揉め事を起こしたことはありません。高校のときに校長室に呼ばれたこともないです。……あの日、過ちを犯したことはわかっています。明らかに飲みすぎました。ズボンを盗みました。女子トイレに入りました。でも、あのとき彼女が『ノー』と言わなかったのはたしかです。それに、わたしが彼女をレイプしなかったこともたしかです。彼女が七、八回も『ノー』と言ったとはなかなか信じられないですけど、彼女が『おしっこ』と言ったときは、すぐにやめました」

スミスのこれらの言葉を受け、審問は締めくくられた。二週間後の二〇一一年十二月二日、大学裁判所はクーチャー学生部長とエングストロム総長への書簡のなかで決定を発表した。


本法廷は（少なくとも）三度ミズ・ケリーが同意を撤回したと認めます。ルームメイトらのいる部屋に入った時点、眠ろうとした時点、行為中に「いやだ」、「やめて」と言った時点です。これは行為の暴力的な性質によって確証されると同時に、痛み、血、擦り傷、打撲によっても証明されます。

したがって、教育省に義務づけられた証拠の優越の基準にもとづき、ミスター・スミスは合意のない性交（強姦）で学生行動規範第5条第A項第18号に違反したことになります（賛成が全員一致の七票、反対は〇票）。……

合意のない性的暴行（強姦）の結果として生じる苦しさと害、そして原告を保護する必要を考慮し、本法廷は以下の制裁を科します（賛成六票、反対一票）。


一．大学からの即座の除籍。

二．大学所有物の利用や大学が主催する活動への参加を禁ずる。即時発効。


評決はカルヴィン・スミスと家族を激怒させた。彼らは、カルヴィンは無実で、濡れ衣を着せられたのであり、政治的配慮《ポリティカルコレクトネス》とモンタナ大学の早急な裁きの被害者になったと絶対的に信じていた。

しかし、ケイトリン・ケリーとその家族も評決に満足していなかった。懲戒手続きを通してスミスにレイプの責任を取らせたチャールズ・クーチャーとモンタナ大学には感謝しながらも、ケリーはそれがスミスにとってあまりに軽い罰だったと考えている。除籍されるだけでなく投獄されるべきだったと信じている。スミスを罪に問うことすらしなかったキルステン・パブスト、ブリュックナー刑事、ミズーラ市警、ミズーラ郡検事局に怒りを覚えている。自分のケースは裁判になっても容易に勝てなかったかもしれないと理解しているとはいえ、スミスにいかに体を汚され心を傷つけられたかについて、司法裁判所で証言する機会を与えられなかったことに苦々しい失望を感じている。カルヴィン・スミスが合意のない性交で有罪であるかを、キルステン・パブストに一方的に決めさせるのではなく、陪審に判断させるべきだったと信じている。

第九章

ミズーラの警察と検察が加害者を刑事上の罪に問わなかったことについて考えれば考えるほど、ケリイ・バレットとケイトリン・ケリーは落胆していった。大学裁判所の審問の前、ミズーラ市警に事件の情報を求めたが相手にされなかったため、ケリイの父親のケヴィン・バレットが娘のかわりにミズーラ警察長のマーク・ミューアに電話した。

ケヴィン・バレットは元警部補で、ジョン・ジェイ・カレッジ（訳註：ニューヨーク市立大学のカレッジのひとつで、犯罪に関する研究を専門とする）で博士号を取得しており、現在はニューヨーク州のロックランド・コミュニティ・カレッジで刑事司法学科長をつとめている。ミューア警察長に電話したとき、ケヴィンは「すぐにわたしが警官だったということを知らせて、警官仲間として彼に何を期待するかを伝えました」という。彼はまた、ミューアの部下の巡査や刑事が、暴行の容疑者の話に比べ、ケリイ・バレットやケイトリン・ケリーの話を信頼していないのではないかと懸念を示した。

ケヴィンはミューア警察長に、「デューティー・トランプス・ダウト（使命は疑念に勝る）」という教育ビデオに馴染みがあるか尋ねた。これはレイプ事件の適切な捜査方法を巡査に教えるもので、全国の数千の警察組織で使われている。ミューアはよく知っていると答え、ミズーラ市警は研修の一環としてそのビデオを見せていると言った。

「そのビデオの重要なメッセージのひとつは」ケヴィン・バレットはわたしに言った。「証人全員の事情聴取がすむまで、入手可能な証拠がすべて集まるまで、被害者をつねに信じ、そうして初めてその女性の話が真実かを判断する、それが警官としてどれだけ大切かということです。ほとんどの犯罪で、警官はそうしています。でも、性的暴行事件となると、そういうアプローチをしない警官があまりに多いんです。だからわたしはミューアに訊きました。『あのビデオを使って巡査の研修をしているなら、どうしてケリイに彼氏がいるかなんていう質問をする巡査がいるんですか？　なぜお宅の刑事は被疑者が泣いたと言ったり、罪に問われたら彼の評判が失墜するというような話をしたりしたんですか？　なぜ、お宅の刑事は被害者よりも被疑者の心配をしているようなのですか？』と」

ケヴィン・バレットはミズーラの警察と検察の双方を、裁判で間違いなく勝てるという確信がないかぎりレイプ事件の立件に消極的なようだと非難した。彼はこう指摘する。警官や地方検事にDNAを証拠として使う技術的手段がなかった時代は、「すべてのレイプ事件が『彼はああ言っている、彼女はこう言っている』という話でした。それでもわれわれは訴追していたんです。……訴訟に勝つということになると、だれだって高打率を残したくなります。でも、ときには、事件を法廷に委ねて、法廷に判断させないといけません。これは勝てそうにないから進められない、などとあらかじめ判断するのではなく。被害者が最後までやり抜く気持ちでいるのに、こちらがそれを妨げてしまったら、ほかの被害者にどう伝わりますか？　『どうせ勝てないんだから、そこまでしなくていいよ』と言ってるようなものでしょう」。警官と検察官が性的暴行事件の積極的な立件を目指さなければ、女性は罰を受けることなくレイプできるカモだというメッセージをレイプ魔に送ってしまうことになると、ケヴィンは主張する。

二〇一一年十一月十五日、ケヴィン・バレットに突つかれたミューアは、ようやくケリイ・バレットとケイトリン・ケリーに会うことを承諾した。ミズーラ警察署での二時間の話し合いについて、ケリイはこう振り返っている。「ミューア警察長の言うことはみんな真っ当なことでした。わたしたちの事件を捜査した刑事たちを『しっかり叱りつける』と断言していました。彼はこうなったことをすごく申し訳ないと言って、わたしたちの悩みをじっくり聞いてくれている感じでした。でも、実際にはわたしたちの悩みに何もしてくれませんでした」

話し合いの終わり近くになって、ケリイは最初にブライアン・ヴリーランド巡査に暴行の被害を届け出たときのことを話しはじめた。巡査は彼女にボーイフレンドがいるか尋ねたが、それはレイプに関して女性がよく嘘をつくと当然のように考えていたためである。ケリイは、ヴリーランドの質問はいくつもの理由で不愉快だが、なかでも大きな理由は、虚偽のレイプの主張の割合が実際には非常に低く、十パーセント未満であることだと言った。「わたしがその話をすると」彼女は言う。「ミューアはすごくムキになって、『いや、君は間違っている。虚偽のレイプの主張の割合は約五十パーセントだ』と言ってきました」

二〇一一年十一月十八日、虚偽の届け出の割合に関する食い違いへの補足として、ミューア警察長はケリイ・バレットにメールを送り、ブルース・グロスが二〇〇九年に「フォレンジック・イグザミナー（法医学検査官）」という雑誌に発表した「虚偽のレイプ申し立て——正義に対する暴行」という論文を紹介した。この論文の論旨は、タイトルに明白に表されているが、主として二つの学術論文がもとになっている。ひとつはユージーン・J・ケニンが「アーカイヴズ・オブ・セクシュアル・ビヘイヴィア（性行動アーカイヴ）」の一九九四年版に発表した「虚偽のレイプ申し立て」で、このなかでは、届け出のあった百七十三件のレイプのうち四十五パーセントが事実に反すると断定されていた。もうひとつはチャールズ・P・マクドウェルが「フォレンジック・サイエンス・ダイジェスト（法科学ダイジェスト）」という無名の雑誌の一九八五年版に発表したとされる「虚偽の申し立て」で、こちらでは、（ブルース・グロスのデータ解釈によれば）届け出のあった千二百十八件のレイプのうち同じく四十五パーセントが事実に反すると断定されていた。

学者たちはこの二つの論文の誤りを暴いている。ケニンが調査したのは中西部の小さな町のひとつの警察機関だけで、申し立てを虚偽と分類する際に警察官の話を鵜呑みにしていた。申し立てがほんとうに虚偽であるかを自主的に確証する努力はいっさいしていなかった。しかも、問題の警察機関は嘘発見器を使うか、嘘発見器を使うと脅して、申し立てを虚偽と認定していた。これはあてにならないと広く認識されている手法であり、国際警察長協会の方針マニュアルでもこう説明されている。

レイプ被害者は、性的暴行に関連し、自分がしたこと、あるいはしなかったことのために、しばしばうろたえ、恥じ入り、激しく自らを責める。このような感情は［嘘発見器や音声ストレス分析器の］結果の信用性を危うくするかもしれない。……いくつかの州では、警察が性的暴行の被害者に嘘発見器による検査を提案することや、被疑者を刑事上の罪に問うかの判断にその結果を利用することが法律で禁じられてさえいる。

デイヴィッド・リザックは二〇〇七年に発表した論評でこう指摘している。

虚偽の申し立てに関するケニンの一九九四年の論文は挑発的な論だが、レイプの虚偽の届け出の問題を科学的に研究したものではない。虚偽の申し立ての頻度の科学的根拠を主張する際にこの論文が使われることは決してあるべきではない。……この論文は……米国司法省や国際警察長協会に認められていない手続きを用いた警察官の結論を映し出したものにすぎない。

信用に値しないとされているにもかかわらず、ここに挙げたケニンとマクドウェルの研究はいまも数多くのウェブサイトで日常的に引用されている。そのようなサイトが目指すのは、アメリカ社会には悪意ある女性たちによる嘘のレイプ申し立てが蔓延しており、その結果として何千人という無実の男性が不当な有罪判決を受けているという見解を伝えることである。なかでも有名なのは「ア・ヴォイス・フォー・メン（AVFM）」という「男性の権利運動」を謳うブログで、一日あたり三万ページビューを誇る。サイトで述べられているAVFMのミッションは、「現代の男性にとって危険で不適当な結婚制度を糾弾する」、「フェミニストの支配下で直面する脅威について男性を教育する」、「レイプをめぐるヒステリーに終止符を打つ」などである。二〇一四年六月、AVFMの米国ニューステディレクターであるロバート・オハラは、アルジャジーラ・アメリカのニコル・グレーザー記者にこう語った。

われわれはメディア環境にも挑んでいこうと思っています。われわれの敵――フェミニスト――はメディアを、そしてジェンダーの問題に関する言説全体を牛耳っているようです。

オハラの意見では、アメリカのニュースメディアはフェミニストの陰謀の影響下にあり、「男性の権利運動を、女性嫌いで女性を殺したい狂ったサイコパスの集まり」として不当に描いており、「その目的はようするにわれわれを黙らせ、われわれのメッセージを行き渡らせないようにすること」だという。そのメッセージの一部に関係するのは、ＡＶＦＭが認識しているところの、虚偽のレイプ申し立ての恐るべき急増である。「それはわれわれの最重要問題のひとつです」と彼は言う。

こんなばかげた嘘を耳にします。レイピストはどこの曲がり角にもいる、すべての男性が潜在的なレイピストだ。フェミニストの口から何度も何度も聞かされるお馴染みの話です。それから、誇張されたレイプ統計。大学に通う女性の四人に一人が卒業する前にレイプされる、そんな見解をいつも聞かされますが、これはまったく正しくありません。正しくないのです。……

いまは正確な統計を持っていませんが、一生のうちに何らかの性的暴行の問題に巻き込まれる女性はふつう二パーセントほどです。これは路上で強盗にあったり、家に押し入られたりするのと同じ割合です。……こういったレイプの話はすべて、フェミニストが強力な政治力と資金を集めるために利用しているのです。すべてが詐欺のような行為に使われています。

AVFMは、極右が一席ぶつための非主流派のウェブサイトだと軽くあしらわれることが多い。しかし、性的暴行の統計が政治的計略のために乱暴に誇張されていると考えているのは男性だけではない。「レイプをめぐるヒステリー」のもっとも有名な批判者には、ケイティー・ロイフェ、クリスティーナ・ホフ・ソマーズ、ヘザー・マクドナルド、キャシー・ヤングなどの女性がいる。また、ジュディス・シュレヴィッツ、エミリー・ヨッフェ、ゾーイ・ヘラーなどの著述家は、より微妙な含みを持った見方をしており、キャンパスレイプは重大な問題だが、大学の反応は過剰であり、結果的にレイプで訴えられた男性に対する正当な手続きを否定してしまっていると論じている。

もちろん、罪のない男性が濡れ衣を着せられ、大学から除籍されたり刑務所に入れられたりすることがあるのは事実である。こうした場合、不当に疑われた人たちのその後は破滅的になりうる。近年では、デューク大学ラクロス事件がもっとも悪名高い例だろう。二〇〇六年三月、ストリッパーの女性がデューク大学ラクロスチームの三人の選手を訴えた。ショーのために雇われ、騒々しいパーティーで彼らを楽しませたあと、性的暴行を受けたということだった。三人はダーラム郡地区検事のマイク・ナイフォンにレイプ容疑で起訴されたが、二〇〇六年十二月、ナイフォンは、メディアに対する百件以上の虚偽の発言など、職業行為規則に違反した容疑で、ノースカロライナ州法曹会に召喚された。一ヵ月後、ノースカロライナ州法曹会はナイフォンに対するさらに厳しい倫理上の告発をした。今回は、無罪を証明するDNA証拠を公表せず法廷をミスリードした容疑である。二〇〇七年四月、ラクロス選手三人に対する公訴は取り消され、彼らの身の潔白が示された。ナイフォンは「ペテン検察官」と呼ばれ、「不正、詐欺、欺瞞、事実と異なる陳述」のためにまもなく資格を剝奪された。

ブライアン・バンクスのケースは多くの点でいっそう不安が募る。二〇〇二年、バンクスはカリフォルニア州ロングビーチのポリテクニック高校の三年生だった。身長百九十三センチ、体重百二十キロで、強豪アメフトチームのラインバッカーとして活躍していた。チームメイトには、のちにNFLのフィラデルフィア・イーグルスに所属し、最優秀ワイドレシーバー、リターンスペシャリストとなるデショーン・ジャクソンがいた。バンクスはいくつかの国内最高レベルの大学アメフトプログラムに熱烈に誘われ、南カリフォルニア大学の奨学金のオファーに応じた。

それからまもなく、ブライアン・バンクスの人生はひっくり返る。ロングビーチ・ポリテクニック高校で四年次に先立つ夏期授業に出席していた彼は、ワネッタ・ギブソンという二年生と偶然会い、バンクスによれば、合意の上でセックスすることになった。ギブソンによれば、バンクスは彼女をレイプした。

のちに決定的な証拠となった友達への短い手紙に、ギブソンはこう書いていた。「誘われて、エレベーターに乗せられて、階段で下連れてかれて、ズボン下ろされて、レイプされて、あいつはコンドームつけてなくて、あたしは処女だったけど、いまは違う」。警察から事情を聞かれると、ワネッタ・ギブソンはこれと同じ内容をさらに詳しく語り、十七歳のブライアン・バンクスは強姦罪で起訴された。有罪を宣告されれば、一生を刑務所で過ごすことになるかもしれなかった。

刑事司法制度に巻き込まれたほかの何千人という被告人と同じように、ブライアン・バンクスも司法取引に応じた。裁判で自分の運命を陪審の手に委ねるのはいやだったから、レイプの訴えに争う姿勢を見せず、最低五年の刑期、さらに五年の保護観察期間、そして性犯罪者として登録されることを了解した。

ブライアン・バンクスが服役していたあいだ、ワネッタ・ギブソンとその母親はロングビーチ統一学区に対して訴訟を起こし、ポリテクニック高校の手ぬるいセキュリティが今回のレイプ被害につながる危険な環境を生み出したと主張した。訴訟は示談となり、統一学区はギブソンに百五十万ドルを支払うことに同意した。

しかし、レイプされたと言った九ヵ月後、ギブソンは良心の呵責に苦しみはじめた。二〇一一年三月、刑務所から釈放された数年後、ブライアン・バンクスがフェイスブックにログインすると、告訴人であるワネッタ・ギブソンから友達リクエストが届いていた。バンクスは、仕事がなく、まだまだ生活を整えようとしている段階だったが、そのリクエストを承認し、ギブソンが「過去のことは水に流」したいと思っていることを知った。バンクスは、私立探偵のフレディー・パリッシュ――息子がポリテクニック高校でバンクスとチームメイトだった――の立ち会いのもとで会わないかと彼女に尋ねた。ギブソンは同意した。そして会ったとき、バンクスの主張していたことが最初から真実だったと認めた。つまり、彼はレイプしていないということだ。

パリッシュは、ワネッタ・ギブソンに知られることなく、こっそりと会話を録音していた。ギブソンの自白を得たバンクスは、冤罪を晴らすことを目的とする非営利団体〈イノセンス・プロジェクト〉のジャスティン・ブルックスという弁護士に援助され、自らの身の潔白の証明に取り組んだ。そして明らかになったのは、訴えから一年たらずのころ、ギブソンがクラスメイトに対してこう告白していたことである——日常的にセックスをしていることを母親に知られたくないから、レイプの話をでっち上げた。

ブライアン・バンクスの有罪判決は、二〇一二年五月に取り消された。一年一ヵ月後、ロングビーチ統一学区はワネッタ・ギブソンに対する欠席裁判に勝訴し、ギブソンは示談金の埋め合わせと利息および損害賠償金として二百六十万ドルの支払いを命じられた。

こうしてバンクスは冤罪を晴らすことができたが、妥当な結果だったとはとても言えない。彼の評判は失墜した。南カリフォルニア大学に奨学金を受けて通い、アメフトをすることはできなくなった。高校時代のチームメイトであるデショーン・ジャクソンが全国的な有名選手になったのに対し、ブライアン・バンクスはNFLのスターになるチャンスをワネッタ・ギブソンに奪われた。

無罪を言い渡されたあと、ブライアン・バンクスはアトランタ・ファルコンズと契約し、二〇一三年のNFLプレシーズンゲームに出場したが、レギュラーシーズン初戦前にクビになった。二十八歳の選手がNFLの登録メンバーに入るのは簡単なことではない。十一年もアメフトから離れ、そのうち五年以上を鉄格子のなかで過ごしたあとでは、それはほぼ不可能だ。

ブライアン・バンクスが耐え忍ばなければならなかったことは、だれにも課してはいけないことである。警察と検察は、倫理的かつ職業的な義務として、もっともらしい虚偽のレイプの届け出を特定し、レイプ容疑者の公民権を守り、濡れ衣を着せられた人物が有罪判決を受けないようにあらゆる努力をしなければいけない。しかし、一方で、警察と検察は、レイプ行為をした人物を特定し、犯罪者が確実に裁かれるために全力を尽くす義務も負っている。これら二つの目標は相容れないものではない。被害者を信じることからはじまる周到で巧みな捜査は、レイプ犯罪者の訴追に、最終的には有罪宣告に、なくてはならない要素である。そしてこれは、はからずも、濡れ衣を晴らすいちばんの方法でもある。

事情聴取において、刑事が相手を疑うのではなく信頼している場合、レイプ被害者は多くの情報――そしてよりよい情報――を警察に提供する。とはいえ、あとから確証もせずにただ被害者の話を真実とみなすべきだということではない。ロナルド・レーガン元大統領が国際外交のアプローチについて言った有名な言葉にあるように、「信頼するが検証もする」ことが必要なのである。

ブライアン・バンクスの悲惨な話があったとはいえ、虚偽のレイプの訴えを排し、無実の人物を罪に問わないことに関して、警察と検察はおおむね立派な仕事をしている。だが、有罪の人物を罪に問うということになると、まったく熱心でない。これは、レイピストの圧倒的多数が罰を免れているという、確固とした統計結果に裏づけられている。

二〇一〇年発表の評価の高い論文「性的暴行の虚偽の申し立て――十年間に報告された事例の分析」で、デイヴィッド・リザックと三人の共著者は、虚偽の申し立ての割合が二パーセントから十パーセントであることを突きとめた。この数字は方法論的に厳密な八つの研究にもとづくものである。結論部分にリザックはこう書いている。

これらの調査結果は、虚偽のレイプ申し立てがありふれたことだという、いまだに広く流布している固定観念を否定するものである。

性暴力に関する感情的な世間の言説では、調査データを参照せずに主張がなされることがよくある。そのような主張は、論理的な言説を害するだけでなく、個々の性暴力被害者を傷つけもする。虚偽のレイプ申し立てがありふれたことだという固定観念は、警察官を含め、社会の広範な領域に存在している誤解であり、これには非常に直接的で具体的な影響がある。レイプや性的虐待の被害者の報告率の低さという、たいへん大きな問題につながっているのである。被害者の六十四パーセントから九十六パーセントが自身の受けた被害を届け出ていないと推定されるが……、その主な理由は、[被害者が]被害届が疑いや露骨な不信にさらされると考えていることである。

この固定観念は、被害届を出した被害者に対する、家族あるいは刑事司法関係者からの否定的な反応にもつながっている。法執行官たちがレイプの被害届の半数以上を捏造されたものだと考えているとき……、被害者へのアプローチは、事実調査というよりも敵対的な尋問に近いものになるだろう。

レイプは国内でもっとも報告率の低い重大犯罪である。入念な研究を参照すれば、少なくとも八十パーセントが法執行機関に報告されていないと必ず示されている。二〇一二年に発表された、〈女性に対する暴力をなくす国際協会〉研究長キンバリー・ロンズウェイと、サンディエゴ性犯罪班を指揮していた元巡査部長ジョアンヌ・アーチャンボルトの分析によれば、米国で発生する強制レイプのうち、警察に届け出があるのは五パーセントから二十パーセントにすぎない。訴追されるのはわずか〇・四パーセントから五・四パーセントで、当該の暴行の罪での禁錮を含む有罪判決が下されるのは〇・二パーセントから二・八パーセント。この数字はこのように考えることもできる。つまり、この国でレイプ事件が起きたとき、九十パーセント以上の確率で加害者は刑罰を免れるのだ。

二〇一一年十一月、ケリイ・バレットとケイトリン・ケリーがミズーラ警察長のマーク・ミューアと会ったわずか三日後、大学裁判所はケリーの加害者であるカルヴィン・スミスを強姦罪で有罪として除籍した。とはいえ、大学の処置は懲戒的なものであり、法的手続きではない。証拠不十分のためスミスを訴追する相当な理由を認められないという、キルステン・パブスト郡首席検事補の主張には何の影響もなかった。スミスに対する刑事訴訟が再開されることはなく、大学の手続きの詳細も封印された。

スミスのレイプによる除籍にはその後に大きな影響があった。この処分により、彼はモンタナ州のほかの公立大学や総合大学に通うことがほぼ不可能になったのである。しかし、性犯罪者としての登録は義務づけられず、大学裁判所に強姦罪で有罪を言い渡されたという事実は公記録にいっさい残らない。スミスは実家に戻り、近くのコミュニティカレッジに入学して、何事もなかったかのように、再びソーシャルメディアでつまらない投稿をはじめた。大学裁判所の審問が行われた十一日後の十一月二十九日には、ヴィクトリアズ・シークレット〔訳註：セクシーなモデルの起用で知られるランジェリーや水着を中心にしたファッションブランド〕のファッションショーを見て勃起したと、フェイスブックのタイムラインに冗談交じりに書き込んだ。

一方、ケリーの人生はレイプによって一変した。「大学裁判所の審問のあと、少しは大学に残ったんですけど」彼女はわたしに言った。「でも、授業には出なかったですし、何もしなかったです。とにかく部屋で、ベッドで、ずっと泣いてました」。十二月上旬、ケリーは母親の説得を受け、家族に面倒を見てもらえるように実家に戻った。「そのとき大学を退学して、それ以来戻ってないです。わたしのなかで、モンタナ大学は滅びました。最初に実家に帰ったとき、カウンセリングを受けたんですけど、いまもずっと泣いてます。心のなかにあるものなんです。あのことについて話すのは耐えられないですし、考えるのも無理です。最悪の気分になるので。忘れようとしましたけど――」彼女はその続きを言わなかった。

バレットも暴行を受けてから長くトラウマを負ったままだった。二〇一一年十二月中旬、最終試験を終えた彼女は、クリスマス休暇のためにニュージャージーの実家へ行った。十二月二十一日、インターネットを見ていると、記者のグウェン・フロリオが「ミズーリアン」紙に書いた、二〇一〇年十二月十五日にモンタナ大学アメフトチームの選手に集団レイプされたというケルシー・ベルナップについての記事が目に入った。「アメフト選手が合意の上でのセックスだと言ってるからミズーラ郡検事が起訴しなかった、というのを読んで」バレットはわたしに言った。「これはひとつのパターンなのかもしれないなと思いはじめました。ミズーラでレイプ事件がどのくらい訴追されてどのくらいされてないのかを少し調べてみて、ほんとにほんとに腹が立ちました。それで、グウェン・フロリオに電話して、わたしが警察や検察とのやり取りで経験したことを話すことにしたんです」。彼女はさらに、ケイトリン・ケリーにも連絡を取り、フロリオと話をするよう説き伏せた。

フロリオは二人についての記事を書き、その記事は二〇一二年一月七日に「ミズーリアン」紙に掲載された。一月八日には、より詳細な続報も掲載された。どちらの記事でも彼女たちの名前は明かされていない。二番目の記事のなかで、フロリオは、ケイトリン・ケリーに対するレイプでカルヴィン・スミスを不起訴にしたことについて、キルステン・パブストに説明の機会を与えている。「性犯罪で人を起訴すればその人の人生をぶち壊してしまうという事実を、われわれはたいへん尊重しています」とパブストは語っている。「起訴をして、ひとたび鐘を鳴らしたら、それが鳴らなかったことにはできないのです」

ミズーラ市議会議員のシンシア・ウォルケンは、ミズーラ市警のバレットとケリーの事件への対応について書かれたフロリオの記事を読み、懸念を抱いた。そこで、警察長のマーク・ミューアに対して、二〇一二年一月二十五日に開かれる予定の討論会に参加し、市議会議員や市民からの質問に答えるよう要請した。当日、一時間以上続いた発言のなかで、ミューアは、「われわれは被害者を第一に考える必要がある」、警察としては「巡査が性暴力被害者とのコミュニケーション能力を高める気になる方法を見つけ」なければならないと認めた。

ミューアが話し終えると、バレットがマイクに向かい、議場の席に着く五、六十人の前に立った。「わたしはケリイ・バレットです」彼女は震える声で話しはじめた。「九月に性的暴行を受けました」。ミズーラ市警とミズーラ郡検事局に不当な扱いを受けた被害者の一人として、公に名乗り出るときがきたと腹を決めていた彼女は、その後の数分間、警察と検察の双方にかかわる問題のいくつかについて説明した。もっとも辛辣に批判したのは、検察官のキルステン・パブストが大学裁判所の審問で、ケイトリン・ケリーを暴行したカルヴィン・スミスのために証言したことである。「彼女は自分の意志で自発的に大学の審問に現れて、性的暴行魔をわたしたちの地域に残そうと、レイピストを弁護しました。そのことにものすごく恐怖を感じます」

会が終わりに近づいたころ、ミズーラ市議会議員のマイク・オヘロンが、公開討論の場で怯まず自らの経験と不安について語ったバレットの姿勢に「特別に深く感銘を受けた」と語った。「おかげで充実した週になりました」と、オヘロンは彼女に言った。「マイクに向かったあなたの勇気、気概、意欲。感動しました。立派な行為です。素晴らしい」

しかしながら、その場にいた全員がケリイ・バレットの率直さを喜んだわけではなかった。聴聞会が終わり、帰る準備をしていると、バレットのもとにミズーラ郡検事のフレッド・ヴァン・ヴァルケンバーグが近づいてきた。検事局を指揮している人物で、キルステン・パブストの上司である。バレットによれば、彼は明らかに腹を立てており、「君と話がしたい！」と言ってきた。「いいですよ」バレットは臆することなく答えた。「わたしも話がしたいです」

「君がキルステン・パブストについて言ったことは正しくない！」ヴァン・ヴァルケンバーグは興奮した口調で言ったという。「彼女は召喚されたんだ！　証言しなければいけなかったんだ！」

「召喚された？」バレットは言った。「だれからですか？　学校の審問ですよ！　大学に証人を召喚する権限がないことは、あなたがだれよりも知ってるでしょ」

「被告人とその弁護人に召喚されたんだ」ヴァン・ヴァルケンバーグは言った。

これに対してバレットは、カルヴィン・スミスの弁護人のジョシュ・ヴァン・デ・ウェテリングはコニー・ブリュックナー刑事にも大学の審問に出廷するように頼んでいたが、ブリュックナーの上司のマーク・ミューア警察長は彼女に証言させなかったと指摘した。「だから、パブストが審問に来るように強制されてたなんて言おうとしないでください。証言すると決めたのは彼女自身です」

「わかったよ」ヴァン・ヴァルケンバーグは折れた。「厳密に言えば、審問に出廷しなければいけなかったわけではないと思う。でも、証言をする倫理的な義務があると感じていたんだよ」

「レイピストをわたしたちの地域に残す倫理的な義務があったってことですか?」バレットは強い調子で言った。

「こりゃすごい!」ヴァン・ヴァルケンバーグは顔を赤くして言ったという。「この件の何から何までわかってるような言い方だね。言っておくけど、君の知らないことだってたくさんあるよ」。

ヴァン・ヴァルケンバーグは、ケリイ・バレットがカルヴィン・スミスの大学裁判所の審問で証言したことを知らず、スミスがケイトリン・ケリーにしたことについて、彼女がパブストや自分よりもはるかに正確に理解しているとは思っていなかった。

「というか、これはわたしの親友の話なんですよ」バレットは言った。「だから、あなたが思ってるよりずっといろいろ知ってるんです。それでそのうちのひとつが、レイピストを訴追するはずのキルステン・パブストが、逆にわざわざレイピストを弁護して、そいつを大学とミズーラの町に残そうとしたってこと」

「彼女は信念にしたがって行動しただけだ。犯していない罪で彼が除籍されてはいけないと考えていたんだ!」ヴァン・ヴァルケンバーグは抗議した。

バレットは、パブストがケリーよりもスミスの証言を信用したという事実から、「わたしの考えてたとおりだとわかりましたよ。やっぱり、あなたたちは被害者を嘘つきだと決めつけるんですね」とやり返した。

このときの様子をバレットはこう話す。ヴァン・ヴァルケンバーグが「大声を出していたので、いったい何が起こってるんだって、その場にいた人たちがわたしたちのほうをじろじろ見てました。それで、わたしは彼に言いました。『わかってます、わかってます。ようするに、あの鐘の話ですよね。鳴らなかったことにはできないんですよね』と」。そう言い放って彼女はさっと向きを変え、その場を立ち去ったという。

しかし、その夜の聴聞会でのケリイ・バレットの発言は、フレッド・ヴァン・ヴァルケンバーグとキルステン・パブストの両者にいつまでも強い印象を残した。五ヵ月後、ミズーラのレイプスキャンダルがピークに達していたころ、まだ不安を感じていたパブストは、自身の個人ブログに激しい言葉を書き立て、ケリイ・バレット、ケイトリン・ケリー、グウェン・フロリオを（実際に名前は出さずに）不当なメディアの狂乱を生み出したとして非難した。六月十九日の木曜日、彼女は「なぜ記者は公選されるべきなのか」という突飛で長たらしい文章を投稿している。

「職業責任規則に違反した法律家は、モンタナ州最高裁判所の業務委員会から罰せられる」と、彼女はそのなかに書いている。そして、規則を破った警察官も同じように責任を負うのに、非倫理的行為をした記者はだれにも責任を負わないと指摘し、「具体的には」と説明をはじめている。

「ミズーリアン」紙のキャンペーンのことだ。われわれが性犯罪の危機の真っ只中にいるとミズーラの人たちに信じさせ、脅しをかけて新聞を買わせようとしている。新聞をたくさん。

……

あえて細かな点に踏み込まずとも、「性スキャンダル」に関する一連の記事の根拠が事実にもとづいていないことは断言できる。嘆かわしいのは、誤解を解くべき当局者がモンタナ州秘密刑事司法情報法にがんじがらめにされていることである。警察と検察が容疑者を罪に問わないと決めると、すべての事実が……合法的に封印される。……あなたの飼い犬がやたらと吠え、そのせいでクレイジーな近隣住民がキレたために、あなたが近所の子どもに薬物を売っているなどと世間に言い触らされたらいやだろう。さらにひどい例を挙げれば――復讐心に燃える元配偶者が子どもを虐待したと言うために、あなたに児童性虐待者のレッテルが貼られたらたまったものではないだろう。こうした事態はわたしたちの想像以上に頻繁に起こっているのである。

では、なぜ「ミズーリアン」紙は、数人の不満を持ったひよっこが、匿名のまま、事実確認もしない怠惰な記者にいい話をしたというだけで、法律上罪のない人たちに「性犯罪者」のレッテルを貼るような主張を掲載できるのか？ ……答えは、記者は会社のオーナー以外のだれからも罰せられないからである。

ケリイ・バレットは「ミズーリアン」紙の報道に関して違う意見を持っていた。彼女は、訴追を免れるレイピストのほうが、レイプで誤って罪に問われる無実の人よりもはるかに多いことを指摘する。レイプ事件の立件を目指さないパブストのような検察官については、ニュースメディアでの監視を増やすべきで、決して減らすべきではなく、グウェン・フロリオについては、ミズーラのレイプ問題を勇敢に報道してきたことを称えられてしかるべきだろうと言う。「フロリオはものすごい暴言を浴びてきました。でも彼女はこれを世間に注目させるきっかけをつくりました。もし彼女が報道していなかったら、ふたをされたままで、何も変わることはなかったでしょう」

第十章

ジーク・アダムスがケリイ・バレットに性的暴行を加えたとされるのは二〇一一年九月で、バレットがまもなくモンタナ大学の四年生になろうというときだった。その後の数ヵ月、卒業してモンタナを離れるまで、彼女はキャンパス内でときおりアダムスと出くわしたが、そのたびに嫌悪感でびくっと身を引き、彼はこれまでほかに何人の女性を暴行したのだろう、これから何人を暴行するのだろう、と思った。

二〇一三年後半、カルヴィン・スミスにレイプされた二年後、ケイトリン・ケリーも同様に、スミスがあれからレイプしたかもしれない女性について考えずにはいられないと言っていた。「一度レイピストになったら、ずっとレイピストですから」彼女はわたしに言った。「まだやってないにしても、またやりますよ」

デイヴィッド・リザックの研究によれば、バレットとケリーの加害者に対する懸念は根拠のないものではない。一九八〇年代、リザックはデューク大学の大学院でレイプの研究をしていたが、そのときの調査対象は、ほとんどすべて、見知らぬ人に対するレイプで有罪になった服役中の人たちだった。そうしてわかったのは、投獄されたレイピストは性犯罪を繰り返す傾向がぞっとするほど強いということだった。ただ、「この調査は、レイプ被害者にインタヴューするときに直面する実情とは重なり合いません」と、リザックはわたしに言った。「被害者のほとんどは知り合いから性的暴行を受けているのです」

実のところ、レイプの約八十五パーセントが被害者と何らかの面識がある人物による犯行であり、こうした「顔見知りによるレイプ」でレイピストがしっかり訴追される割合はきわめて低いと推定されている。そこでリザックは、処罰と厳しい詮索をどちらも免れた加害者――レイピストの圧倒的多数を占める人たち――の実態を明らかにする研究を考えた。具体的に彼が解明しようとしたのは、このような「隠れレイピスト」が、投獄されたレイピストと同じように、複数回のレイプ行為に及ぶ傾向にあるのか、ほかのタイプの対人暴力行為を起こしやすいのか、ということである。「隠れレイピストの繰り返されるレイプと多数の犯罪」と題されたその研究は、ポール・M・ミラーとの共著で二〇〇二年に発表され、レイプ行為に及ぶ男性を理解するための大きな一助となった。

リザックとミラーが調査のサンプルにしたのは、一九九一年から一九九八年にマサチューセッツ大学ボストン校の学生だった男性で、千八百八十二人を無作為に抽出した。平均年齢は二十四歳である。結果、千八百八十二人の学生のうち、百二十人――サンプルの六・四パーセント――がレイピストと特定されたが、これは驚くほどの割合ではない。しかし、その百二十人のうち七十六人――隠れ学生レイピストの六十三パーセント、サンプル全体の四パーセント――が繰り返し罪を犯しており、一人あたり平均六件近く、合わせて四百三十九件のレイプ事件を引き起こしていたことが判明した。つまり、母集団のうちのごく少数の男性が、まったく罰を受けずに、非常に多くの女性をレイプしていたのである。リザックの研究で明らかになった気がかりな事実はこれだけではない。この七十六人は、レイプには満たない四十九件の性的暴行、子どもに対する二百七十七件の性的虐待、子どもに対する六十六件の身体的虐待、パートナーに対する二百十四件の暴行という事件も引き起こしていた。この相対的に見れば少数の男子学生が「それぞれ平均十四人の被害者を残している。……そして暴行の件数はほぼ間違いなく過少申告されている」とリザックは述べている。

データを初めて見たとき、デイヴィッド・リザックは衝撃を受けた。どこかでミスをしたに違いないと思った。かつての服役中の人たちの調査から、いかなるコミュニティにおいても、暴力犯罪の大半は少数の人々が引き起こしているとわかっていたが、「この調査で調べたのは大学生です。最初は、なかなか彼らを犯罪者と考えられませんでした」

しかし、戻ってデータを再確認すると、やはり間違いはなかった。さらに、同様の研究が二〇〇九年にステファニー・K・マクフォーターによって発表され、リザックの結果が再現された。マクフォーターの研究では、性的暴行で有罪判決を受けたことのない千百四十九人の海軍新兵が調査されたが、その結果判明したのは、百四十四人（十三パーセント）が隠れレイピストであり、その百四十四人のうちの七十一パーセントが繰り返し罪を犯しているということだった。彼らが起こしたと考えられるレイプあるいはレイプ未遂事件は、一人あたり平均六・三件。また、この研究で報告された八百六十五件のレイプおよびレイプ未遂のうち、九十五パーセントの犯行がたった九十六人によるものだった。リザックが言っていたとおり、目につかない少数の犯罪者――調査された母集団のわずか八・四パーセント――が、信じられないような数のレイプ事件を引き起こしていたのである。

注目すべきは、リザックとマクフォーターの研究の被験者全員が自発的に参加したこと、研究者に隠れレイピストと特定された人物のだれもが自分をレイピストだと考えていなかったことである。被験者を募集するとき、リザックは「幼少期の経験と成人後の人生」について研究していると伝え、秘密厳守を約束した。参加者は質問票一式を埋めることに同意した。尋ねられたのは、「あなたは、相手があなたの性的な誘いかけ（例：服を脱がせる）に抵抗できないほど（アルコールや薬物で）酩酊していたために、相手が望まない状況でありながら性交した経験がありますか？」や「あなたは、相手（成人）の協力がないなか、身体的な力（腕をねじる、押さえつける、など）を使う、あるいは使うと脅し、相手が望まない状況でオーラルセックスをしたことがありますか？」などである。すべての質問が特定の行為をはっきりとした言葉で表現していたが、リザックは注意深く「レイプ」や「暴行」という言葉は使わないようにしていた。質問のどれかひとつにでも「イエス」と答えた参加者は、続いてインタヴューを受け、追加の質問をされることになった。

被験者をインタヴューするとき、リザックは「彼らを審査しているような印象や、彼らの話にショックを受けているような印象は、絶対に与えないようにしました」という。「研究者として、彼らの自己認識を変えるようなことを言うのは禁物です。最後に目的を明かして、『ところで、あなたがいま話したことはレイプです』などとは言えません」

参加者たちは調査の被験者になることに何のためらいもなかったという。リザックはその理由をこう説明してくれた。「レイピストというのはスキーマスクをかぶり、ナイフを振りかざし、女性を茂みに引きずり込むやつだという共通の認識があるからです。しかし、こうした隠れレイピストはマスクをかぶらないし、ナイフも振りかざさないし、女性を茂みに引きずり込むこともありません。だから、自分がレイピストだという感覚がまったくなくて、とにかく喜んで自らの性行為について話すんです」。リザックにインタヴューされた学生レイピストのほとんどが、レイプなどしない善良な人間だと仲間内で考えられており、自分でもそう考えていた。

日常に潜む連続レイピストは、リザックによれば、「よくあるレイプ神話や誤った考えを信じています。それに、最近のデータによると、平均以上にナルシスティックだということです。つまり、自分自身の世界観にとらわれているんです。自分の取った行動を被害者の視点から考える能力が欠けています。意識を失って目を覚ましたらレイプされている、それがどんなことかと考えたりはしません。『眠りについたときに、だれかに上に乗られて、勃起したペニスを入れられたらどんな気持ちになるだろう』と自分に問いかけたりもしません。レイピストはそういうことをしないのです。彼らは自分の世界に生きていて、その世界にはたいてい強烈な特権意識があります」

レイピストの世界観を例証するため、リザックはラップトップを開き、「ザ・フランク・テープ」と名づけたビデオを再生した。これは、彼がある学生レイピストに行ったインタヴューから五分間を未編集で切り取り、俳優に再現させたショッキングなもので、演じた俳優はそのレイピストの話し方や無神経な自己愛を正確に模倣していた。

以下に縮約したものを載せるが、このビデオは「フランク」がリザックに「僕たちは毎週パーティーをしていました」と話すところからはじまる。

うちの友愛会《フラタニティ》はそれで有名でした。女の子をたくさん招待して、樽のビールとか、その夜に飲むものをいろいろ並べるんです。みんなべろんべろんに酔っ払います。……僕たちはかわいい女の子を狙ってました、特に一年生の、すごく若い子を。そういう子たちがいちばん簡単ですから。慣れてないみたいで、……獲物にしやすい感じです。それに酒のこととか、自分がどれくらい飲めるかとかもわかってないですし。まあ、ようするに、僕たちのテクニックを知らないわけですよ。……

僕たちは彼女たちをパーティーに招待して、……ほんとに来てくれて光栄だって感じに思わせました。君たちを特別に招待したんだよみたいな。それは、たぶん、ある意味ほんとですけど。……それで、すぐに飲ませるんです。樽がたっぷりありました。でも、パンチみたいなのもいつもあります。……すごい甘いジュースでつくるんですけど、アルコールを全種類入れるんです。……女の子たちは何にやられたのかわかりません。がぶがぶ飲んでましたよ、まあ、一年生で、なんか緊張してましたから。……うぶな子がいちばん簡単でしたね。そういう子がターゲットになりました。……

僕たちはみんな平日のあいだにターゲットを探してました。……狙いを定めて、平日のあいだに調べまくって、うちの有名なパーティーに来たいと思わせるんです。……基本的に素質がないとだめですね。……僕はある女の子を張ってました。授業で狙いを定めたんです。……待ちかまえて、……彼女がパーティーの部屋に入ってきた瞬間につかまえました。……一緒に飲みはじめて、彼女が緊張してるってわかりましたよ……かなり飲むペースが速かったんで。

飲んでたのは僕たちのつくったパンチみたいなやつです。まあ、いつものですね。……数分でべろんべろんになりはじめたので……仕掛けました。近づいてもたれかかる感じで、……腕をまわして、それからタイミングを見てキスしました。……いつもの感じです。……それで、少しして、部屋に行きたいか、っていうか、静かなとこに行きたいかって訊いたら、すぐに来ました。実は僕の部屋じゃなかったんですけどね。……いつもパーティーの前に部屋をいくつか用意してたんです……それ用のやつを。……

その時点で彼女はかなりふらふらしてました。それでもう一杯持ってきて、ベッドに座らせて、僕もその隣に座って、すぐ仕掛けました。最初に何をしたかはちゃんと覚えてないですけど。たぶん、まあ、ベッドの上でもたれかかって、服をいじって、触りはじめたんですね。……ブラウスも脱がせはじめました。……

どこかのタイミングで彼女が……「いまはやりたくない」とかそんなようなことを言いはじめたんです。……僕は服をいじり続けてたんですけど、……彼女はじたばたしはじめました。でも正直意味なかったです、そのおかげでブラウスが簡単に脱げたので。それで僕は彼女におおいかぶさった感じで、もっとノってこさせたかったんで触り続けました。そしたら押しのけようとしてきたので、逆に押し倒しました。……

さんざんじらしておいて、最後になってあんなふうにじたばた逃げようとしたんで、ムカつきましたね。ていうか彼女はかなりべろんべろんだったから、どっちにしろ状況がわかってなかったはずなんですよ。わかんないですけど、だから僕のことを押したんですかね。でも、まあ、僕はそのままおおいかぶさってて、服を脱がして、そしたらそのうち彼女もじたばたするのをやめました。わかんないですけど、意識がなくなったんですかね。目は閉じてました。

リザックはフランクに「それでどうなりましたか？」と訊いた。

「ファックしました」とフランクは答えた。

「そのときに、彼女におおいかぶさったり、押さえつけたりしないといけなかった？」

「ええ、こんなふうに腕を彼女の胸にまわして、まあ、こうやったんです」フランクは話しながら身ぶりをまじえ、どのように前腕を被害者の胸骨、首の付け根の近くにあて、おおいかぶさって押さえつけたかを説明した。

「彼女はじたばたしていましたか？」リザックは尋ねた。

「ええ、じたばたしてました」フランクは言った。「でもうそれほどじゃなかったです」

「そのあとは？」

「僕は服を着てパーティーに戻りました」

「彼女のほうは？」リザックは訊いた。

「帰りました」フランクは答えた。

フランクへのインタヴューは、リザックがレイピストに行ったインタヴューの典型である。このインタヴューの上記に含まれていない部分で、リザックによれば、フランクは「実はほかの二件のレイプについても話しています。ほとんど同じ状況下です。ただ、その二人の被害者はそのときアルコールで意識を失っていました。そしてフランクは、自分の話していることがレイプ行為だとはまったくわかっていませんでした」

フランクのような暴行魔は繰り返し罰を免れているが、それはわたしたちのほとんどが現実を直視していないからだと、リザックは説明する。わたしたちは、思いやりのある学生や感じのいいアスリートを連続レイピストだとは信じたくない。しかし、フランクとその同類のものたちは現に被害者に計り知れない危害を加えたレイプ魔であり、警察官、検察官、大学当局がそのような認識を持つことがきわめて重要なのである。

問題は、レイピストに責任を取らせるべき当局者の大半が、フランクのような人物を危険な犯罪者だと考えていないことである。また、仮に考えていたとしても、知人によるレイプの場合、レイピストを罪に問い、訴追することをしぶる人たちがあまりに多いのである。犯人を有罪にできる見込みが低い――あまりに低く、訴追手続きに必要となる莫大な時間、資金、モチベーションを正当化できない――と思っているためだ。検察は、自分たちが遂行を誓った義務は州の最大の利益のために行動することであり、レイプその他の犯罪被害者のための顧問弁護士となることではないと言って、訴追に消極的であることを正当化している。

デイヴィッド・リザックに言わせれば、こうした理由づけは自滅的で近視眼的である。フランクのようなレイピストを積極的に訴追しないことは、知人によるレイプの多くの被害者を傷つけるだけでなく、一般の人々にもはっきりと害を与えると、彼は説明する。フランクのような男が繰り返しレイプ行為に及び、罰を免れると、「彼らの行動は揺るぎないものになります。取りつかれたようになります。そして、このパターンが確立されると、えてして簡単にやめられるものではなくなります。レイプ魔は絶えず実践して、ターゲットになりそうな人とそうでない人の境界を探っているのです。経験豊富なセールスパーソンと話して、ビールを少し飲むと、どうやったら人の心を読めるようになるか、どうやったら取引を成立させるテクニックを身につけられるか教えてくれますよね。性犯罪者がしているのはそれとほとんど同じです。全員が天才だというわけではなくて、絶えずスキルを磨いて、うまくなっていくんです。かなりうまくなるので、わたしたちのほとんどは見破ることも阻止することもできません」

リザックはフランクのようなレイピストを訴追するのが難しいことを認めながらも、「こういったケースでの訴追が不可能だとはまったく思いません。しっかり引き受けてきた検察官は国中にいますよ。ただ、かなりの専門的な知識や技術、それから、顔見知りによるレイプに対してまったく新しいアプローチを取ろうという気持ちが必要です」と語る。それに加え、相対的に少数のレイピストが大半のレイプ事件を起こしているということを検察官が理解する必要もある。「統計上、レイプの約九十パーセントは連続犯による犯行です」とリザックは言う。「このことは調査ではっきりしています。警察と検察にとって何よりの問題は、暴行魔がそのへんに野放しになっていることのはずです。被害者がレイプ被害を届け出てくれることで、その男を牢屋送りにする機会が生まれます。被害者が酩酊していたとか、乱交の経験があったとか、そんな理由で立件を目指さないでいたら、その犯罪者はほぼ間違いなくほかの女性たちをレイプし続けますよ。フランクのような『いい人』が重大な犯罪を犯すのだと理解する警官や検察官が必要なのです」

デイヴィッド・リザックは、警察はレイプ容疑者の捜査を麻薬組織の親玉や組織犯罪者の捜査と同じように丹念に行う必要があると主張する。「捜査では、一件の、表面上一度きりのレイプに焦点を当てるだけではだめです。『この容疑者は何者だ？　彼のほんとうの姿を教えてくれるのはだれだ？　彼がほかにレイプしたかもしれない女性はだれだ？』ということに焦点を当てるべきです。刑事はEメールアカウントの提出を命じて、容疑者のフェイスブックの友達を調べなければいけません。しっかり掘り起こすんです」

警察がレイプ事件にこのようなアプローチを取れば、ほかの被害者やほかの犯罪行為を見つけ出せるだろう。そして、検察が多数の被害者の証拠をつかんでいる場合、弁護人が一人の被害者の信用性を攻撃すること――たびたび無罪判決につながっている伝統的なレイプ弁護――はずっと難しくなるのである。

第三部

望まない注目

ミズーラ滞在中に衝撃を受けたのは、モンタナ大学に通う学生のあまりに多くが、輝かしいアメフト選手――クォーターバックはまさにそう――がレイプするなどありえないと考えていたことである。「あの人たちは好きな相手とだれとでも寝られる」。そんな話を何度も何度も聞いた。……

みなが口をそろえて言うのは、たとえば、ミズーラ・クラブという安っぽいスポーツバーの落ち着かない蛍光灯の下で出会ったある男性の言葉を借りると、特にアメフト選手は「ファックするのにレイプする必要がない」ということだ。同大学のアメフト選手の少なくとも六人が、連邦政府による捜査が進行中の事件に関与していたという事実があるにもかかわらず。

――ケイティー・J・M・ベイカー

「モンタナ大学のクォーターバックが強姦罪で起訴」

（「Jezebel」二〇一二年八月一日）

第十一章

二〇一二年一月六日、ボー・ドナルドソンがアリソン・ヒュゲットへのレイプ容疑で逮捕されると、そのニュースは翌日の「ミズーリアン」紙のトップで報じられた。それからの半年、ドナルドソンの事件をはじめとする、モンタナ大学の学生による性的暴行の話題は、モンタナのニュースメディアで日増しに頻繁に報道されるようになった。一月八日の「ミズーリアン」紙は、ミズーラ市警と郡検事局が容疑者を罪に問わなかったことに対するケリイ・バレットとケイトリン・ケリーの失望を伝えた。一月十一日にはマーク・ミューア警察長の「ゲストコラム」が掲載され、そのなかで彼は自らの対応の正当性を主張し、このように書いた。「レイプ事件はかなりの難題だ。合理的な疑いの余地なく陪審員に訴えの正しさを証明することは特に難しい」

一月十五日のマイケル・ムーア記者による記事では、モンタナ大学のある学生が二〇一一年二月に性的暴行を受けていたことを遅れて届け出たと報じられた。当時一年生だった彼女は真夜中に寮の外の雪のなかで意識を失った状態で見つかり、ズボンとパンツは足首のところまで引きずり下ろされていた。あざが体のいたるところにあった。「口と顔に手を強く押しつけられており、その跡がまだ見えるほどだった」とムーアは伝えている。摩擦による傷でひざが血まみれになっていた。

その前の夜、飲みすぎた彼女は、友達と家に帰る途中にコーヒーショップに立ち寄った。だれかがコーヒーを買ってくれた。それを飲み終えると、若い男たちのグループが自分を指さして笑っているのに気づいた。「そのうちの一人がわたしに向かって『ルーフィー〔訳註：レイプドラッグの一種〕』と言うように口を動かしました」と彼女はムーアに言っている。恐怖を感じた彼女はカフェから逃げ出したものの、それからのことはほとんど覚えていない。気づいたときには、キャンパス内のジェシー・ホールの外の凍った地面の上で、大の字に倒れているところを見つかり、自室に運ばれていた。翌朝、大学の保健センターに行ったが、「ただの酔っ払いの子のように扱われました。『ねえ、ほんとうにただ倒れただけじゃないの？』というようなことばかり訊かれました」

その後のファースト・ステップ性暴力救援センターでの法医学検査で、彼女がレイプされたことが明らかになった。「わたしの事件はたぶん解決しません。でも、何が起きたかを知ってもらいたい」。そう思った彼女は、大学や市の職員がミズーラのレイプ問題を真剣に受け止めはじめることを期待して、「ミズーリアン」紙に話をすることにした。「よくないことが続いています。わたしたちみんなが行動を起こして、改善しようとしなければいけません」

二〇一二年一月十七日、マイケル・ムーアの記事が出た二日後、モンタナ大学総長のロイス・エングストロムが、頻発する性的暴行について公開討論の場で語った。これには、ミューア警察長、ジョン・エンジェン市長、州議会議員らを含む、百二十五人のミズーラ市民が参加していた。「われわれがこの事態を非常に深刻に受け止めていることを知っていただきたい」と、エングストロムは聴衆に訴えた。彼のこの発言ののち、質疑応答の時間に、イアン・ホワイトという地元のソーシャルワーカーが、この問題の元凶はグリズのアメフトチームだと思うと言った。「失礼ながら同意しかねます」とエングストロムは反論した。とはいえ彼は、これより前に、「少数の」学生アスリートが問題の一部を引き起こしたと認めていた。また、モンタナ大学の職員に送った学内向けの機密文書のなかでは、大学の調査の結果、性的暴行の深刻な事態と「多数の学生アスリートの行動パターン」のあいだに「あまりにも大きな関連性が見られる」と、実質的にホワイトと同じことを言っていた。

四週間前、エングストロムは、大学内でレイプが急増しているらしいという報告を受け、元モンタナ州最高裁判所判事のダイアン・バーズに調査を依頼していた。二〇一二年一月三十一日、彼女は「バーズ・レポート」として知られることになる報告書を提出した。「モンタナ大学キャンパスにおける性的暴行について調査した結果、即座の処置が必要だと判断される」と彼女は書いている。「十二月以降に加わった事件の数をふまえ、調査は継続される必要がある」

二月十七日、彼女が正しいことが証明された。その日、モンタナ大学の学生たちは、大学関係者全員に一斉送信された「大学コミュニティへの脅威の可能性」を警告するメールを通して、さらに二件の性的暴行が発生したことを知った。二月十日の午前二時を少し過ぎたころ、サウジアラビア出身の男子学生がモンタナ大学キャンパス内で一人の女子学生と出くわし、寮まで送っていくと言った。だが、彼は真っすぐ彼女の寮には向かわず、先に取ってくるものがあると言って、外国人学生向けの大学寮、インターナショナル・ハウスの自室に彼女を連れていった。到着すると、彼は女子学生にカクテルを出し、飲むように言った。彼女はすぐに吐き気を催し、体の感覚をなくした。男子学生は彼女の意志に反してキスをはじめた。彼女が最後に覚えているのは、窓から逃げようとしたことである。やがて友人たちが意識をなくした彼女を見つけ、部屋に運んだ。

同じ夜、この女子学生が部屋から逃げた約一時間後、再び車に乗ったサウジアラビア人学生は、寮へ帰ろうとしている別の女子学生を追い越し、縁石に寄り、送っていくよと言った。彼女は彼のことを知っていたから、受け入れた。車に乗ると、サウジアラビア人学生は前の被害者に言ったのと同じことを言った。取ってくるものがあるから、君の寮に行く前にインターナショナル・ハウスに寄る必要がある、と。「モンタナ・カイミン」紙（学生が独自に制作・運営している大学新聞）のディロン・カトーが伝えたところによれば、インターナショナル・ハウスに着くと、男子学生は彼女に部屋に上がるように言い、それから「自分と相手に飲み物を注いだ」。女子学生はすぐに気分が悪くなり、吐いた。その次の記憶について、彼女から話を聞いたカトーはこう書いている。

「男子学生が」彼女の上に乗り、二人とも裸だった。……「彼の口臭がひどかった。胸に乗った彼の重さを覚えている」。……彼女はなかなか動けず、まだ気分が悪かったという。男はそれからコンドームをつかみ、彼女を強姦した。彼女は放してと大声で言った。

最終的に男子学生は眠り、薬入りカクテルの効果も切れたため、彼女は逃げ、寮に戻ることができた。

この二つの暴行事件が発生したのは、二〇一二年二月十日の金曜日の夜明け前である。その日の午後、最初の被害者――暴行されたがレイプはされなかった女子学生――が、外国人学生との一件についてモンタナ大学公安局に届け出た。それを受けて、二月十四日、大学警察はチャールズ・クーチャー学生部長に報告を行った。さらに、大学警察は、ある時点で犯人を連行して尋問し、この女性に酒を飲ませたという軽罪に問うたようだ。

二番目の被害者――レイプされた女子学生――は、当初、事件を大学警察やミズーラ市警に届け出なかった。そのため、モンタナ大学の公安職員は、最初に外国人学生と話したとき、二番目のより深刻な暴行については何も知らなかった。だが、週末のあいだに、最初の被害者は、大学内の風の噂で二番目の被害者のレイプについて知った。

二〇一二年二月十四日、最初の被害者――暴行されたがレイプはされなかった女子学生――は、クーチャー学生部長から電話を受け、二月十七日に面談が行われることが決まった。当日、彼女は二番目の被害者――レイプされた女子学生――と一緒に現れ、クーチャーを驚かせた。そのときまで、クーチャーは二番目の被害者がいることすら知らなかった。ディロン・カトーの記事によると、クーチャーは、容疑者の学生をオフィスに呼び出して話を聞く、「場合によっては、彼のビザを剝奪し、大学から除籍する」と、二人に請け合った。

このレイプ事件を受け、大学は、二月十七日午後四時五十一分、クレリー法として知られる一九九〇年制定の連邦法で義務づけられているとおり、大学構内やその付近における「危険な状況」の可能性を警告するメールを一斉送信した。クーチャー学生部長は、大学の方針により、二番目の被害者へのレイプ疑惑で調査が行われることを外国人学生に通知する義務を負っており、その日の午後に電話をかけた。

しかしながら、クーチャーは法的権限を持たないため、その学生にパスポートを返納しろとは言わなかった。また、ミズーラ市警に電話をしてレイプについて知らせることもしなかった。警察と市の職員がレイプのことを知ったのはメールによる警告が届いたときであり、それは彼らにとって好ましいことではなかった。メールが一斉送信された約一時間半後、エンジェン市長はエングストロム総長とジム・フォリー渉外担当副総長にメールを送った。彼はこう書いている。

二件の性的暴行疑惑は、公安局に勾留され、未成年者アルコール所持の軽罪で召喚された一人の容疑者と関連しているようです。どちらの暴行もキャンパス外で起きたようで、直ちにミズーラ市警に報告がなされるべきでした。学生部長におかれましては、私たちが適切で専門的な刑事捜査を行えるよう、犯罪を報告する義務をいくらか感じていていただきたいと存じます。学生行動規範にもとづいた容疑者へのアプローチがあることは理解していますが、性的暴行疑惑に関して、そのような調査は刑事捜査の二の次になるべきです。

エンジェンは暴行が起きた場所を間違っていた。実際に発生したのは大学の敷地内である。とはいえ、それは大した問題ではなかった。わずか三ヵ月前、大学は市と了解覚書を交わし、キャンパス内におけるすべての重罪事件についてミズーラ市警の管轄権を認めていた。しかし、その取り決めは、モンタナ大学法律顧問のデイヴィッド・アロノフスキーに言わせれば、大学の義務とされている被害者のプライバシー権の尊重に勝りはしない。「率直に言うと、被害者が『警察沙汰にしたくない』と言えば、われわれはそれを重んじます」と、彼は「ミズーリアン」紙のグウェン・フロリオに語った。

アロノフスキーが警察を関与させたがらなかったのは、ミズーラ郡検事局がケリイ・バレットとケイトリン・ケリーの事件を不起訴にしたこととも関係していたかもしれない。ケリーの事件をめぐる大学裁判所の審問のあいだに、アロノフスキーは、バレットとケリーのどちらもが、ミズーラ市警と検察官のキルステン・パブストの対応を、被害者に対して厳しいばかりで逆効果だと思っていると知った。二人は、ほかのレイプ被害者にはミズーラ市警に被害を届け出ることを勧めないと言っていた。

エングストロム総長もアロノフスキーと同意見で、二月十日のレイプを法執行機関に報告しなかった大学の判断は正しいと考えていた。「連邦法で定められているとおり」彼はフロリオに言った。「大学は被害者や加害者とされる個人の名前を警察に教えることはできませんし、現にそうしませんでした」。しかしながら、この主張がどこまで正確であるかには疑問がある。性的暴行と被害者および加害者のプライバシーに関する連邦法、モンタナ州法、大学の方針は、よく言ってまぎらわしい、よりはっきり言えば、いくつかの点で矛盾があるのである。

米国教育省公民権局が二〇一一年に送付した「同僚への書簡」によると、学校は性的暴行の「通知を受け」しだい、「直ちに措置を講じ、調査またはその他の方法で事態を確認すること。迅速かつ効果的な措置を講じ……その発生を防ぎ、適宜その影響を軽減すること」が求められる。しかし、ダイアン・バーズが一月三十一日にエングストロムに提出した報告書によれば、「何が『迅速かつ効果的な措置』であるかの指針が明確でないため、これがモンタナ大学や諸大学にとってもっとも難しい部分である」。

何はともあれ、警察長補佐のマイク・ブレイディが言うには、二〇一二年二月十七日の金曜日の夜、大学はレイプ容疑者の名前をミズーラ市警に伝え、警察はただちに彼を捜しはじめた。二月二十一日の火曜日、二人の被害者は警察に行き、刑事に事情を話し、写真を見て加害者の確認をした。あいにく、これは完全に水泡に帰した。その日のうちに警察は、犯人が二月十九日にミズーラを逃れ、サウジアラビア行きの飛行機に乗っていたことを知ったのである。

外国人レイピストが逃亡したことに対するミズーラ市民の集団的な怒りは猛烈だった。モンタナ大学の性的暴行事件には即座の処置が必要であるという「バーズ・レポート」の警告から一ヵ月も経っていないなか、問題は悪化の一途をたどっているようだった。二〇一二年二月二十七日の市議会定例会では、ディック・ヘインズ市議が、サウジアラビア人犯罪者の国外逃亡を防ぐ十分な措置を講じなかったとして大学当局を非難した。「その人物が大学以外にとっても脅威であるということを当局は理解しなければなりません」とヘインズは述べ、さらに、事件をすぐに市警に引き渡さなかったことの言い訳として連邦規則を持ち出すことは容認できないと言った。

また、ペンシルヴァニア州を拠点とする全国性暴力救援センターのスポークスウーマン、トレイシー・コックスはフロリオにこう語っている。「十二月に［性的暴行を防ぐことが］最優先事項だと言い放っておいて……たった二ヵ月後にこういうことが起きたら、信用が数段階下がりますよね。それにその人物が逃げたとなれば──それはまったく別のレベルの話になります」

これ以上はないと思えたが、まもなくして状況はさらに悪化した。二〇一二年三月十六日の午前一時六分、アイリナ・ケイツ──地元のテレビ局〈ＫＰＡＸ〉の記者──が、「グリズのクォーターバックが性的暴行疑惑で接近禁止命令を受ける」という記事を局のウェブサイトに掲載した。

ケイツは、モンタナ大学のある女子学生が、アメフトチームのスター選手であるジョーダン・ジョンソンにレイプされたとして、裁判所に彼からの保護を請願したという情報をキャッチしたのである。

三ヵ月前、ジョンソン――オレゴン州ユージーン出身の十九歳の二年生――は、二〇一一年のビッグ・スカイ・カンファレンスでグリズリーズを十一勝三敗の成績で首位に導き、FCS全国選手権でも見事なランを見せていた。彼がレイプしたとされる女性、セシリア・ウォッシュバーン（仮名）は、二十歳で、モンタナ大学薬学部の三年生だった。二人は二〇一〇年からの友達で、ときどきデートをし、いちゃつくようなことも何度かあったが、それ以上の肉体関係を持つことはなかった。二人の関係は主にメールのやり取りで成り立っていた。そして、二〇一一年の春、セシリア・ウォッシュバーンが別の男性と付き合いはじめ、ジョーダン・ジョンソンが別の女性に興味を持つと、ウォッシュバーンとジョンソンの芽生えかけた関係は、ウォッシュバーンいわく、「自然消滅した」。

しかし、二〇一一年十二月、ウォッシュバーンがボーイフレンドと別れたあと、ジョンソンとウォッシュバーンはまたメールを送り合うようになった。大量に。ミズーラ市警のコニー・ブリュックナー刑事によると、二〇一一年十二月から、レイプ事件が起こったとされる二〇一二年二月四日までのあいだに、ジョンソンとウォッシュバーンは「数百通」のメールを送り合っていた。そのうちの七十五パーセントはジョンソンからはじめたものだった。ウォッシュバーンは、宣誓証言の際に、このメールのやり取りを「親密でいやらしい」と表現している。

二〇一一年十二月上旬、グリズがプレイオフで勝利をおさめたあと、ジョーダン・ジョンソンはパーティーに行き、ほろ酔いになった。そこで、飲酒運転をしなくてすむように、家まで送ってくれないかというメールをセシリア・ウォッシュバーンに送った。ウォッシュバーンがジョンソンを乗せて彼の家まで行くと、彼は彼女を招き入れ、部屋にも通したが、二人はキスもしなかった。その一年以上あとの公判中に、ジョンソンの弁護人は、なぜほかの友達ではなくウォッシュバーンを呼んだのかと訊いた。「わかりません」とジョンソンは答えた。「ただそうしたんです」

「彼女に多少なりとも好意を持っていましたか?」弁護人は訊いた。

「そういうわけではありません」ジョンソンは答えた。二〇一一年のはじめから狙っていたケリ・フローランドという女性のほうにより興味があったと説明した。「彼氏彼女という関係ではありませんでした」と、彼はフローランドとの関係について言った。「でもお互いに好きでした」

「すごく好きでしたか?」弁護人は尋ねた。

「はい」ジョンソンは言った。

二〇一一年十二月下旬、セシリア・ウォッシュバーンは町を離れ、大学の六週間の冬休みを家族と過ごした。ジョーダン・ジョンソンもオレゴン州の家族のもとへ戻った。そのあいだ、二人は頻繁にメールのやり取りをしていた。そして二〇一二年二月の最初の週末、すでにミズーラに戻っていた二人は、「フォレスターズ・ボール(森林労働者の舞踏会)」という名で知られる、毎冬二夜連続で開かれる大学のパーティーでばったり出くわした。

二〇一二年二月三日、金曜日の夜、ダンスパーティーの初日だった。千五百人ほどの若い男女が参加していた。イベントではアルコールは提供されないが、大半の学生は到着前から泥酔しており、ウォッシュバーンとジョンソンもその例にもれなかった。セシリア・ウォッシュバーンは十人以上の大勢でパーティーに来ていた。ジョーダン・ジョンソンは特に仲のいい二人の友達と来ていたが、どちらもハウスメイトでありアメフトのチームメイトだった――ボ・タリーとアレックス・ビーネマンである。その夜の早い時間、ウォッシュバーンは知り合いと踊っているときに、ジョンソンがそばを通ったのに気づいた。「それで彼のところに行きました」と彼女は証言している。「大きくハグして、元気だったかと訊きました」。ジョンソンは彼女に会えてうれしかったと証言している。ウォッシュバーンはジョンソンの腰のくびれに手を滑らせ、体を寄せ、(ジョンソンとビーネマンによれば)酔っ払ってこう宣言した。「ジョーディ、いつでもヤルよ」。この何気ない酔った勢いの誘いが、のちにとんでもない結果を招くことになるとは、そのときだれも想像できなかった。

パーティーが終わると、ジョンソンはタリーとビーネマンと家に帰り、一人でベッドにもぐった。ウォッシュバーンは友達を何人か家に呼んで、午前二時か三時まで一緒に過ごし、それからやはり一人でベッドに入った。

かなり遅くまで起きていたが、彼女は翌朝七時半に起きてロナルド・マクドナルド・ハウスの仕事に向かった。これは重病の子どもとその家族を支援する施設で、彼女は毎週土曜日の午前八時から十時まで、日曜日の午前七時から九時まで、そして毎週月曜日は夜通しでボランティアをしていた。その日は、シフトが終わると、家に帰り、二人のハウスメイトの男性のためにパンケーキをつくり、その後はグレートフォールズから泊まりに来ていた客と一緒に過ごした。

午後二時ごろ、ウォッシュバーンの携帯電話にジョンソンからメールが届いた。「おーい!」

と、彼はやり取りをはじめ、彼女に夜の予定を訊いた。続けざまにメールを送り合い、二人はウォッシュバーンの家で一緒に映画を観ることに決めた。ジョンソンは午後十時二十九分に再び彼女にメールを送り、それから十時四十分に、飲んでいて車を運転するのはよくないと思うから、家まで迎えに来てくれないかと尋ねた。しかし、ウォッシュバーンは眠ってしまったため、返信しなかった。

不安になってきたジョンソンは、十時四十五分ごろ、ウォッシュバーンに電話をかけた。着信音でようやく目を覚ました彼女は、電話に出て、すぐに行くと言った。

ジョーダン・ジョンソンを迎えに家を出たとき、セシリア・ウォッシュバーンは丸一日以上シャワーを浴びておらず、髪にブラシをかけておらず、着替えたり化粧をしたりしようともしていなかった――つまり、狙っている男性と初めてセックスをしたいときに若い女性がしそうなことは何ひとつしていなかった。のちに証言しているとおり、ウォッシュバーンはたしかにジョンソンに惹かれていて、将来的には彼とセックスしたいと思っていたが、その夜にするつもりはいっさいなかった。ただ映画を観て、もし機会があれば少し寄り添い、彼との関係を再点火させる可能性を探りたいと思っていただけだった。前日の夜以来、アルコールはまったく飲んでいなかった。

ジョーダン・ジョンソンは五人のアメフト選手と家を借りてシェアしていた。彼の証言によると、午後五時から十時のあいだ、ビールを飲みながら、アレックス・ビーネマンやボ・タリーなどのグリズのチームメイトと過ごしていた。彼は「たぶん」ビールを四本か五本しか飲んでいないと証言しているが、ビーネマンは、ミズーラ市警による事情聴取のなかで、ジョンソンはウォッシュバーンの家に行く前の四十五分間に三本か四本のビールを飲んでいて、その前の四時間にも何かしら飲んでいたと言っている。ジョンソンが玄関を出ていくとき、ビーネマンは「モノにしてこいよ！」とあおった。

ジョンソンはセシリア・ウォッシュバーンのことを「ほんとうに感じがよくて頭のいい子」だと思っていたと証言し、「人として好きでした」と言っている。しかしそのあとに、「彼女にしたいとか、そういう意味で好きなわけではありませんでした」と付け加えた。とはいえ、家に迎えに来たウォッシュバーンの車に乗ったとき、その夜セックスする「こともあるだろう」と思ったとも語っている。

ウォッシュバーンは、ジョンソンを自分の家に入れると、一緒に家を借りているハウスメイトの一人――スティーヴン・グリーンという仲のいい友達で、リビングでテレビゲームをしていた――を紹介し、それから映画を観るためにジョンソンを部屋に招いた。ウォッシュバーンはその前に、二日目の「フォレスターズ・ボール」に参加しているブライアン・オデイという友達を夜中の十二時過ぎにピックアップし、家に送る約束をしていた。すでに十一時近かったため、彼女としては、早く映画を観はじめ、オデイから迎えを頼む電話がかかってくる前にできるかぎり長く観られるようにしたかった。その時点でジョンソンは家に帰らなければいけないのだから。

部屋は小さかった。ウォッシュバーンのベッドが床面積のほとんどを占めていた。ジョンソンは靴を脱ぎ、時計を外して、ベッドの上で横になった。ウォッシュバーンはブーツを脱ぎ、『イージー・A』（訳註：邦題『小悪魔はなぜモテる?!』）（『緋文字』に着想を得たコメディー）という映画のDVDをテレビに入れ、彼の隣で横になって観た。数分後、二人はキスしはじめた。ウォッシュバーンの証言によると、彼女はそれを楽しんではいたものの、「まあ、映画観ようよ」と言い、キスはやめて抱擁を続けた。彼は仰向けで、彼女は左半身を下にして、右腕を彼の胸にまわし、頭を彼の肩にあてていた。

数分後、ジョンソンも彼女のほうを向き、二人は再びいちゃつきはじめた。「『まあいいかな』と思いました」とウォッシュバーンは振り返っている。「大丈夫そうだったから。それで少し激しくなりました」。彼はウォッシュバーンのシャツを引っ張り上げようとした。彼女は元に戻したが、彼はしつこく頭から脱がそうとし、彼女はそれに応じた。それからウォッシュバーンもジョンソンのシャツを脱がした。彼女は彼の上に転がり、二人は腰をこすりつけ合いはじめた。彼女は彼の耳にキスをして少し噛み、彼は彼女の首にキスをした。これらはすべて合意の上だったと彼女は証言している。しかし、やがてジョンソンが彼女の腕をつかみ、「かなり興奮」しはじめたため、いちゃつく以上のことはしたくなかった彼女は不安になってきた。そこで彼に「ちょっと待って。……まあ、映画観よう」と言った。彼女はジョンソンから離れ、また横向きになって頭を彼の肩に寄せた。

しかし、映画をもう数分観たあと、ジョンソンは何も言わずに彼女の上に転がり、さらに激しくキスしはじめた。彼女はあらためて「やめてよ、映画観ようってば」と言った。だが今度は、彼は動きを止めず、ウォッシュバーンの証言によれば、「なんかゴリラみたいに」彼女の上に座った。「それでわたしは『やめて』、というか『今日はだめ』と言いました。……彼がセックスしようとしてると思ったから。わたしはしたくなかったんです」

セシリア・ウォッシュバーンから繰り返し反対されたにもかかわらず、ジョーダン・ジョンソンはセックスするともう決めていたようだった。彼女は百七十三センチで五十八キロ。彼は頑強な体格のアメフト選手で、体重は約九十キロあり、常日頃からグリズのトレーニングルームでウェイトリフティングをしていた。ジョンソンは左腕を彼女の肩から胸にまわして彼女を押さえつけ、彼女の証言によれば、「それからわたしのレギンスとパンツを右手で脱がして、引きずり下ろしました。足首のあたりまで脱がされました」。彼が服を強く引っ張っているあいだも、彼女は「やめて！ 今日はだめ！」と抗議し続けた。また、脚をしっかりそろえるようにし、ひざで彼の腰を突いて押しのけようとした。

ジョンソンに抵抗していたときのことを、彼女は「彼は何も言いませんでした。ただ――……完全に別人になってました。……怖かったです」と証言している。

セシリア・ウォッシュバーンのレギンスとパンツを脱がし、前腕を胸骨にまわして彼女を押さえつけたあと、ジョーダン・ジョンソンは彼女にうつ伏せになれと言った。拒否すると、「彼は『うつ伏せにならないなら、オレがさせてやる』と言いました。そこで彼はわたしの腰をつかんで、わたしをひっくり返しました」とウォッシュバーンは証言している。そのとき、「レイプされるとわかりました」。

ベッドにうつ伏せにさせると、ジョンソンはひざで彼女の脚を開かせ、片手で頭の端を押さえ、もう一方の手で自分のベルトを外してジーンズを下ろした。「おまえ、したいって言ってただろ」と、ウォッシュバーンに言った。彼は彼女の腰を自分のほうに引き寄せた。そのため彼女はひざをつき、尻が宙に浮くかたちになった。彼は彼女のうしろでベッドにひざ立ちして、ペニスを膣に挿入した。そうしながら、ウォッシュバーンによれば、「したいって言ってただろ！ したいって言ってただろ！」と繰り返した。
「彼はわたしの腰をがっとつかんで、自分のほうに引き寄せました」とウォッシュバーンは証言している。「何回も、またやって、またやって、またやって。ものすごく痛かった」。彼はこのように「数分間」彼女に挿入し、やがて射精しそうだと感じたところで、ペニスを抜き、手のなかとウォッシュバーンの毛布に出した。

ジョンソンがレイプをはじめたときのことを、ウォッシュバーンはこう証言している。「ものすごいショックでした。野球のバットで殴られたような。どうなってるんだかわからない。こんなことが起こるなんてまったく考えたこともなかったです。……それから、だんだん、事が進んできて、わたしは少しずつ気が遠くなってきました。……それでそのあと、まだショックでした。信じたくありませんでした、こんなことになるなんて。悪夢みたいでした」

ジョンソンが膣からペニスを抜き、射精したあと、ウォッシュバーンはベッドから這い出て、ドレッサーのそばに立ち、震えながら彼を見た。一方、彼は毛布の精液を拭き取って、自分の服を拾い、隣のバスルームに歩いていった。ジョンソンがベッドルームからいなくなると、ウォッシュバーンはすぐに服を着て、ナイトスタンドから携帯電話を取り、一メートルほど先のリビングでテレビゲームをしているハウスメイトのスティーヴン・グリーンにメールを送った。「ヤバい、レイプされたっぽい。あいつ、ずっと突きまくってきて、やめてって言ってるのに聞かなかった……泣きたい……ヤバい、どうしよう！」

セシリア・ウォッシュバーンはハンドバッグと財布をつかみ、ダウンベストを着た。そしてリビングに行き、グリーンの横を通って、キッチンに入った。そこで、友人のブライアン・オデイから、ダウンタウンでピックアップして家まで乗せてくれないかという約束していたメールが届いているのに気づいた。ウォッシュバーンは返信に了解と書き、笑顔の顔文字をつけた。のちに、なぜ笑顔の顔文字をつけたのかと訊かれたウォッシュバーンは、レイプされたことをオデイに知られたくなかったのだと説明した。

オデイのメールに返信したあと、ウォッシュバーンはそのまま裏口から外に出て、車のところへ歩いていった。自分がいなくなったことに気づけば、ジョンソンは当然あとを追ってくるだろうと思った。「なるべく早く彼を家から追い出したかった」と彼女は証言している。レイプ直後、ショックを受け呆然としていた彼女は、彼を家に送り帰すことがもっともうまい追い出し方だと判断した。

スティーヴン・グリーンは、ウォッシュバーンが横を通ったとき、彼女の目に涙が浮かんでいるのを見た。「かなり苦しそうでした」と彼は証言している。「それと……なんかちょっと首を横に振って、いまは話したくないと言ってました」

ジョーダン・ジョンソンはウォッシュバーンの数分後に家を出て、彼女の車の助手席に乗った。彼の家に着くまでの短い時間、二人は何も話さなかった。「一言も言葉を交わさなかった」とウォッシュバーンは証言している。「完全に無言でした。……わたしは目に涙が溜まってましたけど、声を出して泣いてはなかったです。……彼を降ろしたとき、彼は車から出て『ああ、ありがと』と言ってそれからドアを閉めました。……わたしはUターンして、泣きはじめて、そして家に帰りました」

のちに、多くの人が、レイプが起きたとされる最中、およびその直後のセシリア・ウォッシュバーンの行動に困惑した。暴行がはじまったときに、なぜ声を上げ、ベッドルームのドアのすぐ先にいたスティーヴン・グリーンに助けを求めなかったのか。また、なぜレイプされたあとにジョーダン・ジョンソンを車で家まで送っていったのか。懐疑的な人たちは訝った。

レベッカ・ローは、いくつか妥当な解釈があると言っている。シアトルの熟練した法律家であるローは、一九七七年から一九九四年までキング郡検察局に勤め、十一年にわたって暴行特別捜査班を指揮していた。個人開業したのち、二〇〇八年にはワシントン州法廷弁護士協会から「今年の法律家《ローヤー・オブ・ザ・イヤー》」に選ばれた。レイプされることは非常にショッキングな経験であるため、一見奇妙に思える行動を引き起こすことがよくあるのだと、ローはわたしに説明してくれた。彼女によれば、恐怖というものでセシリア・ウォッシュバーンの予期せぬ行動を説明できる。しかし一方で、社会への適応のような日常的にわたしたちが経験していることによっても説明は可能だという。

「わたしが訴追したレイプ事件で、女性が大声を出さなかった、警察を呼ばなかったというのは、実のところごくふつうのことでした」とローは言う。「ある程度、女性というものがそのような反応をするようになっていないからです。わたしたちは社会生活に適応するなかで、人に好ましく思われること、摩擦を生まないことを教えられます。感じのいい人になるように育てられるわけです。女性は騒ぎを起こさず静かに問題を解決する——何かよくないことが起きても、そんなことはなかったかのように消し去ってしまうんです」

セシリア・ウォッシュバーンは、ジョーダン・ジョンソンを送り届けて家に戻ると、キッチンのドアからなかに入り、取り乱し、まともに息もできないほど激しく泣きじゃくりはじめた。「立っていられないと思ったので、オーブンの扉の取っ手をつかみました」と彼女は言っている。スティーヴン・グリーンは、ウォッシュバーンの悲痛な泣き声を聞くと、すぐにキッチンに走っていき、彼女を慰め、説得してリビングに連れていった。「彼のひざの上に座って……彼はそこでわたしの背中をさすってくれました」とウォッシュバーンは振り返っている。

彼女はグリーンと二十分ほど話したあと、長くシャワーを浴びた。汚されたと感じており、「体の割れ目をごしごし洗ってきれいに」したかった。

第十二章

セシリア・ウォッシュバーンがシャワーを終えたとき、時刻はほぼ午前一時になっていた。友人のブライアン・オデイを送る約束をしていたから、服を着て、車に戻り、ダウンタウンへ向かった。オデイは車に乗ると、彼女が取り乱した様子であることに気づき、どうしたのかと訊いた。ウォッシュバーンはわっと泣きだし、レイプされたと言った。家に戻ってベッドに入ったころには、午前二時半になっていた。

二〇一二年二月五日、日曜日の朝、目を覚ましたセシリア・ウォッシュバーンは仲のいいアリ・ビエラーにメールを送り、前夜に起こったことを伝えた。ビエラーは、モンタナ大学薬学部の四年生で、ウォッシュバーンより一歳年上だった。一、二年生のとき、彼女は週に二十時間、レジデントアシスタントとして大学で働いていた。これは学生たちにアドバイスとサポートを提供する仕事であり、その研修の一環として、性的暴行被害を報告しに来た学生にどう対応するべきか教えられていた。研修で言われたとおり、ビエラーはウォッシュバーンにいますぐファースト・ステップリソースセンターに行くよう強く勧めた（この性暴力被害者のための診療所は、アリソン・ヒュゲットがボー・ドナルドソンにレイプされたあとに母親に連れていかれ、ケルシー・ベルナップがドナルドソンやジョーダン・ジョンソンのチームメイト四人に集団レイプされたというあとに連れていかれたのと同じ診療所である)。ビエラーはウォッシュバーンをファースト・ステップまで送っていくと言った。

ウォッシュバーンはその勧めに乗り気でなかったが、性器損傷と、場合によっては性感染症の治療を受けたいと思い、ビエラーの言うことを聞いた。「とにかく身体に異常がないことをはっきりさせたかった」と彼女は証言している。

ビエラーは、診療所に連れていくためにウォッシュバーンをピックアップしたとき、彼女の様子に困惑した。「すごく疲れきっていて、心を閉ざしていました」とビエラーは証言している。「わたしのほうを見ようとしませんでした。……泣いていました。とにかくすごく動揺していました」

ファースト・ステップで、セシリア・ウォッシュバーンは当直診療看護師のクレア・フランコーアと話をした。フランコーアは、レイプされたことを警察に届け出る義務はないと言いながらも、将来的に届け出ようと思う可能性が少しでもあるのなら、証拠を採取するため、いますぐ法医学検査を受けることが非常に重要だと指摘した。ウォッシュバーンは検査を受けることに同意したが、いざはじまると、それはとても苦しく、途中でフランコーアにしばしの中断を求めるほどだった。検査の結果、ウォッシュバーンには、性器の痛みと、「軽い赤み、腫れ、いくつかの小さな擦り傷、胸部の斑点、側頭部の圧痛」があることが判明した。

検査後、ウォッシュバーンはレイプ被害を当局に届け出るか決めかねていた。選択肢は四つあった。ミズーラ市警に行き、刑事司法制度を通して償いを求める。モンタナ大学に暴行被害を届け出る。警察と大学の両方に被害届を出す。黙ったままでいる。どの選択肢も選びたくなかった。どれも予期せぬ不都合なかたちで彼女の人生に影響を及ぼす可能性があった。

考えられるリスクと考えられるメリットを比較検討した末、ウォッシュバーンは当面は警察に届け出るのを見合わせるが、モンタナ大学にはジョーダン・ジョンソンにレイプされたことを報告すると決めた。ミズーラ市警に正式な被害届を出さないことで、レイプの事実を内密にし、メディアに知られなければいいと考えた。ファースト・ステップを訪れた数日後、彼女はモンタナ大学学生部長のチャールズ・クーチャーに申し立てをした。彼はただちに正式な調査を開始した。

二月十二日の日曜日、ジョーダン・ジョンソンはワシントン州プルマンへの旅行から帰宅すると、クーチャーから手紙が届いていることに気づいた。モンタナ大学の公式の便箋に書かれたその文書は、「ジョンソン殿」とはじまっていた。

あなたがモンタナ大学学生行動規範第5条第A項第18号に違反したという申し立てがあり、調査を開始しました。第5条第A項第18号は強姦を禁じています。あなたは、二〇一二年二月四日、学友のミズ・セシリア・ウォッシュバーンをキャンパス外の彼女のアパートで強姦したと報告されています。……調査の結論を出すにあたり、申し立て通りあなたが学生行動規範に違反したという十分な証拠を得られた場合、あなたの即座の除籍を要求するつもりです。

その手紙を読んだジョンソンは、震えて、呼吸が荒くなり、ほとんど口をきくことができなくなっていたと、彼のハウスメイトたちは言っている。そのうちの二人、アレックス・ビーネマンとボ・タリーは、近くに住むアメフトのアシスタントコーチにアドバイスを求めたらどうかと言った。だがそのコーチは留守だったため、彼らはヘッドコーチのロビン・フルーグラッドに電話した。彼は家で話をしようとジョンソンを招いた。

フルーグラッドとジョンソンはともにオレゴン州ユージーン出身で、フルーグラッドはジョンソンの両親の友達だった。彼にはユージーンのシェルドン高校に通っていた息子がいたが、ジョンソンはかつてそこで抜きん出て優れたクォーターバックとして全国的な注目を集めていた。ジョンソンが高校四年生だった二〇〇九年十二月、フルーグラッドがモンタナ大学のヘッドコーチに任命された。それからほとんど間をおかず、フルーグラッドはジョンソンに、モンタナ大学に通ってグリズでアメフトをするための奨学金のオファーを出した。ジョンソンは喜んで応じた。

アレックス・ビーネマンにロビン・フルーグラッドの家まで送ってもらい、車を降りたとき、ジョーダン・ジョンソンはクーチャー学生部長の手紙にまだ激しく動揺していた。フルーグラッドと一時間ほど話したなかで、彼はウォッシュバーンとのセックスは合意の上であり、絶対にレイプはしていないと言った。フルーグラッドは、そういうことなら、自分のしていないことでトラブルに巻き込まれることはありえないのだから、何も心配することはないと言った。五十三歳のコーチは、すべて「大丈夫だ」と言い、十九歳のクォーターバックを安心させた。ジョンソンが帰ったすぐあと、フルーグラッドはモンタナ大学体育局長のジム・オデイに電話し、ジョーダン・ジョンソンがレイプ容疑でクーチャー学生部長に調査されていると注意を促した。モンタナ大学体育局は即座に態勢を整え、セシリア・ウォッシュバーンの申し立てに対し、あらゆる手を尽くしてジョンソンを守ると決めた。

三月上旬、友達とキャンパス内を歩いていたセシリア・ウォッシュバーンは、たまたま近くを歩いていたジョーダン・ジョンソンを目に留めた。彼はウォッシュバーンに近づこうとせず、どうやら気づいてもいないようだったが、ウォッシュバーンは彼を見てパニックになった。レイプ疑惑の夜以来、彼を見るのは初めてだった。怯えた彼女は近くの建物に駆け込み、モンタナ大学薬学部の学生課長補佐であるローリ・モーリンに電話した。モーリンはすぐにオフィスに来るように言った。彼女の証言によれば、オフィスに着いたとき、ウォッシュバーンは「手に負えないほど泣きじゃくっていました。わたしのところに来て、わたしに抱きついて、そのまま離れようとしませんでした。……あれほど怯えている人は初めて見ました」

三月九日、この意図せぬ遭遇に駆り立てられ、セシリア・ウォッシュバーンはジョーダン・ジョンソンに対する一時的接近禁止命令を請求した。これは、彼女に対する脅迫行為や迷惑行為を禁じ、彼女と彼女の家から少なくとも千五百フィート（四百五十七メートル）離れることを義務づけるものだった。記者のアイリナ・ケイツは三月十五日に接近禁止命令のことを知り、三月十六日の午前一時六分、「KPAX.com」に「グリズのクォーターバックが性的暴行疑惑で接近禁止命令を受ける」という見出しの記事を掲載した。この記事はジョーダン・ジョンソンがレイプ容疑で訴えられたことを最初に世間に伝えたものである。

それからまもなく広まったメディアでの報道のなかで、セシリア・ウォッシュバーンの名前は伏せられていたが、レイプはもはや秘密ではなくなっていた。そのため、彼女はミズーラ市警にも暴行被害を届け出たほうがいいだろうと判断し、三月十六日の午後に届け出た。モンタナ大学体育会行動規範（ジョンソンも署名していた）にしたがい、グリズのアメフトチームが三月十九日に春季練習をはじめたとき、ジョンソンは参加を許されなかった。
輝かしいクォーターバックのこのようなニュースを受け、ミズーラ市民のあいだには動揺と猜疑心が広まった。人気のインターネットフォーラム「eGriz.com」では、あるファンがこう投稿した。

去年、三歳の二人の娘を連れて何試合か観戦に行き、今度の秋は一緒に全試合行ってみようと楽しみにしていました。でもいまは、今度の秋に娘たちとすることを何か別に見つけようかと思っています。たとえごく一部でも、言われていることが真実だとしたら……グリズリーの運営プログラムにはやはり深刻な問題があるということです。……選手たちがまともな人間だと信じられない状況で応援するのは難しいことです。それに、変態が何人も集まっていると思える状況で、娘たちが彼らのファンとして育つようなことは絶対にあってほしくありません。

それと、わたしはファンから強い怒りの声を聞きたいです、言い訳ばかりでなく。すべての責任が女の子たちや、グウェン・フロリオや、そのほかアメフトチーム外部の何かにあるなどということはありえません。あちらばかり責められて、アメフトチーム側に何もないというのはおかしいでしょう。それから、おそらくフルーグラッドがこの問題を引き起こしたわけではなく、彼が何らかの原因ということでもないでしょうし、こんなことになるとは

思っていなかったでしょうが、このチームの指導者でありたいなら解決策を考え出すべきでしょう。

十三分後、返信として、別のグリズファンがこう投稿した。

どうかもう試合に来ないでください。これはただの魔女狩りですから。

二〇一二年三月二十三日、セシリア・ウォッシュバーンの代理人ジョシュ・ヴァン・デ・ウェテリング（原註：四ヵ月前、ヴァン・デ・ウェテリングは、カルヴィン・スミスがケイトリン・ケリーへのレイプ行為でモンタナ大学から有罪を宣告されたときにスミスの代理人をつとめていた）とジョーダン・ジョンソンの代理人デイヴィッド・パオリの協議の結果、ジョンソンに対する接近禁止命令が破棄され、かわりに民事の「非接触命令」が出された。これはジョンソンに接近禁止命令と同じ制限を課す――やはりウォッシュバーンから千五百フィート（四百五十七メートル）離れることが義務づけられる――が、非接触命令は刑事訴訟というより民事訴訟の範囲に属するため、フルーグラッドコーチとモンタナ大学体育局は、体育会行動規範を非常に甘く解釈し、ジョンソンがアメフトチームと練習することを許した。フルーグラッドはジョーダン・ジョンソンが練習に戻ってうれしいと、「ミズーリアン」紙のグウェン・フロリオ記者に語った。「ジョーディのような人格と素晴らしい道徳心を持った男がいて、その男がチームのキャプテンとしてリーダーの立場にいたなら、必ず選手たちは奮い立ちますよ」

ジョシュ・ヴァン・デ・ウェテリングは、フルーグラッドが「ミズーリアン」紙でジョンソンを大げさに褒め称えたことは状況を考慮するときわめて不適当であり、ジョンソンはチームに戻ることを許されるべきではなかったと考えた。大学の役員に宛てた手紙のなかで、ヴァン・デ・ウェテリングは「ミスター・ジョンソンを復帰させるという体育局の決定は、ミスター・ジョンソンに対する法的手続きへのあなたがたの誤解がもとになっている面がある」と不満を述べた。

三月二十九日、ヴァン・デ・ウェテリングの手紙を受け取った一日後、モンタナ大学総長のロイス・エングストロムは、ロビン・フルーグラッド（ビッグ・スカイ・カンファレンスの「年間最優秀コーチ」に選ばれたばかりだった）とモンタナ大学体育局長のジム・オデイを解雇した。エングストロムは二人を解雇した理由を明かさなかったが、フルーグラッドコーチは、二〇一〇年十二月のグリズのアメフト選手四人によるケルシー・ベルナップへのレイプ疑惑の際も批判にさらされていた。二〇一一年二月、彼は選手たちがベルナップへのレイプ容疑で訴えられ、ミズーラ市警に捜査されていることを知ったが、オデイやクーチャー学生部長や大学の役員たちにその情報を伝えることを怠ったのである。その結果、大学関係者はだれもケルシー・ベルナップに連絡せず、重大犯罪と思われる事件について適切なタイミングで調査を開始できなかった。

これまでにもフルーグラッドコーチの監督下でグリズのアメフト選手による性的暴行事件が発生していたところに、二〇一二年二月四日、ジョーダン・ジョンソンによるセシリア・ウォッシュバーンへのレイプ疑惑が起きたことで、エングストロム総長は果断な対応を迫られたようだ。

ミズーラ市民は拡大するレイプスキャンダルにすでに悶々としていたが、ロビン・フルーグラッドとジム・オデイの解雇は町に衝撃を与えた。三月三十日、アメフトチームは、モンタナ大学体育局の公式サイト「GoGriz.com」（eGriz.com とは関係がない）にメッセージを掲載した。

保護者の皆様、グリズの民、モンタナ大学、ミズーラ市民の皆様へ

わたしたちは、二〇一二年モンタナ大学アメフトチームの選手一同として、ここにメッセージを記します。また、愛する大学の学生として、誇りに思う町の一員として、この国で特に尊敬、賞賛されている素晴らしいアメフトの伝統に仕えるものとして、メッセージを記します。

選手たちの疑惑や行動に関するこの数ヵ月の出来事、そして直近のヘッドコーチと体育局長の解雇、これらはすべてわたしたちに深く強い衝撃を与えました。数人のわたしたちのチームメイトの行動が、意図的であったかどうか、正当であったかどうかは別として、この不幸な状況を生む一因となってしまったという事実は理解して受け入れています。これまでの動きを見るかぎり、明らかな誘因やたしかな事実があるにしろないにしろ、今日の公共のルールというものはとかく感覚的な認識や便宜性を重視するようです。この大学の学生アスリートであるわたしたちは、なぜフルーグラッドコーチとジム・オデイという二人の指導者がいなくなってしまったのかについて、答えもないまま取り残されています。一連の出来事にわたしたちは失望し、悲しみ、ショックを受けています。とはいえ、今回の出来事がもたらしたものはそれだけではありません。

わたしたちは思い出したのです。数年前、家族に支えられ、愛するスポーツを極めると誓い、モンタナ州や全国からここにやってきたことを。支えてくれる人たちを尊ぶ責任、誇るべきグリズの伝統に寄与する選手やコーチを敬う義務、グリズの民への揺るぎない感謝の念がいまではいっそう強まり、いっそう深く感じられます。何より重要なのは、わたしたちのお互いに対する誓いがかつてないほど強固になっていることです。

わたしたちは声をそろえ、みなさんに求めます。力強く、支援、団結してください。この個人的かつ集団的な一連の悲劇が終わり、強化と再建がはじまることをわたしたちは望んでいます。また、なんらかの影響力をお持ちの方々には、彼女たちの主張と行動がわたしたちのチームと優れた伝統に与える衝撃について、深く思いをめぐらせていただきたいと思います。

わたしたちのチームは一致団結しています。かつてないほど結束し、強くなっています。わたしたちは、自分自身をつねに高いレベルに押し上げながら、自分以外の人たちをも押し上げていきます。道義心、真実、努力が最後には勝つのです。わたしたちはモンタナです。

このメッセージで明らかになったのは、ミズーラの性的暴行の問題がアメフトプログラムと個々人のキャリアに悪影響を及ぼしているというグリズの選手たちの理解である。明白に欠けていたのは、彼らのチームメイトにレイプされた女性たちを心配する言葉である。これを読むかぎり、アメフト選手たちは自分たちがレイプスキャンダルの第一の被害者だと考えているように思える。

ミズーラ市民の多くは選手たちと同じ考え方だった。ミズーラには、グリズリーズのアメフトチームがモンタナ大学だけでなく町全体を象徴しているという空気がある。リベラルな傾向とアカデミックな世界の閉鎖性を嫌って大学を蔑む人でも、グリズは大好きだということがしばしばある。当時は、大部分の住民が、スキャンダルによって町全体の栄誉が不当に傷つけられていると感じていたようだった。窮地に立たされたチームを支えようと、「われらはグリズの民」と高らかに謳う旗、横断幕、Tシャツ、看板がミズーラのいたるところに現れた。フロリオはインターネットフォーラムで匿名の投稿者たちからクソ女、バカ女と呼ばれ、危害を加えると脅迫された。

とはいえ、アメフトチームを支える声ばかりではなかった。「われらは~~グリズ~~レイプの民」と宣言するグラフィティも、ミズーラ市内のいくつかの壁や線路下のトンネルに描かれた。それに、ミズーラのレイプ問題に関する悪いニュースはまだまだ終わっていなかった。

二〇一二年五月一日、米国司法省公民権局の司法次官補であるトーマス・ペレスがミズーラに来て記者会見を開き、過去三年にミズーラで発生した八十件の性的暴行事件の対応について司法省が大がかりな捜査を開始したと発表した。ペレスは、ミズーラ郡検事局、ミズーラ市警、モンタナ大学が捜査の対象になると言った。フレッド・ヴァン・ヴァルケンバーグ郡検事とマーク・ミューア警察長に送られた手紙には、あなたたちの組織が「女性に対する暴行の届け出について捜査を行わなかった」ことは性差別に等しいと書かれていた。

ヴァン・ヴァルケンバーグとミューアはペレスと並んで記者会見場に現れ、ミズーラ市長のジョン・エンジェンとモンタナ大学総長のロイス・エングストロムも同席した。ミューア、エンジェン、エングストロムの三人は捜査をサポートすると約束したが、ヴァン・ヴァルケンバーグはペレスが意見を述べたあとにマイクを取り、司法省を罵倒した。「連邦政府の強権」を非難し、断固として自分たちは間違ったことをしていないと主張し、司法省は権限を逸脱した行為をしているとして連邦政府に協力することを拒んだ。

トーマス・ペレス司法次官補はフレッド・ヴァン・ヴァルケンバーグの憤激に揺さぶられなかった。「女性たちをセクシュアルハラスメントから守ることが連邦政府の権限を逸脱した行為だとは思いません」と彼は言った。

二〇一二年の最初の半年、スキャンダルが過熱するなか、ミズーラ市警、ミズーラ郡検事局、モンタナ大学はやむことのないネガティヴな報道に対処しようと奔走したが、その結果は芳しくなかった。当局者たちはスキャンダルに関するメディアの報道に何度もピリピリさせられたため、自分たちの苦境をグウェン・フロリオかレイプ被害者たち、あるいはその両者のせいにしようとした。

性的暴行への大学の対応に関するメディアからの問い合わせについては、ジム・フォリー渉外担当副総長が窓口となった。彼は体育局と密接な関係にあり、アメフトチームの市外で行われる試合にもすべて同行していた。二〇一二年三月、フォリーはチャールズ・クーチャー学生部長にメールを送り、大学の対応の不手際をフロリオに話したという理由でケルシー・ベルナップを懲戒処分に付すべきではないかと提案した。「その女性が手続きの過程を公に話し、決定に関する詳細を明かしたのは、学生行動規範の違反にあたるのではないでしょうか」と彼は書いた。

フォリーはまた、フロリオが二〇一〇年のグリズのアメフト選手四人によるベルナップへの暴行を報じた際に、複数の「学生」による「デートレイプ」という大学の公式の声明で述べられた言葉ではなく、「集団レイプ」や「アメフト選手」という言葉を使っていたことにも不快感を覚えていた。『ミズーリアン』紙が参照している公文書のどこでモンタナ大学が集団レイプやアメフト選手という言葉を使っているのか、どなたか教えていただけませんかね」と彼はメールに書き、クーチャー学生部長、法律顧問のデイヴィッド・アロノフスキー、機会均等・差別撤廃部長のルーシー・フランスに送った。

クーチャーは、自分はケルシー・ベルナップへの暴行に関して「集団レイプ」という言葉を使った、「実際にそのとおりだったからだ」、とフォリーに説明した。クーチャーの立派なところは、暴行があったとされる一年後の二〇一一年十二月、ベルナップがレイプされたらしいということを「ミズーリアン」紙の記事を読んで知ったときに、ベンジャミン・スタイロンと、彼女に対するレイプの容疑で訴えられた四人のアメフト選手の調査に着手したことだ。

大学裁判所は、スタイロンは学生行動規範に違反していないという結論を下した。しかし、クーチャーの尽力の甲斐あって、加害者の一人は除籍になった。別の一人も、二〇一二年の春学期の終わりに退学することに同意し、モンタナ大学のキャンパスに今後いっさい近づくことが禁止され、モンタナ大学の関連校に今後再入学することも禁じられた。残りの二人は、グウェン・フロリオの記事が出たあとに大学をやめていたが、仮に再入学しようとした場合は懲戒処分に付すと通告されていた。

第十三章

ボー・ドナルドソンは二〇一二年一月六日にアリソン・ヒュゲットへのレイプ容疑で逮捕されたあと、一月十三日まで拘置所で過ごし、保釈金を払って釈放された。額は十万ドルから五万ドルに引き下げられていた。同じ日、ヒュゲットは親しい友達から電話で気がかりな話を聞いた。ヒュゲットとドナルドソンと同じ高校に通っていたその友達が言うには、シャロン・モーティマー（仮名）というドナルドソンの崇拝者がこう言い触らしているということだった――ドナルドソンにレイプされたというヒュゲットの訴えは嘘だ、ドナルドソンは二〇〇八年にも別の女性をレイプしたとして濡れ衣を着せられている。

その噂にヒュゲットは戸惑った。自分の件に関して言えば、ボー・ドナルドソンが無実だというシャロン・モーティマーの話は明らかに間違っている。もしかしたら、その別の女性の件でも、その女性がだれだかは知らないが、ドナルドソンが無実だというのは同じく誤った情報なのかもしれない。そこでヒュゲットはドナルドソンを逮捕したガイ・ベイカー刑事に電話し、その噂のことを話した。

ベイカー刑事はシャロン・モーティマーを見つけ出し、事情聴取のためにミズーラ市警に来てほしいと言った。もしボー・ドナルドソンがアリソン・ヒュゲットをレイプする二年前にほんとうに別の女性をレイプしていて、その被害者がドナルドソンに不利な証言をするとなれば、たとえ彼女が暴行被害を警察に届け出ていなかったとしても、ヒュゲットへの強姦罪でドナルドソンに有罪判決が出やすくなるだろう。陪審員を説得し、連続レイピストに対して有罪の評決を下させることは、デイヴィッド・リザックが指摘しているとおり、一件だけの関与が疑われる人物の場合に比べてはるかに簡単なのである。

ベイカー刑事による事情聴取のなかで、シャロン・モーティマーは、グレートフォールズにヒラリー・マクラフリンという又従妹がいると説明した。二〇〇八年秋のある金曜日の夜、マクラフリンは親友のジョアンナ・サザーリン（仮名）に会うためにミズーラに来た。土曜日にグリズのアメフトの試合があり、サザーリンはマクラフリンのためにそのチケットを用意していた。試合の前夜、サザーリンは家でパーティーを開き、マクラフリンはモーティマーにも一緒に行こうと声をかけた。モーティマーはボーイフレンドとボー・ドナルドソンと一緒にやってきた。ドナルドソンは当時モンタナ大学の一年生だった。シャロン・モーティマーのベイカー刑事への説明によれば、ヒラリー・マクラフリンはドナルドソンに魅かれ、ヤリたいと思い、「何かを見せるために」、上の階のジョアンナ・サザーリンのベッドルームに彼を連れていった。

次の日の夜、シャロン・モーティマーは、「ボーがヒラリーにしたこと」に怒ったヒラリー・マクラフリンの友達から電話をもらった。そしてその直後にマクラフリンと話をし、上の階でドナルドソンにレイプされそうになったという話を聞いたが、信じなかったという。彼女はベイカー刑事に、ボーイフレンドとドナルドソンと一緒にパーティーから帰るとき、マクラフリンはハグをしてきたし、ドナルドソンにじゃあねとも言っていて、何か問題があるような気配はまっいうことだった。

たくなかったと語った。モーティマーの主張によれば、ヒラリー・マクラフリンはボー・ドナルドソンと合意の上でセックスをしたが、やがて後悔したため、レイプ未遂の話をでっち上げたということだった。

　シャロン・モーティマーを事情聴取した一週間後、ベイカー刑事はヒラリー・マクラフリンを事情聴取した。サザーリンのパーティーで起きたことについて、マクラフリンの説明はモーティマーの説明とかなり違っていた。マクラフリンがベイカー刑事に話したこと、そしてのちにわたしに話してくれたことによれば、ボー・ドナルドソンはパーティーに来るとすぐにマクラフリンに言い寄りはじめた。「ボーはほんとに、ほんとにしつこかった」とマクラフリンは言う。「一晩中ずっとつきまとってくる感じでした。初対面だったので、異様な感じでした」。また、グリズのアメフトチームの選手であるドナルドソンが試合の前夜に大酒を飲んでいるのも奇妙だった。

　ヒラリー・マクラフリンはその日の夜にミズーラに到着するまで、一日中働き、さらにグレートフォールズから車を三時間運転してきていた。ボー・ドナルドソンと数時間過ごしたあと、彼女は疲れを感じたため、場を離れ、寝る準備をしようと一人で上の階に行った。ジョアンナ・サザーリンの部屋に入ると、化粧を落とし、Tシャツとスウェットパンツに着替え、ベッドに入った。「携帯をいじりながらベッドで横になって」マクラフリンは言う。「なんとなく電気はつけたままにしてました。そしたらいきなりドアが開いたんです。ボーでした。そのままなかに入ってきて、何も言わないで、それからドアを閉めて、鍵をかけられました」

　ドナルドソンは電気を消さなかった。マクラフリンはその後のことを鮮明に覚えている。「あの人はカーキ色の短パンを穿いてたんですけど、それを下ろして、わたしの上に乗ってきたんです」。ドナルドソンは酔っていたが、「自分をコントロールできないほどではなかったと思います」。腰から下は裸同然のボー・ドナルドソンにのしかかられ、マクラフリンはシーツをできるかぎりぎゅっと体に巻きつけた。ドナルドソンは彼女の携帯電話を床に落とし、ペニスをこすりつけはじめた。マクラフリンはマットレスの上で身動きが取れなくなった。「悲鳴を上げました」と彼女は言う。「あの人はわたしの上でごしごしする感じで、わたしといちゃつこうとしてたので。キスされないように頭を動かしながら、悲鳴を上げてました」

夜十二時ごろ、ジョアンナ・サザーリンは二人の友達――コーディ（仮名）という男友達とグレース（仮名）という女友達――と階段に座っていたときに悲鳴を聞いた。彼女たちはベッドルームに駆けつけたが、ドアに鍵がかかっていた。数分間、三人はドアを開けようとしたが、うまくいかなかった。鍵をどうにかしようとしているあいだも、部屋のなかの泣き叫ぶ声は続いていた。マクラフリンは、友人たちが力ずくでベッドルームに入ってこようとしているのを聞き、「ジョアンナ！　助けて！」と叫んだ。

三人も、「ドア開けようとしてるよ！」と叫び返した。そのあいだずっと、ボー・ドナルドソンはマクラフリンにペニスをこすりつけていた。彼女が助けを求めて叫び、ドアのすぐ先から大声が聞こえてきていたにもかかわらず。

「たぶん五分から八分くらいして」ヒラリー・マクラフリンは振り返る。「コーディが蝶番を外してドアを開けたんだと思います。わたしはまだ悲鳴を上げていて、ボーはまだわたしの上でごしごしやっていて、やめようとしませんでした。離れようとしませんでした。わたしは『何するの！　離してよ！』みたいなことを言ってました。最終的に、コーディかグレースが引き離したはずです。ボーは短パンを下ろしたまま、部屋から押し出されました」

ベイカー刑事の事件報告書によれば、グレースはこの事件について事情聴取を受けた際、ドナルドソンは「ヒラリーとやっていたことを妨害されてイライラしているような態度だった」と言っている。

また、ジョアンナ・サザーリンはベイカー刑事にこのようなことを言った。「鍵のかかったドアを開けたときに目にしたものから判断して、『だれも止めていなかったら……彼は［ヒラリー・マクラフリンを］レイプしていただろう』と感じた」。事件報告書にはこうも書かれている。「ジョアンナは、ヒラリーがボーと一緒にいたくないのは『明らか』だったが、彼はやめなかったのだと説明した。ヒラリーが悲鳴を上げ続け、ジョアンナとグレースが鍵のかかったドアを開けようとしていたにもかかわらず」

ジョアンナとグレースとコーディがドナルドソンをベッドルームから追い出したあと、マクラフリンは「ただ座って泣いてました」という。「どう考えたらいいかわからなくて。あんな状況は初めてでした」。サザーリンとグレースはひどく動揺したマクラフリンを慰めようとした。それから下の階に行き、ボー・ドナルドソンとシャロン・モーティマーと彼らの友人たちにすぐに家を出ていくように言った。グレースがベイカー刑事に話したことによれば、ドナルドソンたちは「出ていくように言われて腹を立てていた」。

パーティーの次の日、シャロン・モーティマーはジョアンナ・サザーリンの家を再び訪れたが、ボー・ドナルドソンがサザーリンのベッドルームでヒラリー・マクラフリンをレイプしようとしたことは知らないようだった。そこでマクラフリンは彼女をクローゼットに呼び、二人だけになったところで単刀直入に言った。「昨日の夜、ボーがわたしをレイプしようとした」

マクラフリンによると、モーティマーは「いや、してない」と答えた。

マクラフリンは「いや、した」と言った。

そこでモーティマーは再び「いや、してない！」と言い放ち、怒りはじめたという。「ばかじゃないの！」と彼女は言った。「ボーは絶対にそんなことしないから！ 彼はそんな人じゃない！」

ほんとうにレイプしようとしたのだと又従姉にわからせるため、マクラフリンはベッドルームで起きたことを事細かに話した。しかしモーティマーは信じようとせず、「そんなの嘘！ そんなこと起きてない！」と言い、むっとしてサザーリンの家を出ていった。

ヒラリー・マクラフリンは、グレートフォールズの家に戻ったあと、ボー・ドナルドソンにレイプされそうになったことを一人の友達をのぞいてだれにも言わず、警察にも被害届を出さないことに決めた。

この暴行事件は二〇〇八年に起きた。マクラフリンは十九歳だった。州空軍に入隊したばかりで、まもなく基礎訓練をはじめようというところだった。彼女はドナルドソンの暴力行為によってトラウマを負いながらも、性的暴行の被害者の多くと同じように、自分に何らかの責任があるのではないかと悩んでいた。「いろいろな感情がわきました」と彼女は振り返る。「たとえば、わたしがしたいみたいに思わせちゃったかなとか、飲みすぎちゃったかなとか、そういうことを考えずにはいられなくて。まったくそんなことはなかったんですけど、とにかく頭に浮かんでくるものなんです。ちゃんと考えれば、わたしの責任じゃないことは明らかなんですけど。でも、届け出たくはなかったです。『きっと乗り越えて、忘れられるだろう』という感じでした」。彼女はそうすることに決めた。そして時が経つにつれ、無事に暴行事件を過去に追いやることができたように思えた。

二〇一二年一月、マクラフリンは自分が間違っていたことに気づいた。ボー・ドナルドソンに暴行されてから三年以上が経過していた。そのあいだに、州空軍で出会った男性と結婚していた。第一子を妊娠して八ヵ月目だった。ある晩、と彼女はわたしに言った。「夫のロバート（仮名）とカウチに座っていたら、ボー・ドナルドソンの名前と写真が突然テレビに出てきたんです。わたしは深呼吸して、『うわあ！』と言って、そしたらロバートに『どうした？』と訊かれたので、『言わなきゃいけない』と」

そのときまでヒラリー・マクラフリンは暴行事件のことを家族のだれにもいっさい話しておらず、夫に打ち明けたその晩以降も夫以外の身内には何も言わないでいた。ボー・ドナルドソンの逮捕が報じられたあと、ジョアンナ・サザーリンと電話でそのことについて話したが、「わたしたちにはいまの生活がありましたし、しばらくはあまりそのことを考えなかったです」。しかし、ドナルドソンが逮捕された三週間後、彼女の夫の携帯電話が鳴り、馴染みのない声が聞こえてきた。「もしもし、ミズーラ市警刑事のガイ・ベイカーです。ヒラリー・マクラフリンさんはいらっしゃいますか？」

「夫は『なんで警察がヒラリーと話したいんだ？　何に巻き込まれたんだ？』と戸惑っていました」とヒラリーは言う。「でもわたしはすぐにベイカー刑事が電話してきた理由がわかりました。ボーのことだなと」。ヒラリー・マクラフリンが折り返し電話すると、ベイカーは、二〇〇八年にあなたがボー・ドナルドソンから性的暴行を受けたと聞いた、その夜に何があったかを話してもらえたらうれしい、と説明した。

マクラフリンは、あのような苦しい出来事をほじくり返すべきか決めかねていた。「義兄が連邦保安官だったので」彼女は言う。「『どうすればいい？』と訊いてみたら、『それは君がわかってるんじゃないかな。正しいことをしなきゃいけないよ』と」

この会話のあと、マクラフリンはベイカー刑事に話をしようという気になったが、その前に父親に暴行のことを伝え、意見を聞きたかった。「わたしはお父さんとの絆がすごく強いんです」と彼女は説明する。「会って話したかったんですけど、次の日が事情聴取だったので、電話しかありませんでした。話したら、やっぱり、最初にすぐ返ってきた反応は『ボー・ドナルドソンを殺してやる！ミズーラまで行って殺してやるぞ！』という感じでした。でも、そのあと落ち着いてこう言いました。『警察に話さなきゃいけない。いますぐするべきだ。そいつがレイプしたその別の女性を助けられるかもしれないんだから。それに、そいつがまたレイプするのを防げるかもしれない』と」

二〇一二年一月二十六日、ヒラリー・マクラフリンはベイカー刑事に話をした。そして、不安を感じながら、どのようになるにせよ、次の展開を待つことにした。

次の展開は、彼女がひらめきを得たことだった。事件を過去のことだと考えていたときは自分で自分を騙していたのだと突如理解したのである。実際には、ボー・ドナルドソンはまだ意識の表面の真下にいて、あらゆる混乱を生じさせていた。しかも、レイプ未遂の日からずっと同じ場所に潜んでいたのだ。

「ボーに襲われる前」マクラフリンはわたしに言った。「わたしはあまり不安を感じない人間でした。でも、あの人が逮捕されたころに気づいたんです。二〇〇八年から、不安を感じるレベルが急に上がったなって。前はよくランニングをしていて、外を走るのが大好きでした。でもいまは、一人で外を走るのが怖いです」。それどころか、暴行を受けて以来、一人になること自体が恐怖だという。一人で夜に家から車まで歩かなければいけないときは、いつも夫のロバートに電話をかけ、無事に車に乗ってロックをかけるまで会話を続けてもらっていた。「夫はそうしてくれました。でも、わたしがどうしてそれほど怯えているのかは理解していませんでした」

口ごもりながら、ヒラリー・マクラフリンは暗闇が怖いとも告白した。「二十一歳の大人が暗闇を怖がるなんて」と、驚いたような顔をして言った。「ついには一人で家にいられないところまでいきました。ロバートが訓練か何かで町を離れているときは、姉か親のところに泊まりました。危ない地域に住んでるとかじゃないのに。快適で安全な地域に住んでるのに」

マクラフリンはロバートと行ったニューヨーク旅行のことを思い出した。「ブロードウェイのショーのチケットを買うために通りを歩いていたとき、男の人がちょっとわたしの肩に触れた感じになって、わたしはパニックを起こしてしまったんです。発作的にわーわー泣きはじめて、必死にロバートの手をつかみました」。状況があまりにもひどくなってきたため、ヒラリーはとうとう得体の知れない恐怖について産科医に話した。「何があったかは話しませんでした」と彼女は言う。「ただものすごい不安があるとだけ言いました。急に怖くなって走りだす、いつも怯えて、いつもびくびくしていると。たとえば、夜中に起きてバスルームに行って、家の電気を全部つけたりするんです。少しでも音が聞こえると、完全にイカレちゃう」

マクラフリンは言う。「ボーが逮捕されて、やっとすべてが理解できました。ある夜、夫と話していたときに、『不安がかなりひどくなってきた』と言ったんです。そしたら、いつはじまったのかと訊かれたので、二人で過去を振り返って、答えを見つけようとしました。そのときです、気づいたのは。ミズーラのあの夜からずっとだって」

第十四章

二〇一二年一月十三日、ボー・ドナルドソンが保釈金を支払い、ミズーラ郡拘置所から保釈された日、アリソン・ヒュゲットはショーン・ドノヴァン郡検事補からメールをもらい、彼がドナルドソンの訴追手続きを担当することになったと知らされた。ドノヴァンによれば、ドナルドソンは、郡拘置所からの保釈の条件として、GPS監視装置を足首につけること、薬物依存症治療プログラムを終えることが義務づけられた。また、ヒュゲットや彼女の家族と接触すること、彼女の家の千フィート（三百五メートル）以内に近づくこと、ミズーラ郡の外に出ることが禁じられたということだった。

六十歳で、恰幅がよく、くしゃくしゃ頭のショーン・ドノヴァンは、モンタナ出身で、スタンフォード大学を卒業し、モンタナ大学ロースクールで法学博士号を取得した。仕事をはじめたころは、ドナルドソンの弁護人であるミルト・ダツォプロスのもとで働いていた。そして一九七九年から二〇一〇年までは、ミズーラの西に接する、人口のまばらなミネラル郡で検事をつとめ、郡検事局で唯一の法律家としてすべての訴訟を自ら処理していた。二〇一一年、三十一年の時が経ち、変化のときだと判断したミネラル郡の住民たちに落選させられると、ドノヴァンはミズーラに戻り、フレッド・ヴァン・ヴァルケンバーグ郡検事に仕える十六人の検事補の一人として、モンタナ州のほかの法律事務所と比較すると大規模でせわしないと言える職場で働きはじめた。

ボー・ドナルドソンはヒュゲットを寝ているあいだにレイプしたと自白していたから、彼が無実であると陪審員に考えさせることはミルト・ダツォプロスにとってほぼ不可能だった。そのためショーン・ドノヴァンは、今回のケースは司法取引で解決することになり、公判が開かれることはないと確信していた。しかし、ドナルドソンの逮捕直後、ダツォプロスは、どのような司法取引になるにせよ軽い刑を求めるつもりだと明言していた。一方、ヒュゲットは、少なくともディアロッジの州立刑務所での長い禁錮刑でなければ受け入れないでほしいと検察に要求していた。

モンタナ州において、言い渡される刑罰の交渉を含む司法取引は一般に次のように行われる。被告人の有罪答弁と引き換えに、検察が被告人と弁護人が受け入れうる最大限の刑罰を提示する。被告人の弁護人が検察が受け入れうる最小限の刑罰を提示する。そして双方が、提示した最大刑と最小刑の範囲内で裁判官に刑の量定を委ねることに同意する。司法取引の条件がまとまり、裁判官に提出されたのち、量刑の審理が行われ、法廷で双方が提示した刑のメリットを論じる。審理の終わりに、裁判官が判決を下し、刑が科される。

ボー・ドナルドソンの事件の司法取引は、（大半の司法取引と同様に）遅々としたチキンレースのようだった。双方が、相手が条件に同意しないかぎり交渉を打ち切って公判に移行する（これは弁護側も検察側も望まない結果である）と脅しをかけた。しかし、二〇一二年の冬、春、夏と、訴訟がゆっくり進展していくにつれ、アリソン・ヒュゲットはだんだんと不安を募らせていった。ショーン・ドノヴァンはディアロッジへの収監を真剣に求めていないのではないか、と。

彼はそんなことはないと何度も請け合ったが、ヒュゲットと彼女の家族は、ミルト・ダツォプロスの要求――ボー・ドナルドソンを矯正局の施設に短い期間服役させ、それから保護観察に付す――に彼が屈してしまうのではないかと心配した。その場合、ドナルドソンはより厳しく拘束力のある州立刑務所に投獄されないことになる。

モンタナ州法によれば、合意のない性交――モンタナ州におけるレイプを表す法律用語――で有罪となった者への最高刑は州立刑務所での禁錮百年、最低刑は州立刑務所での禁錮二年である。しかし、最低刑には例外が認められている。たとえば、ドナルドソンのケースでは、「被害者が身体に重大な傷害を負っていない」と裁判官が判断した場合、最低刑には禁錮が含まれないこともありえた。実際、ミズーラ郡において、レイプで有罪となった被告人がいっさい刑務所で過ごさないのはよくあることだった。

四月十二日、ボー・ドナルドソンと弁護人が司法取引で現実的に受け入れそうな処罰がどのようなものかをアリソン・ヒュゲットによく理解させるため、ショーン・ドノヴァンはアリソンと彼女の両親のケヴィンとベスにメールを送り、過去十年に地域内で発生したレイプ訴訟の結果を要約して伝えた。二〇〇一年から二〇一二年三月までに、ミズーラ郡では六十七人の男性が合意のない性交で有罪判決を受けている。そのうちの四件で、被告人は平均五十年の禁錮刑を言い渡されている。四十二件では、保護観察つきの禁錮刑が言い渡されているが、禁錮と保護観察を合わせた刑期には十年から六十年の幅がある。残りの二十一件では、判決に禁錮刑はいっさい含まれていない。メールの最後、ドノヴァンはヒュゲット家にこう断言した。

私としましては、ボーが州立刑務所に服役し、釈放後も長い保護観察に付され、一生にわたって性犯罪者として記録されることになる判決を、今後も懸命に求めていく次第です。……何かご質問やお話ししたいことなどがありましたらご連絡下さい。

ショーン・ドノヴァンのメールを受け取った二十七分後、アリソンはこう返信した。

彼がまったく刑務所に入らなかったり、短い刑期で済んだりする可能性があるというのは、私としては不安を覚える話です。彼はあのような恐ろしい犯罪を自白しているのですから。……あなたと、そして願わくは裁判官に、これが私と家族にどれほど深い影響を与えてきたかをわかっていただけるものと信じています。また、ボーがそれを償うべき人だということを理解していただけるものと信じています。

四月十八日、米国司法省が数十件のレイプ事件の対応に不手際があったという疑いでミズーラ郡検事局とミズーラ市警を捜査していると、トーマス・ペレス司法次官補が発表する二週間前、アリソン・ヒュゲットは司法省の捜査官から連絡を受けた。ミズーラの警察と検察の事件への対応について話を聞きたいということだった。ヒュゲットは連邦政府による捜査についてショーン・ドノヴァンに尋ねたが、彼もフレッド・ヴァン・ヴァルケンバーグもそのことを知らなかった。結果的に、ドノヴァンに連絡したことで、ヒュゲットは司法省が捜査を行っていることをうかつにも郡検事局に知らせてしまうことになった。この情報はヴァン・ヴァルケンバーグをひどく慌てさせ、検事局全体がすぐさま防御態勢を固めた。

ドノヴァンは、郡検事は「ボー・ドナルドソンに対する訴訟の解決を複雑化」したくないのだと主張し、ヒュゲットに対して、「ドナルドソンのことでだれかに情報を提供するときは、事前に」自分に確認してほしいと言った。実際のところ、ヴァン・ヴァルケンバーグは、この危機に対処する最善の方法は、このような捜査は司法省の法律上および憲法上の権限の濫用であると断言して連邦政府を妨害することだと、頭から結論を出していた。

アリソン・ヒュゲットは、司法省に話をする前にショーン・ドノヴァンに連絡することを承諾しながらも、この捜査は自分の側に有利に働く上に、「圧力が加わることで、みなのためになる」のではないかと言った。

ドノヴァンの反応はそっけなかった。司法省の人間が再び連絡してきたときは、と彼は念を押した。

あなたが彼らと話すより前に、彼らはまず私かフレッド・ヴァン・ヴァルケンバーグに電話しなければなりません。……あなたの発言はすべてボーの弁護人に伝わりうるので、我々は誠実に注意深く進めていきたいのです。……捜査によって「圧力が加わる」ことで何かいい効果があるかもしれませんが、ボーに対する訴訟において我々の側に有利に働くことはまったくありません。むしろ、害を及ぼす可能性のほうがはるかに高いです。

アリソン・ヒュゲットは二〇一二年六月十六日に東オレゴン大学を卒業すると、翌日にミズーラに戻り、母親の家で暮らしながら、六月二十七日に結婚する姉のサラの式の手伝いをはじめた。アリソン、妹のキャスリーン、友人たちは、六月二十六日にブライダルシャワー〔訳註：結婚する女性をその友人や親族の女性が祝福する前祝いパーティー〕を開き、それからバチェロレッテパーティー〔訳註：結婚前夜の女性が女性だけで独身最後のときを楽しむパーティー〕のために町に出た。最初はボウリングに行く予定だった。ボー・ドナルドソンが逮捕されたあと、ネット上に自分の悪口が投稿されているのを見ていたアリソンが、バーに行って彼の友達と出くわすようなことを避けたかったからだ。しかし計画が変わり、その夜遅く、キャスリーン、アリソン、サラ、花嫁の友人たちは、ストックマンズというミズーラの悪名高い酒場に行き着いた。

「あそこはまさにグリズのバーなんです」と、アリソンはわたしに言った。「ボーの友達がたくさん働いてます」。ストックマンズの正面の窓の下半分には、四頭の灰色熊《グリズリー》と六人のグリズのアメフト選手が一団となってエンドゾーンに向かって疾走する絵が描かれている。キャスリーンとサラがカウンターに飲み物を注文しに行くと、バーテンダーはアリソンの姉妹だと気づいて提供を拒否した。

サラ・ヒュゲットと独身女性《バチエロレッテ》たちはカウンターの向かい側に座り、次の動きをあれこれ考えていたが、そのとき男たちが近づいてきた。そのうちの一人は、ボーの兄のブレイディ・ドナルドソンだった。彼はアリソンとボーより三歳年上で、ターゲット・レンジ地区で育ち、サラと一緒に学校に通っていた。「ブレイディたちはかなり近くに立って、こっちをじろじろ見てきました」とアリソンは振り返る。「明らかに緊迫した空気がありました」

ブレイディ・ドナルドソンの連れのなかにはサム・アーシュラーがいた。アーシュラーはドナルドソン兄弟の親友だったが、アリソンも彼を友達だと思っていた。彼はレイプ事件の翌日にボーから自白を引き出すのを助けてくれたし、感情面のサポートも申し出てくれた。そのためアリソンは、彼女たちの席にやってきたノーマン（仮名）という知り合いからこう聞かされて驚いた。「まったく、アーシュラーのやつ、いい加減にしてくれよ。ただそこで飲んでただけなのに、アリソンから離れろなんて言ってきてさ。あの女たちは迷惑なだけだとか言って」

ヒュゲット姉妹と友人たちはストックマンズを出ることにした。アリソンは、帰り際、「サム・アーシュラーの横を通って、腕に軽く触れて、『ねえ、サム、わたしはあなたの悪口を言ったりしないし、あなたもそうしてくれたら感謝する』と言いました」。

「何の話？」とアーシュラーは答えた。「おまえの悪口なんか言ったことないよ」

「ほんとに？」アリソンは言った。「ノーマンにわたしから離れろとか言ったんじゃないの？」

この一言にアーシュラーはカッとなり、「おまえの悪口なんか言ってない！」と叫んだ。アリソンが立ち去ると、彼はあとを追ってドアの外まで行き、声をかぎりに侮辱した。「このクソビッチ！」彼は声を荒らげた。「おまえの悪口なんか言ってねえよ！」

それからブレイディ・ドナルドソンもヒュゲット姉妹を攻撃しはじめた。「何もかもうまくいってると思ってんだろうけどな」彼は姉妹に向かって叫んだ。「でも見てろよ、おまえら！九月に裁判になったら、本気の戦いになるからな！」

「そうだね」キャスリーン・ヒュゲットが吐き捨てるように言い返した。「九月になったらね。それで弟が牢屋に入って、ファックされて、レイプされるってのがどんな気持ちかわかったらね！」。このとき、歩道には多くの人が集まってきており、独身女性たちとブレイディ・ドナルドソンの友人たちを取り囲んでいた。

ドナルドソンは威嚇するような動きを見せはじめ、アリソンとキャスリーンに向かって吠えた。「ミズーラから出てけ！」。彼のグループの別のだれかは、ヒュゲット姉妹を殺すと脅した。アーシュラーはアリソンに向かって金切り声で叫んだ。「証人席でがんばってこいよ、ビッチ！」。ヒュゲット姉妹と友人たちは立ち去ったが、「あいつらが叫んでるのが何ブロック先に行っても聞こえました。お姉ちゃんのバチェロレッテパーティーを台無しにしてしまってすごく心苦しかったです」とアリソンは振り返る。

ミズーラ郡検事局とボー・ドナルドソンの弁護人ミルト・ダツォプロスの司法取引は、二〇一二年七月中旬になってもほとんど進展がなかった。七月二十日、ショーン・ドノヴァン検事補はケヴィン・ヒュゲットと会って最新情報を伝えた。その三日前、ミズーラ郡検事のフレッド・ヴァン・ヴァルケンバーグとダツォプロスと協議した際に、ドノヴァンはこう提案していた――ボー・ドナルドソンへの刑として禁錮五年を薦めたい、州刑務所ではなく軽警備の矯正局がいいのではないか。ヴァン・ヴァルケンバーグもダツォプロスもそれが妥当な刑だと考えていると、彼はケヴィンにほのめかした。

このような軽い刑をケヴィン・ヒュゲットは喜ばないだろうと見越していたドノヴァンは、これはヒュゲット家の希望よりも寛大な刑だが、ボー・ドナルドソンが有罪を認めるかわりに受け入れる刑罰としてはもっとも厳しいものだろうと説明した。さらに、もし司法取引が物別れに終わり、公判に移行した場合、ミルト・ダツォプロスは長年にわたってレイプ訴訟に勝利してきた優秀な刑事弁護人であるため、結果はやはり矯正局での五年の禁錮刑、あるいはそれ以下になるだろうと言った。

ショーン・ドノヴァンはヒュゲット家に対し、ダツォプロスは裁判官と陪審員にこんなことを言うだろうと指摘した。ボー・ドナルドソンには前科がない、犯罪行為の最中に凶器を使用したり凶暴な振る舞いをしたりしていない、前途有望な若者だ、支えとなる家族がいる、自分がしたことの責任を認めている、アルコール・薬物乱用問題と異常性行為の治療を受けようとしている。もし裁判になれば、ダツォプロスはあらゆる手だてを尽くし、アリソン・ヒュゲットの人格を非難するだろう。レイピストを弁護する際、弁護士が取れるもっとも効果的な戦術のひとつは、被害者を中傷することなのだから。

ドノヴァンはケヴィン・ヒュゲットに、「ミズーラという土地柄」を考えるべきだとも言った。その意味するところは詳述するまでもない。ボーは地元の高校アメフト界のスターとして有名で愛されていたし、現在はグリズリーズでプレイしている。グリズはビッグ・スカイ・カンファレンスの昨シーズン同率チャンピオンとして二〇一二年のシーズンに臨む。ミズーラ郡で選ばれる陪審員には、ほぼ間違いなく相当数の忠実なグリズファンが含まれる。

ショーン・ドノヴァンが寛大な処罰を正当化することに、ケヴィン・ヒュゲットは納得がいかなかった。矯正局の施設での五年の禁錮刑に同意しようなどと考えていることを知り、ひどく憤慨した。「まさにそのことでショーンと何ヵ月も争ってきたんですよ。わたしたちはボーをディアロッジに服役させたかったんです。矯正局ではなくて。矯正局だと彼にとって都合がいいですから。家族はいつでも会いに行けるし、友達もそこに来て一緒に過ごせます」とケヴィンは説明する。「矯正局に服役ということになれば、保護観察期間を与えられて、すぐにシャバに出てくるとわかっていました。それがいつものことですから。なので、わたしたちは断固として州立刑務所での服役以下の刑は受け入れないと言って、絶対に引き下がらないようにしました」

アリソン・ヒュゲットは、ショーン・ドノヴァンが軽い刑を推奨しているということを父親から聞き、がっくりした。司法省がミズーラ郡検事局への捜査を進めていることや、フレッド・ヴァン・ヴァルケンバーグの事務所のせいで非常に多くのレイピストが訴追を免れていると地元や全国のニュースメディアが批判していることを考えると、なぜドノヴァンとヴァン・ヴァルケンバーグがこれほどはっきりとボー・ドナルドソンに寛大なのかが理解できなかった。ガイ・ベイカー刑事によれば、ドナルドソンを追及するために組み立てた主張は、彼がこれまでレイプ事件で提示してきたなかでも特に強力な証拠に裏づけられているということだった。ヒラリー・マクラフリンからドナルドソンのレイプ未遂に関する証言が取れたことで、その主張はいっそう強力になっていた。では、なぜ検察はしかるべき厳しい刑を求めることにこれほど消極的なのか？

少なくとも州立刑務所での長い禁錮刑でなければ受け入れないという誓約をドノヴァンがいまにも反故にしようとしていることに、アリソンはショックを受けた。「ずっと嘘をつかれていたような気分でした」と彼女は言う。「あの人たちの望む方向に押し込まれていたような。検事局にちゃんとやってもらうために、わたしもずっと押し返してなきゃいけないような感じでした。わたしがはっきり意見を言ったり、いま何をしてるのか訊いたり、あなたたちが思っている以上のことをしてくださいと言ったりしたら、あの人たちは露骨に気に入らないという態度になるんです。ほんとにつらかったです。いまになってみると、レイプされた子のほとんどがどうして訴えの手続きを進めないのかがわかります」

近年、フロリダ州タラハシー、インディアナ州サウスベンド、ワシントン州シアトル、ミズーリ州コロンビアのような熱狂的なアメフト町で発生した性的暴行の事例から、被告人がスター選手であれば彼らの責任を問うことは難しいかもしれないという話が信憑性をもって伝えられている。しかしヒュゲット家にしてみれば、ミズーラ市民がグリズのアメフトにとらわれているがために、ボー・ドナルドソンの刑期が――たとえあったとしても――現実的に長いものにはならないだろうというショーン・ドノヴァンの意見は、自己充足的な予言に思えた。

「ショーンは人好きのする男です」とケヴィンは言う。「でも、典型的な地元のおやじで、キャロル・カレッジ〔モンタナ州ヘレナにある私立学校で、同校のアメフトチームは二〇〇二年、二〇〇三年、二〇〇四年、二〇〇五年、二〇〇七年、二〇一〇年にNAIA〔訳註：小規模な大学が加盟する全国規模の体育協会〕の全国選手権を制覇している〕でアメフトをしていた息子が二人います。子どもたちが全国選手権を制覇したチームでプレイしていたと知って、とっさにすごく心配になりました。彼の忠誠心はどこにあるのかと。アメフト選手を相手にして、わたしの子のためにどれほど真剣に闘ってくれるのかと。ショーンは訴訟手続きがボーと彼の家族に与える影響をやたらと気にしているようでした。初めて会ったときも、『ボーのかわいそうな家族』の話でしたからね。『彼らも被害者であることを忘れないでほしい。ボーのしたことによって、彼らもかなりの経済的打撃と精神的打撃を受けてるんだ』なんて言ってましたよ。なんていうか、わたしがそんなことを気にかけるとでも思ってたんですかね。ボーがアリソンにあんなことをしたというのに。ボーは娘を寝ているときにレイプしたんですよ。わたしが気にかけることはひとつだけ。それは正当な処罰です。彼に刑務所に入ってもらいたいということです」

七月二十日の話し合いで、ショーン・ドノヴァン検事補はケヴィン・ヒュゲットに四ページの文書を渡していた。それはボー・ドナルドソンに対する刑として考えうるものを大まかに説明したもので、それぞれの刑の長所と短所がリストになっていた。話し合いが終わってからまもなくして、彼は同じ文書をメールでアリソンにも送り、刑について会って話し合いたいと伝えた。それを読んで、彼女のドノヴァンへの不信感はますます大きくなった。

アリソン・ヒュゲットは七月二十六日にドノヴァンと会うことに決め、妹のキャスリーンとガイ・ベイカー刑事に同行を頼んだ。議論はすぐに、ドノヴァンが支持しているらしい刑、つまり軽警備の矯正局での五年の刑期にアリソンが応じるかという話になった。そのような寛大な刑罰を受け入れるくらいなら公判に臨むほうがいいとアリソンが答えると、ショーン・ドノヴァンは、レイプ事件で有罪を勝ち取ることは、全国どこでも、検察にとってもっとも難しい部類の仕事なのだと反論した。

またドノヴァンはアリソンに対し、あなたは自分の強さを信じているのかもしれないが、証人席に着いてミルト・ダツォプロスのようなベテラン弁護士に叩きのめされることは「あなたが思っている以上にきつい」と警告した。

しかし、この話し合いの前に、ベイカー刑事がアリソンにこう請け合っていた。「君には裁判を闘う精神力がある。間違いなくできるよ。君が証言するときはわたしも法廷に行くから、困ったときはわたしのほうを見ればいい。ボーに立ち向かって、みなに真実を伝えれば、また君が優位な立場に立てる。そうすれば、君に力が与えられる」

ベイカーに信頼されて強気になったアリソンは、ショーン・ドノヴァンに、ディアロッジ州立刑務所での長い刑期をほんとうに懸命に求めているなら、なぜ矯正局での短い刑期の可能性について話し合ったりするのか教えてほしいと迫った。だんだんと腹を立ててムキになったドノヴァンは、かみつくように言った。「わたしは長いあいだこの仕事をしてるんだ、君がわたしの仕事のやり方を変えることなどありえないんだ、アリソン」

このときベイカー刑事が議論に割って入り、張りつめた空気を和らげようとした。彼は丁寧な口調で、アリソンには州立刑務所での服役以下の刑を受け入れる気がないが、そのことをミルト・ダツォプロスに伝えるつもりはあるのかと、ドノヴァンに尋ねた。

アリソンによれば、ドノヴァンは「伝えません。被害者が望んでいるからといって、そのとおりの刑を薦めたりはしません」と答えた。これにアリソンは激怒したが、しかし、モンタナ州法（そしてほぼすべての州法）にしたがえば、検察は、司法取引に関して被害者と話し合うことが義務づけられているとはいえ、まったく自由に被害者の嘆願を無視することができる。そしてレイプ被害者は、たとえ異議があっても、司法取引の内容に反対することがいっさい許されていない。アリソン・ヒュゲットにとっては驚くべきことだったが、ショーン・ドノヴァンは彼女の代理人として、ミルト・ダツォプロスがボー・ドナルドソンの代理人として働いているようには働いてくれていなかった。ドノヴァンの肩書はミズーラ郡検事補であり、その法的責任はモンタナ州の利害を代表することで、アリソン・ヒュゲットの利害を代表することではない。双方の利害が異なると彼が考えたとき、ヒュゲットは運が悪かったということになる。

こうしたことが明らかになるにつれ、彼女の怒りは増していった。というのも、以前、個人的な利害を代表する弁護士を雇ったほうがいいだろうかとドノヴァンに尋ねたとき、彼に繰り返し押しとどめられ、そんなことは不必要だし、訴追が難しくなることもあるだろうと言われていたからである。

第十五章

レイプ被害を受けてからの最初の一年四ヵ月、アリソン・ヒュゲットは感情をコントロールすることは驚くほどやさしいと感じていた。少なくとも大半の時間はそう思って過ごせた。トラウマを潜在意識の奥底に押し込めばいいのだ。しかし、ボー・ドナルドソンの逮捕後にそれが変わった。突如として、彼女のレイプ事件がニュースをにぎわすようになり、その状況が何ヵ月も続いた。ミズーラは、だれもがほかのだれもの事情を知っているとても小さな町のように感じられる。大手のニュースメディアで彼女の名前が出ることはなかったが、何百人もの人が、ひょっとすると何千人もの人が、噂話を通して、ヒュゲットがドナルドソンの告訴人、つまり彼を逮捕されるに至らしめた女だと知っていた。「あんなに早く知れわたったってビックリしました」と、ヒュゲットの友人のキーリー・ウィリアムズは言う。「ボーが逮捕された次の日には、『おまえもアリソンもどうかしてるのか？　なんであいつはレイプされたなんて嘘ついてるんだ？』みたいなメールがいろいろ届くようになったんです」

ドナルドソンは友人や家族に、ヒュゲットとは何度もセックスしたことがあるから、「レイプということはありえない」と言っていた。それを受けて彼の友人や家族は、ミズーラ中に、またミズーラを越えて、ヒュゲットが濡れ衣を着せたのだという話を広めた。非常に多くの人が、彼女は悪意があって彼の人生を滅ぼしたのであり、そうやって得た注目を楽しんでいると信じるようになった。

その話はまったくのでたらめだった。二〇一二年夏、ヒュゲットはますます不安を募らせ、偏執病的にすらなった――レイプの後遺症である。バスルームに入って、シャワーカーテンが完全に開けられていないと、だれかがそこに隠れているのではないかと怯え、パニックになった。就寝前は、ベッドの下を見て、だれかが隠れていないか確認した。そしてもう一度確認し、さらにもう一度確認した。睡眠困難がひどかった。医者からは、不安を減らしたり睡眠を改善したりするために薬を飲むことを勧められたが、断った。「睡眠を促す薬は飲みたくなかったんです」ヒュゲットは説明する。「何かあったときに起きられないんじゃないかと思って」

また、眠りについたときは、繰り返し悪夢を見た。「はじまったのはボーが逮捕されたあとです」ヒュゲットはわたしに言った。「彼を刑務所に入れるために検察と延々闘わなければいけなかったとき。いくつかの悪夢はいまでもかなりはっきり覚えてます」

たとえばこんな夢だ。彼女とボー・ドナルドソン、友達のキーリー・ウィリアムズが、マクレー橋――ビタールート川にかかる老朽化した一車線の橋で、彼女たちが育った地区にある――の上に立っていた。夏のあいだ、この橋には地元のティーンエイジャーが集まり、下の冷たい川に飛び込んで遊んでいるが、ヒュゲットの悪夢では、「秋の終わりか、冬だったかもしれません。ボーとキーリーとわたしが橋を渡ってて、ボーはわたしにレイプのことを謝ろうとしてたんだと思います。そしたら彼が自殺しようと橋から飛び降りたんです。わたしも彼を救おうとして飛び込むんですけど、キーリーは『やめて！　やめて！　やめて！　彼のことは放っといて！　追いかけないで！』と叫んでるんです」

「彼のところまで泳いでいって、岸に引っ張っていこうとしていたら、突然彼が目を覚ましました。あの表情で」ヒュゲットはわたしにそう話しながら、泣かないようにこらえていた。「感謝祭の日にモ・クラブで見たのと同じ表情です。わたしのほうを見て笑ってるんです。それでわたしは、彼は溺れてなんかいなかった、自殺するために橋から飛び降りたわけじゃなかった、と気づきました。ボーはわたしをつかんで、水中に押し込んで、溺れさせようとしてきました」。そこでヒュゲットは目を覚まし、恐怖に怯えたという。「いま、あの悪夢を振り返ると、わたしの当時の状況がよくわかるなと思います。まだボーを――幼馴染みを――信じたいという思いがあって、その現実と格闘していたんだと思います。でも彼は明らかに信頼できないやつでした」

そのような悪夢を何度も見た。「そういう夢を見たときは」ヒュゲットは言う。「起きると精神的に消耗してました。夢の残像がすごく鮮明で、頭のなかに一日中残ってました。追い払うことができないんです。人には理解できません、あれでどれだけぼろぼろになったか――悪夢は見るし、眠れないし、シャワーカーテンのうしろにだれか隠れてるんじゃないかといつも心配になる。ふつうの人にはわからないです、レイプされたあとの毎日がどんなものかは」

ショーン・ドノヴァン検事補やミズーラ郡検事局とのあいだに相変わらず進展がないことで、アリソン・ヒュゲットの心的外傷後ストレスは悪化していたが、彼女はボー・ドナルドソンが州立刑務所に服役せずにすむ司法取引には同意しようとしなかった。ドノヴァンはドナルドソンの弁護人のミルト・ダツォプロスと十分に交渉ができたと感じ、これでヒュゲット家も受け入れるだろうと考えた。八月二十日、ドノヴァンは話し合いの場を設けた。アリソン、彼女の両親、フレッド・ヴァン・ヴァルケンバーグ、そして検事局でもっとも優秀な検察官の一人であるスージー・ボイラン副首席検事補を集め、ヒュゲット家が同意することを期待し、起草した司法取引の内容について議論をはじめた。

話し合いは紛糾した。その取引の条件によれば、ドナルドソンが有罪答弁をするかわりに、「州は被告人への刑としてモンタナ州立刑務所での禁錮三十年、執行猶予二十年を薦めることに同意する」。検察官たちに同意するかと訊かれたアリソンは、「同意する気はありません、まったく」と答えた。

ボイランは、州立刑務所での十年の刑期は「きわめて厳しい」ものだと主張し、アリソンの考えを変えようとした。ヒュゲット家は、十年の刑期といっても実際には二年半で仮釈放が認められるのだろうと反論した。ボイランは、アリソンは非常に強い女性のようだが、証人席に着いて無慈悲な被告人側弁護士に詰問されるのがどんなことかをわかっていないと応じた。ボイランはそういうケースを何度も見ていて、ほぼ例外なく、被害者にとって想像できないほどひどい経験になっていると言った。また、もし公判に移行したとしたら、ボー・ドナルドソンが受ける判決はいっさい禁錮を含まないものになる可能性が十分にあると、きわめて的確に指摘した。

ボイランが話したあと、ヴァン・ヴァルケンバーグが、これはほぼ間違いなくミルト・ダツォプロスとボー・ドナルドソンが受け入れうるもっとも厳しい条件であり、ヒュゲット家が乗るかどうかにかかわらずダツォプロスに提示するつもりだと言った。そして、もし取引の条件に同意しないのなら、少なくとも「メディア上での大っぴらな喧嘩」にしないことには同意してほしいと付け加えた。翌日の八月二十一日、ショーン・ドノヴァンはドナルドソンとダツォプロスに合意書を送り、署名を求めた。

　二〇一二年九月十一日、彼らは署名した。その日の午後、テレビ記者のアイリナ・ケイツがKPAXのウェブサイトに記事を掲載した。彼女はこう書いている。


　検察によれば被害者は司法取引に完全に満足はしていないものの、こうならざるを得なかった理由は理解しているという。

「有罪の保証があるという意味で、被害者とコミュニティのためになる。被告人が有罪を認めない場合、何か別の事態が生じ、結果的に有罪とならない可能性がつねにある」とミズーラ郡検事補のショーン・ドノヴァンは言う。

「われわれが有罪を認めたのは、当初の郡検事局の案よりもかなり軟化した内容だったからだ」とドナルドソンの弁護人のミルト・ダツォプロスは言う。……

　捜査中、ミズーラ市警の刑事は被害者とドナルドソンの電話の会話を傍受したが、そのなかでドナルドソンは被害者を襲ったと認めていた。彼は被害者女性に謝罪し、アルコールの問題と鎮痛剤が原因であるとした。

「彼は過ちを犯したが、その過ちを早くに認めた。彼の振る舞いから判断するに――彼のこれまでの人生から判断するに――この若者が人生の大部分を奪われるようなことはあってはならないだろう」とダツォプロスは言っている。……


　ダツォプロスは、連邦政府によるミズーラのコミュニティへの捜査と、モンタナ大学のアスリートを巻き込んだ性的暴行疑惑が、ドナルドソンの事件に影響を及ぼすことを危惧している。

四時間後、グウェン・フロリオが「ミズーリアン」紙のウェブサイトで司法取引について報じた。

「被害者は傷を負っており、それは被告人をいくら罰しても治せない」とドノヴァンは言う。ドナルドソンの弁護人のミルト・ダツォプロスは、刑務所が依頼人にふさわしい場所だとは思わないと言う。「願わくは、彼の送ってきた人生が［比較的軽い刑を支持する］何より説得力のある」論拠となってほしいと考えている。……

「彼は過ちを犯したが、その過ちを早くに認めた」とダツォプロスは言う。起訴状によると、ドナルドソンは翌日に被害者女性に謝罪した。

「事件が起きたのはホームパーティーで、二人とも酒を飲んでいた」とダツォプロスは言う。そこにいた全員が「度を越して飲んでいたが、それは通過儀礼だ」。

ドノヴァンは、被害者かその家族が量刑手続きの場で証言するかはわからないという。しかし証言することを選べば、被害者はより長い刑を科すように裁判官に求めることができる。司法取引について「彼女には葛藤がある」とドノヴァンは言う。

ダツォプロスは、より適切な刑は矯正局の施設に入れることだと言う。

彼はまた、性的暴行の問題――特に「モンタナ大学のアスリートが特別な対象となっているという前提」——が知れわたったことで、量刑手続きを取り巻く環境が「汚染」されているとも考えている。

「汚染うんぬんという話はまったくのこじつけではないと思うが、そういうことはあってほしくない」とドノヴァンは言う。また、郡検事局は「適切な」刑を求めているという。

これらの記事にアリソン・ヒュゲットは心乱された。ミルト・ダツォプロスがボー・ドナルドソンに同情的なまなざしで巧みに言葉を紡いでいるのに対し、ショーン・ドノヴァンのコメントは厳しい刑を支持する強力な主張を伝えられていないと感じた。ドナルドソンがヒュゲットに対するレイプ行為を自白し、有罪を認めたとメディアが報じたあとも、多くのミズーラ市民は、彼女が嘘をついているのであり、彼は無実だと信じ続けた。ヒュゲットの親しい友達のヴァレリー（仮名）は、ポーカーから帰宅した父親が、「ボー・ドナルドソンが刑務所に入らなきゃいけないというのがどれだけメチャクチャな話か」についてわめき散らしていたとヒュゲットに言った。「どうして？」と、ヴァレリーは父親に訊いた。「ボーにレイプされたのがわたしだったとしても、同じように考える？」

彼女の父親は、一緒にポーカーをしていた友人たち——ヒュゲットのこともドナルドソンのこともよく知る男たち——が、「アリソンはレイプの話をでっち上げた、あれは全部嘘だ」と断言していたのだと答えた。

九月十二日、ヒュゲットはショーン・ドノヴァンとフレッド・ヴァン・ヴァルケンバーグにメールを送り、「少し話し合う」ために会ってほしいと頼んだ。彼女は、ドノヴァンが記者のアイリナ・ケイツとグウェン・フロリオに伝えた「コメントの一部に少しいらだちを感じている」と説明した。また、「司法取引に必ずしも同意しなかった」ことに触れてくれたのは「ありがたいと思う」が、「葛藤がある」という言葉を使った意図がよくわからず困っていると書いた。このメールはさらにこのように続く。

私の主張は最初から一貫しています。［ドナルドソンは］刑務所に長く入る必要がある、私は量刑手続きでそういう証言や口頭陳述を絶対にするつもりだ、ということです。ミルトはこれを「過ち」として片付け、ボーのことを、先生やコーチや偉い人たちが擁護したがる人物であるかのように見せようとしています。ボーの責任の一部をなおざりにしようともしています。……「事件が起きたのはホームパーティーで、二人とも酒を飲んでいた。……そこにいた全員が『度を越して飲んでいたが、それは通過儀礼だ』」などと言って。

……

最初は、がんばって法廷審問を信頼してみよう、ポジティヴな要素を見つけようとしていましたが、いまはなんとかぎりぎり、検事局にしっかり支えられているんだ、守られているんだと自分に言い聞かせているような状態です。もちろんミルトにはメディアに好きなことを言う権利がありますし、私は彼の発言にまったくショックを受けていません。ただ、もし検事局がもう少し積極的に彼の主張に応えて、あなたたち自身の言葉で、ボーがどのような人間か――つまり、「妹」と呼ぶ人をレイプしたと認めた人間です――を世間に伝えていただけたら、私としてはありがたいです。今回の件で時間を割いていただいていることはほんとうに感謝しています。私のいらだちを理解していただければと思います。

フレッド・ヴァン・ヴァルケンバーグは、モンタナ州でもっとも人口の多い町、ビリングズで生まれた。小さなカトリック高校で級長をつとめ、アメフトチームではクォーターバックだった。一九七〇年、モンタナ大学法学部への進学を機にミズーラに引っ越すと、その後も町に残り、市弁護士補として二年間働いたのち、個人開業し、公選弁護人として忙しく働いた。民主党員である彼は、一九七八年にモンタナ州上院議員選挙に立候補して当選し、それから二十年にわたってミズーラ地区選出の議員として活動した。そのうちの三年は上院議長をつとめた。一九八五年になると、州議会での仕事を続けたまま、ミズーラ郡検事補として働きはじめ、一九九八年には郡検事に選出された。その後、二〇〇二年、二〇〇六年、そして直近では二〇一〇年に再選されている――そのときは対立候補がいなかった。

フレッド・ヴァン・ヴァルケンバーグのもとで働く検察官たちは、彼のことが好きで、尊敬していた。彼も検事補たちの判断を信頼し、かなり自由に訴追できる権限を与えていた。

政治の世界での成功を考えると意外なことだが、ヴァン・ヴァルケンバーグは徹底して独立した考え方をする人物であり、嫌われ役になったり、論争を生んだりすることを恐れない。州上院議員をつとめていたときは、女性の権利の擁護者として、性による差別を防ぐための重要な法律制定を率先して推し進めていた。彼の自信に満ちた振る舞い（尊大と言う人もいる）は有名で、それは頑固さについても同様だ。たとえ世論の反発があろうと、自分が正しいと思うことのために断固として闘う人物、という評判が当然のように立っている。

二〇一二年九月十九日、アリソン・ヒュゲットはヴァン・ヴァルケンバーグと会い、彼の職場の対応にどのような不満があるかを話した。彼女に同行したのは、父親のケヴィン・ヒュゲット、母親のベス・ヒュゲット、継母のマージー・ヒュゲット、そしてガイ・ベイカー刑事である。「アリソンはベイカー刑事にどうしても来てもらいたがっていました」と、マージーはわたしに言った。「彼の存在が話し合いに大きな影響を及ぼしたと思います」「ガイがいたことで、アリソンは気が休まって安心できました」と、ケヴィン・ヒュゲットも同じように言う。「彼はいつも娘のために走りまわってくれました」。ヴァン・ヴァルケンバーグ側の出席者は、彼を補佐する検察官のスージー・ボイランと被害者支援員のタニヤ・キャンベルだった。欠席者として目立ったのは、アリソンの事件の担当検察官、ショーン・ドノヴァンである。

話し合いがはじまってまもなく、ヒュゲット家は、ドノヴァンの対応に満足していないとヴァン・ヴァルケンバーグに伝えた。司法取引を成立させられたのはよかったが、十月十三日に開かれる予定の量刑審問で、ドノヴァンがアリソンのために激しく主張しなければ、裁判官は司法取引の提案よりも軽い刑をドナルドソンに言い渡すのではないかと心配していると言った。「わたしたちとしては、積極的に議論を戦わせて、可能なかぎり厳しい刑を求めてくれる人を求めていました」とケヴィンは振り返る。「そして、ショーンはそれにあたらないだろうと思っていました」

ケヴィン・ヒュゲットはフレッド・ヴァン・ヴァルケンバーグを挑発しはじめた。「『あなたたちはミルトか何かを恐れてるのか？　そういうわけなのか？』と訊きました」とケヴィンは言う。

「そしたら突然、フレッドの血圧が上がったのか、顔を赤くして、早口で言い返してきました。話し合いに行くときは、意識的に彼を刺激しようと思っていたわけではなかったんですが、うまくいきました。話し合いの中盤までに、彼は『こうしよう。ここからはわたしが引き継ぐ。わたしが量刑審問を担当する』と言いました」

「フレッドは、局内の好きな人を選んでいいと言ってましたけど」アリソンは言う。「自分がいちばん適任だと思っていたんです」

「アリソンはフレッドのことがまったく好きではありませんでした」ケヴィンは思い起こす。「でも、彼は局でいちばん力のある人間です。検察官たちのなかで、選ぶべきは明らかに彼でした」

「最終的に」アリソンは言う。「フレッドはわたしのためにいい仕事をしてくれました。でもそれは、『ミズーリアン』紙が事件にすごく注目したことと、司法省がいろいろな捜査をしたことが大きく関係していると思います。それがあったから、彼はわたしのショーンへのいらだちに耳を傾ける気になったんです。メディアの報道と外部捜査がなかったら、フレッドはわたしと会ってすらなかったと思います」

第十六章

二〇一二年二月、モンタナ大学のチャールズ・クーチャー学生部長が、セシリア・ウォッシュバーンへのレイプ疑惑を受け、クォーターバックのジョーダン・ジョンソンに対する懲戒処分にかかわる調査を開始すると、まもなく議論が巻き起こった。ジョンソンの名声と、彼の弁護人が取った焦土作戦のためである。

ジョンソンがレイプ容疑で訴えられたと知ったモンタナ大学体育局は、デイヴィッド・パオリを彼の代理人に指名した。パオリはグリズリー体育部の全国諮問委員会に参加する地元の法律家で、一九八〇年代前半にはアメフトの奨学金を受けてモンタナ大学に通っていた。ノーズガードのポジションをつとめていた彼は、グリズのディフェンシブラインを支え、その猛烈なタックルが賞賛されていた。とはいえ、決して頭の悪い体育会系《ジョック》ではなかった。一九八六年にモンタナ大学ロースクールを優等で卒業したあと、連邦裁判官の助手として働き、一九九二年に自身の法律事務所を開くと、徐々にモンタナ州のなかでも傑出した弁護士となっていった。二〇一一年、モンタナ法廷弁護士協会はパオリを「今年の法廷弁護士」に選出した。

長きにわたり、法に背いた数多くのグリズ選手に専門的な支援を提供してきたのは、ボー・ドナルドソンの弁護人であるミルト・ダツォプロスだった。しかし彼も七十一歳となっていた。

ジョーダン・ジョンソンは州でもっとも名高いアスリートだった。影響力を持つ大学関係者たちは、彼に対する申し立ての重大性を考慮し、好戦的なことで知られる五十一歳のデイヴィッド・パオリのほうが弁護に適任だと考えたようだった。

パオリは、ジョーダン・ジョンソンに雇われるとすぐに、費用を惜しまず、極度に攻撃的な戦術で弁護をはじめた。一方クーチャー学生部長は、大学による調査が行われていることをジョンソンに通知する手紙のなかでこう警告していた。

あなたはミズ・ウォッシュバーンと、仲介者を介する場合を含め、いかなる接触も持ってはなりません。また、これはきわめて内密な案件であり、あなたは申し立てられた非行について他人と話し合うことが禁じられています。これらの指示にしたがわない場合は即座に退学処分となります。

二月十五日、ジョンソンがこの警告を受け取った三日後、パオリはモンタナ大学法律顧問のデイヴィッド・アロノフスキーに電話をかけた。そして接触禁止令に異議を唱え、ジョンソンの弁護人として自分には証人に質問する法的権利があると主張した。アロノフスキーは、この電話のあとにパオリに送ったメールで、その主張を認めながらも、節度を守るように促した。

あなたが職務上の義務を果たして依頼人のために調査を行うことを大学は容認しますが、現在のところは接触禁止令が出されているため、被害者とされる人物に直接あるいは仲介者を通して接触することは適切でないだろうと警告しておきます。来週火曜日の話し合いが終わるまでは少し慎重に調査にあたることを検討していただくのがいいのではないかと思います。今後どのような策が取られるにしろ、その話し合いで我々は有益な情報を得られるでしょうから。

二月十七日、対立する両者の話し合いが行われるまでは行動を差し控えるべきだというアロノフスキーの勧告を無視し、パオリは私立探偵のマーク・フラートンにセシリア・ウォッシュバーンの家を調べさせた。フラートンは彼女が敷地内にいないことを確認した上で、ジョーダン・ジョンソンにレイプされたという彼女の主張に疑いを投げかける証拠を得ようと、彼女の二人のハウスメイトから事情を聞いた。私立探偵を雇ってこうしたことをするのはレイプ事件の刑事訴訟では一般的なことだが、モンタナ大学の学生行動規範違反の審理においては、たとえあったとしても、きわめてまれなことだった。帰宅したウォッシュバーンは、二人のハウスメイトが二月四日の夜のことで何を覚えているかとフラートンに厳しく追及されたと聞き、激しく動揺した。「ぞっとした」、「侵害だと感じた」、と彼女はのちに証言している。

その後、セシリア・ウォッシュバーンは、デイヴィッド・パオリが探偵のマーク・フラートンを彼女が通っていた高校のある小さな地区（人口は町全体で百七十一人）にまで行かせ、彼女を誹謗中傷する情報を集めさせていたと知った。間違いなく、パオリは極度に攻撃的なやり方でジョンソンの弁護に取りかかるつもりだった。

探偵に私生活をかぎまわられていることを知ったウォッシュバーンは、クーチャー学生部長に電話し、自分が受けたショックと嫌悪感を伝えた。クーチャーはフラートンに電話をかけ、ウォッシュバーンのプライバシーを侵害することを「停止」するように命じるメッセージを残した。これに対し、パオリはすぐにクーチャーの留守電にメッセージを残し、自分には証人に質問する権利があるし、さらに言えば、大学法律顧問のデイヴィッド・アロノフキーからウォッシュバーンのハウスメイトと接触する許可を得ているのだと強調した。

二月二十四日、クーチャー学生部長はジョーダン・ジョンソンをオフィスに呼び出し、調査にかかわる最初の話し合いを行った。パオリとアロノフスキーも出席した。のちにパオリが提出した弁論趣意書にはこう書かれている。

　クーチャーは話し合いをはじめると、すぐに不愉快で敵対的な態度になった。学生行動規範によれば、ミスター・ジョンソンに対して証拠を提示した上で、ミスター・ジョンソンに返答させることになっているが、クーチャーは、威圧するように、ミスター・ジョンソンのほうに目をやって話し合いを開始し、こう口走った。「ミズ・ウォッシュバーンをレイプしたのか?」

パオリはその後、大学の審理のあいだじゅう、クーチャーが「不愉快で敵対的な態度」を取り、ジョンソンを「威圧」しようとしていると繰り返し主張することになる。クーチャー学生部長は、彼の同僚たちによれば、たしかに無愛想になることもあるかもしれなかった。しかし、パオリと法廷でやり合ったことのある検察官や、証人席で彼に詰問された人々などに言わせれば、クーチャーの不愉快な口ぶりにパオリがひとりよがりに憤慨しているというのは、ちょっとした皮肉どころではない。パオリの敵対者のほとんどは、さらには崇拝者の多くも、パオリは人並み外れて闘争的な性格であり、訴訟に勝つためにはどこまでもいく人物だと考えている。「高圧的」というのは彼を評するのによく使われる言葉だ。「いじめ」も同様である。

パオリと法廷で争ったことのある法律家はこう語っている。「デイヴはグリズのノーズガードでしたが、アメフトをプレイするのと同じスタイルで弁護士の仕事もしていますね。前にいるやつはとにかくつぶしてやろうって」。パオリとクーチャーの双方をよく知る人たちは、クーチャーにしてみれば、パオリを相手に屈せず、セシリア・ウォッシュバーンの事実上の代弁者であろうとした場合、攻撃的になる以外に選択肢がなかったのではないかと言う。

二〇一一年の「同僚への書簡」で米国教育省から命じられた制限にしたがい、モンタナ大学は、ほかのアメリカの大学同様、性的暴行の訴えを審理する際の立証責任として、それまでほとんどの大学が用いていた「明確かつ説得力のある証拠」基準や、刑事司法制度で用いられている「合理的な疑いを差し挟む余地がない」基準ではなく、「証拠の優越」という基準を用いることを義務づけられていた。言い換えれば、学生を除籍するために、大学は、被疑者が罪を犯したことを示すたしかな証拠が証拠全体の五十一パーセントに達していると断定すればいいということだ。この軽い立証責任の目的は、レイプという犯罪——米国教育省が明らかにしたところによれば、アメリカの大学であまりにも頻繁に発生している犯罪——を犯した学生が罰を免れるケースを減らすことである。

ジョーダン・ジョンソンがセシリア・ウォッシュバーンをレイプしたとされる二ヵ月前、大学裁判所は「証拠の優越」基準にもとづき、カルヴィン・スミスをレイプで有罪として除籍していた。しかし、スミスがケイトリン・ケリーをレイプしたのは「同僚への書簡」の送付から半年も経っていないときで、モンタナ大学当局はスミスに対する訴訟で軽いほうの立証責任を適用したとはいえ、学生行動規範にその新基準を反映する作業は遅れていた。

二〇一二年二月二十四日、クーチャー学生部長がジョーダン・ジョンソンと弁護人のデイヴィッド・パオリと初めて話し合った際、パオリはこの不手際をジョンソン弁護の要点とした。彼が指摘したのは、学生行動規範が定める立証責任は、現行の文言によれば、「同僚への書簡」以前に用いられていた旧来の「明確かつ説得力のある証拠」基準のままであるということだった。それゆえ、ジョンソンの事件の審理では古く厳しいほうの証拠基準が適用されなければいけないと主張した。

クーチャーとアロノフスキーはこれに反論し、大学には学生行動規範に新基準を反映する作業を行う時間がなかっただけであり、このような見当違いの細かな問題でジョンソンが罰せられずにすむことはあってはならないと言った。そしてこの主張——真実と公正の追求が手続き上のあら探しに勝るべきだという主張——はジョンソンの事件の裁定におけるきわめて重要な論点となった。パオリは強硬に異議を唱え、大学が現行の学生行動規範の文言にしたがわないことを激しく非難した。また、ジョンソンの懲戒手続きにおける大学の対応をほかにもさまざまな面から非難した。

驚くことではないが、大学のレイプ訴訟で学生の弁護を担当することになった弁護士は、概して大学から課される職業上の制約を忌み嫌う。モンタナ大学の制約では、手続きのあいだ、依頼人のかわりに発言したり、証人に尋問したりすることができなかった。パオリは、モンタナ大学が刑法の根本的なルールをことさらに否定したことに激怒し、クーチャーや大学当局者たちを、刑事司法制度で保証されているジョンソンの基本的権利を認めようとしていないとしきりに責め立てた。それに対してクーチャー学生部長は、大学の調査は懲戒手続きであって刑事捜査ではないから、大学が独自のルールを制定するのはまったくもって適切であるとくぎを刺した。

三ヵ月前、カルヴィン・スミスの訴訟の際、クーチャーが弁護人のジョシュ・ヴァン・デ・ウェテリングに大学の審理中は発言をしないよう勧告すると、ヴァン・デ・ウェテリングは甘んじてしたがった。しかし、パオリの辞書に「甘んじる」という単語はない。彼としては、大学に手続き中の発言や反論を禁じる法的権利があるということは絶対に認められなかった。そのため、パオリにしばしば方針を無視し、話を聞けと憤慨した。このような激しい言動を受け、クーチャーはパオリに口をつぐむよう命じた。二月二十四日の話し合いでは、パオリによると、大学法律顧問のデイヴィッド・アロノフスキーが実際に「黙れ」と言ったという。こうした一連の出来事に駆り立てられたパオリは、これまで以上に力を込め、クーチャーとアロノフスキーは「中立性の欠如」を体現していると主張しはじめた。

とはいえ、クーチャーはそもそも中立である必要がなかった。彼の役割は公平無私な裁判官になることではなく、むしろ、大学の検察官になることだった。セシリア・ウォッシュバーンがジョンソンにレイプされたと大学に訴えた際、大学として調査に踏み込む相当な理由があるかを判断するのは学生部長であるクーチャーの責務だったが、これは、アリソン・ヒュゲットの事件において、ボー・ドナルドソンを起訴する相当な理由があるかを判断するのがミズーラ郡検事の責務だったのと同じことである。クーチャーはまた、初期調査によってジョーダン・ジョンソンがセシリア・ウォッシュバーンをレイプしたと考えられる十分な根拠があると判断したあと、ジョンソンをモンタナ大学から除籍する論拠を組み立てることを求められたが、これは、ショーン・ドノヴァン郡検事補が、ドナルドソンに刑事上の有罪判決を下す論拠を組み立て、提示することを求められたのと同じことである。

デイヴィッド・パオリ、ジョーダン・ジョンソン、チャールズ・クーチャー、デイヴィッド・アロノフスキーによる二度目の話し合いは、三月九日に行われた。その席で、クーチャーはパオリとジョンソンに対し、ジョンソンがレイプしたというウォッシュバーンの主張と一致する結論に「傾いている」と言った。

アロノフスキーは、クーチャー学生部長が事件についてまとめた調査ファイルのコピーをパオリに提供することに同意した。そのファイルを精査すると、パオリは、ウォッシュバーン側の証人の発言が、クーチャーの「中立性の欠如」と、彼がジョーダン・ジョンソンの有罪を「事前決定」していることを明確に示していると感じた。たとえば、「証人がクーチャー学生部長を『非常に理解と思いやりがある』と褒めたたえている」ことにパオリは辟易した。さらに、目に余るバイアスが存在していることを、ファイルに含まれていた二月二十二日のセシリア・ウォッシュバーンの発言にも見出した。このような発言である。

チャールズ［・クーチャー］と会って、先日の彼の［ジョンソンとパオリとの］話し合いについて聞きました。私が理解したかぎり、［ジョンソンは］犯行を否認し、チャールズにとても攻撃的で偉そうな態度を取っているようです。チャールズは［パオリが］とても冷淡だとも言っていました。

パオリは、被害者とされる人物に思いやりや理解を見せることがクーチャーの果たすべき役割だとは思わなかったようだ。それに、ジョンソンの振る舞いが「とても攻撃的で偉そう」だとするウォッシュバーンの表現を的確だとも思わなかったようだ。

三月二十七日、チャールズ・クーチャーはジョーダン・ジョンソンに手紙を送り、こう通知した。

あなたが二〇一二年二月四日に学友のミズ・セシリア・ウォッシュバーンを彼女のアパートでレイプしたという申し立てに関し、これを裏づける証拠の優越を認定しました。私の結論の根拠となった事実を以下に記します。

・あなたの繰り返しの主張に反し、あなたと被害者のメールのやり取りから、あなたと被害者がたんなる知り合い以上であったことが証明される

・あなたが大学寮で以前に起こした行為〔原註：一年生のとき、ジョンソンはパーティーで酩酊し風紀を乱したことで、大学から懲戒処分を受けていた〕

・レイプの夜に集まることをあなたと被害者が共同で提案したというあなたの主張。あなたが被害者に送ったメールのコピーからは、あなたが会うことを提案したことがはっきり証明される……
・レイプの夜を境に、あなたと被害者の交友が完全に即座に途絶えたこと
・あなたが被害者の家に忘れた腕時計を取りに行っていないこと。この腕時計は姉からのプレゼントであるとあなたは明らかにしている

このような惨たらしい身体的暴行への適切な制裁は以下の通りです。

一．モンタナ大学からの即座の除籍
二．今後の大学所有物の利用や大学が主催する活動への参加の一切の禁止

あなたは学生行動規範に違反したという告発を受け入れることも否認することもできます。また、制裁を受け入れることも受け入れないこともできます。告発を否認するか、制裁を受け入れない、またはその両方を選択する場合、学生担当副総長または彼女が指名した人物との事務協議、そして大学裁判所による審問を要求する権利があります。

ジョーダン・ジョンソンは告発を否認し、テレサ・ブランチ学生担当副総長との事務協議を要請した。協議は四月二十日に行われた。ブランチとジョンソンに加え、パオリ、クーチャー、ア

ロノフスキーも出席した。話し合いのはじめに、パオリはジョンソンの高潔な人格を証明する推薦状一式を添え状とともにブランチに手渡した。そのなかで彼は、ジョンソンはウォッシュバーンをレイプしていないと重ねて主張した。

なぜ［ジョーダン・ジョンソンが］そのような暴力行為に及んで自身の全人生と家族の生活を危険にさらしたりするのでしょう。彼は本件にごくわずかでも類似する行為は一切起こしたことがなく、告訴人のハウスメイトの男性がベッドルームのドアの外のわずか一メートルほど先にいたことをよく知っていました。どうかそのことを考えていただきたいと謹んでお願い申し上げます。

話し合いのなかで、パオリは、クーチャーのバイアスや現行の学生行動規範に忠実でないこと、「通常の規則にしたがわない手続き」、大学がジョンソンに受け入れさせている「まだ採用されていないはずの立証責任」があまりにもひどいため、告発は却下されるべきだと再び主張した。しかしブランチ副総長は納得しなかった。話し合いの終わりに、彼女はジョンソンの訴えを退けた。ジョンソンはすぐに次の段階、つまり大学裁判所に訴えると言った。

裁判所での審問は五月十日に行われることになったが、パオリは審問が開かれる前に訴訟手続きを停止すると固く心に決めていた。彼はジョーダン・ジョンソンの両親がモンタナ大学総長のロイス・エングストロムに謁見する機会をつくり、その後、五月四日に、大学のジョンソンに対する審理は「正当な手続きと根本的な公正さの深刻な欠如によって害され汚されている」と主張する親展の手紙をエングストロムに手渡した。そうして、チャールズ・クーチャー学生部長とデイヴィッド・アロノフスキー法律顧問をこの訴訟から追放した上で、総長自身がすべてを管理し、「真に中立的な後継者とともに」はじめから手続きをやり直してもらいたいと要請した。

五月八日、デイヴィッド・パオリは、この型破りな要請を退ける手紙をエングストロム総長から受け取ると、ジョーダン・ジョンソンの代理として、大学が審問を開くことを一時的に禁止する措置を求める申し立てをモンタナ地区連邦地方裁判所に申請した。また、禁止命令が認められなかったときのために、五月九日、依頼人に対するバイアスがあるという理由で、大学裁判所の二人の裁判員を審問から締め出してほしいと大学に要請した。

五月十日、ダナ・クリステンセン判事は禁止命令の申し立てを退け、その日のうちに大学裁判所の審問が行われた。パオリが不満に思っていた二人の裁判員は要求どおり別の二人と入れ替えられたが、賛成五票反対二票で、ジョーダン・ジョンソンはセシリア・ウォッシュバーンへの強姦罪で有罪であるという評決が出された。また、七人の裁判員はジョンソンを大学から除籍すると全員一致で可決した。

六月六日、この決定について検討を重ねてきたエングストロム総長は、大学裁判所の判断は「手に入る証言と証拠から判断して妥当」だという結論を下した。その上で、ジョーダン・ジョンソンにこのような手紙を送った。

審問の公正さを否定することにつながる手続き上の誤りは見出せません。どちらの側にも、それぞれの主張を述べる機会、すべての証人に質問する機会がありました。裁判員は正しく選定され、学生行動規範にしたがって任務を遂行し、時間通りにそれをこなしました。ミスター・パオリの手紙で提起された手続きに関する異議は考慮に値しないものと考えます。

したがいまして、私はあなたが合意のない性交に及んだことで学生行動規範に違反したと断定します。また、あなたをモンタナ大学から除籍するという大学裁判所の結論を支持します。……

総長による審査は大学における最後の手続きとなります。この件はこれで打ち切られたものと考えます。あなたのモンタナ大学でのキャリアが絶たれてしまうことを残念に思います。

しかしながら、ジョンソンには除籍を避けられる可能性がまだもうひとつあった。大学の範囲をこえて上訴し、モンタナ高等教育局長と評議会に審査請求するのである。六月十三日、パオリは請求を行った。クレイトン・クリスチャン局長はジョーダン・ジョンソンに有利になる裁定をしたらしく、結局ジョンソンは除籍されなかった。ここで「らしく」と言うのは、高等教育局が審査の結果を明らかにしようとせず、それどころか、そのような審査があったことすら認めようとしていないからである。連邦法の家族教育権とプライバシー法（ＦＥＲＰＡ）と、モンタナ州制定法20‐25‐515という二つの法律によってそれは禁止されているのだと、彼らは言い張っている〔原註：二〇一四年二月、わたしはモンタナ州地方裁判所に請願書を提出し、クリスチャン局長の行動に関係する公記録へのアクセスを要請した。その際、モンタナ州憲法第二条の「何人も州政府及びその下部組織の公共団体又は公的機関の文書を閲覧……する権利を奪われない」という条文を引き合いに出した。二〇一四年九月、地方裁判所判事のキャシー・シーリーは、「ＦＥＲＰＡは本訴訟で提示された状況に関する記録の公開を妨げない」、モンタナ州制定法20‐25‐

515も同様であると裁定した。シーリー判事は高等教育局にわたしの要請どおり記録を提供するように命じたが、二〇一四年十月、クリスチャン局長はシーリーの決定を不服としてモンタナ州最高裁判所に上訴した。本書を脱稿した時点で、最高裁はまだこの訴えに対する判断を下していない〕。

ジョーダン・ジョンソンが高等教育局へ上訴すると、大学の訴訟はどこかに消え失せた。大学裁判所の手続きなど最初からなかったかのようだった。刑事訴訟はまだ進行中だったため、ジョンソンは二〇一二年の夏にアメフトチームとトレーニングをすることや、その年の秋にグリズリーズの試合に出ることが許されなかったが、学生としては変わらず名簿に残っているようだった。

ジョンソンが除籍されなかった理由は、二〇一三年に公開された公記録によっていくらか浮き彫りになった。もっとも多くを伝えてくれるのは、米国司法省と米国教育省がモンタナ大学総長のロイス・エングストロムに送った三十一ページの書簡である。二〇一三年五月九日付けのその書簡には、モンタナ大学の性的暴行の申し立てへの対応を政府が一年にわたって調査した結果が列挙されており、そのうちの二つのパラグラフではジョーダン・ジョンソンのクレイトン・クリスチャン局長への上訴について手短に述べられている。ジョンソンとウォッシュバーンの名前は出てこないが、その件が議論されていることは明らかだ。

クレイトン・クリスチャンは、二〇一一年十二月にモンタナ州高等教育評議会によって高等教育局長に任命されたが、彼は教育者でも法律家でもない。モンタナ大学で財政学・経営学の学士号を取得し、現在は権原会社〔訳註：不動産に関する権原の調査や保険事業などを行う会社〕を所有している。

ミズーラの実業家として、成功を収め、高く評価されている人物だ。彼が任命される以前は、博士号がこの職の必須条件のひとつだったが、評議会は彼を選ぶ直前にその条件を撤廃した。高等教育局長の職に就く者は「クリスチャンのような実業家であるべき」だと考えたためで、評議会の副議長が公式にそう発表している。

ジョーダン・ジョンソンの事件に関して高等教育局は秘密保持の壁を築いていたが、別の情報源が公開した情報によれば、ジョンソンが除籍処分を不服としてクリスチャン局長に上訴した際、デイヴィッド・パオリがクリスチャンにこう言い聞かせたそうだ。大学裁判所は、ウォッシュバーンへのレイプ行為でジョンソンを有罪とした際の立証責任として、より厳格な「明確かつ説得力のある証拠」基準を守らず、不適当な「証拠の優越」基準を用いた、と。そして、「証拠の優越がセクシュアルハラスメントや性暴力の申し立てを調査する際の適切な基準である」と明確に述べる教育省の「同僚への書簡」を露骨に無視したクリスチャン局長は、大学裁判所の有罪決定を無効としてモンタナ大学に差し戻し、「明確かつ説得力のある証拠」を立証責任として再審理するよう求めた。

ジョーダン・ジョンソンの事件を再検討するにあたり、大学は独立したコンサルタントを雇い、セシリア・ウォッシュバーンの申し立てを公平中立な立場から再調査させた。調査の終わりにコンサルタントが下した結論は、ジョンソンの証言は信用できず、彼がウォッシュバーンをレイプしたという明確かつ説得力のある証拠がたしかに存在するというものだった。

しかし、二〇一二年七月に退任したチャールズ・クーチャーの後を継いで学生部長となったロンディー・ヴォーヒーズは、ジョンソンを有罪とするコンサルタントの結論を受け入れなかった。

二〇一三年に政府がエングストロム総長に送った書簡にはこう書かれている。

［ヴォーヒーズ学生部長は］原告［セシリア・ウォッシュバーン］と容疑者の学生［ジョーダン・ジョンソン］はどちらも信用できると判断し、これは「当該の出来事に関する両者の認識と解釈が異なっているケース」だとの考えを示した。しかし、［学生部長の］分析には［ウォッシュバーンの］信用性に疑問を投げかけているところもある。たとえば、［ウォッシュバーンの］陳述には「と思う」や「と思わない」という言葉が使われているところがあるが、［学生部長は］「思う」という言葉の使用は「煮え切らない、あいまいな返答」を意味すると考えた。そして、［ジョンソンが］性的不法行為を犯したという明確かつ説得力のある証拠は存在しないと結論を下した。

最終的に、ロンディー・ヴォーヒーズ学生部長は、セシリア・ウォッシュバーンへのレイプ疑惑に関してジョーダン・ジョンソンに無罪を言い渡した。

司法省と教育省は、先に引用したエングストロムへの書簡で、『同僚への書簡』の指示に背いて『証拠の優越』基準を用いず、『明確かつ説得力のある証拠』基準を用いた」として大学を非難した。さらに連邦政府は、ヴォーヒーズが一方的にジョーダン・ジョンソンを無罪としたことはセシリア・ウォッシュバーンの訴えの「公正な解決になっていない」とも述べた。しかし、政府の調査結果が発表されたのは遅く、ウォッシュバーンを利することはなかった。

二〇一二年三月にチャールズ・クーチャー学生部長からウォッシュバーンへの強姦罪で有罪宣

告を受けたあと、ジョーダン・ジョンソンはクーチャーの決定を不服として上訴する機会を四度与えられた。四度目の試みでついにうまくいき、ヴォーヒーズ学生部長から無罪を言い渡されたが、そのときヴォーヒーズはこの問題の最終決定権を持っていた。大学の審理手続きで、セシリア・ウォッシュバーンがヴォーヒーズの裁定に不服を申し立てる機会は与えられなかった。

こうして、モンタナ大学はジョーダン・ジョンソンを除籍するのではなく、グリズリーズのクォーターバックに復帰させた。そして彼がチームに戻ったとき、ミズーラのあちこちが沸き立った。

この争いで中立を貫くのはまず不可能だ。傍観者はどちらかの側につくことを強いられる。人は加害者の側につきたい誘惑に駆られるものだ。加害者は、とにかく傍観者に何もしないでいてほしいと思っているのであり、見ざる聞かざる言わざるという普遍的な欲求に訴える。被害者は、反対に、傍観者に重い苦しみを共有してもらいたいと思っている。行動してほしい、かかわってほしい、思い出してほしいと思っている。……

自分の犯した罪の責任を逃れるため、加害者は全力で忘れさせようとする。秘密と沈黙が加害者の第一の防御線だ。秘密にできなければ、被害者の信用性を攻撃する。被害者を完全に黙らせることができなければ、確実にだれもが彼女の話を聞かないようにしようとする。そのために、加害者は堂々たる議論を並べ立てる。きわめて露骨な否定から、この上なく洗練された巧みな合理化まで。残虐行為が起きるたびに、お決まりのわかりきった弁解が聞けるだろう。そんなことは起きていない、被害者は嘘をついている、被害者は大げさに言っている、被害者の責任だ、いずれにせよ過去のことは忘れて前に進むときだ、と。加害者が強大であればあるほど、特権的に現実を定義でき、その主張がすっかり優勢になる。

――ジュディス・ルイス・ハーマン
『心的外傷と回復』

第四部

正義の秤

第十七章

ボー・ドナルドソンがアリソン・ヒュゲットに対するレイプの罪で有罪を認めることに応じたあと、量刑のための審問が二〇一二年十月十三日に行われることになったが、十二月十九日に延期され、さらに二〇一三年一月十一日に延期された。これはヒュゲットと彼女の家族をいらだたせた。とはいえ、さらなる延期は必ずしも悪いことではなかった。というのも、それによってミズーラ郡検事のフレッド・ヴァン・ヴァルケンバーグが準備の時間を増やせたからである。予定の日が近づくにつれ、持てる時間のかぎりを準備にあてなければ間に合わないと、彼はあせりはじめていた。

一月九日の午後遅く、ヴァン・ヴァルケンバーグはアリソン・ヒュゲットとケヴィン・ヒュゲットに会い、審問の見通しを伝えたが、開始まであと二日を切っていたにもかかわらず、まだ話す内容を考えはじめたばかりなのだと告白した。アリソンがヒラリー・マクラフリンは証言の用意ができているのかと訊くと、ヴァン・ヴァルケンバーグは、マクラフリンは弱気になっており、やり抜く自信を持てていないと言った。これはことさらがっかりする知らせだった。二〇〇八年にドナルドソンに暴行されたというマクラフリンの話は、彼がレイプ魔であり、地域社会にとって真の脅威となり、それゆえ、長期の服役が必要だという検察側の主張の決定的な論拠だったのである。

マクラフリンは二〇一二年一月に初めて暴行の事実をガイ・ベイカー刑事に話した。その後、ミズーラの警察や検察から連絡はなかったが、十二月のはじめになって、ベイカーから量刑審問で証言をしてくれないかという電話があった。その時点では、審問は十二月十九日に行われることになっていた。「彼が言っていたのは、わたしが証言したらアリソンにとってどれだけ意味があるかということでした」とマクラフリンは振り返る。「でも、またあの話に足を踏み入れたいかがわからなかったので、『一週間考えさせてもらえますか』と訊いたんです。いま思うと、すごく自分勝手でしたけど、悩んでいたんです。ボーにレイプされそうになって感じたいろいろな不安が、また掻き立てられるんじゃないかと」

一週間後、ベイカー刑事からあらためて電話があったとき、ヒラリー・マクラフリンは『すみません、できないです。いまはあの状況に身を置けません』と伝えました」という。「彼は『わかった、あなたがそれを望むなら、わたしはその判断を尊重する』ということでした。電話を切った途端に泣きました。『間違ったことをした！』と夫に言いました。それで、たしか五分後くらいにベイカー刑事にかけ直したんですけど、出ませんでした。なので、『あと三日考えてもいいですか？　お願いです、週末だけ』とメッセージを残しました」。数日間考えに考えた末、マクラフリンは証言をするとベイカーに伝えた。

「でも、それから審問が一月十一日に変更になって」彼女は言う。「さらに考える時間ができたんです。法廷でいろいろな人の前ですべてを話すのはどれほどつらいだろうかと」。審問の数日前、マクラフリンは再び思い直し、恐怖心があまりにも大きく証言をやり抜けないとベイカー刑事に伝えた。

ミズーラ郡裁判所とその敷地はダウンタウンの一ブロック全体を占めている。美しく荘厳な建物で、一九一〇年に建設された。砂岩のブロックが使われており、その頂に載るドーム型の時計塔は何マイルも先からでも見ることができる。二〇一三年一月十一日、午前九時前、アリソン・ヒュゲットと家族が車から降りて裁判所の入口へ歩いていたとき、一晩中続いた猛吹雪は和らいでいたが、地面には十三センチの新雪が積もり、気温はマイナス八度だった。建物の三階で、カレン・タウンゼンド判事が「みなさん席に着いてください」と言うと、大きな法廷はボー・ドナルドソンの運命を知るためにやってきたミズーラ市民であふれ返った。ドナルドソンを支援する人々は、家族やグリズのチームメイトを含め、法廷の東側半分を埋め尽くした。アリソンの支援者のほとんどは反対側に座った。落ち着かないほど全員の距離が近かった。空気は淀み、法廷内の緊張状態は明らかだった。

ドナルドソンは、ネクタイ、黒のスラックス、ノージャケットという格好で、弁護人席のミルト・ダツォプロスとピーター・ランシーの隣に座った。広い背中と肩が、アイロンをかけたばかりのシャツの縫い目をピンと張らせていた。フレッド・ヴァン・ヴァルケンバーグとショーン・ドノヴァンは州の代表として検察官席に着いた。彼らの側の証人が弁護側の証人よりも先に呼ばれることになっていた。

ヴァン・ヴァルケンバーグがケヴィン・ヒュゲットを証人席に着かせると、ケヴィンは審問を劇的にスタートさせた。激情を抑えられず、こう言った。「言うまでもなく、頭にきている」。それからドナルドソンを指さし、こう言い放った。「そこにいる小僧はどうしようもないレイピストのクソ野郎だ、わたしの娘をレイプしたんだ、地獄でくたばってほしい、正直言って」。満席の法廷のほぼ全員が、激しい感情のほとばしりに面食らった。「そいつの友達や家族がここに集まっているのはわかってる」ケヴィンは続けた。「でも、そんなことはどうでもいい。おまえが娘にしたことは間違ってるんだ」

ミルト・ダツォプロスがさっと立ち上がり、ケヴィンの抗議に口をはさんだ。「判事、ここは法廷です。ある種の発言は――」

「わたしには原告側としての自由があると思います」とケヴィンは言い、ダツォプロスをさえぎった。

「ミスター・ヒュゲット」タウンゼンド判事が割って入った。「どうか――」

「罵り言葉はここまでにします」ケヴィンは約束した。

「わかりました。これ以上は慎んでください」タウンゼンドは忠告した。

証言を再開すると、ケヴィンはこう言った。「そのレイピストは、わたしたち家族にもたらした苦しみや痛みをわかっていない。……このレイピストはわたしの娘を、寝ている娘を暴行、レイプしようと決めたわけです。この変態のけだものは、長年の友人をレイプするに至るあいだ、彼女の無防備な姿をどれだけ長く見ていたことでしょうか？　レイプされたあと、娘はその家をこっそり抜け出し、走りながら助けを求めなければなりませんでした。……そして振り向くと、レイピストがあとを追ってきていたんです」

ケヴィン・ヒュゲットはタウンゼンド判事に、親として、「娘がレイプされた直後にその男に追いかけられている」こと以上に「怖ろしい」ことを想像できるだろうかと尋ねた。また、ボー・ドナルドソンが、アリソンをレイプしたと警察に自白したあとも、自分は濡れ衣を着せられたのだと友人や家族に話し、アリソンを中傷するようにけしかけていたことに言及した。「そのせいで娘は、ここで生まれ育った娘は、ふつうの二十三歳のように外出して楽しむことができなくなりました。これは言葉による攻撃、恫喝です。このレイピストが真実を言っていると、あるいはほんとうに責任を取っていると思えますか?」。ケヴィンは、ドナルドソンが友人や家族に嘘をついただけでなく、判決前の性心理鑑定を行った心理学者の二人にも、性行為は合意の上でありレイプではないと話していたことを指摘した。

ボー・ドナルドソンが寝ているアリソン・ヒュゲットを暴行した一年二ヵ月後、彼女がモ・クラブで彼に偶然出くわしたとき、「このレイピストは娘の面前で笑ったんです」とケヴィンは言った。「自分のしたことを悔いている人間がすることだと思えますか? ……女性に対して何をしてもいいと思ってるんですよ。……娘はこの男を信頼していました。小学一年のときから知っているんです。二人は友達でした、それなのにこの男は娘をレイプできた。どういうわけか、このレイピストを気の毒に思っている人たちがいます。……この男がどれだけ立派な男かと証言する方々に言っておきますが、……あなたがたはわかっていない、このレイピストがもたらした涙、苦しみ、痛み、それに、娘がこれから何年も経験するであろうカウンセリングと治療の日々を」

「わたしは娘を誇りに思っています。立ち上がり、この男を逃げ切らせなかったんですから」ケヴィンは続けた。「アリソンは立派で、賢く、優秀で、内も外も美しい。こんなことは彼女の身に起こってはいけませんでした。判事、どうか正しいご判断で、この男をディアロッジへ送ってください。そこがこの男にふさわしい場所です」

キーリー・ウィリアムズがケヴィン・ヒュゲットのあとに証言した。彼女は、アリソン・ヒュゲットは「親友」で、ボー・ドナルドソンのことも幼稚園のときから知っていると法廷の人々に語った。検察官のフレッド・ヴァン・ヴァルケンバーグから二〇一〇年九月のドナルドソンの家でのパーティーについて説明を求められると、約三十人が参加していたと言った。彼女とアリソンは午後十時ごろに到着し、午前二時から三時のあいだにベッドに行った。また、ドナルドソンとヒュゲットはキスや愛撫をいっさいしていなかった。「まさかあんなことになるなんて。ボーには彼女がいたんですよ」。ドナルドソンとヒュゲットが恋愛関係や性的関係になったことはなかったと、彼女は強調した。

パーティーの終わりに、アリソンが一人でカウチに眠りに行ったときのことを、ウィリアムズはこう振り返った。「アリソンを起こしに行って、一緒に寝ようと言ったんですけど、『大丈夫。ここで寝るよ』ということだったので、カウチに置き去りにしてしまったんです」。次に覚えているのは「アリソンからの電話で、泣きながら、『ボーにレイプされた。いますぐその家を出て！わたしとお母さんが外にいるから』って。それで荷物を取って、外に走っていったら、アリソンのお母さんがアリソンと車のなかで待っていました」

ベス・ヒュゲットがアリソンを車で病院へ連れていくあいだ、とヴァン・ヴァルケンバーグはウィリアムズに尋ねた。「アリソンはどうしていましたか？　そのあいだ、彼女の様子はどうでした？」

「ずっと泣いてました」ウィリアムズは答えた。「話すこともできなくて。とにかくずっと泣いてました。……次の朝、どんな様子だろうと思って電話しました」

「それでどうでした？」ヴァン・ヴァルケンバーグは訊いた。

「まだ泣いてました」ウィリアムズは言った。そして、アリソンとグリズの試合に行ったことについて説明した。「アリソンは元気に振舞おうとしてましたけど、試合の最後まではとても無理でした」

ヴァン・ヴァルケンバーグは、アリソンが「警察に届け出る」ことについて何か言っていたかどうか尋ねた。

「警察には行きたくないと言ってました」ウィリアムズは答えた。

「どうして？」

「彼の人生をぶち壊したくないんだって。……それに、彼に挽回のチャンスを与えたかったんです」

ヴァン・ヴァルケンバーグは、アリソンはなぜ最終的にベイカー刑事にレイプ被害を届け出ることにしたのかと尋ねた。ウィリアムズはこう答えた。「アリソンがこう言っていたのを覚えています。自分がいますぐ警察に行きさえすれば、ほかのレイプ被害者の子たちが、どうせ信じてもらえないだろうとは思わなくなって、同じように立ち上がれるかもしれないって」

「ボーがアリソンへのレイプで起訴されてから一年近くが経ちました」ヴァン・ヴァルケンバー

グは言った。「この一年は彼女にとってどのようなものでしたか？」

「ものすごく大変でした」

「それはどうして？」

「地元に帰れないような、ミズーラにいられないような気持ちになっていたので。いろいろな人が彼女に対してすごくひどく当たるから。オレゴンの大学に戻っても、集中できなかったみたいです。最後は卒業するのに苦労してました。こっちでやらなきゃいけないことがたくさんあって、大学に行けなくて」

「ドナルドソンはアリソンにしたことの責任を感じていると思いますか？」ヴァン・ヴァルケンバーグは訊いた。

「いえ」

「どうして？」

キーリー・ウィリアムズはこう答えた。もしボー・ドナルドソンが責任を感じているなら、アリソンをレイプしてから彼女が警察に届け出るまでの一年三ヵ月間、「自分の家族や友達にアリソンやアリソンの家族の悪口を言うのをやめさせていたはずです」。

ヴァン・ヴァルケンバーグはウィリアムズに訊いた。「判事はボー・ドナルドソンにどのような判断を下すべきだと思いますか？」

「ボーが同意したとおり、三十年の刑を宣告するべきだと思います」彼女は答えた。「問題に向き合う時間を持てるように。彼が明らかに抱えている問題に」

タウンゼンド判事のほうを向き、ヴァン・ヴァルケンバーグは言った。「質問は以上です、判事」

「反対尋問をしますか、ミスター・ダツォプロス？」タウンゼンドは訊いた。

キーリー・ウィリアムズはとても思いやりのある証人だった。真摯で、実に説得力があり、好感が持てた。これは量刑審問であり、公判ではなかったから、ダツォプロスが媚を売れる相手である陪審員はいなかった。ウィリアムズの証言に異議を唱えても、タウンゼンド判事を相手に得られるものはないと判断し、「反対尋問はしません」と答えた。

検察側の次の証人はヒラリー・マクラフリンだった。審問が一月に延期されたとき、マクラフリンは怖気づき、証言できないと言った。しかし、審問まで二日を切ったところで、ベイカー刑事が説得し、彼女の気持ちを変えた。とはいえ、彼女には生後十ヵ月の赤ん坊がいたし、道路が凍結していたから、州の取り計らいで、グレートフォールズからミズーラまで約三百二十キロの距離を運転するという危険を冒さなくてすむよう、ビデオで証言することになった。

細身で長いブロンドの髪のマクラフリンが、法廷の西側の大きな画面に現れた。彼女はまず、二〇〇八年のジョアンナ・サザーリンの家でのパーティーについて説明した。「ボーに会うのは初めてだったのですが、一晩中つきまとってきて、一人にさせてくれませんでした」。ベッドに行った直後、「ボーはドアを開けて入ってきて、ドアに鍵をかけて、カーキ色の短パンとパンツを下ろして」、ベッドに乗り、むき出しの性器を骨盤にこすりつけてきた、と彼女は言った。

大声で助けを求め、友人たちもベッドルームのドアを壊そうとしていたにもかかわらず、「ボーはわたしの上でこすり続けていました」とマクラフリンは言った。また、暴行を受けたあとは、「ほとんどだれにも言わないで、心から締め出そうとしました。あの夜からずっと影響があります……生き方に。襲われるんじゃないかと、つねに恐怖を抱えて生きているんです。家のまわりを歩いているときも、仕事の行き帰りも、自分の家にいるときも。まわりの人たちを信じるのがすごく難しいです」

「ものすごい不安と闘ってきました」マクラフリンは続けた。「最近は、薬物療法で対処したりもしています。これで変わってきました……ふだんの振る舞いが」。彼女は、最終的に公の場で話すことに決めたのは、ボー・ドナルドソンが自分への暴行についてもアリソン・ヒュゲットへのレイプについても責任を取っていないからだと説明し、自分が発言することで、「こんなことが別の人の身に起こるのを防げたらいいです。だれかのせいで恐怖を感じながら生きるなんて、だれも味わったらいけないことです」と言った。

アリソンの母親のベス・ヒュゲットが証人席に着くと、フレッド・ヴァン・ヴァルケンバーグはまず、アリソンが生まれたときのことと、母娘の関係について説明を求めた。アリソンは「とても大きな子」で、出産は大変だった、とベスは言った。「二十六時間です。分娩のときに彼女の鎖骨が両方とも折れてしまいました。でも、分娩の四時間後に、あの子は笑っていたんです。巻き毛がありました。……アリソンはいつも楽天的で、笑っていました。わたしの両親は、アリソンはほとんど天使のよう、智天使《ケルビム》のよう……、すべての人の最善を願っていて、贔屓をしない子だ、といつも言っています。すごく愛情深く、すごく思いやりのある人間で、わたしの人生の光、わたしのほんとうに大切な子です」

ベス・ヒュゲットはさらにこう証言した。アリソンは「いつもすごくオープンで、わたしに対して正直で、いろいろなことを打ち明けてくれます。母娘の関係が強いのだろうといつも思っています……ほかの多くの母親よりも。わたしが高校教師だからということもあるでしょう。子どもたちと正直な関係を持てるんです。それにわたしは嘘をすごくよく見抜けるので、自分の子どもたちが嘘を言っているときはわかります」

ヴァン・ヴァルケンバーグから子どものころのボー・ドナルドソンについて話を求められたベスは、ボーとアリソンがともに育ち学校に通っていたターゲット・レンジ地区は住民同士の交流が盛んなコミュニティだと説明した。「あの子たちは、いつもすごく仲が良くて、互いのことを思いやり、互いに面倒を見ていました。アリソンはいつも、ボーのことを、自分にはいないお兄さんだと思っていました」

続いて、レイプ事件の夜のことについて訊かれると、ベス・ヒュゲットは、夜中にアリソンからの「助けて、お母さん！　お願い。……追いかけられてる」という電話で目を覚ましたことについて話した。

必死に走っていたアリソンは、止まれ、何も言うな、という男の声を背後に聞いたが、それについてベスは、「『えっ、この声知ってる』と思いました」と言った。町の向こうのドナルドソンが住む地区まで車を走らせると、アリソンが片手に携帯電話を握りしめ、もう一方の手でズボンを押さえながら、サウス・アヴェニューを走っているのが見えた。「アリソンは車に乗ると、ひたすら体を前後に揺らして、ひたすら泣いていました、狂ったように。……それから、『ボーにレイプされた』と言いました」

ベス・ヒュゲットは、このことをだれにも言わないでほしいとアリソンに頼まれたと証言した。

「アリソンのお父さんにも言わなかったのですか？」とヴァン・ヴァルケンバーグは訊いた。

「だれにも言ってません」ベスは言った。「それはわたしの権利ではありません。わたしの娘の権利です。彼女は大人ですから。……わたしは彼女の望みを守る必要がありました」。その後しばらく、家が「ほとんど墓場のようになり」、アリソンの「叫び声、夜中に歩く音、すすり泣き」が響き渡っていたとベスは言った。「ほんとうに、まぎれもなく地獄の五ヵ月でした、控えめに言っても。彼女が精神的にあそこまで行ってしまうのを見なきゃいけないなんて。生々しい痛み、心の生々しい痛みが、毎日あって――彼女の目のなかに見えたんですが――恐ろしかった。わたしはほとんどまともに働けないほどでした。毎日起きて、学校に行って、授業をして、笑顔を保つということができませんでした。娘があんなに恐ろしく苦しんでるんですから」

アリソンは「もはやこれまでと同じ人間ではありませんでした」と、ベスは続けた。「笑顔がない。笑い声もない。……一月にオレゴンの大学に戻りました。でも、しょっちゅうわたしに電話してきました、だいたい一日おきです。大学生活にうまく集中できなかったんです。……少なくともミズーラを出たので、人に事件のことを知られてはいませんでした。でも、精神的に、娘は生きたまま食われていたみたいなものです。……恐怖と不安がいっぱいだったんです」

ベス・ヒュゲットは、二〇一一年十一月、東オレゴン大学の感謝祭休暇中にアリソンがミズーラに滞在したときのことを話した。あのときは特にぎこちなかった、と彼女は言った。というのも、姉妹や父親にはレイプのことを打ち明けていなかったため、彼らはベスとアリソンが感じている苦痛に耐える必要がなかったからだ。そのため、彼女とアリソンは毎日「平然を装う」必要があった。そしてある夜、アリソンは友人たちとダウンタウンに行き、モ・クラブでボー・ドナルドソンと出くわした。「あのとき、アリソンはまざまざと気づかされたんだと思います……苦しみと恐怖がどれだけ根深いか。それから、自分がほんとうの意味で生きていないということも。彼女は、その日その日をなんとかこなし、起き上がって一歩足を踏み出していただけでした」

ヴァン・ヴァルケンバーグはベスに、ドナルドソンは「しっかりと……アリソンにしたことを家族や友人に伝えている」と思うか尋ねた。

「いえ」と彼女は答え、こう指摘した。アリソンをレイプしたと警察に二度自白したあとも、「彼は家族や友人に自分はしていないと信じさせようとしました。それは正義を擁護する人間のすることではありません」

「ボーはずっと崇められていました」ベス・ヒュゲットは続けた。そして、彼の多くの崇拝者は「彼がしていないと信じたかった、だから彼はそう信じさせることにした」のではないかと言った。

弁護人のミルト・ダツォプロスは、ベス・ヒュゲットへの反対尋問の機会を与えられると、アリソンにとってボー・ドナルドソンは模範的な友人だったという証言を引き出そうとした。そこでベスに対し、ドナルドソンと何年も接してきたなかで、「何らかの暴力的、あるいは卑劣な一面を疑わせる」兆候は見られたかと訊いた。

「彼がわたしや娘に何かしたことはありません」ベスは認めた。しかし、すぐあとにこう言った。「それがこれをいっそう恐ろしくしているんじゃないでしょうか、友達のあいだでこんなとんでもない裏切りが起きたんですから」

ダツォプロスはベスに対し、ひとつの不可解な行為だけでなく、ボー・ドナルドソンの全人生を考慮するよう迫り続けた。「その人の人生、その人がどのような人物かを評価するときは、その人生の全領域を見なければいけない、ごく一部だけではなく——それが間違いのない前提だと思いませんか？」

「たしかにそうです」ベスは答えた。しかしそれから、人には家族や親友にも知ることができない側面があると指摘した。「ボーの性的倒錯は、わたしたちの多くが気づいていなかった側面だと思います」

第十八章

ベス・ヒュゲットが証言を終えると、検察官のフレッド・ヴァン・ヴァルケンバーグはアリソン・ヒュゲットを証人席に呼んだ。最初の質問のひとつは、ボー・ドナルドソンと恋愛関係や性的関係になったことはあったかということだった。「いえ」とアリソンは答えた。「でも、ボーは、一緒に育った男友達のなかでいちばん仲が良くて……お互いにすごく尊敬していました、そう思ってました」

レイプされた夜のことについて、ヴァン・ヴァルケンバーグはこう尋ねた。「眠りに行くと決めたとき、ボー・ドナルドソンがどこにいるか知っていましたか？」

「いえ」彼女は言った。

「その次に覚えている出来事は何ですか、アリソン？」

「ボーのうめき声と、激しい圧迫と痛みで目を覚ましたことを覚えています」アリソンは答えた。彼女はカウチでうつ伏せになり、ズボンを引きずり下ろされていた。ボーはうしろから彼女に挿入していた。

「怖かったですか？」ヴァン・ヴァルケンバーグは訊いた。

「はい」彼女は答えた。「その、彼の体重の少なくとも五十キロ近くが乗っていました。寝ているあいだにあんなことをするような人なら、わたしが抵抗したり、人を呼んだりしないように、それ以上のことをするのは間違いないと思いました。……それで起きてないふりをしたんです」。アリソンは、ドナルドソンがレイプを終えて部屋を出ていくのを待ち、それから携帯電話をひっつかみ、家を飛び出し、ドナルドソンに追いかけられながら裸足で小道を走り、やがて母親の車を見つけた、と説明した。また、友人のキーリー・ウィリアムズを救い出すためにドナルドソンの家に戻り、それから病院で検査を受けたことについて話した。ドナルドソンがコンドームを使用していなかったため、彼の子どもを身ごもってしまったのではないか、「いろいろな性感染症、HIVとか」にかかってしまったのではないかと心配になったと証言した。

ヴァン・ヴァルケンバーグはヒュゲットに、二〇一一年十一月にモ・クラブでボー・ドナルドソンと出くわしたことでどのような影響を受けたか尋ねた。

「あのとき」ヒュゲットは言った。「急にわかったんです……わたしは、レイプした人は、一緒に育ったあの人とは別の人なんだと思うようにしていたんですけど、同じ人だと認めなきゃいけないんだって。それに……彼は悪いことをしたと思ってないんだって。まったく反省してませんでした。……ボーがわたしの前に立って笑ったときに、いやでも気づかされました。わたしが警察に行かなかったために、彼に問題ないと思わせてしまっていたんです。ほかの女性を狙う機会を与えてしまっていたんです。誓って言えます、わたしが何も言わなかったせいで別の女の子がこの地獄を経験しているとわかったら、わたしはきっと自殺してました。そうなったら生きてられるわけがありません、絶対」

「この一年はあなたにとってどのようなものでしたか?」ヴァン・ヴァルケンバーグは訊いた。

「地獄でした」ヒュゲットは言った。「ボーが家族や友達に真実を言っていないのはどう考えても明らかでした。あの人たちは町中でわたしの悪口を言っていました。全部わたしがでっち上げたんだなんて言って」

「ボーはどうなるべきだと思いますか?」ヴァン・ヴァルケンバーグは訊いた。

その問いへの答えを必死に見つけようとしてきたと彼女は答え、こう説明した。「わたしが気にかけていた人、ほんとうに大切に思っていた人でした。そんな人がわたしをレイプしたんです。もしボーのことを知らなかったら、完全に知らない人だったら、一生牢屋に入れてほしいと言うと思います。でも、悲しいことに、彼を気にかけているという事実は変えられないんです。彼に専門家の助けを得てもらいたい。一緒に育ったあの人になってほしい」

昔から数々の称賛を浴びてきたボー・ドナルドソンが、崇拝者たちに愛されているのは当然だと、ヒュゲットは認めた。「わたしだってあの人のことは愛してました」彼女は悲しそうに言った。「でも、あの人はいまここに座っていないと思います」。そう言って、ドナルドソンのほうを身振りで示した。彼は弁護人席で感情を表すことなく背中を丸めていた。「同じ人だとは絶対に思いません。彼が責任を取っているとは思いませんし、刑務所に入る以外に責任を取る方法はないと思います」

ヒュゲットは、心からの心配と激しい憎悪が入り混じった複雑な表情で、ドナルドソンを見てこう言った。「正直言って……あなたは毎日レイプされるべきだと思う、わたしに与えた苦しみを理解するまで、これが感情的にどんなことかを理解するまで——それがわかるまで。ボー、あなたがほんとうに悪かったと思うまで。責任を取って、立ち直るのに必要な助けを得られるまで。

……それに、あなたにほんとうにここから抜け出してほしい、立派な人として、気高い人として。罰を受けて、理解したら、素晴らしい人生を送ってほしい。……そのときまでは、あなたがどうなろうとかまわない」

証人席に着くのはアリソン・ヒュゲットにとって苦しいことだった。彼女は傍聴人のほとんどを知っていて、多くの人が彼女を精神的にサポートするために来ていた。しかし、少なくともそれと同じくらいの数の人が公然とボー・ドナルドソンを支援しており、そのなかには彼女がこれまで家族ぐるみの友人だと考えていた人も何人か含まれていた。そういった人たちが法廷のドナルドソンの側に座っているのを見るのはあまりにもつらく、彼女は証言中に自分の感情をうまくコントロールできなかった。何度か涙をこらえなければならず、証言を続けることは不可能かとも思えた。しかし彼女は、そのたびに落ち着きを取り戻そうと強い意志を持ち、自分の意見を述べ続けた。それは見事な勇気の表れだった。

ヒュゲットは優しく明るい女性である。熱っぽいようには見えないが、その前向きな振る舞いには、その日、あり余るほどの粘り強さが隠されていた。ヒュゲットへの反対尋問をはじめたとき、弁護人のミルト・ダツォプロスは何が待ちかまえているのかわからなかったほどだ。

ダツォプロスはまず、ヒュゲットに質問するのではなく、小言を言うことからはじめた。「あなたに説明したい、ある種の物事がどうして起きたのか。ボーは少なくとも三度、違う機会に認めている……あなたを襲った――あなたと合意のない性交をしたと。……彼は合意なくあなたにひどいことをしたと罪を認めている。……あなたが知るべきことは、彼が一貫してさまざまな人に――何よりも、法執行官に――『ひどい過ちを犯した。犯罪を犯した。友達と寝てしまった。彼女は同意していなかった』と言ってきたことではないですかね。そんななかで公訴が提起されたのです。……そして裁判となり、われわれは罪状認否で『無罪』の答弁をした。それには多くの人が憤慨しました。ボーのように、すでに自分の罪を認めている被告人が、どうしてそんなことをするのか、それは理解しがたいですからね」。ダツォプロスは、罪状認否で「無罪」の答弁をしたとき、ドナルドソンはほんとうに無罪を主張したわけではなかったのだとアリソンに説明した。たんなる形式的な手続きだったのだと。

「それは理解しています」ヒュゲットは答えた。

「それで少し気持ちが和らいでくれるといいんだが」ダツォプロスは言った。

「いえ、それで気持ちが和らぐことはありません」彼女は言った。「気持ちが和らぐとしたら、彼が家族や友達にほんとうのことを言って、彼らがあちこちでわたしの悪口を言ったり攻撃したりするのをやめたときです。……そうなれば気持ちが和らぎますよ」

別の方向から攻めてみようと、ダツォプロスはこう言った。「あなたの話を聞いてうれしかったのは、ボーを破滅に追い込むためにここに来ているわけではないと言っていたことです」。彼はまた、ヒュゲットが、自分や家族が受けた傷をボー・ドナルドソンに認めてほしいと言っていたことを指摘し、「彼には専門的な助けが必要です。あなたも彼に専門的な助けを得てもらいたいと思っている」と言った。

「ディアロッジで」ヒュゲットが話をさえぎり、州立刑務所で、ということを強調した。

「それに、あなたは彼が立ち直って立派な人になってくれたらいいとも思っていますね」ダツォプロスは期待を込めて言った。「彼には善良な心がある、そうじゃないですか？」

「彼には病的な心があります」ヒュゲットは切り返した。「ボーに何があったのかは知りません、正直言って。言ったとおり、わたしはそこに座っている人のことを知りません」。そう言って、再びドナルドソンを指し示した。「一緒に育ったあの人のことなら知ってました。その人は大切な人でした。でも……そこに座っている人の性格については話すつもりがありません、いまもこれからも。その人のことは知らないので」

ミルト・ダツォプロスは、精神科のカウンセリングがボー・ドナルドソンのためになるだろうと、ヒュゲットに認めさせようとした。彼女はそのとおりだと言いながらも、こう付け加えた。「それだけでなく、彼を刑務所に入れてもらいたいんです。絶対に刑罰も科されるべきだと思います」

「刑罰が科されるべきだということには同意しますよ」ダツォプロスは言った。「しかし、刑罰にはさまざまなかたちがある。彼は自責の念に駆られています。多くの苦しみを経験している。そう、怯えているのです。このような状況にいることを悲しんでいる。しかし、あなたに与えた傷のことで苦悶してもいるのです」

「わたしはあなたと違う意見です」ヒュゲットはきっぱり言い放った。

検察側の最後の証人として現れたのは、保護観察・仮釈放官のケイティー・バートンだった。彼女はボー・ドナルドソンに関する判決前調査報告書を書いた人物で、タウンゼンド判事に対して、州の提言にしたがい、ディアロッジでの禁錮三十年、執行猶予二十年という判決を下すことを勧めていた。検察官のフレッド・ヴァン・ヴァルケンバーグはまず、タウンゼンドには禁錮なしから禁錮百年まで幅広い判決の選択肢があるが、なぜその提言が「下すべき適切な判決」だと考えるのか尋ねた。

「何らかの刑罰が必要だと思います」バートンは答えた。「寝ているあいだに人を襲う、他者に対する安心感を奪う、それは忌まわしいことです。つまり、その人はこれからずっと他者に安心感を抱けないと感じることになるんですから、それはひどいことですよね。わたしはモンタナ州立刑務所が適切だと思います。成人が成人を、しかもずっとずっと友達だった人を襲ったんですから」。ケイティー・バートンは、ドナルドソンはアルコール・薬物乱用と性的倒錯の治療を受ける必要があると付け加えた。「更生が非常に重要だと思いますが、その一部はモンタナ州立刑務所で行い、自分のしたことがどれほどひどいことだったかを知る必要があるんじゃないでしょうか」

ヴァン・ヴァルケンバーグは訊いた。「わかっていますね、ケイティー。刑務所での十年の判決となれば、彼はやがて仮釈放の資格を得ることになると……二年半服役したあとに」

「そのとおりです」彼女は言った。「わかっています」

「では、彼が刑務所で義務を果たした場合、仮釈放となりそうですか?」

「わたしはそう思います」バートンは答えた。「彼が治療を終えてさえいれば」。彼女は、モンタナ州立刑務所に服役しているあいだに薬物依存の治療と性犯罪者向けの治療をどちらも終えることを義務とし、そうして初めて仮釈放の資格を持つとみなされるようにするべきだと、タウンゼンド判事に提言した。

これは量刑審問であり、公判ではなかったから、タウンゼンド判事はいくらでも証人に質問できることになっており、実際に彼女はためらうことなくそうした。「本件で議論されてきたことのひとつは」彼女は言った。「少なくとも話題にされてきたことのひとつは、ミスター・ドナルドソンのブート・キャンプ・プログラムへの収容を考えるべきかどうかということです」。彼女が言及したのは、トレジャー州立矯正訓練センターで行われる、百二十日間の軍隊式ブート・キャンプのことだった。州立刑務所での服役に代わるものとして、ミルト・ダツォプロスが提案していたのである。「ひとつの案として、これに何か意見はありますか？」タウンゼンドはケイティー・バートンに訊いた。

「ブート・キャンプは素晴らしいプログラムだと思います」バートンは答えた。「わたしは個人的に評価しています。……ブート・キャンプでただひとつ問題だと思うのは、性犯罪者向けの治療を行っていないことです」

「つまり彼は、ブート・キャンプに収容された場合、あなたの提言する性犯罪者向けの治療を受けられないわけですね」

「はい」バートンは答えた。「受けられません」

第十九章

ケイティー・バートンが退席を許されたあと、ミルト・ダツォプロスが弁護側の最初の証人、ボブ・ユースタスを呼んだ。彼はビッグ・スカイ高校の教師で、アメフトとバスケットボールのコーチをつとめ、ボー・ドナルドソンとアリソン・ヒュゲットの在学中に保健の授業を受け持っていた。ダツォプロスは彼に訊いた。「あなたが今日ここに来た理由は何ですか？　なぜこれが重要なことだと思うのですか？」

「胸が張り裂けそうな悲しいことだと思います」ユースタスコーチは落ち着かない様子で答えた。「というのは、あの、言うまでもなく、犯されて傷を負った方がいるわけで。……わたしがボーから感じていたのは、あの、あいつは信頼できるやつなんです。礼儀正しいやつです。……人の気持ちをよくわかってました。それなんで、この手のことをするなんて、まったくあいつらしくない気がします」

ダツォプロスは訊いた。「あなたがこれまでに気づいたこの青年の特徴、表向きの人格のなかで、判事が考慮すべき重要性があると思う点は何ですか？」

「わたしが感じたのは、特に授業中やコーチとして対していたときですけど、他人への接し方がすごくいいということでした」ユースタスは答えた。「言うまでもなく、わたしたちはいじめのようなものを防ごうと努力してますけども、年下のすごく小さな子たちがいて、年上の子たちにいじめられることがあります。そんなとき、あの、ボーが来て、寄っていって、そういう子たちを守って、危害を加えられないようにしました。……だから、あの、それにはすごく感服しました」

ダツォプロスは言った。「今日の前に一度だけお話ししましたね。……そのときあなたはこんなことを言いました。きわめて重大な犯罪行為を認めているとはいえ、ボー・ドナルドソンが刑務所に行くべきだとはとても思えない、と。なぜそのような話を？」

「わたしの知ってたボー・ドナルドソンは……」ユースタスは言った。「あいつが再犯するとは思えないです。わたしは、あの、たしかに、あの、言うまでもなくこの一件はだんだん大きくなって……たくさんの問題と悲しみを……被害者の家族に残しました、悲惨な状況です。……だからわたしは、あいつは人の気持ちがよくわかると、あいつが再犯することは間違いなくないだろうと言うんです。ということで、これがわたしの個人的な意見です」

数分後、ダツォプロスはユースタスコーチに、「この手の犯罪」には何らかの刑罰が必要だろうかと尋ねた。

「これは人が犯しうる最悪の犯罪のひとつでしょう」ユースタスは答えた。「正直に言いまして」

これはミルト・ダツォプロスが望んでいた答えではないようだった。困惑した様子で彼は尋ねた。「ほかに何か言いたいことはありますか、ミスター・ユースタス」

ユースタスはとりとめのない、ほとんど支離滅裂なことをまくしたてはじめた。「あの、わたしがボーを知ってて、よく知ってたときから、わたしはとにかく、あの、子どもたちを評価するときは——評価しないようにしてますけど、学校のことに関しては、彼らを導いて、彼らを助けてやろうとしてます。でも、あの、なかには、進路だとか、最終的にどうなるかとかに関して、ほんとうに心配になる子たちがいるんです。……あの、ボーはまったくそういうのじゃありませんでした。それで、あの、あいつなら間違いなく人生を切り替えられると思うんです」

「かなりの時間を刑務所で過ごしたら、彼の将来や彼という人物に傷がつくかもしれないと心配している？」ダツォプロスは訊いた。

「そうですね、わたしの刑務所についての考えは」ユースタスは答えた。「事実を言えば、その人間を刑務所に入れるのは、社会のなかで他人に危害を及ぼすかもしれないからなんです。あいつが社会のなかでまた他人に危害を及ぼすようなやつだと思っていたら、わたしはあいつのために証言したりしませんよ」

「ありがとうございました」ダツォプロスは言った。「質問は以上です」

検察官のフレッド・ヴァン・ヴァルケンバーグが反対尋問をはじめ、こう訊いた。「ミスター・ユースタス、あなたはこれが人が犯しうる最悪の犯罪のひとつだと考えているが、ボー・ドナルドソンが刑務所に行くべきだとは考えていないわけですね。最悪の犯罪のひとつを犯しているにもかかわらず」

「悲惨な犯罪だと思います」ユースタスコーチは認めた。しかしながら、人が受けうる最悪の罰のひとつは評判が傷つくことではないかと言い、さらにこう付け加えた。「あいつの評判は暴落しました。あの、あいつは重罪を犯しましたから。大学に戻ってもどうにもなりません。……どんな専門職につけますか？　あの、あいつの家族がどうなったか見てください。……治療を受けるべきだというのは間違いなくそのとおりだと思います……薬物乱用者と性犯罪者向けの」

「ビッグ・スカイ高校には規則はありますか？」ヴァン・ヴァルケンバーグは訊いた。

「あります」ユースタスは答えた。

「規則を破った場合、その人は処罰されますか？」

「そう思いたいです、はい」

「なぜ処罰されるのですか？」

「秩序を維持して、物事が正しく進むようにするために」

「それに、そうすることで、規則を破っていないほかの生徒たちが、もし規則を破れば自分も処罰されるかもしれないと思うようになりますね？」ヴァン・ヴァルケンバーグは訊いた。

ユースタスは、学校の秘密保持方針のため、ほとんどの生徒はほかの生徒に対する懲戒処分について知ることはないだろうと言い、質問をはぐらかそうとした。しかし、ヴァン・ヴァルケンバーグは攻め続けた。「つまり、アメフト選手がチームから追い出されたり、プレイできなくなったりしても、だれも気づかない？」

ユースタスははぐらかし続けた。「そういうことじゃないです。ただ、教師と生徒のあいだの秘密保持というものがあって、授業で生徒には話せないということです」

ヴァン・ヴァルケンバーグは別の切り口を試した。「今日、ボー・ドナルドソンについて何かわかりましたか？」

「わたしはアリソンのことで悲しみに暮れました」ユースタスは答えた。「正直に言います。あの証言を聞くのはとてもつらかった。きつかったです、はい」

「質問は以上です、判事」ヴァン・ヴァルケンバーグは言った。

「追加質問は？」タウンゼンド判事はダツォプロスに訊いた。

「ありません、判事」彼はそう答え、証人が法廷から退出していいか尋ねた。

「ひとつ彼に質問させてください」タウンゼンドは言った――それを聞いたミルト・ダツォプロスとユースタスコーチはどちらも驚き、明らかにうろたえた。「『ボー・ドナルドソンは罰せられるべきだろうか』という点に関して、どちらの代理人の質問に対しても答えが聞かれなかったのですが」

「どのように罰せられるということですか、判事」ユースタスは尋ねた。

「どのような罰であれ、罰せられるべきかということです。そして答えがイエスなら、どのような罰を受けるべきだと思うか教えてもらえますか」

「ボーは社会に利益をもたらせると思います」ユースタスは言った。「社会の役に立てると思いますし、有益な社会の一員になれるんじゃないかと思います。わたしとしては間違いなく、彼がアルコールの治療と性犯罪者向けの治療を受けて、しっかりその二つの治療を終えるべきだとわたしは考えています。わたしからすると、……刑務所は収監された人のためになっているとは言えません。収監された人たちが更生しましたか？　そうは思えません。じゃあ、どれだけの人が舞い戻り、また舞い戻りますか？　不安になりますね。ボーは利益をもたらせると思いますよ」

「そうですか」タウンゼンド判事はじれったそうに言った。「まだわたしの質問への答えがないようですが。回答を避けようとしているように思えます」

「いや」ユースタスは言った。「わたしの考えは、もしあいつが、何か、処分を食らったり、刑を――」

途中でタウンゼンドがさえぎった。「彼にフリーパスを与えるほうがいい、そういうことですね」

「フリーパスということじゃありません」ユースタスは反論した。「ちゃんと入って、あの、治療を受けるようにするべきだと思います。……あいつを監視しながらそうできる制度はないんですか？」

「その場合、彼は月に一度報告をすることになります」タウンゼンドは言った。「住んでいる場所を保護観察官に伝えなければいけませんし、治療に行かなければいけません。このケースではそれで十分だと思いますか？」

「もしそれに違反したら」ユースタスは訊いた。「いつでもあいつを牢屋に入れられるわけですよね？」

「このケースで、彼がしたことに対して、それで十分だと思いますか？」タウンゼンドは強い口調で訊いた。

ユースタスの返答は話の流れにそぐわないものだった。「わたしが知っていたボーは、正直に言いまして、しっかりした子でした」

「では、今日の話を聞いても彼に対する印象は変わらなかった？」タウンゼンドは訊いた。

ユースタスはまたしてもはぐらかすような返答をはじめた。「わたしはアリソンの身に起きたことにたいへんショックを受けています。わたしは――」

彼が質問に答えないことに我慢できなくなったタウンゼンドは、話をさえぎって訊いた。「彼女もあなたの生徒だったのですか？」

「アリソンはわたしの授業は受けていません」彼は言った。しかし、自分は性教育をしており、「だから、合意のない性交をすることが、あの、どんな意味を持つかは理解しています」と付け加えた。

タウンゼンド判事は疑いを抱きはじめていた。ドナルドソンのために証言することを承諾したとき、ユースタスはドナルドソンとアリソンの性交が合意の上だったと信じ込まされていたのではないか、ドナルドソンが寝ているアリソンをレイプし、さらに彼女を追いかけたということを知らなかったのではないか、と。その疑いを裏づけるため、ユースタスにこう訊いた。「でもあなたは、実際のところ、今日ここに来るまで一部始終を知らなかったんですよね――その認識で正しいですか？」

「これは悲惨な犯罪ですよ」ユースタスは関係のないことを言い、またもや質問を無視した。「わたしがあなたの立場じゃなくてよかったです。でも、これは悲惨な犯罪で、アリソンに悪い影響がなかったはずはないと思います。あの、学校は子どもたちにセカンドチャンスを与えてますよね？　わたしたちはセカンドチャンスを与えようと努力してます。どうなんでしょう、あの、この制度では、あの、どんなセカンドチャンスを与えるんですかね。あの、牢屋に入れて、犯罪者にするんですか？　そうなんですかね。なんか、わたしからすると、それが刑事司法制度で行われてることのような気がするんですけど」

元々の質問――ボー・ドナルドソンはアリソン・ヒュゲットをレイプした罪で刑務所に入れられるべきか――にユースタスコーチが正面から答えることはないと悟り、タウンゼンド判事はあきらめた。そして、ミルト・ダツォプロスにいくつかつまらない質問をさせたあと、ユースタスに言った。「どうもありがとうございました。どうぞ降りてください。退席してかまいません」

アリソン・ヒュゲットは家族と友達のキーリー・ウィリアムズと傍聴席に座っており、ユースタスがボー・ドナルドソンのために証言するのを聞きながら、苦しみとむかつきを抑えようとしていた。「ありえないくらいがっくりしました。ユースタス先生や、ほかにも高校の男性職員たちが、ボーを支援するために裁判に来るなんて」とウィリアムズは振り返る。「アリソンはお腹を蹴られたみたいに苦しんでいました」

「ものすごく傷つきました」とアリソンも言う。そのときのことを思い出しながら、彼女の感情は煮えたぎっていた。「ユースタスは高校生たちに性教育をしてるんですよ。それなのに、ボーは罰せられなきゃいけないとは絶対に言わなかった。レイプしたと認めてるのに。耳を疑いました。あれで生徒たちはどう思いますか？」

カレン・タウンゼンドは裁判官になってまだ三年だったが、その公正さと法的見識で、ミズーラ法曹界から幅広い尊敬を集めていた。モンタナ州第四司法管轄区の地方裁判所判事に選ばれる前は、フレッド・ヴァン・ヴァルケンバーグのもとで八年にわたってミズーラ郡首席検事補をつとめ、その前の十八年間はミズーラ郡検事補として働いていた。ボー・ドナルドソンの量刑審問で彼女がぶち当たった難題は――ボブ・ユースタスへの質問からうかがえるように――ドナルドソンの犯した罪の重大さに釣り合うと同時に、彼に更生の機会も与えられる刑罰をいかにひねり出すかということだった。この二つの目的を両立させる難しさは、審問が進むにつれてますます明白になってきた。

弁護側の次の証人は、ボーの父親のラリー・ドナルドソンの幼馴染みで、ミズーラで石膏ボードの工事請負会社を営む、ジョン・ピーターソンだった。ピーターソンの子どもたちは、ターゲット・レンジ地区でボー・ドナルドソンとアリソン・ヒュゲットと一緒に育っていた。ドナルドソンは「典型的な体育会系《ジョック》には見えませんでした」と、ピーターソンは証言した。「特権意識があるような振る舞いはしませんでした」。彼は息子や娘を早いうちから自分のもとで働かせるようにしていた。「子どもたちに理解させたいんです、現実に生計を立てなきゃいけないというのがどういうことか」と彼は説明した。同じ理由で、彼は子どもたちの友人もアルバイトで雇っており、そのなかにはドナルドソンも含まれていた。「ボーはわたしが最初に連絡する子のなかにいつも入っていました。……わたしの商売は肉体労働です。彼はそれに秀でているようでした」

この一年、ドナルドソンの逮捕後、ピーターソンは彼を何十もの建設現場で雇用したと言った。「あれほど優秀な人材は得られません。わたしと一緒に働いている人たちにも、ほかの職人たちにも、とても礼儀正しく接しています。……どこに行ってもボーはみなに知られているはずです。いつも握手やハグで迎えられてますよ。ですから、わたしには彼が社会への脅威だとは思えません」

「今日、胸が締めつけられるような証言を聞きましたね」ミルト・ダツォプロスは言った。「それについてどうお考えですか？　ミスター・ユースタスに訊いたのと同じことをお訊きしますが、ボーは罰せられるべきだと思いますか？」

「もちろんです」ピーターソンは答えた。「ボーはこの件で罰せられるべきだと思います。……わたしはボーのことをいろいろと褒めましたが、アリソンについても言えます。……わたしは彼女の誕生日パーティーに行っていました。ソフトボールを教えていました。……いまこの場所にいるのは、つらく、耐えがたいです。わたしがスーパーマンだったら、地球を逆回転させて、いっさいがっさい消し去りますよ。……ボーは友人です。彼に刑務所に入ってほしくはありません」

「今日、法廷がどんな判断を下そうと」ダツォプロスは言った。「ボーは手錠をかけられてここを出ていく。そして将来的に社会に戻る。そのとき、あなたは彼を再び雇いますか？」

「はい、雇います」ピーターソンは答えた。「ボーがどこに向かっているか、彼の前に何があるかは、わたしたちのだれもが知っています。すべての扉が閉ざされているんです。遠くで開いた唯一の扉が、わたしのところ、つまり、職人の道です。……彼は勤勉ですし、わたしが訓練できるでしょう。ほかの選択肢は思いつきません」

ジョン・ピーターソンは証人席ではっきりと偽りのない意見を述べた――ボー・ドナルドソンにとって非常に望ましい証人だった。しかし、ヴァン・ヴァルケンバーグは熟練した訴訟人であり、ミルト・ダツォプロスが着席したあと、完璧に狙いの定まった反対尋問をはじめた。「ミスター・ピーターソン、この証言のいちばんはじめに、娘さんがいるとおっしゃいましたね？」

「はい」ピーターソンは答えた。

「おいくつですか？」

「二十六歳です」

「では、もしボー・ドナルドソンがアリソンではなくあなたの娘さんをレイプの相手に選んでいたとしたら」ヴァン・ヴァルケンバーグは訊いた。「今日の証言にどのような影響があったでしょう？」

「そうですね」ピーターソンは答えた。「アリソンのお父さんのように証言したでしょう、中立な人物としてではなく。これは比較できるものじゃありません。アリソン・ヒュゲットとクリステン・ピーターソンは別の人間なのですから」

「そうでしょう」ヴァン・ヴァルケンバーグは考え込むように言った。「クリステンはレイプされていないから。そうですよね？　……しかし、ようするにあなたが言っているのは、ミスター・ヒュゲットと同じ反応をするということですね？」

「そうするはずです」

もしドナルドソンがアリソン・ヒュゲットではなくクリステン・ピーターソンをレイプしていたとしたら、とヴァン・ヴァルケンバーグは問いつめた。「ボー・ドナルドソンについてまったく違うことを思ったんじゃないですか、違いますか？」

「仮定の話としては。……わかりません」ピーターソンは口ごもった。しかしすぐにこう認めた。

「そうでしょう、たしかに」

第二十章

量刑審問に先立ち、ボー・ドナルドソンは性心理鑑定を受けるように命じられていた。二人の心理学者――一人は弁護側が雇い、もう一人は検察側が雇った――がそれぞれに鑑定を行い、彼が再びレイプを犯す可能性、性犯罪者向けセラピーによい反応を示す見込みを評価した。最初の鑑定を行った心理学者のロバート・ペイジ博士がドナルドソン側の証人として審問に現れると、ミルト・ダツォプロスは鑑定の目的について説明を求めた。

ペイジ博士は、ドナルドソンの人格的特徴と社会への危険性に関する情報を集め、「個人を更生させることだけでなく、社会の安全を維持しながら拘束力のもっとも低い環境で更生させることも考慮に入れ、もっとも信頼できる提言をする」ことが目的だったと述べた。そして、分析した全データから判断するに、ドナルドソンは「低度から中度の危険性の範囲」に入るだろうと言った。また、「ドラッグやアルコールを百パーセント断つようにチェック」されてさえいれば、ドナルドソンは社会生活を営みながらでも性犯罪者向けセラピーによい反応を示すだろうと言った。

ダツォプロスはペイジ博士に、ボー・ドナルドソンは「自責の念に駆られ――ほんとうに自責の念に駆られ――自分のしたことを後悔している」かと訊いた。

「現段階で」ペイジは言った。「彼はいくらか自責の念を持っていると思います。ただ、自分のしたことが被害者にもたらした影響という点で、それがまったく偽りのないものなのか、あるいは、ええ、受けるかもしれない刑罰への恐れに近いものなのかは、正確には判断できません。ですから、いまの時点でボー・ドナルドソンに偽りのない自責の念があると断言すれば無責任になります」

反対尋問の機会を与えられると、検察官のフレッド・ヴァン・ヴァルケンバーグは、ドナルドソンの更生という点だけでなく、アリソンのレイプ被害からの回復という点もふまえ、ドナルドソンを罰することの重要性はいかなるものかと尋ね、ペイジにこう指摘した。「あなたはこう言ったと思います。これまで被害者と接してきた経験にもとづくと、被害者がほんとうに必要としているのは、ひとつには応報の感覚であると。そういうことでしたね？」

ペイジ博士は答えた。「被害者が治療においてよい反応を示すのは、ひとつには犯人への応報です、たしかに」

応報は、とヴァン・ヴァルケンバーグは続けた。「第一に犯人への刑罰を伴いますね。被害者としては、何らかの応報か刑罰があったと感じているときのほうが、犯人が実質的に罰を逃れたと考えているときよりも回復しやすくなるという意味で」

「まさにそうです」ペイジは言った。「はい」

数分後、ヴァン・ヴァルケンバーグは、ペイジ博士がボー・ドナルドソンに行った臨床面接について尋ねた。「ミスター・ドナルドソンの状況説明、臨床面接であなたに語ったことは、警察の報告書で述べられていることと大きく異なっていたと言ってもいいのではないですか？」

「はい」ペイジ博士は答えた。

「それにこう言ってもいいのではないですか？　彼がその面接で実質的に伝えようとしていたのは、合意のない性交という罪は決して犯していない、なぜならこの女性は行為に同意していたと思うからだ、ということだった」

「そのときはまあ、そう解釈しました」ペイジは同意した。そして、このような鑑定を受けている際に、加害者が否定をするのは珍しいことではないと言った。「これは性犯罪者向けの治療を積極的に行う必要があることを示唆しています」

「そして、彼が臨床面接で誠実に話をしていないなら、あなたは全体像を把握できていない。そういうことも示唆しているでしょう」ヴァン・ヴァルケンバーグは受け返した。

「ええ」ペイジ博士はしぶしぶ認めた。しかしそう言いながらも、自分はドナルドソンについて十分に理解できており、「治療において問題となるような説明責任の欠如」があれば認識できていたと主張した。より適切な問いは、そのような性犯罪者向け治療を効果的にするために、「施設に入れて行う必要があるか否か」だとペイジは言った。

　ペイジ博士が法廷からの退出を許されると、弁護側は次の証人、ジム・マイヤーズ博士を呼んだ。審問に先立ち、ボー・ドナルドソンの二度目の性心理鑑定を行うために検察が雇った心理学者である。ペイジ博士と同じように、マイヤーズ博士も、鑑定の結果、ドナルドソンの「再犯の危険性は低い」と考えられるため、服役しながらの治療を義務づけるよりも、「外来治療プログラムに参加させる」ことを勧めると証言した。

　反対尋問で、ヴァン・ヴァルケンバーグは、マイヤーズが危険性評価の際に当てにしているものの大部分が犯人の経歴であることを指摘した。「そしてかなりの程度まで」彼は言った。「それは犯罪経歴ということです。……そのため、悪事を働いたが捕まったことがない人は、危険性が低いとなるわけです。たとえ実際には悪事をたくさん犯していたとしても」

「たしかにそうです」マイヤーズ博士は認めた。「十件の罪を犯したが、一件しか罪に問われていないということもありえます。これは危険性評価の問題点です」

ヴァン・ヴァルケンバーグは、ボー・ドナルドソンがアリソン・ヒュゲットをレイプする二年前にヒラリー・マクラフリンをレイプしようとしていたことを、法廷の人々に思い出させた。「そして、この量刑のあいだに彼女に対する暴行が明らかになっていなかったら、これはまったく考慮されていなかったのです」

マイヤーズは同意した。さらに、マクラフリンとの一件について訊いたとき、ドナルドソンが嘘をつき、レイプしようとはしていないと主張していたことも認めた。

ヴァン・ヴァルケンバーグはこれを受け、ボー・ドナルドソンは鑑定のあいだ、ヒュゲットにしたことについても嘘をついていたのだと、マイヤーズ博士に強調した。「実におかしな話ではありませんか」ヴァン・ヴァルケンバーグは問いつめた。「すでに有罪の答弁をしていたのに、実質的に、アリソン・ヒュゲットと合意の上で性交したというような話をするなんて」

「ええ、それについてはわたしも訊きました」マイヤーズは答えた。「こう言いました……『どうして司法取引では有罪だと言っておいて、ここでは無罪だと言えるのですか?』と」。ドナルドソンは嘘を正当化するために新たな嘘をついた。ヒュゲットと性交中、彼女が眠っているとは知らず、「起こったあとに」なって初めて彼女に意識がなかったことを知ったと主張したのである。

ヴァン・ヴァルケンバーグは、質問の締めくくりとして、ドナルドソンが逮捕後にポール・セルズという臨床ソーシャルワーカーのもとで終えたドラッグ・アルコール依存の初歩的な治療プログラムについて尋ねた。セルズによる治療はどのような内容だったか知っているかと、彼はマイヤーズに訊いた。

「はっきりとは知りません」マイヤーズ博士は答えた。「どちらかというと教育的なもので、自分の気持ちを話して表現させようとするものだったことは知っています。そしてそこでボーは困難に直面したんです。……彼は自分の気持ちを話し、感情を表現するのに苦労しています。おそらく、標準的な型に当てはめるようなことだからでしょう。とにかく、セラピー中、それは彼にとって困難を伴うことでした」

「彼は地域で提供されている、別の性犯罪者向けの治療は受けていませんね？」ヴァン・ヴァルケンバーグは訊いた。

「はい」マイヤーズは答えた。「受けていません」

「質問は以上です」ヴァン・ヴァルケンバーグは言った。

しかしながら、マイヤーズ博士を証人席から退席させる前に、タウンゼンド判事が自ら質問したいと言った。その質問の結果、マイヤーズはポール・セルズとボー・ドナルドソンの双方と薬物依存治療の効果について話をしていたことがわかった。セラピーがどれだけうまくいったかということに関して、セルズからはドナルドソンの説明と「やや異なる説明」があったのではないかと、タウンゼンドは訊いた。

「そうです、判事」マイヤーズは言った。

「実際のところ、ボーの説明のようにはうまくいっていなかったという話だったのではないですか？」タウンゼンド判事は尋ねた。

「そのとおりです」

タウンゼンドは、セルズから「ドナルドソンは『気持ちを整理すること、きちんとしたセラピーを受けることが得意ではない』と言われた」かと訊いた。

「そう言われました、判事」マイヤーズは肯定した。

「では、彼はどのようにセラピーの恩恵を受けられるのですか……そのような見込みがないのに？」タウンゼンドは訊いた。

ポール・セルズによれば、とマイヤーズは答えた。「ボーは治療の必要性を感じていないということではなかったそうです。ただ、そう、状況を飲み込むのに苦労しています。いまの彼は、恥ずかしさ、罪の意識、きまり悪さ、屈辱に覆われています。そのことを話すのに苦労しているんです」。一方で彼は、ドナルドソンが性犯罪者向けセラピーを含めたセラピーを積極的に受ける気になるかは、刑の一部として義務づけられるかどうかで変化するだろうとも指摘した。人は「裁判所から治療を終えなさいと命じられるとすぐに」話せるようになり、「気持ちを表現し、物事に向き合いはじめる」とマイヤーズは言った。

「ハンマーが頭上にあるから？」タウンゼンドは訊いた。

「ええ」マイヤーズは答えた。

弁護側の最後の二人の証人は、ボー・ドナルドソンと彼の父親のラリー・ドナルドソンだった。ラリーがまず証人席に現れ、彼の妻も静かにその横に立った。彼は疲れきった様子で息子について話した。「彼は若く、自責の念に駆られています。だからといって、もちろん、これが正当化されることはありませんが、彼に正当な道を歩ませてやってください。彼はそうします。……それに、憎むということはよくありません。わたしはだれも憎めません。憎めば、回復はないですから。そして、わたしたちは回復しなければなりません」

ヒュゲット家に向けて、ラリー・ドナルドソンは言った。「ヒュゲット家もドナルドソン家も回復しなければなりません、そうしなければうまくいきません。そしてわたしは回復したい。それに、ボーに娘さんの回復を助けるという責任を負ってもらいたい。彼はやります、娘さんにそうしてほしいと言われれば。……娘さんにしてみれば、助けてほしいなんて言うのは大変なことでしょうが、息子は回復の手助けをしますよ。……そして、アリソン、君のことはずっと知っている。わたしは泣いたよ。あいつを見て泣いてしまうんだよ。でも、息子を許すことができる。彼の心にある愛情を知っているから。……」

つまり、またアルコールにやられたわけです。あれはほんとうに破壊的な代物です。わたしは酒はやりません。子どもが生まれてから飲んでいません。子どもたちに飲むことは教えていませんし、飲酒を大目に見たりはしません。彼にチャンスを与えてやってください。どういうことかを理解させてやってください。……

この一年に地域で起きているアリソンへの中傷行為は、どれもボーとは関係がないですし、ボーがあおったことでも、わたしや妻や家族があおったことでもありません。つまり、ああいったことが起こるとき、やはり関係しているのは何か？　アルコールです。お互いを憎むときというのは、酒を飲んでいるときなんです。

そしてわたしは息子を愛しています。……ボー、すぐに会おう。すぐにだよ。これからお父さんはおまえの支えになる。これまでおまえはずっとお父さんの支えだったんだから」

最後に、ボー・ドナルドソンが話をする番になった。「まず、関係するすべての方にお詫び申し上げたいと思います」彼はおどおどした声で言った。「だれよりもまず、アリソンと彼女のご家族、親友たちに。次に、わたしの家族、友人、今回のことで影響を受けたすべての人に。……わたしがここで謝罪することが、アリソンの回復の手助けとなり、彼女が失ってしまったもの、あの夜わたしが襲いかかり、友情を壊してしまったことで失ってしまったものを、回復させる手助けになれば幸いです」

ドナルドソンが弁護人席に戻ると、フレッド・ヴァン・ヴァルケンバーグが立ち上がって最終弁論を行った。「判事、このケースは、レイプの多くの実情を示すたいへんよい例です」と彼は話しはじめ、レイプの大半は「お互いのことを知る」人物のあいだで起こるのだと説明した。「そして、それが起きたときには、信頼が激しく損なわれます。……

ボー・ドナルドソンのために提出された文書を読めば、こんなふうに思うでしょう。わたしたちが話し合っているのは、彼がＭＶＰを獲得するべきか……そうでなければ、とりあえず過ちを犯したことを許されるべきか、なのではないかと。……概してそういうことだと思います。わたしにはボー・ドナルドソンが正直だとは思えないのです。彼は自分の家族に対して正直ではありませんでした。だれよりもよく知る人たちに対して正直ではありませんでした。ミズーラのコミュニティに対して正直ではありませんでした、自分が実際に何をしたかについて。自分のしたことを直視しなければならない時になっていますが、そうすることは彼にはとても難しい。たいへん心動かされますね、彼が証人席に着き、申し訳ないという思いを語るのを聞くと。ですが、この量刑審問のいちばんはじめの証人、ミスター・ケヴィン・ヒュゲットのことを思い出してみれば、やはりたいへん心動かされます。ボー・ドナルドソンがヒュゲット家に何をしたかという話です。……

州は、モンタナ州立刑務所での禁錮三十年、執行猶予二十年の提言をすることに同意しました。わたしはそれを法廷に薦めます。……ミスター・ドナルドソンは、服役を開始してから二年半以内に仮釈放の資格を得ます。性犯罪者向けの治療を終える時間と機会も間違いなく与えられるでしょう」

モンタナ州の量刑方針にしたがえば、とヴァン・ヴァルケンバーグは言った。「法廷が第一に考えるべきは、それぞれの犯罪者に対して、その犯罪がもたらした被害の性質と程度に応じた刑罰を与え、犯罪者に責任を取らせることです。これまで、強姦罪で法廷が百年もの禁錮刑を言い渡し、さらに仮釈放を認めないというケースもありました。州は今回のケースでそのようなことを求めてはいません。われわれが求めているのは実に真っ当な判決、わたしが思うに、ミスター・ドナルドソンの犯した罪の重さを適切に反映した判決です。……彼が苦しめたのはアリソン・ヒュゲットだけではありません。われわれは少なくとも被害者がもう一人いることを知っています。……

ミズーラの人々は理解しなければいけません。知り合いをレイプすれば、それは重大な犯罪であり、それにふさわしい刑罰が必要になるのです」

ミルト・ダツォプロスが、ボー・ドナルドソンの弁護人として、最終弁論の機会を与えられた。そのとき彼が思い出したのは、アメフトのクォーターバックがスクランブル〔訳註：パスをせずに自らボールを持って走ること〕し、最後のヘイルメリーパス〔訳註：試合終了間際に一発逆転を狙って投じるロングパス〕を投げる姿だった。「こういうケースは特別に難しいのです。善良な人間が悲劇的でたいへん重大な犯罪行為をし、若い女性を傷つけてしまったのですから」ダツォプロスは言った。「しかも彼女は……回復し、前向きに生きていこうとするために、まだまだ助けと時間を必要としている。そのことを軽んじるつもりはありません。……

事実を言えば、これまでの罰がすでに甚大なのです。恥ずかしさ、屈辱、評判の失墜。……わたしが法廷に求めるのは、幅広くさまざまな刑罰を見た上で、罪だけでなく被告人に応じた刑罰を与えることです。……

米国の刑事司法制度は狂っているのです。この国は、一人あたりで、世界中のどの国よりも多くの人を、特に若い人を、刑務所に入れている。それに、世界中のほかのどの国よりも長い刑期が言い渡される。たとえばウガンダやベネズエラのような国よりも。そしてこれは、若い人に対して、ミスター・ヴァン・ヴァルケンバーグがここで使いたがっているような肉切り包丁を使ったときに起こることの一部なのです。

わたしが薦めるのは矯正局での五年です。矯正局はモンタナ州立刑務所の組織の一部です。矯正局での刑になったからといって、生ぬるい処罰になるということはありません。ここから手錠をして連れ出され、拘禁施設に入れられます。そこは、いろいろな意味で、刑務所よりもはるかに厳しい。狭苦しい部屋で、ふつうではない規則があり、そこに半年から一年いることになるのですから」

ダツォプロスが発言を終えると、タウンゼンド判事は彼に礼を言い、それから加害者に話しかけた。「では、ミスター・ドナルドソン。わたしが判決を言い渡す前に、補足しておきたいことはありますか?」

「いえ」ボー・ドナルドソンはおとなしく答えた。

「立ってください」彼女は命じ、ドナルドソンが立ち上がると、こう言った。「本法廷は、これをきわめて悩ましい事件だと考えます……というのも、ここで起きたことは、若い女性の信頼が暴力的に奪われたということであり、ある面でそれは彼女にとてつもない被害をもたらし、その行為の衝撃は家族にもとてつもない衝撃を与えたと思うからです。

思い出してみますと、本日証言をした証人の一人は、自分がスーパーマンだったらよかった、そうすれば世界を逆回転させて、あの夜をそもそもなかったことにできるのに、と言っていました。……わたしもよく、魔法の杖があって、人が感じた痛みを消し去れたらいいのにと思います。それは被告人たちに対してもです……こんな結果に直面しなくていいようにと。しかし、ボー、行動が招く結果もあります。あなたがこれまで非常に立派な人生を送っていたとしても、あの夜の行為は決して言い逃れできません。本法廷としては、これを単なる間違い――曲がる道を間違えたとか、計算を間違えたとかいうようなこと――だったとは到底認められません。……モンタナ州立刑務所での禁錮三十年、執行猶予二十年の判決を言い渡します。……判決の執行のため、再び保安官のもとに身柄が移されます」

タウンゼンド判事に運命を宣告されると、ボー・ドナルドソンは体の力が抜け、涙を流しはじめた。彼のガールフレンドは傍聴席でヒステリックに悲鳴を上げた。留置官がドナルドソンに背中のうしろで手錠をかけ、横の扉から法廷の外へ連れていった。裁判所を出ると、彼は拘置所に入れられ、凍結した高速道路を百四十キロ行った先にあるディアロッジへの移送を待つことになった。

その夜、ヒラリー・マクラフリンはこれまでにない心持ちになっていた。不安は感じていなかった。それまでアリソン・ヒュゲットとやり取りをしたことはなかったが、この素晴らしい前進を彼女と分かち合うことに決めた。「アリソンにメールしました」と彼女はわたしに言った。「この四年間で初めて心が安らいだと伝えました。あのときまで気づいてなかったんです、自分の人生がボーに襲われたことにあれほど影響されてたとは」。ドナルドソンを相手に証言するのは信じられないほど緊張することだった、と彼女は認めた。「いちばんつらかったのは、みなの前で『わたしはヒラリー・マクラフリンです』と言って、話をはじめなければならなかったことだと思います。でもいまは証言してほんとうによかったと思います」。マクラフリンは一瞬沈黙した。ちらっと手を見て、それから苦しげな表情で顔を上げ、言った。「いま振り返ると――アリソンにはそんなこと考えないでと言われるんですけど――もしわたしがボーにされたことをあの直後に届け出ていたら、彼女がレイプされるのを防げたんじゃないだろうかと考えてしまいます」

第五部

陪審裁判

米国の法制度は当事者同士の戦いで成り立つ。民事訴訟は二人の市民のあいだで、刑事訴訟は市民と州のあいだで争われる。法廷において、身体的な暴力や脅迫は認められていないが、喧嘩腰の議論、選択的な事実の提示、精神的攻撃は許されている。この儀式化された対立が、真実にたどり着く最善の方法を提供すると考えられている。

このような争いに関する憲法上の制限は、刑事被告人を州の圧倒的な力から守るためにあるのであり、個々の市民をお互いから守るためにあるのではない。……全市民が対等な立場で司法の場に入るものと考えられているが、実際には、一方の側だけが享受しうるアドヴァンテージがある。憲法は、したがって、被告人の権利を強力に保障しながら、犯罪被害者の権利を同じように保護してはいない。結果として、司法の道を選んだ被害者は、健康、安全、メンタルヘルスに対する深刻な障害やリスクに直面する可能性がある。

——ジュディス・ルイス・ハーマン
「犯罪被害者のメンタルヘルス」
（「ジャーナル・オブ・トラウマティック・ストレス」
二〇〇三年四月号）

第二十一章

二〇一二年三月十六日、ボー・ドナルドソンがアリソン・ヒュゲットに対するレイプの罪で刑務所に送られる十ヵ月前、セシリア・ウォッシュバーンはドナルドソンのチームメイトであるジョーダン・ジョンソンから受けたレイプ被害をミズーラ市警に届け出ていた。そのとき、ジョンソンはすでにウォッシュバーンへのレイプ疑惑でモンタナ大学から調査を受けていた。

二〇一二年五月二十三日、大学裁判所はジョーダン・ジョンソンを強姦罪で有罪とする裁定を下した。六月六日、裁判所の決定を検討したのち、ロイス・エングストロム総長は彼を除籍した。

二〇一二年七月三十一日、ジョーダン・ジョンソンの大学からの除籍処分をめぐって内密に上訴手続きが行われていた最中に、ミズーラ郡検事局は彼を合意のない性交の罪で起訴する裁判文書を提出した。これは刑事事件としての起訴であり、除籍よりもはるかに重大な結果につながる可能性があった。有罪判決を下されれば、ジョンソンは一生刑務所で過ごすことになるかもしれない。

二〇一二年八月七日、強姦罪で刑事起訴された一週間後、ジョンソンの弁護人は公訴棄却をモンタナ地方裁判所に申し立てた。少なからぬミズーラ市民が驚いたのは、その申立書をキルステン・パブストが書いていたことだった。

ミズーラ郡首席検事補だったパブストは、フレッド・ヴァン・ヴァルケンバーグに次ぐナンバー2として、性的暴行事件の訴追を任されていた。二〇一二年三月、セシリア・ウォッシュバーンがレイプ被害を警察に届け出たのと同じ月、なんとパブストは十五年勤めたミズーラ郡検事局を辞め、自身の法律事務所を開いた。辞職を決めたことを報じた「ミズーリアン」紙の記事のなかで彼女は、個人で開業するほうがフレキシブルに活動でき、自由な時間が持てるだろうと説明し、「家族と馬と犬を大切にしたい」と、記者のグウェン・フロリオに語っていた。

だから、それから一ヵ月もしないうちに、パブストがひっそりとデイヴィッド・パオリのチームに入り、ジョーダン・ジョンソンの弁護人をつとめることになったことは、衝撃をもって受け止められた。この裁判はミズーラ史上一、二を争う熾烈な戦いとなり、世間で大々的に報道されるだろうと考えられていた。公判がはじまれば、パブストは相当な専門的知識を駆使して検事局の元同僚たちに挑み、ジョンソンがボー・ドナルドソンの刑務所仲間になるのを阻止しようとするだろう。

仮に検事局に残っていたとしたら、パブストはジョンソンのレイプ事件の主任検察官をつとめていたはずである。しかし、八月七日に公訴棄却を求める申し立てを行ったことで彼女が世間に知らせたのは、逆に、ジョンソンの無罪を求めるために全力を尽くすということだった。

パブストの申し立てはこの戦いのはじまりを告げる一斉射撃だった。裁判所に棄却を求めるなかで、彼女は、「合意のない性交の嫌疑を裏づける相当な理由」が不足していると主張した。これはもちろん、彼女がまだ検察官だった二〇一一年十一月に、ケイトリン・ケリーに対する強姦罪でカルヴィン・スミスを起訴しなかったのと同じ理由である。

司法省が行ったミズーラ郡検事局への捜査によると、二〇〇八年一月から二〇一二年四月までに、ミズーラ市警は成人女性への性的暴行の届け出百十四件を、訴追を求めて検事局に送致した。「送致」というのは、警察が当該事件の捜査を終え、その性的暴行の被疑者を罪に問う相当な理由があると判断し、訴追を提言したということである。しかしながら、送致された百十四件の性的暴行のうち、検事局が実際に起訴したのは十四件だけだった。不起訴の理由としてもっとも多く挙げられたのは、「証拠不十分」あるいは「補強証拠不十分」――つまり、相当な理由の不足ということである。キルステン・パブストは、司法省の捜査対象となった四年四ヵ月のうち、最後の二ヵ月を除く四年二ヵ月で性的暴行事件の責任者をつとめていた。

米国では、性的暴行事件を起訴するかどうかの判断が基本的に検察官の裁量に委ねられており、刑事訴訟でも民事訴訟でも、彼らには判断に関するほぼ完全な免責特権がある――特に不起訴にするときは。立件したくない場合、検察官は「相当な理由が不十分」と言うだけでよく、そうすれば不起訴となるのである。裁判を行うに値しないと判断されると、被害者には頼みの綱がいっさい残らない。しかし検察は、刑事司法制度の歯車を円滑に回すためにはこのような大幅な裁量が必要なのだと主張する。

だが、もはや検察官でないとなれば、相当な理由の不足で公訴を棄却することはそう簡単ではない。キルステン・パブストはジョーダン・ジョンソンの弁護人として働きはじめたあとにそう気づいた。被告人の弁護人となると、依頼人への訴えを消滅させるためには裁判官の承認を得なければならなかった。ジョンソンの裁判の棄却を求めて裁判所に提出した申立書のなかで、パブストはこのように主張している。ヴァン・ヴァルケンバーグの検事局（「州」）が提出した起訴状は、事実を著しく不完全に紛らわしく伝えている。……そのうえ州は、その不完全で紛らわしく偏見を抱かせる文書を多数のメディア関係者に送った。このような行為は……ジョンソンの適正な手続き《デュー・プロセス》を受ける権利を侵害している。この行為から判断するに……また、起訴状に含まれるべきでありながら省略、修正された事実を考慮するに、棄却が唯一の適切な救済手段だと言える。

この訴訟は不運な状況で起きた。性的暴行疑惑を伴う事件へのモンタナ大学、ミズーラ市警、ミズーラ郡検事局の対応に不満が申し立てられ、それについて連邦司法省が捜査を行うという暗雲が立ち込めていたのである。……

もっともなことだが、州は性犯罪被害者に対して素早く同情的な反応をしていると見せつけたい。……不幸なことに、いくつもの正当かつ立派な訴追裁量の行使〔原註：キルステン・パブストはここで自らを称えている。ミズーラ郡検事局の性的暴行部門を取り仕切っていたときに多くの事件を不起訴にしたことを言っているのである〕が見過ごされているなか、州はジョーダンの事件――相当な理由が不足している事件――をメッセージを伝えるための手段に選んだ。ジョーダンと彼の家族への副次的被害は計り知れない。……

州がジョーダンを起訴した論拠はすべて被害者とされる人物の陳述にもとづいているため、彼女の話の矛盾により、この事件の相当な理由とされるものは完全に価値をなくしているだろう。

パブストが棄却を申し立てた二週間後、フレッド・ヴァン・ヴァルケンバーグ検事が短い文書でこう抗議した。

彼女が提出したものは、法的手続きを装った、見え透いたプレスリリースである。その申し立ては、見当違いで、不必要で、偏見を抱かせ、客観的に許容できない証拠に満ちている。……公判前申し立ては、州の証拠に疑いを差し挟む場でも、証拠の新解釈を持ち出す場でも、証人の信用性を判定する場でもない。証人の信用性の判定は紛うかたなく陪審の職分である。……また、公判前申し立ては、レイプ被害者がレイプ被害者らしく振る舞っていないということを主張する適切な手段でもない。

カレン・タウンゼンド判事は、パブストの棄却の申し立てについて裁定するにあたり、ヴァン・ヴァルケンバーグの主張のほうがパブストの主張よりも的を射ていると考えた。二〇一二年九月五日の裁判所命令で、彼女はこう告げた。

本裁判所は、州が重要な事実を省略しているとは考えない。……すべてを調べ、常識を働かせ、許容できる推論を引き出した上で、……本裁判所は……被告人が合意のない性交という罪を犯した「かなりの可能性」があると結論を下す。……

上記理由により、被告人の棄却の申し立ては**退ける**。

二〇一三年二月六日、ジョーダン・ジョンソンの公判がはじまる予定の二日前、記者のジム・ロビンズが「ニューヨーク・タイムズ」紙の記事にこう書いた。

ミスター・ジョンソンの公判が、元グリズリーズのランニングバック、ボー・ドナルドソン（二〇一〇年に自宅アパートで就寝中の幼馴染みをレイプしたことを認めた）の量刑手続きに続いて行われる。……

このような論争のさなかにミスター・ジョンソンが公正な裁判を受けられるのか、疑問の声が上がっている。裁判所当局は、金曜日にはじまる陪審員選定のために四百人もの候補者を招集した。

「無罪の推定に何かしら影響があると考えなければいけない」と、ミスター・ドナルドソンの代理人で、グリズリー体育部の後援組織、全国諮問委員会に参加するミルト・ダツォプロスは言う。ミスター・ダツォプロスは、彼が言うところの「毒性の空気」がミズーラになかったとしたら、依頼人への判決はこれほど厳しくなかったはずだと考えている。「彼は〝大きな問題〟のシンボルにされてしまった」と、ミスター・ダツォプロスはミスター・ドナルドソンについて語る。「私は〝問題〟が存在しているとは思わない」

ダツォプロスは、レスター・マンソンによる「ESPN.com」の二月八日の記事のなかで、この点について詳しく語っている。

「混乱が広がっているのは不幸なことだ」とダツォプロスは言う。……「郡検事がアメフト選手による事件を立件してこなかったという非難は事実無根だ。現状では公正な裁判を受けることが難しい。無罪の推定が覆され、アメフト選手たちは有罪だと思い込まれている」

アメフト選手は優遇されておらず、それどころか検察は「アメフト選手に対する訴訟で非常に攻撃的な態度を取り、厳しい判決を求めている」と、ダツォプロスは強調する。「郡検事局の検事補たちは女性活動家で、すべての訴訟を女性の権利とジェンダー問題の話にすり替える」……

「たしかなのは」とダツォプロスは言う。「ミズーラの現況が禁錮十年の判決を招いたということだ。ドナルドソンは正しいことをした。立派な男だ。自分のしたことを警察に話した。きれいに片付けたかったのだ。そして、そのために大きな代償を払うことになってしまった」

しかし、公判に先立つミルト・ダツォプロスの偏った情報とは逆に、グリズの愛すべき選手であるというジョーダン・ジョンソンの社会的地位に、公判がミズーラで行われるという事実が組み合わさると、ほぼ間違いなくジョンソンに有利に働いた。この町がグリズリーの町として知られているのにはもっともな理由があるが、それを如実に示したのが、パット・ウィリアムズ――モンタナ大学の卒業生で、州の大学制度を監督するモンタナ高等教育評議会のメンバー――の発言に市民が激しく抗議したことである。一九七九年から一九九七年までモンタナ州選出の連邦議員だったウィリアムズは、レスター・マンソンにこう語っていた。

アメフトチームは野蛮人を入れすぎた。レイプだけが問題ではない。破壊行為があり、個人への暴行があり、器物破損があった。選手たちは甘やかされ、崇められていた。あまりに多くの者が、われわれすべてが守らなければいけない規則を、自分は破っても大丈夫だと感じていた。横柄な略奪者のような振る舞いだった。

ウィリアムズがマンソンに行った野蛮行為に関する発言――また、「ニューヨーク・タイムズ」紙とモンタナのラジオ局に行った同様の発言――はグリズファンを怒らせ、ウィリアムズの評議会からの追放を求める請願運動が広まった。

〈モンタナ州対ジョーダン・トッド・ジョンソン裁判〉の陪審員選定は二〇一三年二月八日の金曜日の午前中にはじまり、二月十一日、月曜日の昼に終わった。その結果、七人の女性と五人の男性が陪審員席に着いた。昼休みのあと、公判がそれぞれの側の冒頭陳述でスタートした。まずは検察側である。「これは信頼していた人からひどい裏切りを受けた若い女性をめぐる事件です」と、ミズーラ郡特別検事補のアダム・デュルクが最初に言った。「この件に関して、裁判にかけられているのは一人だけです。グリズリーのアメフトチームではありませんし、ミスター・ジョンソンを訴えた若い女性でもありません」

裁判にかけられている唯一の人物はジョーダン・ジョンソンであり、彼は合意のない性交の罪で起訴されたのだということを、デュルクは明確にした。また、モンタナ州法によれば、「合意の欠如を示すのに被害者の抵抗は必要ありません。暴力、恐怖、脅迫だけで十分に合意の欠如は示されます」と、陪審員に対して強調した。それから、二〇一二年二月四日の夜にセシリア・ウォッシュバーンのベッドルームで起きたことを事細かに説明した。

細身で縮れた黒髪、四十代前半のデュルクは、ミズーラ市内の法律事務所に勤める訴訟のエキスパートである。ジョーダン・ジョンソンの公判中、ミズーラ郡検事局を補佐するために特別検察官として任用され、無報酬《プロボノ》で奉仕していた。冒頭陳述での彼の任務は、数日先に提示されることになる証拠にもとづき、陪審員に簡潔に話をすることだったが、その陳述は、彼の直後に弁護人のキルステン・パブストが行う陳述以上に有無を言わさぬものでなければならなかった。彼が冒頭陳述で何を要点とするかはだれもが知っていた。つまり、ウォッシュバーンがその夜セックスをしたくないと明確に何度もジョンソンに言っていたということである。パブストが冒頭陳述で何を要点とするかもだれもが知っていた。つまり、ウォッシュバーンがジョンソンとのセックスに同意していたということである。

セシリア・ウォッシュバーンが嘘をついているか、ジョーダン・ジョンソンが嘘をついている。あるいは、両者ともに話のキーポイントを不正確に伝えている。しかし、どちらの話が真実に近いかを明らかにする決定的な証拠は不足していた。それゆえ裁判の結果は、ささいな証拠や、レイプが起きたとされるときにウォッシュバーンのベッドルームにいなかった人々の証言に左右されることになった。証拠のほとんどはどうしても解釈が分かれてしまうものだった。ばらばらな情報の破片から説得力のある話をまとめ上げた側――言い換えれば、よりうまい話をした側――

が陪審員を動かす。冒頭陳述は最小限の要約であり、公判が進むうちに、それぞれの側が話をふくらませ、全体像を見せていくことになる。

ウォッシュバーンとジョンソンのあいだに起きたひとつひとつの出来事の多くは、議論の余地がなかった。二月四日の午後二時、ジョンソンがウォッシュバーンにメールを送り、夜に彼女の家で映画を観る計画を立てた。十時四十五分ごろ、ジョンソンはウォッシュバーンに電話し、家まで車で迎えに来てほしいと頼んだ。彼女は迎えに行き、彼をピックアップし、家へ戻った。十一時ごろ、二人はベッドルームに行き、ドアを閉め、映画のＤＶＤをプレイヤーに入れた。ドアのすぐ外では、ウォッシュバーンのハウスメイトのスティーヴン・グリーンがカウチに身を沈め、ゲームに熱中していた。

映画がはじまってまもなく、ジョーダン・ジョンソンとセシリア・ウォッシュバーンはいちゃつきはじめ、お互いのシャツを脱がし、コンドームなしでセックスした。性交はほんの数分だった。うしろからウォッシュバーンに挿入していると、ジョンソンは絶頂に達しそうだと気づき、膣からペニスを抜いて、自分の手のなかに射精した。射精した直後、手とペニスの精液を拭き取り、服を拾って、隣のバスルームへ行った。彼がバスルームにいるあいだ、ウォッシュバーンは服を着て、「ヤバい、レイプされたっぽい。あいつ、ずっと突きまくってきて、やめてって言ってるのに聞かなかった……泣きたい……ヤバい、どうしよう！」というメールをグリーンに送った。数分後、ウォッシュバーンはジョンソンを家へ送り届けた。

「こうした点の多くで」検察官のデュルクは陪審員に言った。「セシリアの説明と被告人の説明のあいだにはほとんど違いがありません」。しかし、少数の重要な点に関して、彼らの状況説明は食い違っており、折り合いがつかないのだと、彼は強調した。「彼女はこのような説明をすることになります。ズボンを下ろす前に、被告人に上に乗られる前に、挿入される前に、何度も、いろいろなかたちで、ノーと言った。『やめて、今日はだめ』と言った。最初はおどけた調子でした。……しかし、ヒートアップしてきたので、セックスしたくないということを言葉や行動ではっきりと示しました」

「彼女は証人席に着きます」デュルクは続けた。「そして、被告人とはっきり確認を取っていたと証言します。……しかし被告人は続けたのです。彼女の上に乗っかりました。……彼の態度が変わりました。アグレッシヴになりました。そして、彼女の言葉を借りれば、『すごい怖くなった、すごい急に』。再び彼女はノーと言いました。……被告人は前腕を彼女の胸部にまわして押さえつけました。レギンスとパンツを脱がしました――パンツは足首に引っかかったままでしたが。彼女は彼を押しやりはじめました。……被告人は『うつ伏せにならないなら、オレがさせてやる』と言いました。そのときもセシリアは抵抗を続けていました。怯えていました。ショックを受けていました。気が遠くなりながらも、まだノーと言っていました。それから彼はセシリアをほんとうにうつ伏せにさせ、挿入し、射精しました」

その後もセシリア・ウォッシュバーンは「震え、怯え、ショックを受けていた」と、デュルクは陪審員に言った。彼女は起き上がり、レイプされたようだというメールをハウスメイトのスティーヴン・グリーンに送った。「グリーンは『何してるんだ、そこを出ろ』と返信しました。……彼女は服を着て、言われたとおりに部屋を出ました。そのあとがこの話のポイントになります。スティーヴン・グリーンが彼女の顔を見たときのことです」。デュルクはグリーンから次のような証言が聞かれるだろうと言った。ウォッシュバーンはひどく動揺していて、話をしたがらなかった。そして、ジョンソンを送り届けて帰宅したとき、彼女はヒステリックになっていた。

アダム・デュルクは、検察側が喚問するほかの証人数名と、その証言内容を急いで紹介した。レイプの翌日にウォッシュバーンを検査した看護師は、彼女の胸部に紅斑（軽いあざ）を、膣内に裂傷を見つけたと証言する。友人や心理学者は、ウォッシュバーンが心的外傷後ストレスに苦しんでいると証言する。デイヴィッド・リザック博士――「全国的に知られるエキスパートで、マサチューセッツ大学心理学教授」とデュルクは紹介した――は、「だれがレイピストかを見抜く方法はない。レイプへのふつうの反応というものもない。被害者は自分が経験したことを否定したり、軽く見せたりすることが多い。レイプ後、すべてがふつうどおりであるように見せようとする。自らを責めるのもよくあることで、その出来事が頭に浮かび、脅威が迫っているのを感じると、凍りつくことがままある」と証言する。

割り当てられた時間が終わりに近づくと、デュルクは陪審員にこう言った。難しいことが求められるが、「この件で最終的にすべての証拠を評価するのはみなさんです。証人の信用性を判定するのはみなさんです」

第二十二章

キルステン・パブストの才能は法廷で際立つ。彼女は、その率直さと茶目っ気のあるユーモアセンスで陪審員を魅了するこつをわきまえている。反対尋問で証人を骨抜きにしているときでさえそうなのだ。弁護人のデイヴィッド・パオリが彼女にジョーダン・ジョンソンの弁護への協力を頼んだ理由は明らかだった。パオリは強力な弁護士だが、人々を魅了する力を持った人間ではないのである。

ミズーラとグレートフォールズで検察官として働いていた十七年のあいだに、パブストは多くの訴訟に臨み、勝利を収めてきた。自身のウェブサイトで「裁判の勝訴率九十九パーセント」と吹聴している。しかし、彼女の勝訴率がこれほど高いのは、この十七年間、ほぼ間違いなく勝訴する、あるいは被告人に強引に取引に応じさせられると思えないかぎり、訴追してこなかったからである。米国司法省が行ったミズーラ郡検事局への捜査によると、パブストが検事局の刑事部門を取り仕切っていた最後の四年余り、検事局はミズーラ市警から送致された成人女性が関係する性的暴行事件の十二パーセントしか訴追していなかった。

パブストの驚くべき勝訴率は、それゆえ、称えるべきことではなく、懸念すべきことである。ある経験豊富な検察官はこう言っていた。「裁判で九十九パーセント勝つということは、デスクに届いた訴訟案件をろくに訴追していないということですよ」

パブストの記録が実際に示しているのは、彼女はどのような場合にレイプ事件の訴追が難しくなるかをよくわかっているということである。二〇一二年春、ジョーダン・ジョンソンの弁護人として働きはじめると、彼女はその手腕を存分に発揮した。ウォッシュバーンの最大の弱点をすぐに突きとめ、容赦なくつけこんだ。

とはいえ、告訴人を貶すだけでは十分ではない。ベテラン弁護士たちに言わせれば、裁判に勝つには被告人を好感の持てる人物に見せる必要もある。被告人に対して同情心を持つことがなければ、陪審員は無罪の評決を下さないのだ。そのためパブストは、冒頭陳述のはじめにジョーダン・ジョンソンを褒めちぎった。「ジョーダンのことを知る人たちは、彼は違うのだと言います。そのへんの典型的なティーンエイジャー〔原註：公判が行われたとき、ジョンソンは二十歳だったが、セシリア・ウォッシュバーンをレイプしたとされる時点では十九歳だった〕とは違うのだと。そのへんのステレオタイプなアメフト選手とは違うのだと。……彼は、シャイで、おとなしく、控えめで、品があり、礼儀正しいと言われていまして、実のところ、夜にミズーラのダウンタウンに行ったこともないんです。テールゲートパーティーにも行ったことがないんですよ」

実際には、ジョーダン・ジョンソンは、おおかたの大学生と同じように、パーティーや度を越した飲酒を繰り返しており、パブストもそれを知っていた。前日の陪審員選定で、タウンゼンド判事が候補者たちに、ジョンソンと仕事絡みの関係がある人はいるかと訊いたとき、ダウンタウンの酒場で夜にDJをしている男性が、ジョンソンはその店で飲んでいることがあるから、自分は偏見のない陪審員にはなれないだろうと言った。また、モンタナ大学の一年生のとき、ジョンソンは酒に酔って寮で暴れたために、大学から懲戒処分を受けていた。

しかし、ジョンソンの過去の問題行為が法廷で明かされることはなかった。公判がはじまる前、タウンゼンド判事は、家族教育権とプライバシー法――学生のプライバシーを守るため、連邦議会が一九七四年に制定した法律――を引き合いに出し、セシリア・ウォッシュバーンへのレイプ容疑にかかわるモンタナ大学の審理を含め、ジョンソンの大学内での不祥事について、検察はいっさい言及してはならないと命じていた。そのためパブストは、ジョンソンのささいな過ちが問題にされることはないと確信しており、美徳の鑑として彼の性格描写を続けた。「ジョーダンは、ミス・ウォッシュバーンも含め、だれの話を聞いても」パブストは陪審員に言った。「よくいる無知なアメフトの野蛮人とは正反対です。法に触れる問題は何も起こしたことがありません」

高潔な若者としてのジョンソンのイメージを確立すると、パブストは冒頭陳述の残りを告訴人の中傷に費やした。法律家になる前に美術を専攻していた彼女は、陪審員をミスリードするようにウォッシュバーンの肖像を描き出していき、告訴人は不正直で、自分に自信がなく、精神的に不安定な若い女性であり、グリズのスター選手を誘惑してボーイフレンドにすることで得られるステータスを必死に求めていたのだというイメージを築き上げた。

セシリア・ウォッシュバーンは「可愛らしくて、はきはきしていて、一見自信たっぷりに見えます」と、キルステン・パブストは陪審員に言った。「しかし、彼女自身が語っておりますが、子どものころはつらい目にあっていたそうで、託児所でも、中学でも、また高校でも一時期、かなりのいじめを受けており、七年生のときに不安障害と診断され、パニック発作や自殺念慮と向き合うためにカウンセラーに通わなければならなかったほどだそうです。最初はグレートフォールズで学校に通っていたのですが、お父さんが教師をしている非常に小さな町の高校に転校せざるを得ませんでした。いじめから逃れるために」

ウォッシュバーンがジョーダン・ジョンソンに初めて会ったのは二〇一一年二月、彼が一年生で彼女が二年生のときだったが、そのとき彼女は彼とセックスしたいとは思っていなかったと、パブストは断言した。その理由は、ジョンソンがまだグリズのアメフトチームのスターになっておらず、「だれも彼のことを知らなかった」からだと言った。「ジョーダンとミス・ウォッシュバーンは友達としてメールのやり取りをはじめました。……何度かデートに出かけました。わたしたちのような年代の人に言わせればデートですね。テレビを見たり、映画を観たり、アイスクリームを一緒に食べに行ったり、何度かいちゃついたりもしたわけです。……あるとき、キスをしていたときに、ジョーダンが二人の関係を次の段階に進めようと考え、彼女のズボンのボタンを外そうとしました。彼女にやめてと言われたので、彼はそれを尊重し、やめました。……その時点で、ウォッシュバーンは特に彼に興味を持ってはいなかったんです」

だが、キルステン・パブストの説明によれば、ジョーダン・ジョンソンが有名になると、彼とセックスするということに関して、セシリア・ウォッシュバーンの気持ちが変わった。二〇一一年のアメフトのシーズン中に、ウォッシュバーンはジョーダンを彼氏候補として考えるようになった。彼がレギュラークォーターバックになり、「すごく飛躍し、すごく成功を収める」ようになったからだとパブストは言った。「負け試合のあとに何度か、ミス・ウォッシュバーンはジョーダンにメールを送り、彼のプレイがよかったことを称えました」。十二月の終わり、グリズがビッグ・スカイ・カンファレンスで同率優勝を果たす――ジョンソンのフィールドでの華々しい活躍によるところが大きかった――ころまでに、彼はおそらくミズーラ全体でもっとも人気のある人物になっていた。

レイプが起こったとされる日の前夜、とキルステン・パブストは陪審員に言った。「ジョーダンは何人かの友達とフォレスターズ・ボールのパーティーに行きました。……ミス・ウォッシュバーンも来ていました。彼女は会場の反対側にジョーダンを見つけ、近寄り、ハグしました。彼は友達のボ［・タリー］とアレックス［・ビーネマン］と一緒にいました」。ジョンソンとビーネマンの公判前の陳述によると、セシリア・ウォッシュバーンはジョンソンに腕をまわし、口を耳元に寄せ、「ジョーディ、いつでもヤルよ」と言った。しかしパブストは、この不幸な誘いのことを陪審員に話さなかった。というのも、公判に先立って、タウンゼンド判事が、告訴人の過去の性的行為は証拠として認められないとするモンタナ州の「強姦被害者保護法」を引き合いに出し、その件について何も言ってはならないと、ジョンソンの弁護人のデイヴィッド・パオリとキルステン・パブストに命じていたからである。その出来事をカットしたパブストは、ウォッシュバーンとジョンソンはそのすぐあとに別れ、「その夜、帰りにハグをした以外、ジョーダンがミス・ウォッシュバーンを見ることはありませんでした」と言った。

続いてパブストは翌日の午後のメールのやり取りについて話しはじめ、最終的に午後十時四十五分にジョンソンがウォッシュバーンに電話をかけ、家まで迎えに来てほしいと頼んだのだと説明した。「ジョーダンは、その夜彼女とセックスするかもしれないと考えていたと証言するでしょう。期待していたわけではありませんが、ありえないことではありませんでした。……臨機応変に、流れに身を任せようとしていたのです」。ジョンソンとウォッシュバーンがベッドルームに行く前のことに関して、キルステン・パブストの説明は検察官アダム・デュルクの冒頭陳述での説明とおおむね変わらなかった。しかし、その次の出来事については完全に食い違っていた。

パブストの話では、セシリア・ウォッシュバーンはジョーダン・ジョンソンと同じくらいセックスに乗り気だった。「彼女は上半身裸で彼の上に乗り、二人はいちゃつき続けました。それから転がって、彼女が仰向けになりました。……彼女は黒いストレッチパンツを穿いていましたが、ジョーダンがそれを脱がせました。彼女が少し腰を上げたので、ジョーダンは彼女の下着を下ろしました。彼はコンドームについて訊きました。その時点で、彼には、これからどうなるかがはっきりわかったからです。彼はコンドームを持っていませんでした。彼女は『大丈夫』と言いました。二人はキスを続けました。

ジョーダンもズボンを脱ぎ、正常位で数分間性交しました。ジョーダンは、ものすごく興奮し、射精すると思ったため、少しのあいだペニスを抜きました。それから体位を変え、彼女をうつ伏せにさせました。彼女はまた少し体を上げ、彼がうしろから再び挿入できるようにしました。彼女は彼のほうを振り向くと、いやらしい声で『ジョーディ、エロい』と言いました。彼女のジョーダンへのメッセージはつねに、オーケイ、興味あるわ、というものだったんです。

ジョーダンはその体位を長く続けませんでした。ペニスを抜き、手に射精しました。彼女のなかにではありません。そして、精液を拭くため、タオルをくれと言いました。彼女が満足したかについての会話はありませんでした。寄り添うこともありませんでした。少しぎこちなく、彼女が期待していたものではありませんでした。ジョーダンは、彼女がもっと何かを求めているということをわかっていなかったんです。その時点で、ミス・ウォッシュバーンは、これも期待していたのとは違うと気づきはじめました。ふと、彼女は、自分の気持ちが届いていないように感じました。そして、悲しいことに、そのとおりだったのかもしれません」

モンタナ大学の裁判において、ケイトリン・ケリーに対する強姦罪でカルヴィン・スミスを起訴しなかった理由を説明したときと同じ言い分で、パブストはこう言い放った。「陪審員のみなさん、この事件の本質はレイプではなく、一人の女の子の落胆なのです」。大きな期待を抱いていた性行為がうまくいかなかったことへの失望が、ミズーラのレイプスキャンダルという「迫りくる嵐」によってレイプ被害の告訴というかたちに変わった、というのがパブストの主張だった。

さらに彼女は、このスキャンダル全体とそれに伴う捜査、そしてジョーダン・ジョンソンの起訴というすべてを引き起こしたのは、「性的暴行被害者であると主張し、刑事の対応がひどく不満だと言っている、物言う不機嫌な女性（原註：パブストはまたしてもケリイ・バレットを引き合いに出している。二〇一二年六月十九日に自身のブログに投稿した長々とした文章では、レイプスキャンダルをでっち上げた人物として、バレット、ケイトリン・ケリー、記者のグウェン・フロリオを（名前は出さずに）非難していた。今回は、ジョーダン・ジョンソンの起訴を不当に引き起こしたという理由でも、バレットとフロリオを非難している）」だと言い張った。「彼女は警察長に訴えました。彼女の激しい怒りに駆り立てられ、二〇一二年の最初の半年間、ミズーラ市警とミズーラ郡検事局の性的暴行事件への対応が誤っていると言いたげな一連の報道が、途切れることなくなされたわけです」

「繰り返される報道に駆り立てられ、連邦司法省による捜査がはじまりました」パブストは続けた。「警察と検事局が性的暴行事件を真剣に受け止めているかを調べるためです。そうこうするうちに、ミズーラ市警は、批判に応え、被害者対応の新たな方針を発表しました。これは、捜査官は性的暴行の訴えに来た人をすべて信じなければいけないと明確に命じ、今後は暴行を受けたとされる女性に対して同情を示すように全力を尽くすと世間に約束するものでした」

「突如として、ミス・ウォッシュバーンは友人たちから大きな注目を浴びるようになりました」パプストは陪審員に説明した。「薬学部長からの注目。……当時の学生部長、チャールズ・クーチャーからの注目。犯罪被害者支援室からも、看護師のクレア・フランコーアからも。……ミス・ウォッシュバーンは捜査官と検察官からも注目を浴びました。彼女の落胆は、同情、注目、支援、少しばかりのドラマ、少しばかりの名声に取って代わられました。……彼女の落胆は、ドラマに焚きつけられ、存在理由となりました。そして社会のなかで新たな――そして重要な――アイデンティティを手に入れました。被害者というアイデンティティを」

なぜウォッシュバーンが虚偽の訴えを起こしたのかということを説明すると、キルステン・パプストは新たなテーマに移った。「強姦罪で人を起訴するとき、州は被告人と告訴人が何を考えていたかに重点を置かなければいけません。なぜなら、合理的な疑いを差し挟む余地なく立証するには、第一に、その女性がセックスをしたくなかったこと、第二に、女性がセックスをしたくないとその男性が知っていたことが要件となるからです。……訴訟の最初から最後まで、どうかこの二つの決定的な問題を心に留めておいてください。ジョーダンはその夜セックスをしたと完全に認めております。しかし、ミス・ウォッシュバーンは夢中になっているようなサインをあれこれ送っていたんです。彼をそそのかしたんです。自らも当事者だったんです。……どこかで気が変わったのだとしても、そのことを彼に伝えはしませんでした」

パブストは、ウォッシュバーンを信じるなと、しきりに陪審員に訴えた。「彼女の話は、真に受ければ、切実に思えますね。しかし、みなさん、一皮むけば何があるかによく注意してくださいね。……二つの話が相容れないなかで、だれかが起訴されているとき、陪審のすべきことは信用性のレベルまで掘り下げていくことです。……合理的な疑いを差し挟む余地なく、この娘《こ》を信じますか？　確信していますか？　……ミス・ウォッシュバーンはスター選手と付き合いたかったんですよ。だから体を捧げたんですよ。当然のことでしょうが、彼女は腹を立てています。しかし、彼に付き合う気がなかったからといって、その夜に起きたことが犯罪となるというのはおかしな話です。彼が強姦罪で有罪となるのもおかしな話です。……われわれは、みなさんが政治的な嵐に耐え、いかなるヒステリーにも流されず、フェアであっていただけるものと信じています。『ノー』は絶対にノーです。しかし、フェアに言えば、『イエス』もまたイエスなのです」

第二十三章

ジョーダン・ジョンソンの弁護人であるキルステン・パブストとデイヴィッド・パオリには、セシリア・ウォッシュバーンの信用性に関してあらゆる機会に疑いの種をまくという職業責任があった。彼らは公判のあいだじゅう、この職務を遂行するため、ウォッシュバーンに関する誤解を生む発言をためらうことなく繰り返した。

モンタナ州の法律家は、モンタナ州職務規則を遵守することが義務づけられている。これはアメリカ法曹協会の職務模範規則をもとにしたものであり、モンタナ州の規則も、法曹協会の模範規則も、「依頼人を代理している間、法律家は第三者に対して重要な事実又は法に関する虚偽の発言を故意に行ってはならない」と定めている。にもかかわらず、法律家が法廷でわざと真実でない発言をすることはよくあり、たいていは罰せられずにすんでいるのである。特に弁護人はそうだ。

「ダブルスタンダードがあるのです」とレベッカ・ローは言う。キング郡検察局で十一年にわたって性的暴行捜査班を指揮していたローによれば、「裁判官は弁護人よりも検察官に高いレベルの真実性を求める傾向があります」。また、「検察官が法廷で真実でない発言をし、被告人が有罪となった場合、弁護側は上訴し、有罪判決を覆すことができます。しかし、弁護人が真実でない発言をしたとき、それに相当する抑止力はありません。被告人が無罪となると、検察側は上訴できないのです」

どうやら意図的に、アメリカの法制度は弁護人に可能なかぎり嘘をつかせようとしている。法曹倫理学者でホフストラ大学ロースクール元研究科長のモンロー・フリードマンはこう書いている。「弁護士は、対立する証人が正直であると知っていても、可能であれば、その信頼性や信用性を攻撃しなければならない」。これはわたしたちの司法制度の当事者対抗主義に欠かせない要素である。その根底にある理論は、正義が何より達成されるのは、公平な裁判官が舵を取る第三者調査を通してではなく、利害関係者による盛んな論争を通してである、というものだ。つまり、裁判は言葉による戦いなのである。

アメリカ法曹協会の模範規則の前文には、「当事者対抗主義の規則の下、法律家は代弁者として依頼人の立場を熱心に擁護する」、また、法律家には「法律の範囲内で依頼人の正当な利益を熱心に保護し追求する義務」があると書かれている〔原註：法律家に公明正大な行動を促す取り組みとして、モンタナ州最高裁判所は二〇〇四年、モンタナ州職務規則の前文から「熱心に」という記載をすべて取り除いた。改正された前文は「当事者対抗主義の規則の下、法律家は代弁者として依頼人の立場を擁護する」となっている。この改正がモンタナの法律家の行為に影響を及ぼしたかは定かではない〕。双方の法律家ができるかぎり懸命に戦い、裁判官は規則と手続きの遵守を保証するレフェリー以上の役割を果たさないのが望ましい。対立し合う代理人は、それぞれの依頼人をサポートするために、もっとも強力な証拠を提示し、もっとも説得力のある議論をしたいと思うから、公正な裁判が保証され、真実が明らかになり、陪審員は正しい評決を下すためのしっかりとした根拠を与えられる。理屈の上ではそういうことだ。

現実には、この制度は、詭弁、まぎれもない欺瞞、そのほか法廷弁護士によるさまざまな目に余る違法行為を助長している。法学者のフランクリン・ストライアーはこう指摘する。

われわれは弁護士が証拠規則を遵守し、規則の倫理的な範囲内で戦略を立てることを期待するが、彼らはしばしば規則を曲げ、戦略の幅を広げる。……結果的に、法廷弁護士は商売を営む上でユニークな特権を明らかに享受している。ほかの場に行けば道徳上いかがわしいとされるであろう行為を行っているのであり、それについて彼らはまず世間に反論できない。

当事者対抗主義では、真実を話すことより、法的手続きにしたがうことのほうが重要になる。適正な手続き《デュー・プロセス》が、正直さや常識的な正義に勝るのである。裁判は、ケージファイトを思い起こさせる格闘に成り下がっている。それを特徴づけるのは、極端に大げさな主張、きわめて恣意的な事実の提示、証人への容赦ない尋問である。

当事者対抗主義の行きすぎた対立構造が特に問題をはらむのは、裁かれる罪がレイプである場合だ。レイプ裁判の場合、ほぼ間違いなく、被告人側の弁護士が形勢を逆転し、被害者を裁判にかけようとする。ハーバード大学精神医学教授のジュディス・ルイス・ハーマンは、「犯罪被害者のメンタルヘルス」という論文のなかでこう説明している。

法的手続きにかかわることは、人並み外れて意志の強い人にとってもかなりの精神的ストレスとなる。暴力犯罪の被害者で、被害の結果として心理的なトラウマに苦しんでいるだろう人は、司法制度にかかわることで元々の傷を悪化させてしまうかもしれない。……実際、PTSDの症状を誘発するシステムを意図的に設計しようとしたら、それは裁判所とかなり似たものになるのではないか。

犯罪被害者のメンタルヘルスに必要なことは、法的手続きで求められることと正反対であることが多い。被害者に必要なのは、社会的に認められ、支援を受けることだが、裁判所から求められるのは、信用性を世間に疑われるという状況に耐えることである。被害者に必要なのは、自分は無力ではないという感覚を確固たるものとし、人生をコントロールすることだが、裁判所から求められるのは、理解できないかもしれず、コントロールすることもできない、複雑な規則と手続きの体系にしたがうことである。被害者に必要なのは、自らの方法で、自ら選んだ場で話をする機会だが、裁判所から求められるのは、論理的で意味のある話を組み立てようとする個人の試みを打ち砕く、イエスかノーの質問に答えることである。被害者にしばしば必要なのは、トラウマを思い出させる特定のものにさらされないよう、コントロールしたり制限したりすることだが、裁判所から求められるのは、犯人と直接対峙し、記憶をよみがえらせることである。

ジョーダンの公判は二〇一三年二月八日の金曜日にはじまり、ちょうど三週間後の三月一日に終わった。召喚された三十五人の証人のなかで、最初に証言したのは被害者のセシリア・ウォッシュバーンだった。モンタナ州司法長官補佐ジョエル・トンプソン（非常に注目度の高い事件だったため、ミズーラ郡検事局の検察官と協働していた）から好意的な質問を受けながら、ウォッシュバーンは丸一日以上証人席に座り、検察官のアダム・デュルクが冒頭陳述で語ったことをさらに詳しく説明した。トンプソンの質問が終わると、弁護側に反対尋問の機会が与えられた。しかし、デイヴィッド・パオリの質問はそれほど優しくなかった。

パオリが真っ先に試みたのは、ウォッシュバーンは復讐心に燃えており、彼女の発言は信頼できないと証明することだった。彼はまずこう訊いた。「公判前の証言録取の際にお話ししたとき、あなたはジョーダンが苦しんでほしいと言っていた。それは事実ですか、違いますか？」

「違います」とウォッシュバーンは答えた。それを受けてパオリは証言の記録を取り出し、証人席の彼女に提示した。

「あなたはこう言い、こう考えていました」パオリは言った。「自分が苦しんでいるのと同じように、彼にも苦しんでほしい。そうでしょう？」

記録に目を通すと、ウォッシュバーンはそう言ったと認めた。

数分後、パオリはウォッシュバーンの子ども時代について厳しく追及し、彼女が精神的に不安定であることを証明しようとした。「あなたは託児所でいじめを受けたと言っていたし、そう書いてもいる。そうですね？」

「はい」彼女は答えた。

「そして中学校でもいじめられた？」彼は続けた。

「そうです」

「そしていじめがあまりにもひどく、カウンセリングに行かなければならなかった。そう言えますか？」

「はい」

「そして不安の発作もあった？」

「はい」

「パニック発作も？」

「はい」

「それから、自殺念慮も？」

「はい」

「そしていじめは高校でも続いたのですね？」

「自然消滅しました。あの、……中学のころほど多くはなくなったということです」

「そして高校にはあなたをいじめる女子生徒が二人いた。そう言っていましたね？」

「はい」

「そしてあなたのお父さんも当然そのことを知っていましたね。そうでしょう？」

「いえ」

「ええと、お父さんはその学校で働いていたんですよね？」

「はい」

「いじめのことをお父さんに言いました？」

「いえ」

「その時期に娘であるあなたがいじめを受けていたことを、ご両親のどちらも知らなかったとしたら、それはちょっと異常なことではないですか？」

「いえ」

「異常ではない？」パオリはもう一度強い口調で訊いた。

「はい」ウォッシュバーンは答えた。

検察官のジョエル・トンプソンから友好的な質問を受けていたあいだに、セシリア・ウォッシュバーンは、レイプされるなんて「まったく考えたこともなかった」と言っていた。その発言を思い出させてから、パオリは問いただした。「でもあなたは、実際のところ、非常に明確な夢を――率直に言えば、悪夢を――二〇一一年のクリスマスに見ている。レイプされる夢を。そうでしょう？」

「記録にそうあるなら」ウォッシュバーンは答えた。「そうです」

パオリは彼女が二〇一一年十二月二十六日に送ったメールを見せ、こう訊いた。「というわけで、あなたが見た夢はグリズリーの選手にレイプされるというものだった。そうでしょう？……そしてそのアメフト選手は不特定の人物ではない」

セシリア・ウォッシュバーンの悪夢に出てきたのは、トルメイン・ジョンソン（ジョーダン・ジョンソンとは無関係）だった。彼はモンタナ大学のコーナーバックとして並々ならぬ活躍を見せ、二〇一二年にセントルイス・ラムズに指名されて入団すると、NFLのスター選手になった。しかし二〇一一年十二月、ウォッシュバーンが夢を見る一週間前、トルメインはミズーラ市警にテーザー銃〔訳註：人を一時的に麻痺させる銃〕で撃たれ、逮捕されていた。グリズの試合後、自宅アパートでパーティーをしていたときに、男を容赦なく殴りつけたのである。この事件はモンタナのニュースメディアで大々的に報道された。

ウォッシュバーンの悪夢では、トルメインは彼女の頭を殴り、ヴァンのなかでレイプした。この夢を見たとき、トルメインは、実のところ、ウォッシュバーンの当時のボーイフレンドのルームメイトだった。

セシリア・ウォッシュバーンへの反対尋問のあいだじゅう、弁護人のデイヴィッド・パオリは、彼女のこれまでの証言の考えられる矛盾すべてに激しく異議を唱えた。指摘された点のいくつかは命取りになる恐れがあった。たとえば、ジョーダン・ジョンソンはこう主張していた——セックスをする直前に、ウォッシュバーンからコンドームはあるかと訊かれ、持っていないと答えたが、彼女は「大丈夫」と言った。ウォッシュバーンはそのような会話はなかったと主張した。しかし公判の四ヵ月前、ジョンソンのモンタナ大学からの除籍をめぐる上訴手続きのあいだに、ロンディー・ヴォーヒーズ学生部長がウォッシュバーンを厳しく追及し、コンドームについて話したかと訊くと、ウォッシュバーンは何と言ったらいいかわからない様子で、質問に答えなかった。パオリはここに照準を合わせ、ウォッシュバーンに訊いた。「あなたはジョーダンとコンドームについて話したんでしょう?」

「話してません」彼女はきっぱりと答えた。

「コンドームの話をしたかについて、過去にあいまいな態度を取ったことは認めますね? ……ロンディー・ヴォーヒーズ学生部長に対してあいまいな態度を取り……返答しませんでしたね?」

「そうです」

「ならばこれは重要な問題になる。あなたはその話をしたかどうかはっきりわかっているのですね？」

「そうです」

パオリは取るに足らないと思われる矛盾でもウォッシュバーンをとがめた。たとえば、レイプが起きたとされるときからジョンソンを家に送り届けるまでの五分から十分のあいだに何か食べ物を口にしたかという話を持ち出し、説明の矛盾につけこもうとした。「何か軽くつまんだでしょう？」

「いいえ」ウォッシュバーンは答えた。

「ハウスメイトのスティーヴン［・グリーン］が、あなたが入ってきて何か軽くつまんだと言っていることを知っていますか？」

「はい」

「では、どう思いますか……あなたの証言に対してスティーヴンの証言は？」

「スティーヴンの証言については彼の証言なのでコメントできません。でも、何も食べてないです」

「彼にはそんな話をでっち上げる理由がないでしょう？」パオリは続けた。

「はい」

「彼はキッチンで自分が見たと思っていることをそのまま言ったんじゃないですか？」

「はい」

パオリは図を参照しながら訊いた。「このキッチンで、あなたは食べ物をここのダイニングのほうに置いている。それは事実ですか、違いますか？」

「事実です」ウォッシュバーンは答えた。「シンクのすぐ横に」

パオリがさらに時間をかけてウォッシュバーンを責めたのは、ジョンソンに対する民事訴訟について相談するために弁護士に連絡したかという点だった。たしかに連絡していたことを確認すると、彼はこう訊いた。「金目当ての訴訟を起こしているアトランタの弁護士ですね。そうでしょう？」

「彼女の仕事のことは知りません」ウォッシュバーンは答えた。

「彼女のウェブサイトは見ましたか？　……彼女の数々の勝利と、依頼人のために得たお金を見ましたか？　……そのなかには金目当ての陪審評決も含まれていましたか？」〔原註：法廷弁護士はたいてい依頼人のために勝ち取った金額の大きさをＰＲする。パオリは自身のウェブサイトで、数十万ドルを勝ち取った陪審評決や示談の例を誇らしげに紹介している〕

「いえ、含まれていませんでした」

「このアトランタの法律事務所のサービスを利用したり、契約したりしましたか？」

「いえ、してません」

「これがすべて終わったらまた連絡してくれと言われましたか？」

「いえ、言われてません」

「ジョーダン・ジョンソンに対して訴訟を起こすつもりですか？」

「いえ」

「モンタナ大学に対して訴訟を起こすつもりですか？」

「いえ」

「グリズリーのアメフトチームに対して訴訟を起こすつもりですか？」

「いえ」ウォッシュバーンは答えた。

いよいよパオリは、ポイントとなるウォッシュバーンの証言に異議を唱えるに至った。レイプされたという夜、セックスしたくないということを、はっきりジョーダン・ジョンソンに伝えていたという話である。彼女が事件の三、四日後に書いた「セシリア・ウォッシュバーン 考え」という題の文書を得意げに見せ、パオリは尋ねた。「いろいろと思い巡らせていますね？」

「はい」ウォッシュバーンは答えた。

パオリはその文書のコピーをウォッシュバーンに渡し、こう訊いた。「さて、この文書のなかで、あなたはこの状況すべてが自分のせいだと思うと書いていますね？　……では、すべて自分のせいだと思ったのは、どんなややこしいサインを出していたからですか？」

「たぶん着ていた服とか、いちゃついたこととか、わたしがシャツを脱いだことで、ジョーダンはわたしがセックスしたがってると思ったんです」ウォッシュバーンは答えた。

「それから、ハウスメイトのスティーヴンを呼ばなかったことや、もっとジョーダンに抵抗しなかったことを悔やんでいますね？」パオリは続けた。

「リビングにいたルームメイトに向かって叫ぶべきでした」彼女は答えた。「それか、もっと全力で抵抗するべきでした、はい」

パオリはウォッシュバーンに、彼女が送ったフェイスブックのメッセージのコピーを渡した。レイプが起こったとされる日の十八日後に、グレートフォールズに住むブライアン・コートという友人に宛てたものである。「この文書のなかでも、やはり、防げたかもしれないということしか考えられないと言っていますね？」パオリは訊いた。

「はい」ウォッシュバーンは答えた。

「そしてもっとがんばるべきだったとも考えていましたね？」

「はい」

「そしてそのような考えからこう言っている。『いまは、まあ、やりたかったのかもしれないなと思ってて、だからあいつを殴ったり蹴ったり噛んだりしなかったのかな？』

「それが最初の部分です、はい」とウォッシュバーンは答えたが、そのフェイスブックのメッセージにはパオリが言及しなかった二番目の部分があると、彼（と陪審員）に強調した。

パオリは、続きの文章があり、そのなかでウォッシュバーンが「こんなのふざけてるよ、あたしはやろうなんて言ってないんだから」と書いていることを認めた。しかしすぐに、彼女がレイプされたと嘘をついていると証明するための質問を再開した。「それからあなたはこう言っている。『だんだんだんだん罪悪感が出てくる気がする』。そうでしょう？」

「はい」

「そしてあなたはここで、状況全体を考えると自分が嘘をついただけであるような気になると、自分の言葉で不安を表現していますね？」

ウォッシュバーンは素直に答えた。「自分が嘘をついたような気になります、はい」

「それからこう言っている。『あたしの友達もあたしが嘘をついてると思うかもしれないし、ほんとにあたしのせいだったらどうしよう。……すごいストレス』」

「そう書きました、はい」ウォッシュバーンは肯定した。

ブライアン・コートに宛てたフェイスブックのメッセージのなかで、ウォッシュバーンは子どものころの不安障害についても触れていた。「今回の出来事より前の不安障害ですね？」パオリは訊いた。

「七年生のときの」ウォッシュバーンは答えた。

「カウンセリングを受けに行く原因になったという不安障害と自殺念慮ですね。そうでしょう？……それについてわたしは、ご両親も当然知っていますかと訊き、あなたは『はい、知っています』と答えた。そうでしょう？」

「はい」ウォッシュバーンは答えた。

その少しあと、パオリはまたもやこう訊いた。「では、ミス・ウォッシュバーン、あなたはジョーダン・ジョンソンにややこしいサインを出した。そうでしょう？」

「そう思われるかもしれないです」彼女は答えた。

「そしてあなたはもっとはっきりした態度を取れたと言いましたね？」

「はい」

「そして折に触れてこのように言ったり書いたりしている。自分に責任があると考えているし、罪悪感を覚えていると。そうでしょう？」

「そうです」

「では、あなたは理解していますね、あなたが何か人に話したり、書いたりしていたら、……人はあなたの言ったことを当てにする。……そしてわれわれはそれを当てにできるべきだ。そうでしょう?」パオリは厳しく言った。

「はい」ウォッシュバーンは答えた。


検察官のジョエル・トンプソンは、セシリア・ウォッシュバーンに再び質問する機会（法律用語では「再直接尋問」）を与えられると、まず弁護人のデイヴィッド・パオリがウォッシュバーンから引き出した発言のいくつかについて「はっきり」させたいと言った。友人のブライアン・コートに送ったフェイスブックのメッセージのコピーをウォッシュバーンに渡し、パオリが意図的に飛ばした部分を読んでほしいと言った。

「『このメチャクチャな状況について考えてきたんだけど』」ウォッシュバーンは陪審員に向かって読み上げた。「『気が狂ってくるし、狂ったこと考えちゃう』」

トンプソンは、「狂ったこと」を考えてしまうと友人に知らせることがこのメッセージの意図だったのかと尋ねた。

「そのとおりです」ウォッシュバーンは答えた。「狂ったことを考えちゃうと」

「ミスター・パオリはその部分について訊きませんでしたよね?」

「はい」

反対尋問でパオリがウォッシュバーンに繰り返し認めさせたのは、レイプされているというあいだ、ベッドルームのドアのすぐ先のリビングで、ハウスメイトのスティーヴン・グリーンがゲームをしていたということだった。検察官のトンプソンは的を絞ってウォッシュバーンに訊いた。「あなたはスティーヴンに聞こえるような音を発したと主張しましたか?」

「いえ、してません」彼女は答えた。

「叫び声を上げていないと素直に認めていますね？」彼は訊いた。

「叫び声は上げていません」

「ミスター・パオリは、ジョーダンに対してもっとはっきりした態度を取れたというあなたの発言について尋ねました。その発言の意図を説明してもらえますか？」

「レイプされないようにもっといろいろできたはずです。叫ぶこともできたと思いますけど、しませんでした。転がってベッドから出ることもできましたけど、それもしませんでした」

「彼と争うこともできましたよね？」

「それもできました」

「では、もっとはっきりした態度を取れたというのは、同意していないというサインを十分に出していなかったということですか？」

「いえ、サインは十分に出していました」ウォッシュバーンは答えた。

「ミスター・パオリは、あの夜に違うかたちで物事が進んだ可能性について訊きました。あなたは叫び声を上げられたのではないか。そういう質問もありましたよね？」

「ありました」

「あの夜、自宅で、被告人とトラブルになってもいいと思っていましたか？」

「いえ」

「叫び声を上げたらトラブルになったでしょうか？」

「はい」

「抵抗したらトラブルになったでしょうか？」

「はい」

「どうしてトラブルを起こしたくなかったのですか？」

「ただ家から出ていってほしかっただけなので。覚悟もなかったですし、……わたしはそういうタイプの人間でもないので。ただいなくなってほしくて」

トンプソンはウォッシュバーンにこう訊いた。「この件でだれかを提訴したり、お金を得たりしようというつもりはありましたか？」

「いえ」彼女は答えた。

「あなたが今日ここにいるのは、あの夜のセックスのあとにジョーダン・ジョンソンが寄り添ってくれなかったからですか？」

「いえ」

「わたしたちが今日ここにいるのは、クォーターバックがあなたのボーイフレンドになることを拒んだからですか？」

「いえ」

「この訴訟手続きで何か得をしましたか？」

「いえ」

「進んで証人になったことを後悔することがありますか？」

「はい」とウォッシュバーンは答え、具体的にはつい先週そう感じたと言った。

「ミスター・パオリが言っていた、ジョーダンが苦しんでほしいという発言をしたのはどうしてですか？」

「彼が自分のしたことの責任を問われてないような気がして。わたしはトラウマで苦しんでるのに、彼は何もなかったかのようにキャンパスを歩いてました。……わたしに負わせた痛みを感じてほしいんです」

第二十四章

検察側の二人目の証人は、顔見知りによるレイプの国内随一の専門家と目される臨床心理士、デイヴィッド・リザック博士だった。彼に求められたのは「教育的証言」、つまり、レイピストとその被害者に関する最良の研究の知見を伝えることだった。弁護人のデイヴィッド・パオリとキルステン・パブストは、リザックの証言が陪審員に与えうる影響を心配したため、彼の証言を阻止しようとする申し立てを公判前に行ったが、カレン・タウンゼンド判事はそれを退け、リザックは出廷が認められた。

検察官のジョエル・トンプソンはまず、「レイプに関する誤解」——レイプ神話——について尋ねた。リザック博士は、「レイピスト」という言葉を聞くと、多くの人は「スキーマスクをかぶり、ナイフを振りかざし、茂みに隠れ、家に押し入る男を思い浮かべます。それはぞっとするイメージですし、実際にそういうことは起きていますが、……レイプの圧倒的多数、優に八十パーセント以上が、実は顔見知りによる犯行なのです」と言った。また、別の広く信じられている神話は、「顔見知りによる暴行はそれほど深刻ではなく、それほど深刻な被害はないというものですが、研究によれば、顔見知りによる暴行の被害者は、見知らぬ人による暴行の被害者と同等に影響を受けています」とも言った。

トンプソンはそのほかの誤解についても考えた上で、人格や心理学的プロファイルでレイピストを識別できるのだろうかと訊いた。「その人がそうであるかそうでないかを言い当てられるレイピストのプロファイルはありませんか」

「でも間違いなく、レイピストは平均的な人々より不審なところがありますよね？」トンプソンは訊いた。

「実は違います」リザックは答えた。わたしたちはレイピストになりうるタイプの人物を特定できると考えたがるが、「現実には不可能です」。

「では、レイピストが好感の持てる人物であることもある？」トンプソンは訊いた。

「まさにそうです」リザックは答えた。

「社交的であることも？」

「まさに」

「見たところ親切に思えることもありますか？」トンプソンは尋ねた。

「はい」リザックは答えた。

「穏やかに思えることも？」

「はい」

「内気にすら思えることも？」

「はい、内気にすら思える人物もいます」リザックは言った。

トンプソンはリザック博士に、レイプの心理的影響について科学的研究から明らかになった事実を陪審員に伝えてほしいと言った。リザックは、レイプは被害者にとって深刻なトラウマになることが多いと説明した。また、この十年から十五年のあいだに、トラウマ体験が「神経生物学のレベルで」脳にどのような影響を及ぼすかや、性的暴行の被害者が「わたしたちが直感的に予想するのと」大きく異なる反応を見せることがあるのはなぜかということに関して、かなりの研究がなされていると言った。

「では、被害者がトラウマにどう反応するかということですが」トンプソンは訊いた。「何か反応の仕方にパターンというものはあるのですか？」

「いえ」リザックは答えた。「性的暴行の被害者の反応にはかなりばらつきがあります」

検察官のジョエル・トンプソンは、男にレイプされそうだと気づいたら、そのようなトラウマになる体験を黙って受け入れるのではなく、「死ぬまで闘う」のではないだろうかと言った。

それに対してリザック博士は、レイプの脅威にさらされた女性は全力で身体的に抵抗するはずだという一般的な思い込みがあるが、「わたしたちが見出したことは違います」と言った。「実は、性的暴行を受けた女性のほとんどは抵抗しません。恐怖心があまりにも大きいのです。無力感を覚えることが多いです。意識的に抵抗しない場合もあります。抵抗したらさらにひどく痛めつけられるのではないかと思うからです」。多くの被害者がのちに警察に対し、「それ以上の被害を避けるための戦略として加害者をなだめ」ようとしたと話している。

詳しい説明を求められると、リザックはこう言った。「率直に言いまして、レイプに関してわたしたちのほとんどがなかなか理解できない点のひとつは、頭に銃を突きつけられたり、ナイフを出されたり、言葉で脅されたりというような、行為そのものが非常に恐ろしく危険に感じられる要素が必ずしもあるわけではないということです。……性暴力とそのほかの暴行のあいだには違いがあります。性暴力はその人の深いところにかかわるのです」。意志に反して体に挿入されると、ほかにはない強い恐怖が生まれることがよくあるのだと彼は言った。多くの査読付き論文によると、顔見知りによるレイプの被害者の多数が、「凶器などの明らかな暴力がない」状況でも「殺されるのではないかと怖れていた」。

トンプソンは、研究によれば、レイプ被害者は被害の直後に概してどのような反応をするのだろうかと訊いた。

「さまざまなタイプの反応があります」リザックは言った。「顔見知りによるレイプの被害者は、何が起きたのだろうかと非常に混乱していることが多いです。ひどく動転しているかもしれません。苦悩しています。でも、自分の身に起きたことはレイプだと、反射的に認識することはありません。実際、これに関しては多くの研究があります」。被害者が「揺れ動く」ことは珍しくない、と彼は説明した。「ほんとうにいやな目にあったと感じたり、混乱したり、ときにはいやな目にあったことを否定したり、……否定するというのは、ようするに、違う、いやな目になどあっていない、と自分に言い聞かせるためです」

リザック博士は、トラウマの脳への影響については相当な数の研究が行われていると言った。「そしていまわたしたちが理解しているのは」、トラウマ体験が脳に深刻な影響を与えるため、トラウマと結びつく記憶は「わたしたちが思う通常の記憶と絶対的に異なるということです。……この差異の主な原因である脳の構造についても確認ができています」

被害者が「レイプされたっぽい」というようなあいまいな発言をしたら、「ふつうではないと思いますか」とトンプソンは訊いた。

「いえ」リザックは答えた。「ごくふつうのことです。……大きなトラウマ体験は、ぞっとすると同時にかなり混乱することなのです。あまりにも大きいのです。多くの人が最初に示す反応のひとつは、取り消そうとすること、何もなかったふりをしようとすることです」。これに関連する現象として、レイプ後の被害者が「取り消そうという試み」で、「暴行をしたとされる人物とかなり長くやり取りをする」ことも一般的だと彼は説明した。「つまり、その人物とふつうにやり取りをすれば、起きてしまったと思っていたことは実際には起きていなかったと自分に言い聞かせられるのです」

「しかし被害直後に」トンプソンに言った。「正気で犯人を家に送っていくようなレイプ被害者はいない。少なくともそう言えませんか?」

「いえ」リザックは答えた。「わたし自身、そのようなケースをいくつも見てきました。……特に珍しいことではありません」

「間違いなく理解しづらいことですよね? 専門家でない人にとっては」トンプソンは訊いた。

「そうですね」リザックは答えた。「経験のない人には理解しづらいことです。それがここで難しいことになると思います。……このようなタイプの暴行は、多くの人のふつうの経験のなかにはないものです」

トンプソンは訊いた。「顔見知りによるレイプで、強い自己非難は見られますか?」

「はい」リザックは答えた。「実際、きわめて一般的なことです。見知らぬ人によるレイプの被害者でも、顔見知りによるレイプの被害者でも。ただ、顔見知りによるレイプのほうが、しばしば、激しく見えます。彼女たちは、想像しうるほぼすべての方法で自分を責めます」。信頼する知り合いから性的暴行を受けると、「世界が、突如として、非常に非常に恐ろしく、予測できない場所に一変します」とリザックは説明した。自己非難は自分をコントロールできるという感覚を取り戻すための不条理な戦略となる。なぜなら、コントロールできなかったと認めることは、自分を責めることよりも「はるかにぞっとする」からである。心理的に、自分を責めることは恐怖のなかで生きることよりも「ずっと簡単」で「気が楽」なのだ。

また、自己非難は、知り合いからレイプされたときのほうが「深刻化する」ようだとリザックは言った。そして、顔見知りによるレイプのほうが、「しばしば回復も難しい」。彼はこう問いかけた。「信頼できると思っていた人から暴行されたら、世界や人々への信頼感をどうやって取り戻せますか？　そしてどうやって自分を信頼できますか？」。絶対に何もしてこないと思っていた人に裏切られ犯されたら、「それから先、どうやって自分の判断を信頼できますか？　……これはなかなか解決できないことです。それに自己非難を助長することにもなるでしょう。……『ああ、こんなことになったのはわたしのせいだ。過ちを正して、二度とこうならないようにしよう』というように」

「おはようございます！」弁護人のキルステン・パブストが氷のような笑顔を浮かべてデイヴィッド・リザックに挨拶し、反対尋問をはじめた。「滞在はいかがでしたか？」

「とてもよかったですよ」リザックは答えた。「ありがとうございます」

「マサチューセッツからいらしてるんですよね？」彼女は尋ねた。

「そうです」彼は答えた。

「マサチューセッツからいらっしゃった教授ということですね?」彼女は訊いた。

「去年の五月で教えることはやめました」彼は言った。「だからもう教授ではないですね」

「マサチューセッツからいらっしゃった元教授ということですね」彼女は軽蔑を込めて言った。

リザックの証言——検察官のジョエル・トンプソンに巧みに引き出され、豊富な査読付き論文に支えられていた——は強力であり、ジョーダン・ジョンソンへの有罪判決を阻止する上でパブストとデイヴィッド・パオリが頼みにしていた重要な論拠のいくつかが崩された。リザックを論破する効果的な反論材料が十分になかったため、パブストは人身攻撃に出た。その後の公判のあいだ、彼女とパオリは、「マサチューセッツからいらっしゃった教授」、「ボストンの教授」、あるいはそれに類する言い方でリザックについて繰り返し言及し、陪審員席に座る善良なモンタナの人々に、彼が東海岸のインテリであり、おそらくプリウスに乗り、浮世離れした生活を送り、現実世界を理解していないということを言い立てた。

キルステン・パブストはまた、リザック博士は反レイプ運動家として多額の報酬を受け取っており、性的暴行被害者と称する人の主張をすべて無条件に支持しているというイメージも描き出した。「つまりあなたは、人にトラウマを負わされたという人々のために証言をする？……それでお金をもらっている？」彼女はリザックに訊いた。

「はい」彼は答えた。

「だいたい時給三百二十五ドルだとおっしゃってましたね？」彼女は訊いた。

「はい」

「リザック博士」パブストは強い口調で言った。「失礼ですが、この分野はあなたの非常に個人的な経験と結びついているのではないでしょうか？」

「わたしが子どものころに虐待されたという話でしたら」リザックは答えた。「そのときはそうです。でもいまは五十八歳ですから」

「とはいっても、小さいころの経験があなたをこの世界に導き、この仕事への情熱を掻き立てたのは事実ではないですか？」彼女は訊いた。

「わたしが被害者に対してバイアスがあるとおっしゃりたいのでしたら」彼は答えた。「職業人生のなかで、また、一人の人間として成長するなかで、人生はそう簡単に割り切れないと理解するようになりましたね」

続いてキルステン・パブストは少しユーモアを差し挟み、新たな切り口で尋問しはじめた。

「あなたのことはよく知らないのですが」彼女は純情ぶった声で冷やかした。「セックスについてお話ししたいんです。……すべてのセックスがひどいセックスではないということに異存はありませんか？」

「はい」リザックは答えた。

「では、ひどいセックスのすべてが非合意ではないということにも異存はありませんか？　……ひどいセックスだったというだけではレイプにならないと」

「たしかにそうです」

「それに、ぎこちないセックスは必ずしもレイプではない」

「そうです」

「がっかりするセックスは必ずしもレイプではない。異存はありませんか？」

「視線から」パブストは訊いた。「同意を得る側の人が、実際にはなくとも、同意があったと考えることもあります」

「はい」リザックは認めたが、それからこう付け加えた。「たくさんありますね?」。

公証人が立ち会う書面での合意まで、「さまざまな同意の手段」に戻した。

「同意の手段は複数あるということにも異存はありませんか?」パブストは訊いた。

「はい」

陪審員をこの流れに乗せたくなかったパブストは、話題を「さまざまな同意の手段」に戻した。ときには、と彼女は言った。「関係性によって、笑顔が同意となることもあります。あるいはキスも」

「それには賛成しかねます」リザックは言った。

「フレンチキスはどうですか?」パブストは尋ねた。

リザックは引き下がることなく、笑顔であれ、どんなキスであれ、その意味は誤解しやすいものだと指摘した。

「わかりました」パブストは言った。「では、結婚している二人がセックスするとして、『セックスしたい?』、『うん、したい』という話を最初にしなければ、合意があったことにならないというわけですか?」

「いえ」リザックは答えた。「二人のあいだに明らかに親密な関係があれば、伝達の方法ははるかに流動的ですし……それまでの背景というものがはるかに多くあると思います。ですから、結婚している二人の場合、互いに伝達し、互いに理解できる方法はたくさんあると思います。逆に、お互いをよく知らない場合は、ずっと少ないでしょう」

パブストは訊いた。「性的暴行への反応にはかなりばらつきがあるとおっしゃっていましたよね？」

「はい」リザックは答えた。

「しかし、合意の上での満足なセックスへの反応にもかなりばらつきがある。そのことに異存はありませんか？」

「ええ」

「それに、合意の上でのひどいセックスへの反応にもかなりばらつきがある？」

「はい」

「あなたはこう証言しました」パブストは言った。「一般的な話として、被害者は暴行されているあいだもそのあとも、その出来事を否定したり、軽く見せたり」し、それがレイプされた自分を責めることにつながる。しかし、問題の出来事が実際にはレイプでなかったとしたら、とパブストは疑問を呈した。たんに合意の上でのひどいセックスだったとしたら？　そして、被害者とされる人物がレイプされていなかったとしたら、リザックが自己非難と解釈したものは、実は、判断を誤った女性が「責任を認めている」ということなのではないか、と彼女は主張した。

「それはそのとおりです」リザックは認めた。

リザック博士は、検察の要請でジョーダン・ジョンソンの事件の事実調査をしていないことを、はじめから陪審員に対して明らかにしていた。彼の証言は厳密に「教育的」で、社会現象としての顔見知りによるレイプに関して、専門的知識を伝えることを目的としていた。しかしキルステン・パブストは、この事件について調査していたら、「告訴人とされる人物が虚偽の届け出をしたという結論に至る」可能性もあったのではないかと訝った。

　リザックはあらゆる可能性があると認めた。

「しかし、それではあなたが雇われた目的と矛盾しますよね」パブストは嘲笑い、検察に金をもらって証言しているのだからリザックの発言は信用すべきでないと暗に訴えた。

「わたしが雇われた目的は」リザックはパブストと陪審員の双方に言い聞かせた。「純粋に……教育的な証言をすることです」

「特に何かについてということではなく？」パブストは嫌味っぽく訊いた。

「異議あり！」ジョエル・トンプソンが検察官席から抗議した。

「認めます」タウンゼンド判事は言った。「もうよろしいですか、ミズ・パブスト？」

「ええ」パブストは感情を和げることなく答えた。「ありがとうございました」

第二十五章

セシリア・ウォッシュバーンのハウスメイト、スティーヴン・グリーンが検察側の次の証人だった。医学部進学課程に通う二十二歳のグリーンは、ウォッシュバーンとは「親友で、……何もかも分かち合っていました」と証言した。検察官のジョエル・トンプソンから、ウォッシュバーンがジョーダン・ジョンソンに「心を奪われている」ように見えたり、彼をボーイフレンドにしたいと言ったりしていたことがあったか訊かれると、グリーンはそれを否定した。

トンプソンはグリーンに、レイプされたという日の午後、ウォッシュバーンがどのような様子だったか――ジョンソンが夜に会いに来ることを一大事だと考えていたか――尋ねた。「特に何とも思っていない感じでした」とグリーンは言った。「友達が来て映画を観ると言ってただけで、それくらいです」

午後十一時四十一分、スティーヴン・グリーンがリビングのカウチに座り、「フォルツァ・モータースポーツ」というゲームに熱中していると、セシリア・ウォッシュバーンから「レイプされたっぽい。あいつ、ずっと突きまくってきて、やめてって言ってるのに聞かなかった……泣きたい……ヤバい、どうしよう！」というメールが届いた。

「どうしたらいいかよくわからなかったです」とグリーンは率直に言った。ウォッシュバーンのメールに驚いた彼は、カウチにとどまり、二分後に、「何してるんだ、そこを出ろ」と返信した。

その数分後、ウォッシュバーンが一人で部屋から出てきて、キッチンに向かった。そこでグリーンはさっと立ち上がって彼女を止め、どうしたのか訊いた。「泣いていたか、これから泣きそうでした」とグリーンは振り返った。「目に涙がたまってる感じで、かなり苦しそうでした」。ウォッシュバーンは話したくないとグリーンに言い、そのままキッチンへ行き、「なんか、スナックかなんかを棚から取りました」。

検察官のジョエル・トンプソンはグリーンに、ウォッシュバーンが家を出ようとしていたことを知っていたかどうか尋ねた。

「はい」グリーンは答えた。「[ジョーダン・ジョンソンを]家まで送っていくと言ってたと思います」。その直後、ジョンソンがウォッシュバーンのベッドルームから出てきて、何も言わずにグリーンの横を通り、キッチンのドアから外へ出ていった。「僕はそのままカウチにいて、セシリアが帰ってくるのを待ちました」とグリーンは言った。「ほんとにずっと心配でした」

セシリア・ウォッシュバーンが帰ってきてからのことを、グリーンはこう証言した。「裏口からキッチンに入ってきて、それが聞こえたので、走っていったら、冷蔵庫にもたれかかって猛烈に泣いてました。かなりひどくて、しゃべることもできないくらい。……苦しそうにあえいでました。……僕は駆け寄って、ハグをして、どうしたのか訊きました。……セシリアは……あいつがずっと突きまくってきて、やめさせようとしたのに聞かなかったと言ってました」。そして、「しばらくハグしました。セシリアは僕の肩でひたすら泣いてました」と説明した。

「彼女を落ち着かせることはできましたか?」トンプソンは訊いた。

「ええ、少しは」グリーンは答えた。「それからリビングのカウチに行ったんですけど、セシリアはまだかなり取り乱してました。……だれにも知られたくないと言ってました。それに、なんか、警察とかにも届け出たくないって」。グリーンがそれに反対し、レイプ被害を警察に届け出るべきだと主張すると、ウォッシュバーンは「だれにも知られたくない」と繰り返した。

冒頭陳述でキルステン・パブストは、セシリア・ウォッシュバーンは注目を浴びて有名になるために、ジョーダン・ジョンソンにレイプの濡れ衣を着せたのだと力説していた。トンプソンはグリーンにこう尋ねた。「彼女は有名になりたがっているようでしたか？」

「いえ」グリーンは答えた。

「被害者という新しいアイデンティティを気に入っているように見えましたか？」

「いえ」

「でも注目されるのは気分がよかったですよね？」

「いえ」

「日常的に彼女を見ているなかで、彼女がどのようにストレスに対処しているかはわかりましたか？」トンプソンは訊いた。

「すべての人と距離を取ります」グリーンは言った。「ふっと自分の部屋に消えたりするような感じで、だれとも話したがらないし、何も言いたがりません。抱え込む感じです」

ファースト・ステップ性暴力救援センターの診療看護師・法医学検査官で、アリソン・ヒュゲットとケルシー・ベルナップの検査も行ったクレア・フランコーアが、公判第一週の最後に検察側の証人として召喚された。彼女はセシリア・ウォッシュバーンの生殖器の写真とビデオを陪審員に見せながら、レイプされたという日の翌日に行った法医学検査について説明した。検察官アダム・デュルクの質問を受け、ウォッシュバーンの膣内の擦り傷と小さな裂傷、さらに鎖骨の軽いあざを指し示した。また、膣壁と側頭部の圧痛も確認したと証言した。それらはすべて「考えられる原因がひとつではありませんが、性的外傷の特徴と一致します」ということだった。

ウォッシュバーンの生殖器のビデオが終わり、人々が法廷内に戻ると、弁護人のデイヴィッド・パオリは、フランコーアの信用性を攻撃することに決め、ことさらに闘争的な反対尋問をはじめた。「フランコーア看護師……」彼は言った。「あなたの仕事は性行為が合意か非合意かを決めることではないし、決めることはできない。そうでしょう?」

「そうです」彼女は答えた。

続いてパオリは、目を通すように言ってあった医学文献を読んでいないとして、フランコーアを激しく批判した。「五月十日に文献のいくつかを渡したのに、十二月に話を聞いた時点で目を通してすらいなかった。そうでしょう?」と声を荒らげた。

「そのとおりです」彼女は答えた。

「五月十日に渡した文献ですが」パオリは続けた。「いまはもう読みましたか?」

「論文を完全に読んではいません」フランコーアは答えた。

「論文は三つありました。どれも読んでいないんですね?」パオリは問いつめた。フランコーアが覚えていないと言うと、彼はいっそう腹を立てた。「どういうことですか、覚えていないとは?」激怒して言った。「あなたはいつもそうだ!」

「異議あり！」検察官のアダム・デュルクが吠えるように言ったが、パオリは無視してフランコーアを非難し続けた。

「異議あり！」デュルクはもう一度叫び、パオリの喧嘩腰な姿勢に抗議した。

「認めます」タウンゼンド判事は言った。

「あなたはセシリア・ウォッシュバーンと友達になったんでしょう？」パオリは吐き出すように言った。

「友達とは言わないと思いますが」フランコーア看護師は答えた。

「では何と言うのですか？」

「患者と」

「あなたの医療従事者としての責任の一部は、弁護士を紹介することだと言っていましたね？……あなたは彼女にアトランタの法律事務所を紹介した。違いますか？」

「名前は伝えました」フランコーアは説明した。

「そして彼女に代わってその法律事務所に連絡したんですね？」

「してません」

「その法律事務所に連絡し、ミズ・ウォッシュバーンから電話が行くと伝えた？」

「その連絡をしたのはわたしではありません」

「そしてそのころ、ミズ・ウォッシュバーンは警察に行こうとしていた。そうでしょう？」

「それより前だったはずです。正確な日付は覚えていませんが」

「では思い出させてあげましょう。彼女が警察に行ったのは三月十六日です。一緒に行ったんだから知っていますよね。そうでしょう?」

「そのとおりです」

パオリは、看護師のフランコーアが患者に付き添って警察署に行ったり、患者に弁護士を紹介したりしていることに衝撃を受けたと言い、嘲りのこもった声でこう尋ねた。「それはあなたの医療業務の一部なのですか?」

フランコーアは、そのような相談は「患者中心」の医療の一部であり、この職業の標準的なルールにしたがっていると答えた。

「患者中心で訴訟をあおる。その一部なのですか?」

「異議あり!」デュルクが叫んだ。

「認めます」タウンゼンド判事は言った。

しかしパオリは、ウォッシュバーンに弁護士を紹介したことについて、さらに数分間、フランコーアをいびり続けた。「患者にアトランタの弁護士を紹介することもあなたの職務の一部なのですね」彼は怒号した。「そうですか?」

「何であれ、彼女たちが必要としている手段を紹介するのは、わたしの仕事の一部です」彼女はうんざりしたように答えた。「弁護士も含めて」

この話を引っ張りすぎたかもしれないとようやく気づいたパオリは、被害者とされる人物に弁護士を紹介することの妥当性について難詰するのをやめ、セシリア・ウォッシュバーンの法医学検査をどのように行ったかについて難詰しはじめた。彼は、ウォッシュバーンの生殖器に傷を負わせたのはジョーダン・ジョンソンではなく、検査を行ったフランコーアなのではないかとまで言った。そして、彼女のスキル不足の証拠として、手術用手袋の指のひとつに小さな裂け目があったことを指摘し、こう訊いた。「裂けた手袋は医療の標準からまったく外れていますよね？」

「標準から外れています、はい」フランコーアは認めた。

パオリは、フランコーアがビデオで確認したウォッシュバーンの膣内の裂傷について訊いた。

「小さな裂傷、それは約一ミリですよね？」

「もう一度テープを見ないといけないでしょうが」彼女は答えた。「そのくらいだと思います。一ミリか二ミリ」

「つまり、とても小さなものですね？」パオリは続けた。

「はい」

暴行疑惑の前に裂傷ができていた可能性はあるかとパオリが尋ねると、彼女はあると答えた。

「一週間も前にできていた可能性すらある。そうでしょう？」と彼は訊いた。

「一週間も前の傷が見られることは珍しいでしょうが、可能性としてはあります」

パオリは、フランコーアがウォッシュバーンの膣壁に発見した圧痛と擦り傷、および鎖骨に確認した赤い傷が、合意の上のセックスによって生じた可能性はあるかと尋ねた。「ありえます」とフランコーアは認めた。

デイヴィッド・パオリがようやく反対尋問を終えると、検察官のアダム・デュルクにフランコーア看護師を再尋問する機会が与えられた。「ミズ・ウォッシュバーンのケアと治療という点で、あなたは客観性を保っていましたか？」と彼は訊いた。

「保っていました」彼女は答えた。

「あなたの検査によって何らかの傷が生じましたか、生殖器の傷でも生殖器以外の傷でも？」

「いえ」

「このファースト・ステップの急性性的外傷検査で、あなたのやり方が、ご自身が承知している指針に違反することはありましたか？」

「いえ」

「この指針、二〇〇四年に出された全国ルールには、民事の弁護士の情報を被害者に提供する義務について書かれていますか？」

「書かれています」

「この全国的な指針にしたがうと、あなたは被害者が法執行官と話すのを手助けすることになっていますか？」

「なっています」

「セシリア・ウォッシュバーンの記録のなかで、二〇一二年二月四日より前にそれらの傷が生じていたと考えさせるものはありましたか？」検察官のアダム・デュルクは訊いた。

「いえ」フランコーア看護師は答えた。

「異議あり、判事！」弁護人のデイヴィッド・パオリが抗議した。

タウンゼンド判事はパオリとデュルクを裁判官席に呼び、パオリの異議について非公式に議論することにした。話し合いが終わると、両代理人は裁判官席を離れたが、そのときパオリが声をひそめて何やらぶつぶつとデュルクに言った――どうやら脅しか罵り言葉だったようで、デュルクはパオリのほうを向くと、憤慨して問いただした。「すみません、何ですって？」

パオリは何も言わなかったが、デュルクと胸を突き合わせ、にらみつけた。長い一呼吸のあいだ、パオリ――デュルクより少なくとも五十キロ近くは体重があるだろう――は、いまにもデュルクの鼻梁に頭突きをしそうだった。タウンゼンドが「ミスター・デュルク、続けてください」ときっぱり言い放ち、にらみ合いを鎮めた。デュルクはフランコーアへの再直接尋問を再開し、パオリは弁護人席に引き下がった。

「このケースで、裂けた手袋は最終的な検査結果に影響を及ぼしましたか?」デュルクは訊いた。

「いえ」とフランコーアは答え、セシリア・ウォッシュバーンの生殖器の傷は「性的外傷の特徴と一致します」と陪審員に断言した。

ジョーダン・ジョンソンの事件の捜査主任官であるミズーラ市警刑事のコニー・ブリュックナーが、セシリア・ウォッシュバーンのための証人として検察側に召喚された。検察官アダム・デュルクによる直接尋問で、ブリュックナーは、セシリア・ウォッシュバーンは捜査にしっかり協力してくれたと証言した。自発的に携帯電話を警察に引き渡してくれ、そのなかに残っていた二万九千通のメール――弁護人のデイヴィッド・パオリはそれらの多くを法廷でウォッシュバーンの顔に泥を塗るために使っている――をすべて取り込ませてくれた、と彼女は言った。ジョンソンもある程度はブリュックナーの捜査に協力したが、疑わしいことに、レイプがあったとされるあとに送ったウォッシュバーンに関するメールを、刑事に求められる前にすべて削除していた。

また、ウォッシュバーンが警察に行ったのはレイプがあったとされる日の六週間後だったため、ブリュックナーが捜査をはじめるまでに、携帯電話会社はジョンソンのメールをシステムから削除していた。

問題の夜の三ヵ月後、ブリュックナーと、ディーン・クレステンソンという刑事が、弁護人キルステン・パブストの立ち会いのもと、警察署でジョーダン・ジョンソンから事情を聞いた。公判中、ブリュックナー刑事の証言への補足として、デュルクはこの事情聴取のビデオを流した。法廷でビデオを見た陪審員たちは、クレステンソン刑事がジョンソンにこう諭すのを聞いた。「二人の人間がいて、そのうちの一人が嘘をついている。事件後の君の行動――それが、わたしとしては、もっとも不安になる部分だ」。しかもジョンソンには嘘をつく理由がたくさんある、もし有罪になれば、大学卒業後にプロのアメフト選手かコーチになるという夢を断たれてしまうのだから、とクレステンソンは言った。

これを聞いてジョンソンは泣きじゃくりはじめた。「そんなことはどうでもいいんです」と、クレステンソンに言った。「ただふつうの若者に戻りたいだけです。アメフトはどうでもいいんです」

ビデオの一場面で、ジョンソンはブリュックナー刑事にこう言った。ベッドでいちゃつきはじめてから、レイプがあったというあとに家へ送ってもらうまで、セシリア・ウォッシュバーンにはほとんど何も言わなかったし、彼女が話しかけてきたのも一度だけだった、と。ウォッシュバーンはおどけた調子で『ジョーディ、エロい』と言った、とジョンソンは供述した。「彼女をひっくり返したときです」。しかし、そう言った直後、自分がひっくり返したと認めたことを後悔したようで、急いでこう付け加えた。「えっと、体位を変えたんです」

ビデオが終わると、検察官のアダム・デュルクは、このちょっとした証言が「何らかの意味で重要」だと思ったかブリュックナー刑事に尋ねた。

「思いました」と彼女は言い、ジョンソンの供述は「ミスター・ジョンソンにひっくり返された」というウォッシュバーンの証言を裏づけるものだと説明した。

ブリュックナー刑事への反対尋問がはじまると、弁護人のデイヴィッド・パオリは、九日前に証人席に着いたセシリア・ウォッシュバーンは「体位を変えるのに協力した」と証言していたと主張した。

ブリュックナーは、パオリはウォッシュバーンの言葉を不正確に伝えていると反論した。ウォッシュバーンは、実際には、「うつ伏せにならないなら、オレがさせてやる」とジョンソンに言われたと証言し、それからこう言っていた。「そこで彼はわたしの腰をつかんで、わたしをひっくり返しました。……レイプされるとわかりました。……たしかに彼に協力しましたけど、それはわたしがあきらめたからです」

しかしながら、ブリュックナー刑事がウォッシュバーンの証言を伝えている途中で、パオリはいきなり話をさえぎった。ウォッシュバーンが実際に言っていたことを陪審員に思い出させたくなかったからである。かわりにパオリは、自らの主張を支えることになる証言をブリュックナーから引き出そうとした。この午後の大半を費やして訴えてきたその主張は、レイプ疑惑の捜査中、ブリュックナー刑事は遂行を誓った職務を怠り、ジョンソンの無罪を証明する証拠を探し求めてこなかった、というものだった。

それより前にパオリはこう言っていた。「ブリュックナー刑事、あなたが仕事のことを真剣に考えているのはわかっています。では、あなたの仕事のいちばんの目標は何なのでしょうか？」

「真実を見つけ出すことです」彼女は言った。

「そして正義を？」彼は訊いた。

「はい」

「どのように？」

「事情聴取をします」ブリュックナーは答えた。「証拠を集めます。そうして供述を裏づけるか反証しようとするかします」

「無罪を証明する証拠を見つけようともする？」

「はい」

「中立でなければならない。違いますか？」

「そうです」

「被害を訴えている人物と関係を築くのは不適切になる。そうではないですか？」パオリは訊いた。

「『関係』の意味を明確にしていただきたいのですが……」

「ええと、ミス・ウォッシュバーンが被害届を出しに来る前にアトランタの訴訟専門法律事務所に相談していたことを、どこかの段階で知りましたか？　……アトランタの法律事務所に相談するまでは警察に届け出ないつもりだったとわかっていましたか、もしくはクレア・フランコーアから何らかのかたちで知らされていましたか？　……アトランタから法律事務所のサービスを受けているとミス・ウォッシュバーンから聞いていましたか？」

「いえ」ブリュックナーは答えた。

「ブリュックナー刑事」パオリは強い口調で言った。「あなたは……司法省によるミズーラ市警への捜査に巻き込まれていた。そうではないですか？　……話をするか、事情聴取を受けるかしましたか？　……そしてそれはいつでしたか？」

「わかりません――六月でしたかね、たしか。司法省のメディアへの発表のすぐあとでした」ブリュックナーは答えた。

「というと……ちょうどこの事件の捜査をしていたときですね？　……その司法省の事情聴取は印象に残りましたか？」

「ええ」ブリュックナーは言った。「ほんとうに建設的な話し合いだと思いました」

「それによってこの事件に費やすエネルギーが増えましたか？」

「いえ。……この事件では事情聴取の前からいろいろとやっていたので、それの影響はまったくありません」

デイヴィッド・パオリは、ブリュックナー刑事をこのように特に長く質問攻めにした。陪審員に対し、彼女はウォッシュバーンと不適切な個人的関係を築いており、ジョンソンへの訴えが濡れ衣であることを明らかにしうる証拠をきちんと見つけ出そうとしていないと示すためである。警察倫理典範第十条を引用し、パオリは訊いた。「法執行官であり、主任刑事であるあなたは、不法行為者の訴追と無実の者の弁護に等しく関わらなければならない。そうでしょう？」

「はい」彼女は答えた。

パオリは、この倫理的義務と前年三月に制定された警察の方針はどのように辻褄を合わせられるのかと訝った。新たなルールによれば、ミズーラの警官は、性的暴行の捜査を行う際、反証が見つかるまでは被害者の主張を信じなければいけなかった。「異存はないでしょうか」パオリは自らの言い分を質問のかたちに変え、強い口調で訊いた。「この方針は……警察の捜査の客観性と中立性をぶち壊すのではないですか？」

「いえ」ブリュックナーは答えた。「まったく違います」

彼女の返答にいらだち、パオリは抗議した。「客観性と中立性を維持できる、……反証が見つかるまで告訴事実を信じなければいけないのに？」

「それは捜査過程の一部です。証拠を集め、供述を裏づけたり反証したりするための」ブリュックナーは穏やかに答えた。そして、「地域社会のいくつかの問題を受けて」、ミズーラ警察長のマーク・ミューアが新たな方針を起草したのだと説明した。

「つまり、地域社会の圧力で新たな方針が制定された？」パオリは訊いた。

「それはよくわかりませんが」ブリュックナー刑事は答えた。「潜在的な問題に目を向けさせたと思います」。新しい方針の意図は、より効果的に性的暴行事件を捜査するための指針を巡査に与えることによって、よりよい対応をできるようにすることだと、彼女は説明した。

弁護人のデイヴィッド・パオリが警察の新たな方針に異常に執着したのには背景がある。同じく弁護人のキルステン・パブストは、十一日前、ジョーダン・ジョンソンのための冒頭陳述でこのように述べていた。新たな方針がつくられたきっかけは、グウェン・フロリオが二〇一二年一月に書いた、性的暴行被害者のケリイ・バレットとケイトリン・ケリー、および彼女たちの事件への警察の対応に関する「ミズーリアン」紙の二つ一組の記事だ、と。フロリオの報告を受けて、シンシア・ウォルケン市議がマーク・ミューア警察長を公開討論会に招き、ミズーラのレイプ問題への警察の対応について、市民に質問の機会を与えた。

討論会がはじまると、ミューアは、「性的暴行に対応する際のより明確な手順」があることが警察にとって望ましく、「われわれは被害者を第一に考える必要がある」と言った。警官は自身が「まったく同じ状況下に立たされたときに相手に取ってもらいたい態度」で被害者に接する――「すべての被害者に等しく同情を寄せる」――べきだと彼は述べた。そして、六週間以内に「性的暴行に関するよりよい方針」を制定すると誓った。

ミューア警察長が話したあと、ケリイ・バレットがマイクを取り、自身の事件とケイトリン・ケリーの事件への対応に不手際があったとして、警察とミズーラ郡検事局の双方を非難した。なかでも厳しく批判したのは、当時ミズーラ郡検事局でレイプ事件の訴追を任されていたキルステン・パブストだった。

ミューアは、その言葉どおり、討論会の直後の二〇一二年三月十九日に新たな方針を導入した。それはたまたま、セシリア・ウォッシュバーンがジョーダン・ジョンソンからのレイプ被害を警察に届け出た三日後のことだった。また、パブストが検察官の職を辞し、自身の法律事務所を開設した十八日後のことだった。

ミズーラ郡検事局を辞めたあと、キルステン・パブストはジョーダン・ジョンソンの弁護人としてデイヴィッド・パオリのチームに入った。ジョンソンの公判中、パブストとパオリが警察の新たな方針に関してケリイ・バレットとケイトリン・ケリーを非難し、その新たな方針を棍棒としてブリュックナー刑事と彼女のレイプ事件の捜査手法を叩きのめしたのは、たしかに理知的な策略だったかもしれない——法律家の狡猾さを効果的に発揮するやり方だったかもしれない。しかし、パブストとパオリの新たな方針への反応にはいくらかの憤りが込められており、それは彼らがケリイ・バレットに腹を立て、これを個人的な侮辱だと考えていることを示唆していた。

実のところ、新たな警察のルールがジョーダン・ジョンソンの憲法上の権利を踏みにじっているかについてはすでに双方で議論されており、公判がはじまる二週間前にタウンゼンド判事が結論を下していた。ジョンソンの裁判の棄却を求める最初の申し立てが二〇一二年九月にタウンゼンドに退けられたあと、デイヴィッド・パオリとキルステン・パブストは二〇一三年一月上旬に棄却を求める二度目の申し立てを行い、こう主張した。「彼女たちの言い分を信じて性犯罪の捜査にあたることを義務づけるミズーラ市警の方針は、無罪の推定と適正な手続きに反して」おり、ジョーダン・ジョンソンの「完全にバイアスのかかった捜査につながった」。パブストは「刑事事件の原則は明確だ」と述べ、一九五七年にモンタナ州で争われた〈州対マクラウド裁判〉を引き合いに出した。「被告人の無罪に有利となるすべての推定は、合理的な疑いを差し挟む余地なく有罪が証明されるまで特別に扱われなければならない」

しかし、検察が提出した短い返答のなかで、ミズーラ郡首席検事補のスージー・ボイランはパブストの主張のまぎれもない不備を暴き、パブストが新たな方針の残りの重要な側面に言及していないことを指摘した。新たな方針は、と彼女は書いている。

「犯罪の事実が疑わしいと裁定するための必要な情報を手に入れる」こと、ならびに「犯罪が起きたかどうかを立証する」ことを警察官に義務づけている。

> 犯罪の最初の届け出を真実だと想定し、犯罪が起きた十分な証拠が存在するかを判断するために捜査を行い……訴追の可能性を追求することに、何も異常な点はない。性犯罪であれ、横領であれ、強盗であれ、ほかのどんな犯罪であれ、それが標準的な手続きである。これを特別に規定した理由は、歴史的に性犯罪被害者が疑いの目で見られてきたからだ。このようなことはほかの犯罪の被害者には起こらない。……すべての犯罪被害者の話に耳が傾けられ、徹底的な捜査が行われるべきである。新たな方針はその考えを反映したにすぎない。
>
> さらに重要なことに、被告人が主張しているのは……捜査段階では有しない権利である。無罪の推定は憲法上の権利として明確に挙げられたものではない。公正な裁判を受ける権利のなかで具体化された原則である。つまり、裁判上の権利である。

検察の論拠を強化するため、ボイランは一九七九年に米国最高裁で争われた〈ベル対ウルフィッシュ裁判〉と、一九九四年の軍事裁判〈米国対ディッキー裁判〉を引き合いに出した。

> 無罪の推定の役割は、非専門家や裁判所の影響で、しばしば理解しづらくさせられている。……無罪の推定は法廷における証拠規則であり、被告人の適正な手続きの権利の一部を定めるものである。……法執行官、司令官、治安判事の公判前の職務を制限するものではない。

キルステン・パブストの棄却申し立てと、それに対するスージー・ボイランの返答について熟考した末、カレン・タウンゼンド判事はこのように書いた。

本裁判所は、ミズーラ市警の方針は……無罪の推定に反していないと考える。デイヴィッド・リザック博士が専門家証人として開示したとおり、レイプの虚偽の届け出の割合は非常に低いため、警察がこの方針を取ることは不適切ではない。捜査の目的は、無罪の証拠を探すと同時に、犯罪の証拠を探すことである。……被告人は公判時まで……無罪の推定の権利を有しない。……

よって被告人の二度目の棄却申し立ては退ける。

こうしてパブストとデイヴィッド・パオリはこの論争に敗れた。しかし、公判がはじまったいま、タウンゼンド判事がパブストの棄却申し立てを受け入れなかったことはもはや重要でない。パオリはこの法廷で、証人席のコニー・ブリュックナー刑事を前にし、警察の新たな方針はフェアでないとあらためて訴えることができた。それに、今回の争いで検察が勝つためにアダム・デュルクが説得しなければいけない相手は、博学な裁判官ではなかった。彼が説き伏せなければいけないのは、陪審員席に座る十二人の素人であり、彼らはだれもロースクールに通ったことがない。そのような人たちを相手に、新たな方針はジョーダン・ジョンソンの憲法上の権利を侵害しておらず、ブリュックナーの捜査に汚点をつけてもいないと納得させる必要があった。

それを成し遂げるため、パオリが弁護側の反対尋問を終えると、デュルクは、パオリをあのように怒らせたミズーラ市警の新たな方針の抜粋をブリュックナー刑事に渡し、この場で読み上げてほしいと言った。「被害者は苦しみにより」と、彼女ははじめた。

捜査に協力する気を失ったり、心理的に協力できなくなったりする可能性がある。被害者が捜査に協力する気になること、事件の感情的および心理的な影響に対処できるようになることの両面において、巡査・捜査官は大きな役割を果たす。そのため、偏りのない見方で事件に対応し、被害者とのコミュニケーションにおいては、決して事件を被害者のせいにしないことがとりわけ重要である。性犯罪の捜査はすべて、反証が見つからないかぎり真実だと信じて行わなければならない。

デュルクは陪審員に対し、パオリが許しがたいと考えた文言は国際警察長協会の指針にもとづいたものであり、その指針はすべての性犯罪の届け出を「反証がないかぎり有効だと考えるべき」だと勧告していると説明した。

新たな方針がなぜ重要なのかとデュルクが尋ねると、ブリュックナー刑事は、この方針は「これがいかに繊細な問題であるか、被害者にとって名乗り出ることがいかに難しいかをふまえている」のだと答えた。この方針があることで、レイプ被害者との最初の接触の際に、警察官がうっかり被害者を警戒させて遠ざけ、状況を狂わせてしまうことが防げるようになるし、「被害者に発言権を与えることになります」。

強盗のようなほかの犯罪の場合、警察は当然のように被害者が真実を言っていると考える、とデュルクは指摘した。「最初に被害者を信じようとしなければ」彼はブリュックナーに訊いた。「そもそも犯罪の捜査ができるでしょうか？」

「できません」彼女は答えた。

第二十六章

公判がはじまる前、弁護人のデイヴィッド・パオリとキルステン・パブストは、ジョーダン・ジョンソンの性格証人として召喚するつもりの二十五人のリストを提出したが、タウンゼンド判事は、彼の性格の素晴らしさについてこれほど多くの人に話させるのは「時間の無駄」だと告げ、性格証人として証言できるのは五人だけになった。そのうち最初に証人席に着いたのは、ミズーラで未公開株式投資会社を経営し、モンタナ大学アメフトチームのチャプレン〔訳註：施設や団体に所属し、宗教活動や助言を行う人〕をつとめるマイケル・マッゴーワンだった。

彼は、ジョンソンは「わたしの礼拝にすべて参加していました」と証言した。神学校に通ったことがなく、神学の学位を持ってはいないものの、マッゴーワンは、試合の日、キックオフの三十分前にボランティアで礼拝式を開いていた。「選手の多くが参加します」が、「全員ではありません」と彼は言った。祝禱を行い、選手たちのけがが治るように祈り、フィールドに駆け出す前にチームを祈りで導き、試合後にさらに祈りを指揮するのが彼の役割だった。また、「平日のあいだは、けがをした選手や、何か話し合いたいことのある選手のために、面会できる時間をつくって」いるということだった。

「わたしのジョンソンとの交流はいつもグループの場面での交流でした」とマッゴーワンは率直

に言った。「とても礼儀正しく、出しゃばらない、高潔な若者です。やたらと騒いだり、やかましくしゃべったりする人間ではありません。……プレッシャーがあるなかでも、実に、実に冷静です。……汚い言葉も使いません——ジョーディが罵り言葉を使うのは聞いたことがありません。それは、ほんとうに、特別なことです」。マッゴーワンは、「ジョーダンはおそらくわたしよりも感情をコントロールできる」と驚嘆していた。「彼の年齢ではたいへん珍しいことです」。非常にストレスの多い場面でも、「ジョーダンはそれを根本的に抑え、落ち着きを保つことができます。それはつまり、自制心ということでしょう」

ジョンソンが偉そうに振る舞っているのを見たことがあるかとデイヴィッド・パオリに訊かれると、マッゴーワンは「見たことがありません」と答えた。

「反社会的な振る舞いは？」パオリは訊いた。

「見たことがありません」

「自分のことしか考えていないようなところは？」

「ありません」

「男根主義的なところは？」

「ありません。……それは彼の性格と正反対です。……わたしが見るかぎり、彼は、グループの場面でも個人の場面でも、自分に注目を集めようとはしません」マッゴーワンは言った。

「ナルシストですか？」パオリは訊いた。

「いえ」マッゴーワンは答えた。

このすぐあと、検察官のスージー・ボイランが反対尋問をはじめ、『反社会的』、『男根主義』、

『ナルシスト』」という言葉の厳密な定義を知っているか、「あるいは、たんにあなたの一般的な理解のようなものにもとづいて証言しているのですか？」とマイケル・マッゴーワンに訊いた。

「一般的な理解です」彼は認めた。

グリズアメフトチームのボランティアのチャプレンという役割について、ボイランはこう尋ねた。「選手たちと二人だけになることはない。そうですか？」

「特にその必要はありません」マッゴーワンは答えた。

「では、被告人と二人だけになったこともないわけですね？」

「彼とはグループの場面で顔を合わせていますが――たとえば、飛行機のなかや食事などでですが――一対一の場面はありません」

「それに、彼と性や恋愛について話したこともないですね？」

「はい」

「それに……彼に何かを打ち明けられたこともない？」

「はい、ありません」

「被告人の素晴らしい性格を教えてくださいましたが、そのような性格の人であっても悪事や過ちを犯すかもしれないということに異存はありませんよね？」ボイランは訊いた。

「ええ、わたしの見解はお伝えしました」マッゴーワンは答えた。

「そうですね」ボイランは言った。「しかし、公判前に電話でお話ししたとき、そのような性格――つまり、いまあなたが説明された好ましい性格――の人が絶対に悪事を犯さないとは思っていないとおっしゃいましたよね？」

「そう言いました」

ボイランの反対尋問は思いがけず効果的だった。立派に思える人物も、実はだれにも言えない秘密を抱えているかもしれない。そのことを刺激的に思い出させるものだった。

午後四時十分、二十七分間の証言を終えたマイケル・マッゴーワンが退席を許され、公判全体でもっとも待ち望まれていた証人、被告人のジョーダン・ジョンソンが証人席に着いた。彼は淡いブルーのボタンダウンの開襟シャツを着ていた。弁護人のキルステン・パブストはまず家族について訊いた。ジョンソンは、オレゴン州ユージーンの少し外れ、ウィラメット川のそばの小さな町コバーグで、両親と姉と育ったと説明した。父親のマーティ――数学教師でコーチ――との関係は「特別」だと言った。「高校のアメフトで父がコーチをしてくれて幸運でした。ふつうの父と息子よりかなり仲がいいと思います」。母親とはどんなことをするかとパブストに訊かれると、だいたい「特に何と言うことはなく、ただ一緒にいるだけです。プレゼント探しを手伝ってくれます。買い物に行ってくれます」と答えた。

「とても仲がいいと言っていいですか?」パブストは訊いた。

「はい」ジョンソンは答えた。

「家族全員がすごく仲がいい?」

「とても」彼は感情的な声で言い、一瞬落ち着きを失った。

証言が進むにつれ、ジョーダン・ジョンソンが無口で冷静であることがわかり、マイケル・マッゴーワンの言っていたことが確かめられた。パブストの質問に対して、彼はほとんどイエスかノーしか言わず、一度に何語も発することはまずなかった。この寡黙さのため、聞いている人たちは好きなように彼の性格を想像できた。冷淡でいくらか超然としているように思えるときもあったが、彼に好感を持つのはたやすかったし、彼がこのような苦境にあるのを気の毒に感じないのは難しかった。

「恥ずかしがり屋なのですか？」パブストはジョンソンに訊いた。

「ええ」彼は答えた。

「子どものころからずっとこういう感じですか？」

「はい」

「小さいころよりは話し好きになりました？」

「いえ」

五時少し前、ジョンソンが証人席に着いてからまだ四十五分しか経っていなかったが、法廷は閉廷時間のために休廷となった。タウンゼンド判事は、毎週火曜日は裁判所のほかの業務があって休廷とするため、明日はこの公判の手続きを行わないとあらためて全員に伝えた。

二〇一三年二月二十七日の水曜日の朝、公判が再開されると、タウンゼンドはジョーダン・ジョンソンの証言をいったん中断すると告げた。性格証人のルディ・ハー――ジョンソンのために証言をするべくオレゴン州から来た牧師――が時間内に証言を終え、帰りの飛行機に乗れるようにするためである。ハーはジョンソンがお世話になったユース担当牧師、九年生のときのアメフトチームのコーチであり、ジョンソンのことを五歳のときから知っていた。彼は「ジョンソンと聖書の勉強をした」ことがあり、自分の息子はジョンソンの幼馴染みだと述べた。

ルディ・ハーは陪審員に、ジョンソンはアメフト選手として見事な実績があるにもかかわらず、「自分は偉大な存在だというような振る舞いをしません」と証言した。また、正直で、嘘をつかず、「驚くべき自制心を持っています」とも言い、これまでにほぼ全員が言っていたことを繰り返した。つまり、何か大きなことが賭かっているときでも、落ち着きを保ち、立派な行動ができるということである。

続いて、検察官のジョエル・トンプソンによる反対尋問では、昨夏にジョンソンと短い会話を交わした際、彼からレイプの訴えについて話があり、セックスは合意の上だったと聞いたと証言した。トンプソンはハー牧師に、コンドームを使用しない合意の上でのセックスは道徳的に容認できるのかと訊いた。「失望しました」とハーは認めた。

証人席に着いた十六分後にルディ・ハーは退席を許され、ジョーダン・ジョンソンが証言を再開した。弁護人のキルステン・パブストはまずこう尋ねた。「ミス・ウォッシュバーンにどんな印象を持っていましたか？」

ジョンソンはこう答えた。「ほんとうに感じがよくて頭のいい子だと」

「彼女のことが好きでしたか？」パブストは訊いた。

「人として好きでした。ただ、彼女にしたいとか、そういう意味で好きなわけではありませんでした」彼は答えた。

「彼女はあなたのことが好きだったと思いますか？」

「はい」

パブストは、二〇一二年二月四日の出来事を、目を覚ましたところから順に説明してほしいと言い、ジョンソンはその後の十四時間に起きたことを話した。ひとつひとつの出来事の大半は、二週間前にセシリア・ウォッシュバーンが陪審員の前で話した内容と一致しており、ジョンソンはパブストの質問に堂々と慣れた様子で答えた。これ以前に、モンタナ大学の懲戒処分にかかわる調査や、公判につながった刑事捜査で何度もこの話をしていたためである。ウォッシュバーンの証言も、同じ理由で、やはりしっかり練習されているようだった。

しかし、両者の話がほぼ同じだったなかで、二月四日の夜十一時二十分から三十分ごろ、二人がベッドルームで戯れていたときのことについては、これ以上ないほど説明が食い違っていた。ジョンソンの説明がウォッシュバーンの説明と明確にずれはじめるのは、体を横にして向かい合わせになりながら、彼が許可を得て彼女のシャツを脱がした直後の時点からだった。ジョンソンによれば、「キスを続けていて、それから彼女のズボンを脱がしました」。

「どのように？」パブストは訊いた。

「脱がしやすいように、彼女が少し体を上げてくれました」彼は説明した。

「そのとき彼女はいやそうにしましたか？」

「いいえ」

「彼女の体をどこか触りましたか？」

「ええ、性器のところを」

「服の上から、それとも直接？」

「彼女はパンツを、パンツだけを穿いてましたけど、その上からも直にも」

「彼女はどんな反応でしたか？」

「満足していました」

「それはどうしてわかるのですか？」

「まったく抵抗してなかったですし、キスを続けていたので」

「どこかの段階で、彼女のブラを脱がしましたか？」

「はい」

「彼女は乗り気なようでしたか？」

「はい」

「ブラを脱がしたあと、少しでも……胸を触りましたか」

「いえ」

「彼女があなたを触ることはありましたか？」

「覚えていません」

「彼女に股間を触られたか覚えていない？」

「はい」

「どこかの時点で彼女と話をしましたか？」

「コンドームを持ってきたかと訊かれました」ジョンソンは答えた。「でも、それは二人とも裸になったあとです」

「そしてどうなりました？」パブストは訊いた。

「それで彼女の上に乗って、コンドームがあるかと訊かれたので、ないと言いました。彼女は

『大丈夫』と」

「そしてどうしました?」

「性交しました」

「どんな体位で?」

「正常位で」

「それで、その体位で性交していたとき、彼女はいやそうにしましたか?」

「いえ。もしそうなったらやめてました」

「そのあいだ、彼女は取り乱している様子でしたか?」

「いえ」

「その体位でどれくらい性交しましたか?」

「たぶん二、三分」

「それからどうなりました?」

「それからペニスを抜きました」

「どうして抜いたのですか?」

「射精すると思ったので」

「そのあとはどうしましたか?」

「射精はしないで、体位を変えました」ジョンソンは証言した。「彼女をひっくり返そうとしました。何をしているかがわかると、彼女はクスクス笑うような感じで『ジョーディ、エロい』と言いました」

「では、彼女は振り向いてあなたを見たのですか？」パブストは訊いた。

「はい」

「それで何と言っていました？」

『ジョーディ、エロい』と」

「思わせぶりな声で？」

「はい」

「それはどういう意味だと解釈しました？」

「満足しているのだと。……それからその体位で同じくらい性交しました」

「それで、彼女が夢中になっていると思いました？」

「はい。……彼女はあえぎ声を上げていました」

「彼女は潤っていましたか？」

「はい」

「それでどうしました？」

「ペニスを抜いて、手とベッドに射精しました」

「では、性交は全体でどのくらい続きましたか？」

「五分」

「それで、彼女はどの段階でノーと言いましたか？」

「ノーとは言ってません」

「どうしてそうわかるのですか？」

「言ってなかったので。彼女の言うことは聞こえていたはずですし、聞こうともしていたはずですし、言われたらやめてました」ジョンソンは言った。

「彼女がどう思っていたかはわかっていますか？」パブストは訊いた。

「いえ」

「彼女は追い払おうとしてきましたか？」

「いえ」

「押してきましたか？」

「いえ」

「彼女のズボンをはぎ取りましたか？」

「いえ」

「腰をつかみましたか？」

「いえ」

「彼女はオーガズムに達していたと思いますか？」

「そうは思いません」

「なぜ？」

「正直よくわかりませんが、ただそうだろうと思います」

「ペニスを抜いて手に射精したあと、そのあとはどうしましたか？」

「彼女に何か拭くものはあるかと訊きました。……彼女はさっとハンドタオルをつかみました」

「どうして拭きたかったのですか？」

「ベッドや手にあれを付けたままにしたくなかったので」。ジョンソンによれば、ウォッシュバーンは彼がタオルを頼んだ「ほんとにすぐあとに」ベッドから出た。

「彼女にベッドに戻ろうと言いましたか？」パプストは訊いた。

「いえ」ジョンソンは答えた。

「抱擁は？」

「いえ」

「あとでキスをしましたか？」

「いえ」

「『よかったよ』みたいなことを彼女に言いましたか？」

「いえ」

「どうしてですか、ジョーダン？」

「わかりません。ただ言わなかったんです」

「射精したあと、頭のなかにどんな考えがありましたか？」

「ええと、拭くものを頼んで、拭いていたら、彼女が服を着はじめたので、わたしも服を着て、それから、用を足したくなったのでバスルームに行きました」

彼がバスルームにいた午後十一時四十一分、セシリア・ウォッシュバーンは議論の的となるメールをハウスメイトのスティーヴン・グリーンに送った。レイプされたと伝えるものである。キルステン・パプストは、当然のことながら、ジョーダン・ジョンソンへの尋問でこのメールについて言及しなかった。しかし、ウォッシュバーンがベッドルームを出ていったあとのことを説明してほしいとジョンソンに言った。彼はこう説明した。「わたしは残りの服を着て、靴を履いて、スティーヴン・グリーンのいるところを通って外に出て、セシリアと車に乗りました」

「セシリアは少しでも取り乱しているように見えましたか？」パブストは訊いた。

ジョンソンは答えた。「いえ」

「では、あなたの頭のなかにはどんな考えが？」

「ケリ［・フローランド］のことをなんとなく考えはじめていました。ほかの子とセックスしたことを彼女に知られたくなくて。……ほんとにケリが好きだったので」

「セシリアに家まで送ってもらうために車に乗った時点で」パブストは訊いた。「セシリアと友達関係が続くことを期待していましたか？」

「あまりしていませんでした」ジョンソンはそう打ち明けたが、「また話す」可能性はあるだろうと思っていたとも言った。

「その夜のことをどう感じていましたか？」

「セックスをして、そのあと、しなければよかったと思いました、ケリのことを思うと」

「では、家まで送ってもらっているあいだの二分間に、少しでも話をしましたか？」パブストは尋ねた。

「いえ」ジョンソンは言った。家に着いてどうなったかとパブストに訊かれると、こう答えた。「『呼んでくれてありがとう』と言って車を出ました」。それから、「家に入って、自分の部屋に行きました」。

パブストが直接尋問を終えると、検察官のアダム・デュルクが大股で登壇し、反対尋問をはじめた。彼は、ウォッシュバーンは頭のいい子だと思うかと尋ねた。ジョンソンはそう思うと言った。「感じのいい子だと思っていたのも間違いないですか?」とデュルクは訊いた。

「はい」ジョンソンは答えた。

「そしてセシリア・ウォッシュバーンとほんとうに仲がいいと思ったことはなかった。……そもそもセシリア・ウォッシュバーンのことをよくは知らなかった。そう言っていいですか?」

「はい」

「でも彼女のことが好きだった。……一緒に何度かデートに行った?」

「はい」

「セシリア・ウォッシュバーンにいやな感じを受けるところはなかった?」

「はい」

「何度かデートをするなかで、この子はおかしいなと思わせるところはなかった。間違いありませんか?」

「間違いありません」

アダム・デュルクは、ジョーダン・ジョンソンがウォッシュバーンと真剣に「彼氏彼女の関係」になったことがないことを指摘し、こう訊いた。「あなたたちの関係は、その時点で、どこかに向かうとは特に思えないものだった。……実際、行き着く先がないと思っていた。間違いありませんか?」

「ええ」

「それでは、ケリ・フローランドとの関係についてお尋ねしますが、そこには関係があったと言っていいですか？」

「はい」

「ケリとデートをしていた？」

「はい」

「彼女を家に呼んだ？」

「はい」

「では、彼女はあなたの家族に会った？」

「はい」

「セシリア・ウォッシュバーンとの関係とは違っていたということで間違いないですか？」

「間違いありません」

デュルクは少し間をおいてから、ウォッシュバーンとのセックス――彼女がベッドにひざをつき、顔を下にして尻を上げ、彼がうしろから挿入したときのこと――について訊いた。「うしろから挿入しているとき、あなたの手はセシリアの前腕に乗っていた。間違いありませんか？」

「はい」ジョンソンは答えた。

「彼女が腕を前に伸ばしていたのも間違いない？」

「はい」

「あなたの全体重が手にかかっていたのも間違いない？」

「ほとんど」ジョンソンは言葉を濁した。

デュルクはジョンソンに、二〇一二年五月二日にブリュックナー刑事に行った供述の記録の四十二ページを見てほしいと言った。「あなたの三つ目の返答を見ています。供述を読みたいと思うので、間違いなく読んでいるか確認してください。いいですか？」

「わかりました」ジョンソンは言った。

デュルクは読み上げた。『でも、僕の全体重が手にかかっていました』。デュルクは顔を上げ、ジョンソンに尋ねた。「間違いなかったですか？」

「はい」ジョンソンは認めた。

デュルクは簡潔で鋭い質問を続けざまに投げかけはじめた。「では、彼女が手を前に伸ばしていたことは間違いない？」

「はい」ジョンソンは落ち着いて答えた。

「あなたの手は彼女の前腕に乗っていた？」

「はい」

「あなたはうしろから挿入し……全体重が手にかかっていた？」

「はい」

「では、彼女がベッドの上で身動きが取れなかったことは間違いない？」

「わかりません」

「あなたが手を彼女の前腕に乗せ、前腕を押さえつけていたことは間違いない？」

「はい」

「そしてあなたが彼女のうしろにいたことも間違いない？」

「はい」

「あなたの全体重がその前腕にかかっていたことも間違いない？」

「はい」

グリズの公式プロフィールによると、ジョーダン・ジョンソンの身長は百八十五センチ、体重は九十一キロだった。彼は法廷前方の一段高い証人席に座っていたが、その重量感と体格のたくましさはだれの目にも明らかだった。とがめるような目でしげしげとジョンソンを見つめ、デュルクはこう訊いた。「あなたが大柄であることは間違いないですね？」

「わかりません」ジョンソンは答えた。

「あなたの全体重が手にかかっていた？」

「はい」

「では、あなたは彼女の身動きを取れなくさせていた。そう言えますか？」

「言えます」

「では、彼女はベッドの上で身動きが取れなかったということで間違いない？」

「たぶん」

「そして、そのときあなたは何も言わなかった？」デュルクは訊いた。

「そうです」

公判前、セシリア・ウォッシュバーンは、まさにこの時点でジョンソンが腹を立て、「おまえ、したいって言ってただろ！　したいって言ってただろ！」とわめいたと証言していた。しかし、デュルクはその情報を陪審員に伝えなかった。というのも、検察側が弁護側に対して、レイプ疑惑が起こる丸一日前のフォレスターズ・ボールで、ウォッシュバーンがジョンソンに「いつでもヤルよ」と言ったという、ジョンソンと彼の友人のアレックス・ビーネマンの供述について言及することを禁じる司法命令を求め、承諾されていたからである。「したいって言っただろ!」という発言について検察側がジョンソンに訊いたとしたら、弁護側も、ウォッシュバーンがジョンソンに「いつでも」セックスすると持ちかけたという疑惑について言及していいことになる。

そこでデュルクは単純にこう訊いた。「そのあいだに何も話していないのですね?」

「そのとおりです」ジョンソンは答えた。

「それからペニスを抜いて射精した?」

「はい」

「それでは、セックスの最中、あなたにとってはすべてがふつうどおりだと思えた?」

「はい」

「彼女がいやがっているような気配はまったくなかった。……そして、もし彼女が『やめて、今日はだめ』というようなことを言うか、……完全に夢中になっていないということを何らかのかたちで示していたら、あなたは行為をやめ、どうしたのか訊いていたということですね?」

「ただやめていたはずです」

「でも、まったく何も変だとは思わなかった?」デュルクは尋ねた。

「そのとおりです」ジョンソンは答えた。

「セックスのあいだ、何も変だとは思わなかった?」

「そのとおりです」

「セックスのあとも、何も変だとは思わなかった？」

「そのとおりです」

「彼女は元気そうに見えた。……あなたの証言によれば、最初から最後までまったく取り乱していなかった。間違いありませんか？」

「取り乱していませんでした」

「わかりました。では、何かおかしかったら気づいていた？」

「はい」

「ミスター・ジョンソン」デュルクは訊いた。「セシリアはあなたに挿入されてから数分以内にメールを送っている。間違いありませんか？」

「はい」ジョンソンは答えた。

「性交が終わった直後にそのメールを送った？」

「そうだと思います」

「そのメールを見ましたか？」

「はい」

「そしてそのメールには日時が記されていた。間違いありませんか？」

「間違いありません」

「そのメールは『レイプされたっぽい、あいつ、ずっと突きまくってきた。やめてって言ってるのに聞かなかった。泣きたい。ヤバい、どうしよう？』というもので間違いない？」

「はい」

「ところで、セシリアとセックスするのはこれが初めてだったということで間違いありませんか？」

「はい」

「では、わたしがきちんと話を整理できているか確認させてください」デュルクは言った。「あなたたちはほんとうに最初から最後まで言葉を交わさなかった？」

「そのとおりです」ジョンソンは答えた。

「セシリアとは初めてだった？」

「はい」

「そしてその初めてのときに、彼女の前腕を押さえ、ベッドの上で身動きを取れなくさせた。間違いありませんか？」

「手が前腕に乗っていました」

「わかりました。それは前にも認めていますね。つまり、あなたは彼女をベッドの上で身動きが取れないようにした？」

「はい」

「性交のあと、あなたは出ていった？」

「彼女に家まで送ってもらいました」

「そして送ってもらっているあいだ、セシリアには何もおかしなところがなかったと言うのですね？」

「そのとおりです」

「そして何かおかしかったら気づいていたと？」

「はい」

じわじわとジョーダン・ジョンソンを崖の縁に追い込んだアダム・デュルクは、次の質問で彼をそっと深淵に突き落とそうとした。「レイプされたというメールを送るのは、明らかに何かがおかしいときですよね。異存はありませんか？」

「わかりません」ジョンソンは言った。

「わからない？」デュルクはせせら笑った。

「そうです」ジョンソンは答えた。

疑うような目でデュルクは問いつめた。「あなたにはふつうのことだと思えるのですか？　レイプされたというメールを送っているのに？」

「ふつうではありません」ジョンソンは認めた。

「ふつうではない」デュルクは強調するように言った。そしてこう訊いた。「その夜の出来事がセシリアの説明どおりに起きていたとしたら、このメールは納得がいく。異存はありませんか？」

「そのとおりに起きていたのだとしたらそうです」ジョンソンは同意した。「でも、そのとおりに起きてはいません」

「セシリアの説明どおりに起きていないとしたら」デュルクはやり返した。「このメールは完全に狂っているということになりますね？　……しかしあなたはその夜より前にセシリアに狂っていると感じさせるところはなかったと言っていた。間違いありませんか？」

「間違いありません」

「女性がノーと言っているのに、男性が性的接近をやめずに挿入したら、それはレイプである。異存はありませんか？」

「それはそのとおりです」

「女性は性行為の途中に考えを変え、ノーと言うことができる。異存はありませんか？」

「はい」

「彼女が身体的に抵抗していたとしたら、あなたは同意を得られていない。異存はありませんか？」

「ありません」

「彼女がひざを上げてあなたを止めさせようとしていたとしたら、あなたは同意を得られていない。異存はありませんか？」

「ありません」

「彼女を前腕で押さえつけていたとしたら、あなたは同意を得られていない。異存はありませんか？」

「ありません」

「そしてあなたは彼女の胸と肩にあざができていることを説明できませんね？」

「異議あり、判事！」キルステン・パブストが抗議した。「証拠を偽って述べています。あざはできていません」

「証拠を偽って述べているとは思いません」タウンゼンド判事は告げた。「却下します」

動じることなく尋問を再開したアダム・デュルクは、セシリア・ウォッシュバーンの胸と肩のあざを説明できるかと、再びジョーダン・ジョンソンに尋ねた。ジョンソンはできないと認めた。

「うしろから挿入しているときにセシリアの頭を押さえつけていたとしたら、それは同意が得られていないことを示す。異存はありませんか？」デュルクは訊いた。

「ありません」ジョンソンは答えた。

「性器を傷つけていたとしたら、それは同意が得られていなかったことを示しうる。異存はありませんか？」

「わかりません」

「『うつ伏せにならないなら、オレがさせてやる』と言っていたとしたら、あなたは同意を得られていない。異存はありませんか？」

「ありません」

「ありがとうございました。現時点での質問は以上です」


ジョーダン・ジョンソンは水曜日の午前十一時十五分に退席を許された。証言時間は月曜日も含めて百五十七分だった。水曜日の午後二時少し過ぎ、彼の父親のマーティ・ジョンソンが召喚された。弁護人のキルステン・パブストから優しい質問を受けたマーティは、オレゴン州ユージーンで高校生たちにアメフトを指導し、数学を教えるようになって三十年目だと言った。「ご家族はどれくらい仲がいいですか？」とパブストは訊いた。

「わたしたちほど一緒にたくさんのことをして過ごしている家族はそうそういないでしょう」マーティは答えた。「なので非常に仲がいいと言えると思います」。父親がそう言うと、ジョーダンは弁護人席で大っぴらに泣きはじめた。その後も父親の証言のあいだに何度も涙を流し、頭を抱えたり、テーブルに突っ伏したりすることもあった。

「ジョーダンとはどのくらい話をしますか?」パブストは訊いた。

「彼は何もこんなにたくさん話さなくてもいいと思っているでしょうが」マーティは言った。「毎日何度もコミュニケーションを取っています」

「彼はどのような人間だと言えますか?」

「おとなしいです。非常に謙虚な子です。とてもとても礼儀正しいです」。数分後、マーティはこう付け加えた。「わたしはほかの親たちと同じです。自分の子どもたちを誇りに思っています。でもわたしは……仕事上、思春期の子たち、大人になったばかりの子たち、高校生の年代の子たちに囲まれています。それで言えるのは、神に誓って言いますが、ジョーダンほど正直な若者は見たことがないということです。彼が息子でただただ幸運だと感じます」

「訴えを起こされてから、ご子息に変化は見られましたか?」パブストは訊いた。

「ジョーディは非常に強く、立ち直るのも早い若者ですが、途方もない影響がありました。途方もない影響が」

「ご家族にはどのような影響が?」

「それは――子どもを失うことを除けば、彼のような子がこのような訴えを受けること以上にひどい状況は想像がつきません。わかりません、もっと惨たらしい話もあるのかもしれませんが。ただわたしは毎日起きるたびに息が詰まる思いです。そしてそんな状況が一年一ヵ月も続いているんです」

検察官のアダム・デュルクは、これほど誠実で人の心に訴える証人に反対尋問をしたら検察に逆効果になるだけだと悟った。そのため、十五分間の証言でマーティ・ジョンソンは退席を許された。陪審員の少なくとも三、四人がいまにも泣きだしそうななか、彼は傍聴席に戻り、公判が終わるまで妻と並んで座っていた。

第二十七章

二〇一三年二月二十八日の木曜日、最後の二人の証人――一人は弁護側が呼び、もう一人は検察側が呼んだ――が証言をした。弁護側の証人、精神科医で神経科医のウィリアム・ストラトフォードは、セシリア・ウォッシュバーンを診察してはいなかったが、デイヴィッド・パオリとキルステン・パブストの要請で、彼女がモンタナ大学カリー保健センターで受けたカウンセリングと診療の記録を精査していた。ストラトフォードが主張したのは、記録にはウォッシュバーンがジョーダン・ジョンソンとの性的接触の影響で不安と鬱に苦しんでいると書かれているが、彼女が示した症状はPTSDのレベルに達していない、ということだった。

検察側の証人、デイヴィッド・ベルは、カリー保健センターの医師で、レイプがあったとされるあとにウォッシュバーンを手当てしていた。彼は、ウォッシュバーンが見せた症状はPTSDの基準すべてに当てはまると証言した。

三月一日の金曜日が公判の最終日だった。これまでのどの日よりも多くの人が傍聴席に押し寄せていた。三脚に取り付けられた五台のテレビカメラが陪審員席の横に並んでいた。グリズアメフトチームのほとんどの選手と多くのコーチが姿を見せていた。ジョーダン・ジョンソンの家族は傍聴席の東側に座った。セシリア・ウォッシュバーンとその家族は西側の席に着いた。

検察官のスージー・ボイランが州の代表として最終弁論をはじめた。「重要なのは、見知らぬ人にレイプされることと信頼する知人にレイプされることの違いです。科学と神話の違いです。……アメフトや、大学や、誤解や、コミュニケーションの失敗や、ややこしいサインではありません。また、鈍感な男が十分に寄り添わなかったことでもありません。重要なのは、被告人がノーという返事を受け入れなかったことです」

心のある人ならば間違いなく、とボイランは続けた。「今回の証言のいくつかに心動かされたでしょう。たとえば、被告人の父親の証言に。そのような思いやりを持つことはかまいません。被告人や、彼のお父さん、支援者たちに好感を抱くこともかまいません。しかし、感情で彼を無罪にしてはいけません。被告人と家族に同情するからといって無罪にしてはいけません。セシリアと彼女の家族に同情するからといって有罪にしてはいけないのと同じことです。……州は、合理的な疑いを差し挟む余地なく犯罪構成要素を証明しなければいけません。……これは、わずかな疑いもなく、あらゆる疑いを超えて、ということではありません。あらゆる疑いを超え、わずかな疑いもなく何かを証明するには、カメラが必要になるか、わたしたち全員がその場で事の成り行きを見ていなければいけません。……説明の矛盾は必ずしも合理的な疑いとはなりません。被害者が――そういう意味で言えば、被告人もですが――神話や、誤った認識や、固定観念で判断されるのはフェアではありません。しかし、弁護側がみなさんに期待しているのはまさにそういうことなのです。ですから、そのような神話や誤った認識を打ち砕くために、デイヴィッド・リザック博士がここに来たのです。それが専門家の仕事です」

リザックが「レイピストはかっこいい男であることもあるし、好感が持て、魅力的で、穏やかで、さらには内気な男であることすらある」と指摘していたことを、ボイランは陪審員に思い出させせた。リザックはレイピストの「プロファイルはない」と明言していた。例外は一人もいない。「善人が悪事を犯すこともあります」

ウォッシュバーンは、レイプされているときのことを、「叫びたいのに叫べない夢を見ているよう」だと話し、「完全なショック状態だったと説明していました」とボイランは言った。スティーヴン・グリーンに「レイプされたっぽい」というメールを送ったときのウォッシュバーンは、「レイプされたかどうか理解できていなかったのではありません。彼女は『レイプされたのは明らかだったが、信じたくなかった』と言っていました。これはリザックが説明している典型的な反応のひとつです」

レイプ行為に及ぶ人は、とボイランは言った。「特に今回のようなタイプは、コントロールする力を持っています。時間、場所、被害者をコントロールします」。しかし、すべてをコントロールすることはできない、と彼女は陪審員に言った。「そして、そのコントロールできないものこそ、みなさんが注目すべきものです」。レイプ被害者のほとんどが警察に届け出ないとはいえ、ジョーダン・ジョンソンはウォッシュバーンが「届け出ることを選ぶわずかな女性」の一人となることをコントロールできなかった。「彼女があのメールを送ることをコントロールできませんでした。彼女の体にどんな傷跡が残るかをコントロールできませんでした」

ジョンソンは、とボイランは続けた。「あの夜、セシリア・ウォッシュバーンに二種類の傷を残しました。身体的な傷と精神的な傷です。そしてそれらの傷は……あの部屋で何があったかをはっきりと伝えてくれます、そこにカメラがあった場合と同じくらい。ひとつ目は胸の傷です。

彼は説明できませんでしたが、その傷はたしかにそこにありました。……性器の損傷は、みなさんもご覧になったとおり、さまざまな言い逃れが可能です」。ボイランはそれらの傷が決定的証拠でないことを認めた。しかし、トラウマ体験はウォッシュバーンにまぎれもない精神的な傷を残した。「ＰＴＳＤと呼びましょうか」ボイランは言った。「長期の不安と呼びましょうか。好きなように呼びましょう――弁護側は診断を否定できますが、症状に異議を唱えることはできません。その症状は彼女とかかわるすべての人が見ているのです」

「二〇一二年二月四日より前、セシリア・ウォッシュバーンは「活発で、人付き合いがよく、外向的でした」とボイランは述べた。「薬を飲んではいませんでした。カウンセリングに通ってもいませんでした。ごくふつうの女の子であり、非常に競争が激しいハイレベルなアカデミックプログラムで活躍していました。二月四日のあと、彼女はもがくようになりました。……そして、セシリア・ウォッシュバーンが二月四日以降に大きく変わってしまったことは完全に証明されています」

ウォッシュバーンは「二月四日より前、弁護側がみなさんに信じさせようとしていたような、ヒステリックなヒロイン気取り」ではなかった、とボイランは言った。ジョーダン・ジョンソンの弁護団は、ウォッシュバーンが「ヒステリックで、執念深く、人を騙すという、実に露骨なステレオタイプな女性像」に当てはまると、「みなさんに信じさせたがっています。狂った女だから注意しろと。しかし、みなさんがこの公判で出会った女性はそうではありませんでした」

レイプは被害者が嘘をついていると思われる唯一の犯罪だ、とボイランは指摘した。「路地でひったくりが起きたとき、わたしたちは被害者の証言に懐疑的になるでしょうか……目撃証人がいなかったからといって」彼女は陪審員に問いかけた。強盗の被害者を疑うでしょうか、「ドアの鍵を閉めていなかったからといって」。どんな犯罪であれ、被害者を責めるのは間違っていると彼女は訴えた。責任を問われなければいけないのは犯罪者だと。

ジョーダン・ジョンソンが「しっかりした若者」だと信じる根拠はある、とボイランは認めた。「しかし彼は罪を犯したのです」。そして、「セシリアに話すべきことを話させる」必要な証拠はすべて陪審員に提示されたと言った。「どうかこの合意のない性交の被告人に有罪評決を下していただきたいと思います」

弁護人デイヴィッド・パオリの法廷での好戦性は人を不快にさせるかもしれない。しかし、彼をもっとも辛辣に批判する人でも、その衰えることのない弁護行為の激しさは驚くべき芸当だと認めることだろう。壇上に立って最終弁論をはじめた時点で、彼は一年一ヵ月にわたってジョーダン・ジョンソンの弁護に死力を注いでいた。顔が青白くなっていた。散髪が必要だった。目の下の皮膚がたるみ、顎が糊のきいた襟と黄色いネクタイの結び目に重く垂れ下がっていた。一年も寝ていないかのように見えた。

この極度の疲労状態にもかかわらず、あるいはひょっとするとそのために、パオリの最終弁論には猛烈なエネルギーが漲っていた。パニックに陥ったコウモリが洞窟からわっと出てくるかのように、口から言葉が飛び出した。「正義のために闘わなければいけないのです」とパオリは宣言した。「真実のために闘わなければいけないのです。真実に説明は必要ありません。真実にボストンから来た専門家は必要ありません」。ジョーダン・ジョンソンはセシリア・ウォッシュバーンの話を「完全に否定した」と彼は強調した。「検察官たちはここに立ち、冒頭陳述のかなりの時間を費やして、教育のためにボストンから来た専門家のことを、……彼がわれわれ全員よりどれだけ賢いかという話をしました。一方で、ボストンの専門家の話でないときには、常識を働かせろと訴えました。彼は何でもよく知っているんだそうです。わたしは、みなさんに対する検察の態度は偉そうだし、おこがましいと思いましたよ。『彼はこのことをほんとうによく知っている。だから彼の言うことを聞きなさい』などと言うのは。賛成できませんね。裁判官はみなさんに常識を働かせなさいと説示しました。わたしとしてもそうしていただきたいと思います。常識こそがこの裁判で必要なものですから」

パオリのリザック博士に対する攻撃は容赦なかった。「ボストンの専門家が必要とされたのは、ここでたくさん説明することがあるからです。彼らは直感ではわからないのだと言おうとしています」。なぜ暴行を受けたレイプ被害者が逃げず、叫ばず、やり返さないことが多いのかというリザックの説明を鼻で笑い、騙されてはいけないと陪審員に警告した。そして、人は恐怖を感じれば逃げるものだと力説した。「それが常識です。ボストンの専門家のお話とは違うのです」

数分後、パオリはこう言った。「わたしたちがどのような状況下でこの審理を行っているかについて、さっとお話ししましょう。……実に激しいのですよ。人々は激しい圧力を受けていきます。そして警察も激しい圧力を受けています。司法省が［ミズーラ郡検事のフレッド・］ヴァン・ヴァルケンバーグや彼のもとで働く人々と話をしています。……そしてわたしたちは警察の方針のことを知っています——政治的社会的圧力の影響で制定された特別な方針のことを」。あらゆる警察の方針のなかで、適正な手続きを受ける憲法上の権利を奪うような方針はこれだけだと、パオリは力説した。「そしてこんなことは正しくないと、わたしたちは公民科で学んでいます。こんなことはこの国のあり方と相容れないのです」

パオリは陪審員に反語的な問いかけをした。「合理的な疑いを差し挟む余地なくミス・ウォッシュバーンを信じますか？　彼女をもっともよく知る人たちでさえ疑っているのです。わたしは意地悪を言っているのではありません。ただ事実にもとづいて言っているのです」。続いて、セシリア・ウォッシュバーンの「レイプされたっぽい」というメールについて言及し、「彼女はわかっていなかったのです！　わかっていなかったのです！」と言い立てた。同意を示したかについて、ウォッシュバーン自身がわかっていなかったのなら、どうしてジョーダン・ジョンソンにわかるのかと問うた。また、レイプされていたというあいだのウォッシュバーンの無抵抗についても触れ、「彼女は叫ばなかった。ベッドから転げ出なかった。まったく動かなかった。その事実について話し合うのが常識でしょう」と指摘した。

ウォッシュバーンの説明――ジョンソンに前腕を胸にまわされてベッドの上で身動きが取れなくなった、ズボンを脱がされた、ひっくり返された、ジョンソンが自分のズボンのチャックを下ろした、彼に前腕を押さえつけられた、うしろから挿入された――を疑わしいものだと思わせるため、パオリはボール紙でつくったウォッシュバーンの等身大の模型を持ち出してきた。「百七十三センチあります」彼は陪審員に言った。「彼女の身長と同じです」。それからその模型を法廷の床に寝かせ、自らその上に乗り、彼女の説明したことがジョンソンにとっていかに不可能だったかを実演した。しかしながら、ウォッシュバーンとジョンソンのどちらもが、挿入のとき、彼女がひざをつき、尻を上げていたと証言していたにもかかわらず、ボール紙でつくられたものが平面的であるという事実はないがしろにしていた。レイプが起きたとされるときの状況をパオリがこのように荒っぽく再現しているあいだ、セシリア・ウォッシュバーンと彼女の家族は、それを傍聴席から見つめ、戦慄と嫌悪感を覚えていた。

ウォッシュバーンと著しく対照的に、とパオリは陪審員に言った。「ジョーダン・ジョンソンはみなさんの前で率直に、揺るぎなく証言しました。……ミス・ウォッシュバーンは彼のことを獣《けもの》のようだと言おうとしています。スイッチがパチッと入り、ひどいことをはじめるのだと。そしてそれは真実ではありません。……みなさんはジョンソンを見ましたね。……まわりの人たちが言っているとおりの人物です。おとなしい。瞑想を好む。スポットライトを求めない。尊敬されたいと思わない。アメフトをしていた。そしてわたしたちは彼に社会的地位を与えました。しかし彼はそれを拒みました。彼はアメフトで活躍しており、わたしたちは彼に社会的地位を与えました、わたしたちのだれもが。そしてそれこそ、彼がここにいる理由の一部なのです。高い注目。名声。司法省。社会的地位があり、注目されているからこそ、彼はここにいるのです」

パオリは陪審員に、レイプがあったとされる直後のウォッシュバーンの不可解に思える行動について、もう一度よく考えてほしいと言った。食べ物をつまみ、ブライアン・オデイへのメールの返信に笑顔の顔文字をつけ、レイプされたばかりだという素振りを見せることなくジョンソンを家まで送っていった。「これらはすべて検察がボストンの専門家に説明させる必要のあったお話です」パオリは嘲るように言った。「暴力的な接触があったことをまったく物語っていませんからね。まったくもって。……真実に説明は必要ないのです。これはわたしの父が言っていたことでした。父はタイヤのセールスマンでした」

「異議あり！」検察官のスージー・ボイランが言った。「判事、弁護人はまた証言をしています」

「認めます」タウンゼンド判事は言った。

「説明したら負けだと聞いたことがあります」パオリは中断にも動じることなく続けた。「しきりに説明しないといけないということは、証拠がないということです。……そしてその説明を中心になって行っているのは、もちろん、ボストンの専門家です」

二時間の最終弁論を締めくくるにあたり、パオリは陪審員に反語的な問いかけをした。ジョーダン・ジョンソンは、ベッドルームのドアのすぐ先にハウスメイトがいると知りながら、なぜセシリア・ウォッシュバーンをレイプしたのか？　社会的な高い注目、たしかな評判、失う可能性のあるものを考えれば、そもそもなぜそのような向こう見ずなことをしようと思ったのか？

「合点がいきません」とパオリは主張した。


デイヴィッド・パオリが席に着くと、ジョエル・トンプソンが壇上に立ち、州の反論を述べた。「遠い昔にわかったことですが」彼は陪審員に言った。「真実でない話であっても、必要な回数繰り返されると、人はそれを信じるようになります。……わたしが申し上げたいのは、ミスター・パオリはここに来て、みなさんの前で驚くほど欺瞞に満ちた最終弁論を行い、多くの事実を不正確に伝えたということです」

傍聴席に座るセシリア・ウォッシュバーンの家族のほうを身振りで示しながら、トンプソンはこう言った。「そちらにセシリアと座っている方々が、今日ここに座っていながらも、彼女の話を疑っているのだと、ミスター・パオリは主張し続けています。まったくの誤りです」。そして、セシリアの家族はほかのレイプ被害者の家族の大半と同じ反応をしていると説明した。つまり、ショック、不信、自己批判である。「それはまさにリザック博士が説明した科学というものです」と彼は言った。「そして面白いのは」、パオリの軽蔑的な定義では、「リザック博士が『ボストンの専門家』となってしまうことです。……彼はわたしたちとは違う。……彼はここの人間ではない。だから信用できないと」

デイヴィッド・パオリとキルステン・パブストを満足させられる専門家は世界中どこを探してもいないだろう、とトンプソンは言った。「だからわれわれは専門家をボストンから招いたのです。最良の専門家を。みなさんに科学の真実を説明する最良の専門家を。これは直感ではわからない、矛盾しているように見える話ですからね。そして彼がこの法廷で語ったことは、みなさん、彼の意見ではありません。彼が話していたのは、何十年もの研究で明らかになったことなのです」。リザックが証拠を理解するために必要な科学的背景を陪審員に伝えたのに対し、パオリとパブストは「科学的研究と正反対の領域にひたすら張り付いていました」とトンプソンは言った。「彼らはこう言いました。『リザック博士の言ったことを無視しなさい。われわれはあなたがたが無知であること、レイプ神話を鵜呑みにしていることを期待し、そこにつけこみたくてたまらないのだから』と。みなさん、それは真実にたどり着く方法ではありません。証拠を改ざんすること、証拠を不正確に伝えることは、わたしたちが真実にたどり着く方法ではありません」

ジョエル・トンプソンは、ときどき殺人事件の訴追をすることがあると言い、「死体はどのように殺されたかを語ります。一滴の血はだれがそれを残したかを語ります」と指摘した。同じように、セシリア・ウォッシュバーンの体のあざと赤い傷は、「だれの話が真実かを語る」と彼はるから」だと主張した。
言った。そして、弁護側がそれを否定しようとしているのは、「被告人の人生が危うい状況にあるから」だと主張した。

トンプソンは陪審員に、「もう手遅れだ。二つの人生をぶち壊したくはない——ひとつはすでにぶち壊されている、もうひとつをぶち壊すのはやめよう」と考えたくなるかもしれないが、それを理由にジョーダン・ジョンソンを無罪にしてはいけない、と注意を促した。そのような論法は間違っている、と彼は言った。なぜなら、「量刑をはじめ、有罪か無罪かのみなさんの判断の範囲外にあるものは、真実というものとはまったく関係がないからです。そして、われわれがみなさんに見出していただきたいのは、正義よりも……真実です。みなさんの唯一の責務は、真実の評決を下すことです。この事件によって生じた被害は、この公判中に生じたのではありません。セシリア・ウォッシュバーンがレイプされた晩に生じたのです」

真実を見きわめるためには、とトンプソンは言った。「証拠を頼りにしなければいけません。……そして最良の証拠は、［二〇一二年二月四日の夜に］セシリア・ウォッシュバーンが、ある一人の人間としてあの部屋に入り、まったく違う人間となって出てきたということです。……彼女のちょっとした嘘が取り返しのつかないことになったのではないか、という意見があります。いいでしょう、もしそれが真実だとしたら、その嘘は……三分から五分のうちに考え出されたことになります」。というのも、レイプがあったとされる五分後までに彼女は問題のメール（「ヤバい、レイプされたっぽい。あいつ、ずっと突きまくってきて、やめてって言ってるのに聞かなかった」）を送っていたからである。

「というわけで、みなさん、最終的に残ったのは、あの部屋で起きたことを説明する二つの話です」とトンプソンは陪審員に言った。相反するその二つの話の一方によれば、別の女性とも関係を持つ若い男性がセシリア・ウォッシュバーンにメールを送った。それは、寝たかったから、また、彼女がセックスを望んでいると思ったからだということだった。「土曜日の夜です」トンプソンは説明した。「彼はビールを少し飲んでおり、友達から『モノにしてこいよ』と言われました」

セシリア・ウォッシュバーンは「それに対して、疲れて、シャワーも浴びておらず、眠ってしまい、体を洗ったり、着替えたり、化粧したりしていませんでした」。彼女は将来的にジョンソンとセックスしたいと思っていたが、その夜に性交したくはなかった。「彼はその夜セックスをすると思っていました」が、「彼女は思っていませんでした」とトンプソンはきっぱり言った。ウォッシュバーンはそのことを明確に伝えたが、ジョンソンはそれを無視してレイプした。「被告人にとって、それはふつうのことでした。何の言葉もなく、その後も会話をしていません。彼はバスルームに行き、家を出ましたが、次に彼女に向けて発した言葉は、車から降りたときの『ああ、ありがと』でした。彼は言っています……彼女のスティーヴン・グリーンへのメールは意味がわからないと。そのとおりです。彼の話どおりだとすれば、たしかに意味がわからないのです」。その後にグリーンが目撃した彼女の感情的苦悩も同様だ、とトンプソンは付け加えた。なぜなら、ウォッシュバーンが見せた反応は、レイプされていなかったとしたら説明がつかないからだ、と。

セシリア・ウォッシュバーンの説明には、とジョエル・トンプソンは続けた。「被告人が変貌したという話がありました。穏やかで信頼できたのが、一瞬のうちに、強引でおっかなくなったと。あの晩、彼女は安心できる安全な場所にいました。決して危害を加えてこないはずの信頼できる人と」。だがそのとき、被告人は力ずくで自らの目的を果たそうとしはじめた。「彼女はノーと言いました」、しかしジョンソンは続けた。「彼女は抵抗しました。ひざを上げました。彼を押しのけました」

だが、ジョンソンはその夜セックスをすると決めていたため、彼女をレイプした。そしてレイプのトラウマは、「彼女が部屋を出た瞬間にはっきり現れました」。

弁護団は、とトンプソンは言った。「反証の挙げられていないこの感情的反応の原因を、寄り添ってくれなかったこと、あるいは彼が……ボーイフレンドになることはないと気づいたことだと、みなさんに考えさせようとしました」。しかし、セシリア・ウォッシュバーンは、実際のところ、フラれて憤慨していたわけではなかったし、「妊娠を隠していたわけでも、子どもの親権を争う裁判で優位に立ちたかったわけでもありませんでした。つまり、虚偽の申し立てを行う理由となりそうなことが何もありませんでした。彼女と家族がこの一年耐えてきたこと、そしていまも耐え続けていることを耐える目的が見当たらないのです。彼女が元気になってこの法廷を出ていくことはありません。それは彼女を見ればわかります。彼女の友達と家族を見ればわかります」

「混乱しないようにしてください」トンプソンは訴えた。「弁護士は、混乱は疑いにかぎりなく近いと知っています。同じように感じられますからね」。しかし、弁護側が必死に生み出そうとしている混乱は「疑いとは違います」。セシリア・ウォッシュバーンがジョーダン・ジョンソンにレイプされたことを届け出た唯一の目的は、彼に自らの行動の責任を取らせ、ほかの人への同様の行為を防ぐことだった。「それは」トンプソンは陪審員に言った。「みなさんの目的でもあります」

第二十八章

金曜日の午後一時八分、検察官のジョエル・トンプソンが反論を終えたのを受け、カレン・タウンゼンド判事は十二人の陪審員に、ノートを集め、陪審員室に行き、評議をはじめるように言った。法廷から人がいなくなると、ジョーダン・ジョンソンの父親が傍聴席の手すりから身を乗り出し、息子を抱きしめた。

三時半を少し過ぎたとき、評決に達したとのアナウンスがあり、裁判所のなかをぶらついていた人々は急いで法廷に戻った。あれほど長く複雑な公判のあとに、陪審員が二時間半もかからず評決に達するというのは、きわめて珍しいことであり、だれもが不意を突かれた。こんなに早く陪審員が評議を終えるとはほとんどの人が思っておらず、傍聴人の大半が裁判所を出てランチに行っていたため、タウンゼンド判事が手続きを再開すると言ったとき、傍聴席に座っている人の数は最終弁論のときのわずか三分の一ほどだった。ジョンソンは弁護人席のデイヴィッド・パオリとキルステン・パブストのあいだに座り、感情をいっさい表に出していなかった。セシリア・ウォッシュバーンと彼女の家族はだれも陪審員の決定を聞きに来ていなかった。

四時少し前、陪審員長の女性が廷吏に評決書を渡し、彼がそれを読み上げた。「われわれ陪審は、正式に選ばれ、上記訴訟の争点を審理すると誓ったものとして、全員一致で以下の評決を下します。合意のない性交の訴因に関して、われわれ陪審は、全員が、被告人のジョーダン・トッド・ジョンソンを、無罪と考えます」

けたたましい歓声が法廷にあふれた。ジョンソン、パオリ、パブストはわっと泣きだし、抱きしめ合った。「ミズーリアン」紙のツイッターにはコメントが殺到したが、そのほとんどが、ジョンソン、パオリ、パブストへの支持を表明するか、ウォッシュバーンを非難するもの、あるいはその両方だった。

無実！　絶対に訴えたやつの名前も公開して、ジョーダンと同じようにあちこちに張り出してほしい

今日、正義がなされた。そもそも裁判になるべき事件じゃなかったんだ。

パオリはくそすごい弁護士、正義が達成された

これでモンタナ大学の悪評がおさまってほしい。

@egrizfans ジョーダン・ジョンソンに無罪評決が出た……関連ニュースで、グウェン［・フロリオ］が新たな身代わりを募集中。

ジョーディ、ミズーラは君を愛してる！！！！　ずっと応援してたよ！

今度はとことん女を訴えろ……#民事で報復

男にレイプの濡れ衣を着せる女は刑務所に放り込むべきだ。

終わってうれしい、無罪でよかった。またグリズでプレイしてほしいな。彼の人生にとっては大きな減速帯だったよな。

最高だ、ジョンソン無罪！　あの女は注目を浴びたがってるとしか思えない

モンタナ大学が謝罪してジョンソンを復帰させたとしても、どうやってモンタナ大学で続けていけるんだろう……#フリーエージェント

ジョーダン・ジョンソンは二〇一二年七月三十一日にモンタナ大学アメフトチームから一時的に除名され、二〇一二年のシーズン中、グリズリーズの練習に参加することも試合に出場することもなかった。公判の直後、彼は除名処分に不服を申し立て、二〇一三年三月五日の火曜日、大学は彼のチームへの「即時」復帰を発表した。九月の二〇一三年シーズン開幕時からフィールドに戻ることが決まると、ミズーラのあちこちで歓喜の声が上がった。除名処分を受ける前の二〇

一一年、ジョンソンは二千四百ヤードを投げ、二十一タッチダウンを記録、五百六ヤードを走り、四タッチダウンを記録し、グリズを十一勝三敗の好成績に導いていた〔原註：一年六ヵ月間の調査ののち、全米大学体育協会は二〇一一年シーズンの最後の五勝を無効にさせた。その結果、グリズリーズの公式記録は十一勝三敗から六勝三敗に改められた。しかしこの制裁はレイプスキャンダルとは関係がない。それが科されたのは、チームが全米体育協会の規則を数多く破ったからであり、なかでも特に問題となったのが、トルメイン・ジョンソンとジェラルド・ケンプというグリズの二人の選手が罪に問われた際に、無償の法定代理人を斡旋したことである。二人の選手の罪状は、ジョンソンのアパートでのパーティーを終わらせるために警察が呼ばれたあとに、その警官の職務を妨害し、治安紊乱行為を働き、逮捕に抵抗したというものだった。その後、乱闘が起きると、ジョンソンとケンプは警官にテーザー銃で撃たれ、拘置所に入れられた。無償の法定代理人をつとめた弁護士は、ミルト・ダツォプロスの法律事務所の役員であるダーラ・ケックだった〕。二〇一二年、ジョンソンを欠いたチームの成績は五勝六敗だった。モンタナ大学にとって、一九八五年以来初めてのシーズン負け越しだった。

ミズーラ郡検事のフレッド・ヴァン・ヴァルケンバーグは公判自体に関与してはいなかったが、訴追の責任を負う検事局のトップとして、最終日は傍聴席から進行を見守っていた。金曜日の午後、法廷から人がいなくなり、裁判所の外の芝生で待ちかまえるテレビカメラに向けてデイヴィッド・パオリとキルステン・パブストがウィニングランをしていたとき、ノートを手に持ったグウェン・フロリオが、法廷の手すりのそばにいたヴァン・ヴァルケンバーグに近づき、評決についてどう思うか尋ねた。「ここでの結果は『無罪』の評決だ」ヴァン・ヴァルケンバーグはぶつぶつと言った。「『無実』の評決ではない」

フロリオはその日の夕方、「ミズーリアン」紙のウェブサイトに記事を投稿し、ヴァン・ヴァルケンバーグのコメントを載せた。三週間後、パブストが自身のブログでかつての上司に反撃した。ヴァン・ヴァルケンバーグと検察官たちは、と彼女は「Pabstblawg」に投稿した二千四百ワードもの恨み言のなかに書いている。

手厳しく、陪審の評決に対する敬意がない。ジョーダンが無実だとは決して認めないのだろう。起訴の決定が早計で間違いだったとも。

パブストはこのブログの投稿で、ミズーラ郡検事局は法的根拠を欠く事件の訴追を決定したが、それはヴァン・ヴァルケンバーグが司法省の捜査で激しい圧力を受けていたからであり、彼はミズーラの検察官がレイプ被害者に同情しているということを伝えたかったのだ、と主張した。

次に疑わしいケースを起訴すべきかの判断を求められたとき、ミズーラ郡検事局の人々の耳にはジョーダン・ジョンソンの名前が鳴り響くことだろう。世間にメッセージを送る前に、少なくとも、手に入る証拠の検証くらいはしてほしい。関係者全員に永久に残る影響についてよく考えてほしい。その判断に伴う人的および金銭的コストについて認識してほしい。人は強姦に関して不正直になることがあると肝に銘じてほしい。

陪審員の七人の女性のうちの一人、ジョアン・ファーゴ（仮名）がのちに語った評決についてことについて真実を言っていたのではないかと考えさせられる。「ミズ・ウォッシュバーンはレイプされたのかもしれません」と、ファーゴは公判の一年七ヵ月後にわたしに言った。「検察側が掲示した、ミズ・ウォッシュバーンが鑑定を受けたレイプセンターの証拠は、わたしにとっては説得力がありました」。また、「ミズ・ウォッシュバーンは完全に信用できる」と思ったという。「勉強に打ち込んで、キャリアを真剣に考えているように見えました。復讐心だとか悪意だとかで話をつくっているとは思いませんでした。すごく頭がよさそうだったので、ミスター・ジョンソンを相手に虚偽の主張をして何かを得ようなどとはしない気がします」

「証言を聞いたかぎり」ファーゴは振り返った。「[ジョーダン・ジョンソンがセシリア・ウォッシュバーンを]追いかけまわしていたという印象を持ちました。家に来ていいと言われるまで、彼は何度か彼女に電話してましたからね。彼女はデートの準備をしてませんでしたし。クォーターバックをつかまえたいなら、シャワーをしていたんじゃないかという気がします」。また、ジョンソンが「下劣」でなければ、ウォッシュバーンを犯したりせず、真剣な関係を持ちたいと公言する女性、ケリ・フローランドのために「純潔を守った」だろうとも言った。

しかしファーゴは、ジョンソンはウォッシュバーンをレイプしたかもしれないと考えながらも、陪審が正しい評決に達したとも考えていた。「そのセックスが非合意だと……ミスター・ジョンソンがわかっていたかについて」、弁護側は合理的な疑いを提起しており、評決は「裁判官に説示された法律の文言に全面的にもとづいていました。……ミズ・ウォッシュバーンが意思をはっきり伝えていたのかどうか、だれもちゃんと確信を持てなかったんです」。陪審員にとって、ジョンソンが「『ノー』をノーとして受け取った」かを「あの瞬間に断定する」のは難しいことだったという。「性交中に『彼女があえぎ声を上げた』と彼が言ったとき、法廷のだれもが強い印象を受けた」が、陪審員はそれをウォッシュバーンが性的接触を楽しんでいたサインだと解釈したのである〔原註：レイプ被害者とされる人物があえぎ声を上げていたという主張は、そのセックスがレイプではなく合意の上の行為だったと、警察官や検察官、裁判官、陪審員を納得させるのに有効な方法のようである。人は快楽だけでなく、恐怖や苦しみであえぎ声を上げることもあるが、この「あえぎ声」弁護はジョーダン・ジョンソンに有利に働き、二〇一〇年にケルシー・ベルナップをレイプしたとして訴えられたグリズのアメフト選手四人に有利に働き、ジェイミス・ウィンストン――ハイズマン賞《訳註：大学アメフトの年間最優秀選手賞》を受賞したことのあるフロリダ州立大学のクォーターバックで、二〇一二年十二月に女子学生をレイプしたとして訴えられた――に有利に働いた。二年後、ウィンストンは、学生行動に関する審問において、「言葉によってであれ、身体的にであれ、どのように」同意が示されたのかと訊かれると、彼女は「あえぎ声」で同意を示したのだと主張した。ウィンストンは晴れの身となった。

とはいえ、あえぎ声弁護もつねに成功するとはかぎらない。二〇一一年十月、ケイトリン・ケリーがモンタナ大学の学生のカルヴィン・スミスをレイプで訴えた際、スミスはケリーがセックスに同意していたと信じた理由の一部として「彼女があえぎ声を上げていた」ことを挙げたが、大学裁判所はかまわず彼を有罪とした〕。

ファーゴは、コンドームについての証言も「決定に至る上での重要なポイント」だったと言った。ウォッシュバーンからコンドームがあるかどうか訊かれたとジョンソンが証言したとき、陪審員の多くは彼の言うことを信じた。ファーゴはこう説明する。ウォッシュバーンの「証言があいまいだったのに対して、弁護側はポイントを明確に伝えたんです。ジョンソンはコンドームを持っていないと言いました。彼女の返事は『大丈夫』でした」。これを、陪審員たちは、彼女の側の同意の表明と受け取ったのである。

当初は、評決について全員の意見が一致してはいなかったという。陪審員室で「最初に紙で投票したとき、三、四人だけ、『有罪』に投票した人がいました」。しかし、「さらに議論して、二度目の投票をした」あと、十二人中十一人が、ジョンソンを無罪にするべきだと確信した。ただ一人有罪評決にこだわった陪審員の意見が最終的にぐらついたとき、ファーゴによれば、「彼女に疑問を呈した何人かの陪審員も、彼女の考えをすごく尊重していました。しっかりとした意見交換の結果として、彼女は気持ちよく考えを変えたのだと、わたしは確信しました」

パオリとパプストは陪審員を説得してジョンソンを無罪にさせたが、「絶対に、どう言われようと、ミスター・パオリやミズ・パプストのような弁護のやり方を気持ちよく受け入れることはできませんでした」とファーゴは言う。「あれはいじめだと言いたいですね。……気に障るどころじゃなく、しょっちゅうストレスを感じて、ほんとうに不愉快でしたよ、あんなことが許されるなんて。結局、彼らはところどころでポイントをはっきりさせたんです。芝居がかったことをしなければ、もう少し好感が持てたんじゃないでしょうか」

ジョアン・ファーゴは、ジョンソンにとって都合がよかったのは、陪審員の数人が高齢だったため、メールによるコミュニケーションが当たり前になっている現代の大学生の行動が理解されなかったことだろうと考えていた。一部の陪審員にとって「メールは未知の概念」であり、ウォッシュバーンがスティーヴン・グリーンに送った「ヤバい、レイプされたっぽい」というメールの重要性が伝わらなかったのかもしれない、と彼女は分析した。彼らには、「叫んだり、ベッドルームの外の友達のところに走っていったりしないで」、携帯でメールを打ったということとがまったくもって不可解だった。ファーゴは、それに対して、「メールはミズ・ウォッシュバーンのいつものコミュニケーション方法でした。メールで事情を伝えたのは納得がいきます」と理解していた。

陪審員をつとめるのは苦しかった、とファーゴは強調した。「すごく長く、だらだらとした、感情的な裁判」で、「自分や他人について多くのことを知ることになりました。想像をはるかに超えるたくさんの資料を見せられました。経験したことの大部分が、もう見たくない悪夢だったと言いたいですね。……長期戦への準備はできてましたけど、精神的な代償、それに最終的に払うことになった身体的な代償については、準備ができていませんでした」。メディアの報道が「全国規模になりました。見ず知らずの人たちが急にわたしのことを知るようになったんです。……法廷はどの日も満席でした。息苦しくなるくらい殺到することもあって、最後のほうは間違いなくそうでしたね」

「わたしの顔に的でも描かれてるのかと思いましたよ」ファーゴはわたしに言った。「人が次から次へとわたしのところに来て、話しかけてくるんです。『公判について話せないのはわかってますけど、でも』とか言って、それから自分の意見を語るんです。例外なく、全員が無実に傾いてましたね。ミズ・ウォッシュバーンは決まって悪く言われていました。正直、知人によるレイプについて何も知らなかったことに愕然としました。……すごく古い概念がはびこってるんです。その考え方だと、レイプに先立つことは二つしかありえません。(一)見知らぬ人が茂みから飛び出してくる。(二)女性が抵抗しないかぎり、場合によっては死ぬまで抵抗しないかぎり、レイプは存在しない」

第六部

後遺症

競技場で選手がミスを犯せば、それが改善されるまで、ひとつ残らず指摘、批判され続ける。しかし実生活の場で、アスリートが同じように厳しく責任を追求されることはめったにない。……残念なことだが、そしてあまりに頻繁に悲しい波紋を呼ぶことだが、アスリートたちは善悪を考えない。実際のところ、何が善で何が悪かがわからないのだ。ルールは適用されない。正しい行動基準は適用されない。小さな違反が大きなものになっても、大人たちは見て見ぬふりをする。だれかが問題を起こしたとき、最初に取られる処置は、権威のある人、たいていはコーチが、その人物を救い出そうとすることである。

それがうまくいかない場合、問題を起こしたのが高校のクォーターバックであれ、プロ野球の投手であれ、起こることは基本的に二つのうちのどちらかだ。特に高校の段階では、コミュニティの人々が被疑者のまわりに結集し、「男の子はいつまでも男の子」という考えを信じようとすることがある。……こういった話でわたしたちが認めようとしないのは、それが個人や個々のスポーツの問題ではなく、わたしたちが彼らのまわりに育ててしまった文化の問題であるということだ。……

いまは、アスリートを非難、糾弾することが流行っている。彼らはその行動の責任を負うべきだ。……しかし、わたしたちにも同じくらい過失があるのである。アスリートを自分たちだけの王国に住まわせていながら、そのことによって彼らをどのように変えてしまったかということには少しも関心を払っていないのだから――彼らが勝利をもたらしてくれるかぎり。

――バズ・ビッシンジャー
「クラブハウスの男の子たち」
（「ニューヨーク・タイムズ」二〇一四年十月十八日）

第二十九章

ジョーダン・ジョンソンの公判がはじまる直前、「ニューヨーク・タイムズ」紙の記事のなかで、モンタナ州高等教育評議員のパット・ウィリアムズがこのように語っていた。「アメフト選手たちによる性的暴行、破壊行為、殴打などの事件が起きている。……大学は野蛮人をアメフトチームに入れたのであり、この野蛮行為はなくならなければならない」。ウィリアムズはこうした発言でグリズファンに激しく糾弾され、評議会からの追放を求める請願が広がった。

二〇一三年三月十日、ジョンソンに無罪評決が下された九日後、「ミズーリアン」紙にゲストコラムを寄稿したウィリアムズは、相次ぐ批判について釈明し、評議員の地位を守ろうとした。このような内容である。

> 我々モンタナ州民は、我々の代表者たちが率直な物言いをすることをいつも好んできた。私が記者と話したときに使った言葉は表裏のないものだったが、それは私が抱いている懸念を明らかにするためだった。道を外れ、有罪判決を受けた学生アスリートたちの行動は、我々の大学に傷跡を残しているだけでなく、公共と個人の安全を害してもいるのではないかと。……

私は五十年にわたり、州と全国の若者の教育機会を向上、拡大させる取り組みをしてきた。教師として、高等教育評議員として、これからも我々の取り組みを守り、次世代の教育、良心的なリーダーの養成に励みたい。大学内の暴力に目をつぶっていたら、目標達成を妨げてしまうことになる。

一週間後、デイヴィッド・パオリが、ウィリアムズへの返事として、やはり「ミズーリアン」紙にゲストコラムを寄稿した。彼はいつまでも勝利を鼻にかけているようだった。

パット・ウィリアムズは私の友人である。だから、私の忠告を理解してくれるだろう。

……

ウィリアムズは評議員の立場を濫用し、モンタナ大学の学生アスリートを何も知らずに攻撃した。……

その大げさな発言を徹底的に批判されると、ゲストコラムを書いて真意を説明した。パットよ、説明をしたら負けなのだ。……

無礼な言葉以上に、奇襲を仕掛けたタイミングが問題だ。彼の発言が載ったのは二月六日の「ニューヨーク・タイムズ」紙であり、当該記事は二日後にはじまる注目の公判に関するものだった。「野蛮人」や「野蛮行為」という彼の発言の二行下には、濡れ衣を着せられた被告人が「このような論争のさなかに公正な裁判」を受けられるのかという議論があった。

……

モンタナ州民は、州の代表者に、誠実で筋の通った判断と配慮を期待している。さらなる狂乱を生み、すでに燃え立っているところに油を注ぐような、「ニューヨーク・タイムズ」紙への安っぽい発言は期待していない。……

ウィリアムズはレイシストではない。しかし、「野蛮人」や「野蛮行為」という人種差別用語を使うのはレイシストである。ワシントンＤＣ、シアトル、バークレー、そのほかどこで暮らしてきた人も、それらの言葉の使用には深刻で有害な人種差別的含みがあるとわきまえている。このような人種的侮辱には謝罪が必要である。

パオリのコラムの五日後、「ミズーリアン」紙は、元モンタナ州最高裁判所判事で、州でもっとも尊敬されている法律家の一人、テリー・トゥリーワイラーからの返答文を掲載した。

ミズーラの法律家デイヴィッド・パオリは私の友人である。だから、彼が言うところのパット・ウィリアムズへの「忠告」に対する私の意見を不快に思いはしないはずだ。……話のはじめに言わせていただくと、私は昔からずっと学生アメフトのファンである。アメフトが私を大学に行かせてくれたようなものだ。それに、もう何年も、グリズリーズのアメフトのシーズンチケットを保有している。

それでもやはり、首をかしげてしまう。グリズリーズのアメフトファンの多くがウィリアムズの発言に示した反応に。ウィリアムズは、あまりにも多くの選手が「野蛮人」であり、自分は評議員として「野蛮行為」を終わらせなければいけないと言ったのだ。

パオリはその発言を、「何も知らない」、「評議員の立場の濫用」、パオリの依頼人に対してフェアでないと酷評した。おまけに、人種問題も少しばかり付け加えた。ウィリアムズの使った言葉は人種問題の観点から言ってごく自然で、言及された犯罪者には黒人も白人も含まれていたにもかかわらず。

一方、ウィリアムズが言及した問題を認識していない人は、評議員をつとめるのにふさわしくないと思われるし、ほんとうに「何も知らない」人とは、不愉快な話をされたときに、その相手を責める人のことだろう。

ここで、彼が「野蛮行為」と的確に表現した、過去五年の行為を再確認するのがいいかもしれない。

まず、ジミー・ウィルソンによる射殺事件があり、その際、チームメイトのクウェントン・フリーマンは、現場を目撃していたにもかかわらず、捜査への協力を拒んだ。結局、ウィルソンは無罪となり、二人は再びチームに迎え入れられた。しかし、フリーマンは暴力行為でたびたび有罪判決を受けており、最終的にチームから追放された。彼は、ほかの選手数名の協力のもと、武装強盗事件も起こした。また、別の二人の選手が、キャンパス内で学生を残虐に暴行した。トルメイン・ジョンソンとアンドリュー・スウィンクが学生に激しい暴行を加えた。ジョンソンとジェラルド・ケンプが警官の職務を妨害した。ボー・ドナルドソンが友人女性をレイプした。数名の選手が集団レイプに関わったとされた。モンタナ大学総長が、独立した調査を行ったのち、何人もの選手が性的暴行に関与していたことを認めた。そして最近、過去にも暴力などの違法行為を起こしたことのある元選手が、コンビニエンスストアの店員を残虐に殴り、強盗を働いた。さらに、女性への暴行事件がほかにも数件、ここに挙げた選手の一部によって起こされている。

同じ時期、七人の選手がアルコールや薬物を摂取した状態で車を運転し逮捕された。そのうちの数人は再犯している。

こうした一連の出来事の結果、大学は、全米大学体育協会、司法省、米国教育省公民権局から調査を受けている。

人を殺し、レイプし、殴り、強盗を働く者が野蛮人でなければ何なのだろう。そして、何かをしなければいけないと高等教育評議員が自由に言えるようになるまでに、どれだけの野蛮行為がなされなければならないのだろう。

パオリの依頼人が近ごろ無罪になったのは事実だが、パオリは自分自身と無罪評決を過大視している。一人の選手の無罪評決が、問題全体の疑いを晴らしたり、ウィリアムズの発言の正当性を弱めたりすると考えているのだから。……

過去五年にこのような行為がなされていることと同じくらい気がかりなのは、より大きな長期的問題を生じさせるであろう、特権意識の文化である。選手たちはこの町で、あるいはほかの場所でも、自分は責任を問われないと考えている。自らの運動能力と、パオリら支援者たちのいつもの対応のおかげで、どこでどのように問題が起きたのかを訊かれても、答えなくていいのだと信じている。

州でだれより高等教育評議員に適任なのは、パット・ウィリアムズである。彼は昔から公教育のために尽力し、憲法を擁護してきた。そのなかには被疑者の権利も含まれ、政治的代償を払うこともあったが、彼を中傷する人の多くが刑事司法制度に関心を持つずっと前から取り組んでいたのだ。しかし、遅きに失した正直な発言によって地位が危うくなっていることを考えると、パット・ウィリアムズの側にひとつの計算違いがあったのではないかと思われる――モンタナ州民の大半が「率直な物言い」を評価するという点で。

二〇一二年、ブライアン・シュワイツァー州知事が、ウィリアムズを二〇一九年までの任期でモンタナ州高等教育評議員に指名したが、それには州議会上院の承認が必要だった。二〇一三年三月二十日、モンタナ州上院教育委員会はウィリアムズの指名承認公聴会を開き、その大半をウィリアムズの「ニューヨーク・タイムズ」紙へのコメントをめぐる討論に費やした。ジム・フォリー――大学のレイプスキャンダルで論争を巻き起こしたのちに辞職に追い込まれたモンタナ大学の元渉外担当副総長で、ウィリアムズが連邦下院議員だったときにはスタッフディレクターをつとめていた――がウィリアムズの承認に反対する主張を行った。公表されている元上司の発言について、「無神経で侮辱的だ。州民に対しても、何千人というモンタナ大学の学生アスリートや、全国にいるモンタナ大学の卒業生に対しても。……若者への悪口はいい加減にしてほしい。ほとんどの場合、彼らは言葉による攻撃から身を守ることができないのだ」と痛烈に非難した。

四月四日、モンタナ州上院は、パット・ウィリアムズの承認をめぐる投票を行った。結果は二十六対二十三で不承認となり、彼は評議員の地位を追われた。

ジョーダン・ジョンソンの公判が終わった十日後、アリソン・ヒュゲットはミズーラの父親の家にいて、NBCのローカル系列局が放送する五時のニュースを見ていた。そこで、ボー・ドナルドソンがモンタナ州最高裁の判決審査部門に対し、ヒュゲットへの強姦罪で受けた判決の再考を求めているということを知った。

ヒュゲットは愕然とした。陪審裁判と、最大百年の禁錮刑の可能性を避けるため、ドナルドソンは二〇一二年九月にモンタナ州と司法取引を交わしたのだ。彼はヒュゲットをレイプしたことを認め、そのかわり、州立刑務所でのわずか十年という判決を受けることを保証された。取引にはこのような条件も明記されていた。「下記に署名し、この取り決めの恩恵を受けることにより、被告人はいかなる上訴の権利も明確に放棄する。……被告人はさらに……判決審査を要請するいかなる権利も放棄する」

州は取引を全うし、二〇一三年一月十一日、カレン・タウンゼンド判事がボー・ドナルドソンに州立刑務所での禁錮十年の判決を言い渡した。にもかかわらず、ドナルドソンはいま、最高裁に上訴しないという約束を破棄しようとしていたのである。

三人の裁判官からなる判決審査部門は、このような状況でありながら、ドナルドソンの判決を再考するための審問を行うことに同意した。裁判官たちは彼の刑を軽くすることができた。しかし一方で、重くすることもできたから、審査の要請はリスクのないことではなかった。ドナルドソンの弁護人のミルト・ダツォプロスは、ドナルドソンはそのリスクを負うことをいとわないと言った。なぜなら「われわれは」判決が「明らかに行きすぎだと強く感じている」からだと。

判決審査の審問は、二〇一三年五月二日、ボー・ドナルドソンが収監されているディアロッジの州立刑務所内にある小さな法廷で行われた。ミルト・ダツォプロスがまず人々に向けて話をした。彼は、判決が行きすぎだと感じるのは、タウンゼンド判事が「矯正局に収容される刑を選択肢として与えず、ただちにモンタナ州立刑務所に送られる刑しか示さなかった」からだと説明した。

ダツォプロスは、現状の判決では、彼を更生させ、常習犯になるのを防ぐ必要性が軽んじられていると訴えた。「多くのスター選手と違い、ドナルドソンは立派な学生でした。……人の役に立ち、中身があり、能力が高く、社会にとっての脅威ではありませんでした」。アルコールがなければ、「この若者は刑務所にいなかったでしょう。彼は生まれてこのかた、ほとんど、汚れ《けが》がない。……ドナルドソンを州立刑務所に収監する必要はなかったのです」。ダツォプロスはそう言い張り、矯正局に服役させることでそれを「避けられた」と主張した。

ダツォプロスに続いて、ボー・ドナルドソンが法廷の人々に語った。「わたしは自分のしてしまったこと、……負わせてしまった傷の責任を受け入れています。そして、もし矯正局行きの刑を宣告されることになれば、更生できるだけでなく、よりよい人間になれる気がします」

ドナルドソンの母、キャシーは、ボーについてこう証言した。「ずっといい子です。……そういうふうに育ちました。……たしかに、罰を受けなくてはいけません。でも、チャンスも必要なんです。二十一歳にも満たないときでした、すごく、すごく間違った判断をしてしまったのは。……息子は、やると決めたらやります。彼の目標は再出発です。わたしは彼に、大学教育を終え、幸せを見つけ、結婚して、子どもを持ち、素晴らしい父親になってほしいと思っています。わたしはもう自分が願うほど若くありません。でも、生きてそれを見たいのです。みなさんがすべての資料を読んで検討してくださっているものと願っています。そして、開いた目と開いた心をお持ちであることを。わが家の食卓にはお皿が一人分欠けていて、それを取り戻したいんです」

キャシー・ドナルドソンは三人の裁判官にこう言った。「ボーの判決はわたしたちの判決です。わたしはわがままなんですね。息子が必要な助けを得られるプログラムに参加しているのを見たいんです。監房に入って、ふさわしい機会を得られないでいるのを見たくはないんです」

ボーの父親のラリー・ドナルドソンは法廷の人々に向かい、ボーは「生まれたときから文句なしに正直な唯一の人間です。……真実の道から外れたことは決してありません」と断言した。逮捕されたという電話を拘置所からかけてきたとき、「ボーはわたしに、『悪いことをしてしまったなら、お父さん、僕は責任を取らなきゃいけない』と言いました。……彼はたくさんの人にとってかけがえのない存在です。チャンスを与えてやってください。……愛してるよ、ボー」

アリソン・ヒュゲットは、証言の番がまわってくると、まず、「今日わたしはここに来たくて来たのではありません、まったく」と説明した。それから、ボー・ドナルドソンのほうを向き、こみ上げる感情で声を詰まらせながら、「あなたのお母さんの話を聞いて心が痛んだ」と言った。しかしその直後、彼女の声は厳しくなり、裁判官に向かい、ボーが「正直な唯一の人間」だというラリー・ドナルドソンの主張は、真実でないだけでなく、「完全に侮辱」だと言った。そして、ボー・ドナルドソンが逮捕後に多くの人に嘘をついていたことを指摘した。レイプした夜の性行為が合意の上だったと言ったり、レイプの夜以前にも合意の上でセックスしたことがあると事実でない主張をしたりしていた、と。

ヒュゲットは、ボーに州立刑務所での服役を課すことが「避けられた」というミルト・ダツォプロスの発言に激怒していた。「それなら、わたしをレイプすることも避けられました。それは彼が選んだことです」と彼女は言った。また、ドナルドソンは公判を求めることもできたのに、そうせずに司法取引を選んだのだと指摘した。司法取引で権利を放棄することにはっきり同意しているのに、「どうしてボーに判決の審査を求める権利があるのか理解できません」。

ダツォプロスは、重大な犯罪歴がないことを理由に、ボーは「生まれてこのかた汚《けが》れがない」と主張していたが、ヒュゲットはそのことを法廷の人々に思い出させると、「でも、事実をすべて調べていったら、ボーが過去に間違いなくいくつも犯罪行為を起こしていたことがわかります」と言った。そして、彼が起こしたと認めている行為を挙げた。未成年飲酒、警察への嘘、アデロール〔訳註：中枢神経刺激薬〕や鎮痛剤、コカインの不法入手と使用。ヒュゲットへのレイプで逮捕される前の週末には、治安紊乱行為で拘置所に入れられた。さらに、ヒラリー・マクラフリンに性的暴行を働いてもいる。

「たしかにボーは罪に問われていないかもしれません……このような、重罪も含む行為で」ヒュゲットは続けた。「でも、このような犯罪が他人にすごく深刻な影響を与えたという事実は変わらないんです。二十三年という短いあいだに、ボーが何度も罰を免れてきたのは明らかです。わたしが心配しているのは、この刑が軽くなったら、今回もやっぱり大丈夫だったと彼に思わせてしまうんじゃないかということです」。ミルト・ダツォプロスは、州立刑務所での禁錮刑が行きすぎである理由として、ドナルドソンの「年齢と可能性」を挙げていた。そのことについて言及したヒュゲットは、自分がボー・ドナルドソンに見出す可能性は「たくさんの女性を傷つける可能性」だけだと言った。「若くて魅力的なアメフト選手なので、ボーには――きっといまだに――すごくたくさん被害者候補がいます」

ヒュゲットは言った。「子どものころ、路地で見知らぬ人や不審者には近づくなとか、……どこかに行くときは信頼できる人と一緒に行けと教えられました。でも信頼していた人にレイプされたらどうなるんですか？　……もうこんな地獄に住むのはいやです」

家族もレイプのせいで地獄を味わわされている、と彼女は説明した。「特に母は、今日ここに来ていないですけど、それは、精神的に、これ以上耐えられないからです。わたしを見るたびに、道の真ん中でわたしを車に乗せたあの夜の記憶がよみがえってしまうんです。それに、わたしの声を聞くと、助けを求める叫び声とか、ボーにレイプされて裏通りで追いかけられてるという話を思い出してしまうんです」

ボー・ドナルドソンが「ほんとうに自責の念に駆られて、自分が与えた苦しみと傷について理解してるなら」と、ヒュゲットは言った。「科された刑が自分にふさわしいものだとわかるはずです。あるいはそれ以上の刑が」。法廷で刑を軽くしようと証言するときだけでなく、「自分のしたことの責任をつねに負っているはずです。彼がやったことなのに、友達や家族がわたしを責めたり、わたしの性格を中傷したりしたのを許さなかったはずです。……彼がこの判決審査を受けて当然だと考えているのがすごく悔しいです。……わたしは、審査会に行って、毎日感じる苦しみを軽くしてくださいと頼んだりはしません。フラッシュバックや、悪夢や、不安を消し去ってくださいとも。安全と安心の感覚とか、人への信頼感を取り戻させてくださいとも。無邪気な気持ちや喜びとか、彼に吸い取られた人生を返してくださいと頼んだりもしません。それなのに、どういうわけか、彼は自分こそが厳しすぎる罰を受けたと思ってるんですよ？」

涙を流しながら、ヒュゲットは裁判官に言った。「あの夜、わたしが一人になって、眠って、無防備になるのを待ってから、ボーが、わたしのところに来て、ズボンを脱がして、パンツを脱がして、自分もズボンを脱いで、ペニスを出して、わたしのなかに突っ込んだとき、彼はわたしに終身刑を言い渡したんです――その刑を受けたら、その日から毎日、苦しみを乗り越えるためにがんばらなきゃいけないんです。ときどき、そうすることには意味があるんだとまで思い込まなきゃいけないときもあります。でもわたしは、審査会に行って、彼に無理やり科された終身刑を軽くしてくださいと頼んだりはしません。レイプは人が生き残る《サバイブ》犯罪のなかでいちばんひどい犯罪だと言われますけど、それには理由があるんです」

彼女は、ボー・ドナルドソンが「必要な助けを得て治療を受ける」ことを望んでいると言ったが、続けてこう付け加えた。「でも結局のところ、罰せられないといけません。この事件で行きすぎなのは、ボーがわたしに与えた苦しみの大きさだけです」

ヒュゲットが話し終えると、ヒラリー・マクラフリンが、グレートフォールズからのビデオ中継で、判決審査部門の裁判官に向けて話をした。「知らない人に性的暴行をして、長年の友人をレイプしたというのに、ボー・ドナルドソンがいまよりも軽い刑を求めていると聞いて、とにかくわけがわかりません」と彼女は言い、それから、二〇〇八年のレイプ未遂について語った。事件後、警察に届け出るのではなく、「頭の隅に追いやって、とにかく忘れようとした」が、うまくいかなかった、と説明した。

「ボー・ドナルドソンのせいで」彼女は言った。「だれと会ってもほとんど落ち着けなくなりました。彼に会う前の自分はいなくなってしまいました。いますぐ襲われるんじゃないかと、いつも怖れながら生きています。……いつもびくびくしています。それまで不安なんて経験したことがなかったのに、いまは毎日治療を受けています。しょっちゅう緊張して、不安になって、怯えてしまいます。……自分の家に一人でいるのも大変です。それに、二十三歳だというのに、暗闇が怖いんです。襲われる悪夢で目が覚めて、それから何時間も眠れません。そのイメージを頭から追い払えなくて。あのとき、叫んでも、離れてと言っても、彼は犯そうとし続けました。……これから一生、この気持ちを思い出しながら生きていくしかありません。恐怖、怒り、痛み、緊張、不安がどこまでもついてまわるんです」

アリソン・ヒュゲットと同じように、ヒラリー・マクラフリンも、ドナルドソンが判決が不当に厳しいと主張していることに憬然としていた。「彼は軽い罰ですんでいると思います」マクラフリンは法廷の人々にきっぱり言った。「わたしがわかっていただきたいのは、彼が受けた最大十年の禁錮刑は一時的なものですが、わたしのは一生続くということです」

ミズーラ郡検事のフレッド・ヴァン・ヴァルケンバーグは、ヒュゲットに同行してディアロッジに来ており、マクラフリンが証言を終えたあと、裁判官団に向けて話をした。「まずはじめに、いまみなさんに向かって話をした二人の証人について、わたしからもいくつかお話ししたいと思います」。ドナルドソンがヒラリー・マクラフリンを暴行したことをミズーラの警察と検察が初めて知ったとき、彼女は「はじめのうち、訴追手続きにかかわることをとてもしぶっていました」と、ヴァン・ヴァルケンバーグは説明した。しかし彼女は、「沈黙はようするにドナルドソンの行為を認めていることと同じだ」と理解するようになり、量刑審問で証言するのは難しく苦しかったが、そうすることが「未来の犠牲者を生まないようにするための自分の義務」だと感じた。

続いてヴァン・ヴァルケンバーグは、アリソン・ヒュゲットについてこう説明した。ドナルドソンにレイプされた翌日、ヒュゲットは彼に、カウンセリングと、薬物とアルコール乱用の治療、性犯罪者向けの治療を受けるなら、警察に届け出ないと伝えた。しかし、レイプから一年二ヵ月のうちに、「ボーがこれらの約束をほんとうに守る気がないと、アリソンはだんだんとわかってきました」。ドナルドソンは、約束を守るどころか、相変わらず「酒を飲み、薬物を摂取し、パーティーで騒ぎ、アリソンを見かけると面と向かって嘲笑いました」。

同じころ、「ミズーリアン」紙のいくつかの記事で、モンタナ大学のアメフト選手にレイプされたという匿名の女性たちが取り上げられた、とヴァン・ヴァルケンバーグは言った。「アリソンは『大変だ、ボー・ドナルドソンがあちこちでほかの女性たちをレイプしてる。わたしが事件を届け出なかったせいで』と考えはじめました」。そこで警察に行き、レイプ被害を届け出た結果、彼は逮捕された。その後、ドナルドソンは州と正式な司法取引に入ったが、その取り決めには、「被告人はいかなる上訴の権利も明確に放棄」し、判決の審査を求める権利も放棄するという規定があった。「にもかかわらず、彼はこの判決審査の場にいます」と、ヴァン・ヴァルケンバーグは嘆いた。「法廷はそのことを考慮に入れるべきです」。ドナルドソンが受けた判決は、「このような状況では妥当」であり、「タウンゼンド判事は熟慮の末に」この刑を科したのだと、彼は述べた。

そしてこう指摘した。州には「ボー・ドナルドソンに対する強力な言い分がありました。自白がテープに録音されていましたから。被告人側と交渉する理由は特に何もなかったのです。それでもわたしたちが交渉したのは、ある程度、……陪審裁判になればいつも、さいころの目で決まるようなことになるからです」。州が提案する司法取引の内容をアリソン・ヒュゲットに支持してもらうまでに、検事局は長い説得の時間を必要としたが、それは彼女が禁錮三十年、執行猶予二十年の刑を軽すぎると思っていたからだと彼は言った。「しかし、わたしたちがそのとき彼女に言ったのは」、この判決が下されれば、「のちに、上訴や判決審査によって破棄されることはないということでした」。

ボー・ドナルドソンは「ようするに、自らいまの状況に身を置いたのです」と、ヴァン・ヴァルケンバーグは言った。「しかし、彼のしたことはそれ以上です。彼のせいで、モンタナの人々に大きな誇りをもたらしているものがその面目を失いました。モンタナ大学のアメフトプログラムと……モンタナ大学そのものがです。……入学者数がだいぶ減っています。今年は大学の予算が千六百万ドル不足しています。モンタナ大学の全学生に影響を及ぼすことになります」。そしてドナルドソンは、「その主たる原因となった人物の一人です」。

「タウンゼンド判事は思慮深く、理知的な法律家です」ヴァン・ヴァルケンバーグは続けた。「被告人に妥当な判決を下しました。どうかこの判決を支持していただきたいと思います」。少し間をおき、それからこう付け加えた。「また、もう少し厳しい判決を求めたくなるところもありますが、そうはしないと申し上げておきます。わたしはただ、タウンゼンド判事の下した判決を支持していただきたいだけです。ありがとうございました」

ヴァン・ヴァルケンバーグの話が終わると、三人の裁判官のうちの一人が、ミルト・ダツォプロスを叱責した。タウンゼンド判事の下す判決が司法取引の合意の範囲内のものとなれば——実際にそうなったが——「被害者に、これ以上の訴訟手続き、上訴、判決審査などを経験させることはない」と約束していたのは何だったのかと言い、今回の判決審査の要請をどのように説明するのかと問いただした。

ダツォプロスは、ボー・ドナルドソンは新たな判決を受けて当然だと思う、なぜなら司法取引は「強制的」だったからだ、と答えた。

これは不合理な言い分だった。だれもボー・ドナルドソンに司法取引を強いてはいない。公判に臨んで、地元の仲間である陪審員に将来を委ねることを妨げるものは何もなかった。

ミズーラにおいて、グリズリーのアメフトは別の王国に存在しており、そこには特権意識が広まっている。モンタナ大学のファン、コーチ、選手、弁護士は、特別な法の適用免除を期待し、しばしば期待どおりの結果を得ている。このような環境で弁護士として成功したダツォプロスは、上訴しないという誓約がまともに受け止められることはないと信じているようだった。ボー・ドナルドソンはアメフトチーム、つまり王国の一員なのだから、約束など関係ないのだと。

しかしながら、モンタナ州最高裁が任じた判決審査部門の三人の裁判官は、だれもミズーラ出身ではなかった。ドナルドソンは司法取引を強制させられたのだという主張に裁判官たちが動かされていないとわかると、ダツォプロスは最後の破れかぶれの策として、こう訴えた。ドナルドソンはいまよりも軽い刑を受けて当然だ、なぜなら彼はヒュゲットをレイプしたことを逮捕時に自白したとき、承知の上で弁護士を同席させず、それゆえ、ダツォプロスが効果的な弁護を展開する「可能性を排除」していたからだ、と。この自発的な自白は、ボー・ドナルドソンが犯罪の責任を認め、事を正したいと思っていたことを示している、と彼は主張した。

そうかもしれない。しかしドナルドソンは、逮捕の日、警察署に行ってガイ・ベイカー刑事に供述する少し前に、ヒュゲットへの電話での自白がこっそり録音されていたことをベイカーから聞いていたから、警察が真実を知っていることはすでにわかっていたのである。

裁判官たちはダツォプロスのいかなる主張にも揺るがされず、タウンゼンド判事が下した判決を支持した。モンタナ州立刑務所での禁錮三十年、執行猶予二十年である。ドナルドソンは二〇一五年七月に仮釈放の資格を得ることになる。

ガイ・ベイカー刑事がドナルドソンから自白を得ていなかったら、ヒュゲットの事件の成り行きはどのように違っていただろうか。それについて考えると、いろいろなことがわかると同時に、不安な気持ちになる。もし罪を認めるところが録音されていなかったら、ミズーラ郡首席検事補のキルステン・パブストは、ドナルドソンを強姦罪で罪に問う相当な理由が不足しているとし、不起訴処分にしたかもしれない——ケイトリン・ケリーへの強姦罪でカルヴィン・スミスを不起訴にしたのと同じように、また、フレッド・ヴァン・ヴァルケンバーグその人が、ケルシー・ベルナップへの強姦容疑をかけられていたアメフト選手たちを不起訴にしたのと同じように。

それに、たとえボー・ドナルドソンが罪に問われたとしても、自白がない状況での訴追手続きはかなり難しいものだっただろう。ミルト・ダツォプロスが司法取引に応じず、公判に移行させていたかもしれない。そこでドナルドソンはセックスは合意の上だったと証言し、ダツォプロスはドナルドソンの友人からその主張を裏づける証言を引き出しただろう。そして、ヒュゲットの人格を激しく攻撃しはじめる。ヒュゲットがその夜セックスに同意したかどうかについて、合理的な疑いがあると陪審員が納得させられるのは想像に難くない。そうした結果、ドナルドソンは無罪になるのである、ジョーダン・ジョンソンが無罪になったのと同じように。そしていまでは自由の身となり、更生することも、性犯罪者として登録されることもないまま、再びレイプができる状況になっている。

ヒュゲットはたびたびこう言い聞かされた。多くの人が、ヒュゲットがレイプの濡れ衣を着せたのであり、ドナルドソンは無実だと考え続けている——友達だと思っていた人でさえそう考えている——と。判決審査の二日後、そうしたなかの一人、ミズーラのターゲット・レンジ地区でドナルドソンとヒュゲットとともに育った若い女性が、憎しみに満ちたメッセージをフェイスブックのヒュゲットのページに投稿した。

他人の生活をめちゃくちゃにしてるのがわかんないの、ちょっとだけじゃなくて、これから一生だよ。……文句言わないで、自分のバカな間違いを認めて、年齢を考えなよ！　もう中学のときみたいに簡単に片付かないでしょ、これは現実なんだから。カルマの因果応報で早く痛い目にあってほしい。

第三十章

さかのぼって二〇一二年五月、米国司法省が、過去三年にわたって性的暴行の訴えへの対応に不十分なところがあったという疑いで、ミズーラ郡検事局、ミズーラ市警、モンタナ大学を捜査していると発表したとき、警察と大学は捜査にしっかり協力すると言った。しかしながら、ミズーラ郡検事のフレッド・ヴァン・ヴァルケンバーグは、検事局は司法省に協力しないと宣言し、連邦捜査官が局の検察官と接触したり、事件ファイルを入手したりすることは許さないと、反抗的な態度を見せた。

一年後、ジョーダン・ジョンソンの公判の直後に、司法省は、ミズーラ市警とモンタナ大学の捜査を終え、性的暴行事件への対応の仕方を見直すということで両者と正式合意したと発表した。司法省は、モンタナ大学との取り決めは「全国の大学でモデルとして使える青写真」だと語った。また、数ヵ月後には、ミズーラ市警も司法省に命じられた変更にしたがって「着実な進歩」を見せていると、独立監査人が報告した。

一方、フレッド・ヴァン・ヴァルケンバーグは、断固として協働を拒み続け、司法省には検事局を捜査する法的権限がないと言い張った。そして、連邦政府にミズーラの検察官への事情聴取や事件ファイルの調査を許せば、危険な先例となり、「強権的な政府」が全国の何千人という地区検事の業務に干渉できるようになると主張した。

このようなヴァン・ヴァルケンバーグに対し、あきらめて司法省と協働してもらおうと、二〇一三年十二月、モンタナ地区連邦検事のマイケル・コッターが司法省と検事局との合意案を送った。これは、ミズーラの性的暴行被害者の「安全と安心」を向上させるため、検事局に以下のことを義務づけるものだった。組織内で捜査官を雇う（性的暴行事件の捜査を警察に一任しない）、組織内で被害者支援員を雇う、性的暴行特別班を設ける。また、ミズーラ郡検事局の検察官は、性的暴行被害を届け出たすべての被害者と対面しなければならない。さらに、管理職の人々は、不起訴となった事件をすべて再検討し、「知人による性的暴行が及ぼす影響」への無理解のせいで判断が「不適切に左右」されていなかったかを確認することが求められる。

一年八ヵ月にわたる司法省と検事局との膠着状態に終止符を打とうというマイケル・コッターの取り組みは、しかし、彼の意図とは逆の効果をもたらした。ヴァン・ヴァルケンバーグは、コッターの提案を見え透いた脅迫だと解釈し、仮に要求に応じず、不快感を表したなら、司法省は検事局を提訴してくるつもりなのだろうと考えた。彼の答えはようするに、司法省がこちらに追従しろ、ということだった。

フレッド・ヴァン・ヴァルケンバーグは、司法省に局へ指図する権利があるのかをめぐって訴訟を起こすため、五万ドルの資金提供をミズーラ郡政委員会に求めた。委員会を説得するにあたって彼が主張したのは、司法省を提訴することにより、地方の法的問題への連邦政府の介入を阻止するという点で重要な発言ができると同時に、ミズーラ市民の血税の支出を二年間で四十万ドルも抑えられるということだった――この額は、司法省の要求に黙従した場合、検事局が雇わなければならなくなる新たな人員に郡がいくら給与を支払うかを見積もったものである。

二〇一四年一月九日、委員会が訴訟への資金提供を約束したあと、ヴァン・ヴァルケンバーグはマイケル・コッター連邦検事に六ページの書簡を送り、司法省の命令に応じるつもりはない――その命令にしたがうと、ミズーラ郡検事局は、「すでに行っている業務のために、何十万ドルもの血税を不必要に支出」しなければならなくなる――とあらためて伝え、代替案を提示した。その案は、司法省が干渉してこないなら、検事局はミズーラ市警とモンタナ大学公安局に「力を貸し」、それぞれの司法省との取り決めの履行に協力するというものだった。

言い換えれば、フレッド・ヴァン・ヴァルケンバーグの主張は、市や大学の警官が司法省から罵倒されるのには喜んで手を貸すが、ミズーラ郡検事局が連邦政府に暴威をふるわれるのは絶対にあり得ないということである。そのうえ彼は、司法省がこの代替案を受け入れるつもりがあると「今後二週間以内に肯定の意志を見せない場合」、検事局への意向の押しつけを防ぐために「あらゆる必要な措置を講じる用意」ができていると脅しをかけた。

ヴァン・ヴァルケンバーグの頑固な性格はよく知られていたから、ミズーラ市民のほとんどは、彼が司法省を侮辱したがっていることに驚かなかったが、一部の有力者は、連邦政府を提訴するのはとんでもないと考えた。二〇一四年一月十五日、「ミズーリアン」紙は、地元の犯罪被害者を数多く治療している評判の臨床心理士、フランシス・マークス・バックによる郡政委員会への公開書簡を掲載した。「ヴァン・ヴァルケンバーグのエゴによる闘争は地域社会の健全性に影響を及ぼす」という見出しで、彼女はこう書いている。

モンタナ州は、ほかの一部の州と異なり、州司法長官に郡検事を管轄あるいは監督する権限がない。「監督」するのは有権者だけなのだ。……

ミズーラ郡検事局の働きには明らかな問題がある。郡検事その人に関しても、大勢の郡検事補に関しても。

私が思うに、フレッド・ヴァン・ヴァルケンバーグの司法省への非協力という態度は、エゴによるものであり、道理によるものではない。……彼が問題にしているのは司法省の捜査の「権利」であり、提言された変更が、彼や部下の地区検事補、地域社会にいかに利益をもたらすかということではない。

ヴァン・ヴァルケンバーグはバックの書簡に動じなかった。二月十一日、連邦政府が立場を崩さないなか、彼は、司法省、エリック・ホルダー米国司法長官、マイケル・コッター連邦検事を相手に訴訟を起こし、「被告にミズーラ郡検事や局を捜査または提訴する権限がないことを示す判決」を求めるとした。その際、法的要求の根拠としたのは、「検察官の絶対的免責」という連邦コモンローの原則であり、それは「裁判官と大陪審員の免責の根底にあるのと同じ目的」、すなわち「司法手続きを守る」ためにあるのだと言った。

これに対して司法省は、七十二時間後のバレンタインデーに、フレッド・ヴァン・ヴァルケンバーグに宛てた二十ページの報告書を公開した。これはミズーラ郡検事局の失策を徹底的に細かく記録したもので、元検察官のキルステン・パブスト、元警察長のマーク・ミューア、ミズーラの九人の刑事や巡査、三十人以上の性的暴行被害女性への事情聴取を含む、幅広い捜査の成果がまとめられていた。二〇一二年五月に捜査の実施を発表したとき、司法省は、ミズーラで過去三年に少なくとも八十件のレイプ疑惑が報告されていると説明した。しかし、二〇一四年二月にヴァン・ヴァルケンバーグに送られた捜査結果によれば、実際には三百五十件の性的暴行が、二〇〇八年一月から二〇一二年五月のあいだの四年四ヵ月に、ミズーラ市警に報告されているということだった。司法省は捜査の一環として、性的暴行事件を担当する名高い刑事と検察官に、これらの事件の検証を依頼していた。

バレンタインデーの司法省の報告書にはこう書かれている。

女性たちがきまって言っていたのは、郡検事補に投げやりな対応や無礼な対応をされたということ、また、郡検事補が、被害女性や支援員、世間に対する発言で、たびたび性暴力の深刻さを矮小化し、加害者の責任を軽視していたということである。捜査の結果わかったのは、検察官は事件について被害女性とコミュニケーションを取っていない、公訴の提起について知らせていない、有罪となったときに被疑者にどのような償いを求めるかについて彼女たちに意見を聞いていない、ということだった。多くのケースで、検察官は被害者に電話を返してすらいなかった。

モンタナ州法にしたがえば、検察官はすべての重罪および軽罪の被害者と話し合わなければいけないが、司法省の捜査で明らかになったのは、「郡検事局が性的暴行被害者との話し合いをしばしば怠っている」、また、「郡検事局が性的暴行被害者とやり取りをした場合、被害者の心にはしばしば、検察官に感情を害され、軽視され、不信感を抱かれたという気持ちが残る」ということだった。報告書にはこのような記述がある。

ある郡検事補は、性的暴行被害を届け出た女性との話し合いのなかで宗教的な一節を引用したが、被害者が解釈したところによれば、彼女が届け出たことを否定するようなものだったらしい。支援員の話では、郡検事補たちは「被害者にひどいことを言って」おり、ある女性に対しては、「君は復讐したいだけだろう」と言ったという。

ある女性は、郡検事補とのやり取りを、「トラウマになった」と語った。別のある女性は、訴追手続きが終わるまでに、郡検事補の対応や、重要な進捗状況を伝えてくれない検事局に業を煮やしたため、別の女性に対して、ミズーラで性的暴行事件の訴追を求めることを「絶対に勧めなかった」。また、ほかの女性たちが訴追のために同じような手続きを経験していると考えると、「心が痛む」と言っていた。……

モンタナ大学の学生だったときに集団レイプにあった若い女性は……郡検事局に訴追を求めたことで再びトラウマを負わされるようだったと言っていた。その経験について聞いた結果、女性の友人は自身のレイプ被害を警察にも検察にも届け出なかった。また、ある臨床心理士は、ミズーラの性的暴行サバイバーを数多く診てきたなかで、加害者の起訴を求めた被害者たちから、郡検事局と関わるのはあまりにも不快だと聞いていたため、自身が性的暴行の被害にあった際、訴追を求める気になれなかった。

報告書は、「性的暴行の大多数は累犯者による犯行であるため」、郡検事局が起訴を怠ると、「ミズーラ地域全体の女性の安全」が危うくなると警告していた。「訴追を免れた犯罪者が地域に残って再犯する」ためである。フレッド・ヴァン・ヴァルケンバーグを名指しした箇所には、このような記述もある。

あなたの公の発言からさらに疑われるのは、少なくとも、検事局にとって性的暴行事件の優先度が高くないのではないかということである。……たとえば、起訴の決定の遅れに関する質問に対して、あなたは、部下の検察官たちは「空き時間があるときに」性的暴行事件の起訴について検討していると答えたそうだ。のちに、「空き時間」とは、ほかの法廷や訴訟の業務が終わったあとの「延長時間」のことだと弁明しようとしたが、その発言は、性的虐待の入念な捜査や訴追手続きと相容れないように思われる。……

同じくらい心配なのは、知人による暴行で、被害者の成人女性が暴行時に何らかの無防備な状態にあった場合、郡検事局がほぼすべてのケースを不起訴にしていたことである。たとえば、薬物やアルコールが悪用されたケースだが、……たとえ加害者が自白したり、有罪を示す発言をしたりしていても、不起訴になっていた。……

たとえば、ある女性が、前の日に知り合いに薬を飲まされてレイプされたと届け出た。ミズーラ市警は証拠を積み重ね、そのなかには、加害者とされる人物が女性の飲み物に何かを滑り込ませる瞬間の映像もあった。また、加害者は警察に対し、女性の飲み物に何かを入れたことは覚えていないものの、入れた可能性はあり、「彼女をリラックスさせようとしていたなら、ザナックス〔訳註：抗不安薬〕でしょうね」と認めていた。さらに、映像を突きつけられると、「記憶とは違いますけど、監視カメラには反論できません」とも供述していた。ミズーラ市警は容疑者宅の捜索令状を取り、容疑者が最近、ザナックスなど、薬物を悪用した性的暴行でよく使われる二つの薬を再調合してもらっていたことを突きとめた。にもかかわらず、ミズーラ郡検事局はこの事件を起訴せず、証拠不十分だと言うだけで、それ以上文書で説明することもなかった。しかも、どのように証拠を積み重ねれば公訴を提起するのに十分になるのかということについて、郡検事局がミズーラ市警の刑事に指導を行った形跡は見られなかった。

二〇一四年二月二十一日、司法省の手厳しい報告書が公開された一週間後、ヴァン・ヴァルケンバーグは、五ページの非難文書で応じ、司法省の主張を激しく否定した。報告書を読んで「苛立ち、不信、憤り」を感じたと、彼は書いている。

> 私が司法省の権限の明確化を求めて連邦裁判所に訴訟を起こした途端、司法省がこの書簡を報道機関に公開したのは、偶然のことではない。報道機関に提供された書簡は明らかに報復である。司法省はメディアを利用し、性的暴行事件の問題をめぐる世論を不適切に操作しようとしている。これは政治的に計算された、無責任な行為である。……
>
> 郡検事局の刑事部には十一人の検察官がおり、そのうちの七人が女性である。各検察官は個人で常に百二十五件余りの刑事事件を抱えている。我々の検察官は仕事量が多いと言って

差し支えないだろう。特に、限られた時間と人的資源を考えればそう言える。このような障害があるなかで、女性、子ども、男性を問わず、すべての犯罪被害者への対応を最優先事項としているのだ。性的暴行事件の優先度が最も低いという司法省の主張は、まったくの嘘である。

少なからぬミズーラ市民が、攻撃にさらされながらも司法省に立ち向かう郡検事に称賛の声を送った。たとえば、二ヵ月前に退官した元ミズーラ警察長のマーク・ミューアがその一人である。「ミズーリアン」紙のゲストコラムで、ミューアは司法省を「エリック・ホルダー司法長官率いるワシントンDCの過激派リベラル法務スタッフ集団」と呼び、フレッド・ヴァン・ヴァルケンバーグについては、「米国司法省の権力の濫用を訴える上で、大胆かつ賢明な戦略を勇ましく選択した」と称えた。

とはいえ、ヴァン・ヴァルケンバーグの訴訟を支持する声は、ミズーラ全体に行き渡っているかというとそうではなかった。彼が司法省の報告書に対する怒りの返答を公開したのと同じ日、「ミズーリアン」紙は、新警察長のマイク・ブレイディと、二〇〇五年から市長をつとめるジョン・エンジェンによる論説記事を掲載した。その内容は、司法省がミズーラ市警を捜査し、レイプ捜査の方法を変えるという取り決めが市と司法省のあいだで交わされた結果、ミズーラは女性にとってより安全な場所になったというもので、説得力のある主張がなされていた。「ミズーラ市が米国司法省公民権局と合意に達してからまもなく一年になるが」と、ブレイディとエンジェンは書いている。「我々は改善しつつある」。しっかりと教育されるようになった警察官は、知人によるレイプという独特な難題への対処法を学び、レイプ被害者の求めに敏感になっているし、方針と手続きが改善したことで、警察と郡検事局や被害者支援員との協力体制が大いに強化されている。また、警察は業務状況の監査を外部委託するようにもなっており、それによって、「我々が常に向上していること、仕えるべき市民に対して責任を負っていることを保証している」。

この記事ではっきりと表明されていたわけではないが、ブレイディとエンジェンの考えは明らかだった。フレッド・ヴァン・ヴァルケンバーグが自尊心を押しとどめ、訴訟を断念し、司法省と協働しはじめれば、ミズーラのためになるということである。

第三十一章

フレッド・ヴァン・ヴァルケンバーグが司法省と喧嘩を繰り広げたのは、ミズーラ郡検事選挙の準備期間だったが、彼はすでに再選を目指さないと表明しており、二〇一四年末に任期満了を迎えることになっていた。二〇一三年十一月、ヴァン・ヴァルケンバーグと司法省の衝突がエスカレートするなか、この話は奇妙な展開を見せる。キルステン・パブストが、元上司の後任の郡検事を目指し、選挙戦に参戦すると発表したのである。立候補の表明に際し、彼女は、テレビ局〈KECI〉のエミリー・アダムソン記者に、郡検事局は「協力を増やし、対立を減らす」必要があると述べ、さらにこう付け加えた。「何よりも思いやりの気持ちを多く持つことが必要だと思います」

一年八ヵ月前、ミズーラ郡首席検事補の職を辞したとき、パブストは、「家族と馬と犬」と多くの時間を過ごすために辞めると言っていた。しかし、検事局を離れた一ヵ月後には、それを否定するかのように、グリズリーのクォーターバック、ジョーダン・ジョンソンの弁護人として、デイヴィッド・パオリのチームに入った。そして、長い公判の準備過程と、消耗の激しい公判のあいだじゅう、パオリとともに、ジョンソンの被害者とされるセシリア・ウォッシュバーンを容赦なく貶した。そうして陪審員を見事に説得し、ジョンソンを無罪にした。

ミズーラ郡検事局に勤めた十五年のうちの最後の六年間、キルステン・パブストは性的暴行事件の訴追を取り仕切る立場にあった。司法省の報告書で言及された問題のある事件のほとんどが、パブストが直接扱った事件か、彼女の指揮で別の検察官が処理した事件だった。

検事局のトップを目指す選挙運動中、パブストは司法省の主張の正確さに異議を唱えた。そして、もし自分の在職中に検察官がいくつかの事件の対応を誤っていたとしたら、それはフレッド・ヴァン・ヴァルケンバーグの責任ではないかと言った。「当時、私は自分の置かれた立場で、好ましい変化をもたらせるように真剣に取り組んでいましたが、いろいろな障害にぶち当たり、困難でした」と、彼女は「ミズーリアン」紙のキャスリン・ハアケ記者に語った。「郡検事となったら、それが実現しやすい立場になるでしょう」

しかしハアケは、もしパブストが選挙に勝ち、郡検事になったとしても、女主人としてすんなりと検事局に戻ることはできないだろうと指摘した。元同僚たちのなかに、ジョンソンの公判での彼女のやり方を批判している人たちがいるからである。ハアケはこう書いている。

ジェニファー・クラーク郡検事補は、パブストがジョンソンの弁護にレイプ神話や固定観念を利用していたことを指摘する。彼女は弁護人がそのようなやり方を取ることを認めながらも、検察官だった元同僚がそれを実践しているのを見て衝撃を受けていた。……「過去数年、［パブストは］部下の統率や指導にあまり熱心ではありませんでした」とクラークは言う。

クラークはまた、元上司のパブストが、ファースト・ステップ、ジャスト・レスポンス、犯罪被害者支援室などの機関との「かけ橋を燃やした」とも考えている。「それらの機関との今後の仕事上の関係やコミュニケーションが心配です。特に、性的暴行事件に対処するときは」

ウェブサイト「バズフィード」の記事で、ケイティー・J・M・ベイカーは、キルステン・パブストが検事局の問題に対する責任を否定し、フレッド・ヴァン・ヴァルケンバーグを身代わりにしようとしていることを、ヴァン・ヴァルケンバーグ自身が一笑に付したと報じた。『郡検事局を新たな方向に動かすときだ』という彼女の発言は、当選に近づくための計算された政治的レトリックだとしか思えない」と、彼はケイティー・ベイカーに語り、刑事部の首席検事補だった時代、パブストは自分が適切だと思う方針を好きなように制定できていたと指摘した。「彼女は、五年以上にわたり、本局のマネジメントに不可欠な存在だった」

キルステン・パブストは、二〇一四年六月三日に行われる予備選挙で、二人の対立候補と争うことになっていた。そのうちの一人、ジェイソン・マークスは、ミズーラ郡検事局刑事部の副首席検事補で、二〇〇七年から、二〇一二年にパブストが辞めるまで、彼女の部下だった。もう一人のジョシュ・ヴァン・デ・ウェテリングは、セシリア・ウォッシュバーンの個人弁護士を無償でつとめた人物で、ジョーダン・ジョンソンへの訴えをめぐるモンタナ大学の審理と、検事局による刑事訴追手続きの両方にかかわっていた。全候補者が民主党員であり、共和党員の立候補はなかったから、予備選挙に勝った者が次期ミズーラ郡検事に選ばれることになっていた。

ジェイソン・マークスが立候補を表明したのは二〇一三年十一月、パブストが選挙戦への参戦を発表する一週間前のことだった。マークスは、司法省と協力し、新たな訴追方針を設け、被害者とのコミュニケーションを改善すると約束した。しかし、司法省の捜査で郡検事局の評判が暴落したため、二〇一四年三月、ミズーラ市長のジョン・エンジェンら多数のマークス支持者は、彼に選挙運動を見合わせるよう促した。選挙の二ヵ月前、マークスは運動を中止し、プレスリリースでこう説明した。

私の仕事、および私の同僚たちの仕事を、当検事局と司法省の捜査を取り巻く論争中の問題から切り離すことが難しくなっている。有権者が重視しているのは局外の人物が次期検事になることなのだと痛感した。

ミズーラの有権者が、ヴァン・ヴァルケンバーグとパブストのもとでの検事局の失策に汚されていない人物を次期検事に選びたいのだとしたら、ジョシュ・ヴァン・デ・ウェテリングがもっとも勝利を狙いやすい立場にいると思われた。彼はキャリアの初期にミズーラ郡検事補として二年間働いたことがあったが、フレッド・ヴァン・ヴァルケンバーグが検事局のトップとなる直前の一九九八年に退職し、司法省で連邦検事補として働きはじめた。そして、連邦検察官として高い評価を得ると、二〇〇八年にその職を辞して個人開業した。次期ミズーラ郡検事を目指す選挙運動では、女性に対する性的暴行や性暴力を「最優先事項」にすると約束し、「難しいケース」も裁判に持ち込んで陪審に判断させるようにしたいと言った。

しかし、キルステン・パブスト陣営がヴァン・デ・ウェテリングの選出を阻んだ。デイヴィッド・パオリと組んでジョーダン・ジョンソンの刑務所行きを回避したことで、パブストは多くのグリズファンから熱烈な人気を得ていた。彼らは、パブストが、ジョーダン・ジョンソンの告訴人――「レイプのことで嘘をついたどうしようもない女」と、ある女性ファンはインターネットフォーラムでセシリア・ウォッシュバーンのことを評した――の弁護士を打ち破るのを見たくてたまらなかったのだ。

二〇一二年のアメフトシーズン、ジョーダン・ジョンソンがウォッシュバーンに対する強姦罪で起訴され出場禁止になると、グリズはわずか五勝しかできず、六敗を喫した。無罪評決が出たあとの二〇一三年シーズン――その最中にパブストが立候補を表明した――、ジョンソンはチームに十勝三敗の成績と、FCSプレイオフ進出をもたらした。この劇的な変化を、パブストもほかのミズーラ市民も見逃さなかった。選挙戦のあいだ、彼女はジョンソンの無罪評決における自らの役割をしきりに自慢し、自身のウェブサイトでもその評決を大々的に取り上げた。

パブストはジョンソンの弁護の際にパオリと結束していたが、彼の法律事務所に入ることはなかった。とはいえ、一人で自身の事務所を運営する上で、パオリの事務所にオフィススペースを賃借りしており、ミズーラ郡検事選に出馬すると決めたときには、パオリが選挙運動の指揮を進んで引き受けた。資金を集めるにあたり、彼は政治活動委員会を立ち上げ、〈真実と多様性と働きを求めるモンタナ市民《Montanans for Veracity, Diversity and Work》〉、略称〈MVDW〉と名づけた――ヴァン・デ・ウェテリング《Van de Wetering》のイニシャルを茶化したのである。パオリの支援を受けたパブストは、極端なネガティヴキャンペーンを展開し、手を緩めることなくヴァン・デ・ウェテリングを攻撃した。

ジョーダン・ジョンソンの公判でセシリア・ウォッシュバーンを攻撃し、郡首席検事補時代にはレイプ事件の訴追を嫌っていたということを考えると、啞然とするほど大胆なことだが、パブストは、司法省の捜査がはじまる直前の二〇一二年三月に郡検事局を辞めたという事実を利用して、自身は改革者であり、長年にわたって被害者を支えてきたというイメージを描き出そうとした。候補者アンケートのなかで、彼女は検察のトップを目指す理由をこう説明している。

次期ミズーラ郡検事に求められるのは、リーダーシップ、経験、ヴィジョンを持ち、局を新たな方向に導くことである。われわれは、説明責任、教育、透明性を通じて、世間の信頼を取り戻さなければならない。この分裂したコミュニティが回復に向かうときなのである。……私は、協力、コミュニケーション、思いやりを通じて、犯罪被害者の役に立てるよう尽力する。

思いやりこそ、選出されたときに最重視する目標のひとつだと、パブストは強調した。

犯罪被害者は、自分に落ち度がないにもかかわらず、裁判手続きを余儀なくされる。思いやりとは、家族と接するときのように被害者と接するということであり、われわれは客観性を失うことなく、被害者のトラウマや恐怖心に誠実に向き合いながら、刑事司法制度の水先案内人とならなければいけない。

パオリが設立した政治活動委員会〈ＭＶＤＷ〉の協力を得て、パブストは二万九千ドルの献金を集めた。これは、いかなる政治活動委員会の支援も受けていないヴァン・デ・ウェテリングの三倍以上の額だった。パブストの選挙運動にもっとも気前よく献金したのは、パオリの仲間の弁護士でグリズ後援者のミルト・ダッツォプロスだった。選挙の四日前、ＭＶＤＷは、「ジョシュ・ヴァン・デ・ウェテリングにわたしたちの郡検事の職を任せられますか？」と問いかけるビラを何千枚も発送した。その答えは、ＭＶＤＷによれば、ノーだった。

二〇一四年六月三日、ミズーラ市民が投票に行き、開票作業が行われた結果、パブストが七千七百六十二票、ヴァン・デ・ウェテリングが四千五百五十九票、ジェイソン・マークスが千十八票を獲得した。これにより、パブストが暫定的な次期ミズーラ郡検事となり、四年の任期が二〇一五年一月一日にはじまることになった。

選挙の六週間後、モンタナ州政治行為局長のジョナサン・モトルが次のような発表をした。ＭＶＤＷは承知の上でモンタナ州法に違反し、パブストの選挙戦終盤の支出を公表しなかった。そのため、パブストがヴァン・デ・ウェテリングを中傷するビラなどに正確にいくら費やしたかを、ヴァン・デ・ウェテリングも市民も選挙前に知ることができなかった。パオリとＭＶＤＷの経理担当Ｊ・マイケル・バレットによるモンタナ州選挙運動行為法の違反は、「彼ら自身の判断で意図的になされた」。

パオリとバレットは罰金を支払うように命じられたものの、選挙から八ヵ月以上が経過しても、その額はまだ協議中だった。パブストはパオリとオフィスをシェアし、選挙運動で密接な協力体制を築いていたが、献金の支出をめぐって彼女たちが「調整」していたことを示す文書などの確たる証拠を、モトルは暴露しなかった。選挙結果は異議なく有効と認められ、パブストはまったく罰せられなかった。

二〇一四年六月十日、キルステン・パブストが郡検事に選ばれた一週間後、任期満了を待つだけの身となったフレッド・ヴァン・ヴァルケンバーグは、必然の流れに屈し、司法省に対する訴訟をしぶしぶあきらめ、性的暴行事件の訴追手続きを改善するための指示にしたがうことに同意した。にもかかわらず、その合意を発表する公開の場で、彼は演壇に立ち、快く戦いを断念したのではないと語った。

司法省に検事局を支配する権限はないと主張し続けたヴァン・ヴァルケンバーグは、米国司法次官補代理のジョスリン・サミュエルズが四ヵ月前に発表した手厳しい報告書について、ぶつくさ文句を言った。「四十一年の法律家人生で、これほどまでに素人くさいものは見たことがありません。部下たちが誹謗されているのを見るのは実につらいものです。……どうしてこんなことになったのかと考え、眠れぬ夜をどれだけ過ごしたかわかりません。米国司法省はなぜこんなことをしたのでしょうか？」

ヴァン・ヴァルケンバーグがそう発言したとき、ジョスリン・サミュエルズもすぐそばに立っていた。彼の発言が終わったあと、彼女は司法省の捜査に関するそのような意見には賛成できないと明確に表明し、こう言った。もし訴訟が取り下げられず、司法省が公判に臨むことになっていたとしても、「わたしたちが勝っていたと確信しています〔原註：サミュエルズはおそらく正しい。エイミー・ナイト・バーンズの「性的暴行事件の訴追手続きの改善」というきわめて明晰な論文（二〇一四年七月に「スタンフォード・ロー・レヴュー・オンライン」に掲載された）は、司法省にはミズーラ郡検事局を捜査、提訴する法的権限がたしかにあるという強力な議論を展開している。「一般に検察官はその判断に関して相当な免責特権を持ち、指図をほとんど受けない」と認めながらも、バーンズはこう述べている。「ミズーラ郡検事は……選挙で選ばれた役人である。多数の有権者の憲法上の権利を守っていないことに関して、彼がいかなる捜査にも応じる必要がないとしたら、過半数すれすれ、場合によっては相対多数の投票者が、多くの市民の権利を奪う違憲体制を支え続けることになる」]。とはいっても、今日の日を待ち望んでいましたけれど」

第三十二章

フレッド・ヴァン・ヴァルケンバーグが司法省に対する訴訟を断念し、引退に向けた準備をはじめるまでに、ミズーラのレイプスキャンダルの根底にある原因がはっきりしてきた。モンタナ大学、ミズーラ市警、ミズーラ郡検事局がそれぞれに責任の一端を担っていたのである。

モンタナ大学は、メディアの注目で行動を余儀なくされるまで、性的暴行への対応に関して、まぎらわしく、ときに矛盾した方針しか定めていなかった。大学当局者は性的暴行をミズーラ市警に届け出ないことがあった。大学の警備員も性的暴行をミズーラ市警に届け出ないことがあった。とはいえ、このような過ちは、いったん認識されるとすぐに改善された。それよりはるかに悩ましく厄介な問題は、同大学のアメフトの人気と、それが地域経済にもたらす何百万ドルという効果だった。グリズアメフトチームへの崇拝は、悪質な特権意識の空気を生み出していた。コーチたちも、選手が性的暴行などの犯罪で訴えられたことを大学当局に報告せず、チームの優越感を強めていた。

ミズーラ市警に関しては、レイピストが責任を逃れられる状況をつくっていた。刑事やパトロール警官に最新の教育を施すことを怠り、レイプ被害者についての狭量な固定観念や不当な誤解をはびこらせたことで、捜査の効果を弱めていた。しかし警察の立派なところは、不十分な点に気づかされた直後、司法省の捜査がはじまるよりも前に、それを改めるべく大きく動きだしたことである。たとえば、二〇一二年三月に新たな方針を制定し、警官は被害者の主張を信じて性的暴行の捜査を開始しなければいけないとした――これは、ジョーダン・ジョンソンの公判中、キルステン・パブストとデイヴィッド・パオリが猛烈にこき下ろした方針である。また、司法省が警察への捜査を行っていることを発表すると、すぐに協力を約束し、誤りを正したいという誠実な意志を見せた。

では、ミズーラ郡検事局はどうか。ミズーラのレイプ問題の責任を振り分けた場合、最大の責任は検事局にあると言ってもいいだろう。とはいえその失策は、基本的に、郡検事補たちの無能さから生じたわけではない。実際のところ、局の検察官のほとんどは、優秀かつきわめて熱心な公僕である。崩壊の根本的な原因は、むしろ、局の風土にある。検察官たちは、難しいケースを積極的に立件するように言われていなかったし、それをうまく行うために必要な専門的教育も受けていなかった。つまり、多くの不手際を生んだのは、キルステン・パブストとフレッド・ヴァン・ヴァルケンバーグの怠慢であり、彼らは部下が成果を上げるために必要な指導、教育、サポートをしていなかったのである。

司法省の報告書で指摘されているとおり、レイプ事件――特に、知人によるレイプ事件――の訴追をうまく進めるには、法律や科学の最新知識を高いレベルで把握することが必要になる。報告書にはこのような忠告があった。「早急に求められるのは、州と地域の検察官がレイプ神話を認識し、それらの神話に陪審員がいかに影響されうるかを知ることである」。検察官は、暴行の最中や直後によく見られる、レイプ被害者の直感的とは言いがたい行動について、神経化学の面から理解する必要がある。また、なぜレイプ被害者は想像どおりの反応をしないことがあるのか、なぜレイプされたときの細かなことを思い出せない可能性があるのか、ということを陪審員に説明できなければならない。司法省の捜査がはじまる前、「郡検事局はそのような教育を、たとえ施していたとしても、ごくわずかしか施していなかった」と報告書は指摘していた。

検察官の教育が不十分だったことで、検事局の働きが妨げられただけでなく、警察の職務遂行能力も妨げられた。司法省の報告書によれば、刑事たちは、揺るぎないと思われるケースでも検事局が訴追しないため、「ストレスがたまっていた」。

ミズーラ市警の刑事は仕事に支障をきたしている。人や資金を費やし、包括的な捜査を行っても、ミズーラ郡検事局がしばしば不起訴処分にするからである。ある女性は、ミズーラ市警の担当刑事から、「手足の切断もなければ、事件をとらえた映像もない」ため、検察は「これ［レイプ］を女の子がパーティーで酔っ払ったくらいにしか思わないだろう」と言われたという。……二〇一三年はじめのある事件では、刑事が被害者と犯人の双方に……郡検事局はこの事件を起訴しないだろうと言った――たしかにレイプがあったと、刑事が被害者の前で断定していたにもかかわらずである。

司法省の捜査への協力を頼まれていた訴追問題の専門家は、三百件を超える性的暴行事件の警察資料を精査したのち、いくつかの事例で、「ミズーラ市警が訴追手続きに役立つ実質的証拠を積み重ねたにもかかわらず、検事局が文書による説明もなしに不起訴とした」と結論づけた。この専門家によれば、刑事から自白や目撃証人の情報を与えられたときでさえ、郡検事局は性的暴行事件の訴追を拒むことがあったという。

二〇〇八年から二〇一〇年のあいだ、ミズーラ市警は事件を検事局に送致するたびに記入用紙を添え、検察が立件しない場合、その理由を説明してもらうようにしていた。しかし、司法省の報告書によると、検察が「不起訴の決定を有意義に文書で説明することはまれだった」。記入用紙にもっとも頻繁に書かれた説明は、ただ一言、「証拠不十分」か「補強証拠不十分」だった。二〇一〇年よりあとにおいては、そもそも記入用紙を返そうともしなかったという。これは刑事にとってきわめてストレスのたまることだった。事件の捜査が打ち切られたことを被害者に伝えなければいけないのに、検事局から何も具体的な情報を与えられておらず、なぜ不起訴になったのかを説明できないのだから。

司法省の報告書で言及されたある事件の場合、ミズーラ市警は、意識を失っている女性をレイプしたという男の自白を得た。警察は事件を郡検事局に送致し、容疑者を強姦罪で起訴するよう勧告したが、検事局は「証拠不十分」だとしていっさい公訴を提起しなかった。報告書には、さらに次のような事例も挙げられている。

ミズーラ市警は容疑者から有罪の証拠となる供述を得た。男は精神障害を抱える女性と性交したことを認めており、女性から、やめてほしい、「膣が痛い」と言われたあと、どのタイミングで行為をやめたかを「特定」できないと供述した。ミズーラ市警は事件を郡検事局に送致し、容疑者を合意のない性交の罪で起訴するよう勧告した。有罪の証拠となる供述があったにもかかわらず、郡検事局はこの事件でいっさい公訴を提起しなかった。

ミズーラのレイプ問題は、数多くの不愉快な真実を明るみに出し、少なからぬ苦痛をもたらした。このスキャンダルで汚点をつけられた人たちのうち、一定数はフレッド・ヴァン・ヴァルケンバーグのように否定を続けている。とはいえ、「ミズーリアン」紙の報道やその後の司法省の捜査に促された改革は、意味のあるものだった。慣行の見直しにより、ミズーラで性的暴行事件がしっかり訴追される可能性はすでに高まっており、それはキルステン・パブストが郡検事局のトップであっても揺るがない。また、ヴァン・ヴァルケンバーグ、モンタナ州司法長官、米国司法省が交わした取り決めによって、検事局は二年間、「専門アドバイザー」――十五万ドルの契約で雇われ、パブスト指揮下の検事局が成果を上げているかを厳しくチェックする――に監督されることを義務づけられた。

さらに、念を押して言うべきなのは、ミズーラのこの騒ぎの核心にある問題がモンタナ州西部だけに見られるものではないということである。司法省の捜査で明らかになったのは、二〇〇八年一月から二〇一二年五月のあいだの四年四ヵ月間に、三百五十件の女性に対する性的暴行がミズーラ市警に届け出られたということだった。司法統計局の二〇一〇年の概算によれば、人口十万人未満の都市で女性が性的暴行の被害にあう割合は、年に〇・二七パーセントである。これをミズーラ〔原註：二〇一〇年の国勢調査によれば、ミズーラの女性人口は三万三千四百五十六人〕に当てはめると、女性被害者の数は年間九十人、四年四ヵ月間では三百九十人となる。こうして見ると、ミズーラはこの国のレイプの首都ではなく、むしろ実際には、性的暴行の発生率が全国平均よりもわずかに低いということがわかる。これこそが真のスキャンダルだ。
これほど多くのレイピストが罪を犯しながら罰を免れられている理由として、われわれの司法の当事者対抗主義が「強力な手続き上の障壁を築き、有罪判決を阻んできた」(原註：もちろん、被告人が優秀な弁護士を雇えない場合は除く。しかしこれはまた別の機会の話題だ) ことが挙げられると、リチャード・A・ポズナーは著書『法理学の問題』のなかで論じている。

これにより、無実の者を有罪にする可能性をかなり低くすることができたが、その代償として、罪を犯した多くの者が無罪となったり(特に、一流の弁護士を雇える者の場合)、実際に犯した罪よりもはるかに軽い罪を認める取引が許されたりしている。

国内でもっとも論文が引用されている法学者のポズナーは、ロナルド・レーガン大統領によって連邦第七巡回区控訴裁判所の判事に任命された共和党員である。ここで、リベラルな民主党員、ハーバード・ロースクール教授のアラン・ダーショウィッツが、われわれの当事者対抗主義について何と言っているかを見てみたい。挑発的な著書『最良の弁護』のなかで、彼はこのように書いている。

無罪の推定が憲法上認められているが、実際には刑事被告人の圧倒的多数が罪を犯しているとわかった。わたしの依頼人はほぼ全員が罪を犯していた。……
罪を犯した被告人の弁護をしているのは、なにもわたしだけではない。弁護人の大半がほとんどいつも取り組んでいることである。罪に陥れられたり、間違って罪を着せられたりした無実の者を弁護するという、ペリー・メイスン〔訳註：E・S・ガードナーの推理小説シリーズの主人公である法廷弁護士。テレビドラマでも有名〕のような英雄のイメージは、テレビのなかのフィクションなのだ。……

弁護を引き受けると決めたら、わたしにはひとつの課題しかない。勝ちたいということである。あらゆる公正な法的手段を用いて、依頼人が重い罰を受けずにすむよう努める──その結果は考慮せずに。……

こんな古い話がある。大きな訴訟に勝った弁護士が依頼人に電報を打った。「正義が勝った」と。依頼人はすぐさま返事の電報を打った。「ただちに上訴してくれ」と。この話は、わたしたちの法制度の現実に関する重要なポイントを伝えてくれる。つまり、だれも正義を望んでなどいないのである。刑事司法制度にかかわる者の大半にとって、勝利こそが「唯一絶対のもの」なのだ──プロのアスリートと同じように。刑事被告人とその弁護人は、間違いなく正義など望んでいない。彼らが望むのは無罪、あるいは少なくとも短い刑期である。……

法廷での宣誓──「真実を、すべての真実を、真実のみを語る」──は、証人にだけ適用される。弁護人、検察官、裁判官はこの宣誓を行わない──そもそもできないのだ！　実際、アメリカの司法制度は、すべての真実を語らないという基盤の上に成り立っている。弁護人の仕事とは──特に、罪を犯した者を弁護する際──あらゆる合法的な手段を用いて、「すべての真実」が明らかにならないようにすることなのである。

法制度は性的暴行被害者をほかの犯罪被害者よりもはるかに不利な状況に置いているから、被告人の罪状が強姦である場合、すべての真実を明らかにしないことは容易になる。これは、憲法で定められた適正な手続きを受ける権利の代償のひとつである。

とはいえ、少数ながら影響力のある、警官、検察官、学者のグループが「最良のプロセス」を生み出したことで、被告人の権利をきちんと尊重しながら、検察官がより多くのレイプ裁判に勝てるような仕組みができた。このプロセスは、〈全国地区検事協会〉と〈女性に対する暴力をなくす国際協会〉によって体系化され、いまでは全国の警官や検察官に教えられている。トラウマの科学などをテーマにしたセミナーを通して、レイプ被害者に事情聴取する際のテクニックを向上させ、懐疑的な陪審員に検察官がレイプ神話の誤りを証明できるようにしようとしている。

同じようなスキルは、大学の性的暴行審理担当者にも教えられている。しかし、大学内でレイピストに責任を負わせるとなると、独特の難題が浮かび上がる。というのも、大学の審理プロセスは標準が規定されていないため、各校でかなりばらつきがあるからである。ごく一部の大学は、レイプの訴えを調査、解決する効果的なシステムを築いているが、あまりに多くの高等教育機関で、性的暴行事件の審理手続きは混乱状態のようで、被害者にも容疑者にもフェアでない。とりわけ、国内でもっとも評価の高い大学のいくつか（ハーバードがその筆頭例）では、方針がろくに練られておらず、まったく機能していない。

二〇一四年四月、大学に問題への取り組みを促すため、バラク・オバマ大統領が「ひとりじゃない」という報告書を発表した。ここに書かれていたのは、性的暴行への対応を改善するためのシステムを大学にどのように提供するかという、詳細なプランだった。数日後、さらに圧力をかけるため、米国教育省公民権局が、性暴力の訴えへの対処に関する連邦法に違反した疑いで捜査を受けている五十五校の大学のリストを公表した。このリストは、のちに九十校を超える数となり、そのなかには有名大学も数多く含まれていた――ハーバード大学、プリンストン大学、ダートマス大学、アマースト大学、カリフォルニア大学バークレー校、コロラド大学、デンヴァー大学、コネティカット大学、フロリダ州立大学、エモリー大学、シカゴ大学、ボストン大学、マサチューセッツ大学アマースト校、ミシガン州立大学、サラ・ローレンス大学、オハイオ州立大学、スワースモア大学、テンプル大学、ヴァンダービルト大学、南メソジスト大学などである。

評論家たちはオバマ政権のプランを非難し、大学に性的暴行の審理をする役割はないと主張した。アメリカ理事・卒業生協会（ACTA）――ディック・チェイニー元副大統領の妻、リン・チェイニーが設立した保守系組織――は特に声高な主張を繰り返した。二〇一四年六月にメディアに公開した文書のなかで、ACTA会長のアン・D・ニールはこう書いている。

> 性的暴行は重大な問題である。
> だからこそ議会は、刑事上の問題を大学キャンパスの感性の問題に格下げしようとする、オバマ政権と教育省公民権局（OCR）の取り組みに強硬に反対すべきなのである。
> 強姦や性的暴行は重罪であり、警察や刑事司法制度の範囲にある問題だ――大学の範囲ではない。高等教育界は、裁判官、陪審、執行人の役割を果たせる態勢になく、警察や法律家の注意深い目を要する問題にとても対処できない。適正な手続きや憲法で保障された刑事司

法制度が、素人の捜査やその場かぎりの大学法廷に代えられたら、訴えた側も訴えられた側も軽く扱われてしまうことになる。……

教育改正法第九編――当初は大学スポーツにおけるジェンダーの平等に重きが置かれていた――は、いまではあらゆる状況に対応できる規定となり、連邦政府の大規模な介入を正当化している。議会はただちに行動を起こし、この意図せぬ拡大を押し戻すべきである。それにはまず、この問題の公告と規則制定がなされるまで、OCRに資金を出さないようにすることだ。OCRは、たとえば、憲法の原則や、アメリカ人の適正な手続きに対する深い尊重を無視し、官僚の命令で証拠基準を低くすることを許されるべきではない。……

何ら驚くべきことではないが、今日の学生のように、睡眠と交際の時間が最も長いなどという者たちは、学業に厳しさと内容がないために生じる空白を、飲酒や極端な行動で満たしているのである。

二〇一四年六月の「ワシントン・ポスト」紙のコラムでは、ジョージ・ウィル――ピューリッツァー賞受賞者で、FOXニュースの評論家――が、オバマが対処しようとしている問題を、「レイプ、あるいは〝性的暴行〟が大学で蔓延しているという噂」と片づけ、その取り組みを貶した。ウィルは、ホワイトハウスが「被害者という身分を恵まれた望ましい身分」にしているために、被害者が「急増」していると非難し、さらにこう不満を述べた。

オバマ政権はいま、〝性的暴行〟被害者の救済に乗り出している。今日の特に恵まれた若者に見られる引き延ばされた青春期の、色情、アルコール、偽りの世慣れ感が混じり合った曖昧なフックアップカルチャー〔訳註：真剣な交際ではなく、カジュアルなセックスを求める風潮〕から、公平性を掘り起こすと誓っている。……学界にもわかってきたことだが、被害者ゼロのキャンパスをつくる試みは――被害者を生むことに関して、すべての人を過敏にさせ、場合によっては妄想を抱かせることで――進歩主義者が称える規制国家による管理の増加を招いている。

ウィルの論評への反応は痛烈で素早かった。「レイプ被害者が『恵まれている』という話は何よりも聞きたくなかった」と、ジェシカ・ヴァレンティは「ガーディアン」紙に書いた。「特別に無知な者でなければ、大学でのレイプ被害を進んで届け出た人たちが得をしているなどと論じることはできない」

米国上院議員でコネティカット州選出のリチャード・ブルメンソール、カリフォルニア州選出のダイアン・ファインスタイン、ウィスコンシン州選出のタミー・ボールドウィン、ペンシルヴァニア州選出のロバート・ケイシーは、ウィルに対するメッセージをネット上で公開し、レイプを可能にする文化を奨励しているとして彼を非難した。

あなたは性的暴行の害を軽視している。そのフレーズを括弧つきで使い、この犯罪を社会的に許容される現象だとみなしている。蔓延は現実に拡大しているのであり、あなたは、被害者と被害者支援員が何十年もたゆみなく取り組み、打ち勝とうとしてきたレイプ神話を正当化している。

あなたのコラムで繰り返し語られている性的暴行に関する古い考えは、わたしたちが性的暴行のサバイバーから直接聞いたことにもとづくと、被害者が経験している現実と相容れない。

多くの大学が行っているレイプの訴えの調査、審理には大きな欠陥があるが、重要なのは、ACTAのアン・ニール会長らの主張とは逆に、組織としての責任を放棄せず、性的暴行事件をあっさりと法執行機関に委ねたりしないことである。レイプで訴えられた学生の刑事捜査は、大学の懲戒手続きに加えて行われるべきなのだ、代わりではなく。刑事司法制度にはとにかく動きが遅すぎて、ポズナー判事に言わせれば、あまりに多くの「強力な手続き上の障害」に制約を加えられているから、確実にレイピストの学生を罰し、大学コミュニティから追放することができない。もっとも、除籍処分も理想的な結果をもたらすわけではなく、犯人は自由の身のままで、どこかよそでレイプできるわけだが、まったく罰がないよりはずっといいだろう。少なくとも、被害者が加害者の近くで生活、勉強しなければならないという状況は避けられる。

大学の審理は憲法で保障された適正な手続きを受ける権利を加害者に与えていない、というお決まりの主張は、もっともらしいが間違っている。大学の懲戒手続きは、刑事手続きと同じ制限的な基準で行うことはできないし、そうするべきでもない。なぜなら、懲戒手続きの結果として、レイピストが投獄されたり、性犯罪者として登録されたりすることはないからである。大学当局者は、高校当局者と同様、ほかの学生を脅かす学生を除籍できなければならず、何ヵ月も、何年も、刑事捜査の進展を待つべきではない――それを待っていたところで、レイプの罪を犯した者を有罪にできない、あるいは罪に問うことすらできないことがあまりにも多いのだから。

大学が、立証責任として、低い証拠基準――「証拠の優越」――に依拠していることにはそもそも問題がない。大半の民事訴訟で原告が示さなければならないのは証拠の優越だけであり、これは被告が刑法に違反する不法行為で訴えられている場合でもそうである。O・J・シンプソンがニコール・ブラウン・シンプソンとロナルド・ゴールドマンに対する殺人罪で無罪判決を下された悪名高い事例が思い出されるが、刑事訴訟で彼が無罪になったのは、合理的な疑いを差し挟む余地なく有罪であると、検察が陪審員を納得させられなかったからだ。しかし、ゴールドマンの父親が起こした民事訴訟で、証拠の優越にもとづき、シンプソンはゴールドマンの不法死亡に対する責任があるとされると、その判断が不当だと考えるアメリカ人はほとんどいなかった。

すべての大学は、通っている学生に規則を守らせなければならない。学生が単位を落とし続けたり、試験でカンニングをしたり、薬物を売買したり、ほかの学生に性的暴行を働いたりして大学の方針に違反した場合、当局者には問題を起こした学生を処罰する権利があるだけでなく、そうする義務がある。

学生が性的暴行で訴えられたとき、大学は十分に注意して判断を下すことが求められる。レイピストのレッテルを貼られると汚名を払拭できないため、間違って有罪にされた学生には永久的にダメージが残りうるからだ。しかし大学は、学生を間違って無罪にしないようにも十分注意しなければならない。間違って無罪にすると、濡れ衣だったのだという話が広まるため、被害者が不当に汚名を着せられ、レイプのトラウマが悪化してしまうからである。見過ごされがちなことだが、レイプ被害者が話を信じてもらえないことで受けるダメージは、少なくとも、無実の男性がレイプで不当に訴えられることで受けるダメージと同じくらい破壊的になりうる。そして疑いなく、前者のほうが後者よりもはるかに頻繁に起こっている。

十六歳から二十四歳の女性は、ほかのどの年代よりも性的暴行被害にあう危険性が高い。キャンパスレイプの被害者のほとんどは、大学に入学して一年目か二年目のときに、主に知り合いに餌食にされている。特に、一年生になったばかりの数日から数週間、少女から女性への移り変わりを乗り切ろうとしている不安定な時期が、もっとも危険にさらされるときだろう。

大学は、女子学生を守るのに、自らの法的および道徳的義務を回避して法執行機関に委ねるのではなく、性的暴行の訴えを審理する、一様で、合理化された、全当事者に公平なプロセスを考案しなければならない。これは、加害者の学生を迅速に特定し、再犯を防ぐと同時に、訴えられた者の権利を守るものであるべきだ。そのようなプロセスを確立するのは難しいだろうが、無理なことではない。難題だとはいえ、対処できるし、対処しなければならない。そうしないのはあまりにも酷い。

二〇一二年にわたしは、ローラ・サマーズ（仮名）という、わたしと妻が親しくしている二十代後半の女性が、十代半ばのころに同年代の男にレイプされていたことを知った。数年後、彼女は別の知り合いからも性的暴行を受けた。このときの加害者は、信頼していた家族ぐるみの友人だった。その男たちは彼女の純潔を奪っただけではない。アイデンティティを毒したのである。幽霊のような存在に変えられてしまった彼女は、犯されるという行為にいつまでもとらわれることになった。

このような裏切りのあと、ローラは救いを求め、取りつかれたように仕事に打ち込んだ。ときには四十八時間かそれ以上、休むことなく働いた。目を覚ましているためにアデロールを大量に服用し、眠るために酒をがぶがぶ飲んだ。この養生法を何年も頑なに貫きとおした。自らを滅ぼそうとする無意識の試みだったと、いまでは彼女自身が認めているが、絶えずつきまとう絶望から逃れようとしていたのだ。

ローラが暴行を受けていたことや、それほど悲嘆に暮れていたことをわたしが知ったのは、最終的に彼女がアリゾナにあるトラウマと中毒の治療施設〈ザ・メドウズ〉に入ったときだった。そこにたどり着くまでの時期、ローラは思いやりのない男たちとの一晩かぎりの情事をついつい繰り返してしまっていた。彼女の話では、ザ・メドウズに入って、「『トラウマ反復』〔原註：ジークムント・フロイトが言う「反復強迫」の別の呼び方〕の概念を学びました。わたしがああいう性行動をしたのは、性的暴行を受けたトラウマへの反応だと、セラピストが断定してくれました――自己破壊的な行動があったのは、ほとんどいつも、かなり酔ってるときだったんですけど、元々の暴行のときも同じ状況だったんです」。彼女は、自分をレイプした男たちから、人生をコントロールする力を取り戻そうとしていた。世界を再び安全な場所にするための、胸が張り裂けるような奮闘だった。

ローラは性的暴行を受けたことに何年も激しく苦しんだ。また、彼女の苦痛を増大させたのは、暴行後に危険な性衝動に支配されたせいで汚名を着せられたことだったという。この点で、彼女はほかの多くのレイプ被害者と同じである。自己破壊的な行動はしばしば「証拠」として持ち出され、彼女たちは信頼できないし道徳的に汚れている、あるいはレイプされて当然だという非難がなされるのだ。

ローラの耐えてきたことについて聞いたあと、わたしは自分があまりにも何も知らなかったことに腹が立った——彼女の苦難だけでなく、顔見知りによるレイプ全般について何も知らなかった。そこで、学べることを学ぼうと決心した。多くの文献を読み、自らの経験を話してくれるレイプサバイバーを探し出した。この本を書いたのは、その探究の自然な成り行きだった。

リサーチの範囲が広がると、衝撃的なことがわかった。知人の多く、さらには親族の女性数人までもが、信頼していた男性から性的暴行を受けていたのだ。彼女たちの話を聞けば聞くほど、わたしは心をかき乱されていった。レイプがこんなにあちこちで起きていることも、これほど深く消えない苦しみをもたらすことも知らなかった。わたしの無知に弁解の余地はなく、恥ずかしい気持ちになった。

二〇〇六年から二〇〇七年にかけての五ヵ月間、前の本のリサーチをしていたとき、わたしはアフガニスタンで戦闘部隊に密着した。その本が出版されたあと、個人的に尊敬するようになっていた数人の退役軍人から、週一回のグループセラピーに参加することを勧められた。それから何年も、そのグループの退役軍人たち——ベトナム、イラク、アフガニスタンで軍務についた陸軍兵士と海兵隊員——から、心的外傷後ストレスとの苦闘について心動かされる話を聞いた。そして、彼らの話には、ローラが格闘していることとかなり似ていると思えるところがあった。

グループを取り仕切っていたセラピストのトリーシャ・ディトリックにそのことを話すと、彼女は意外ではないと言った。レイプと戦争は、どちらもＰＴＳＤを引き起こすもっとも一般的な要因であり、性的暴行のサバイバーは戦闘のサバイバーと同じ症状や行動を見せることがよくあるということだった。つまり、フラッシュバック、不眠、悪夢、過度の警戒心、鬱、孤立、自殺念慮、怒りの爆発、絶え間ない不安、世界はコントロール不能だという振り払えない気持ち、である。

ＰＴＳＤには「治療法」がない。深刻な精神的トラウマの影響は、原因が戦争であれレイプであれ、何十年も残るのが一般的だ。とはいえ、トラウマを乗り越え、ごくふつうの存在の喜びを取り戻す方法はある。熟練したセラピストに相談するのは間違いなく役に立つだろう。言いようのないダメージについて、ほんとうのことを話してみるのもいい。そのような方法で、ローラ・サマーズは心の平静を回復し、ある程度の安らぎを見つけることができた。彼女が回復する上で大きな要素となったのは、長いこと密かに悩んだ末に、苦難のつらい事実を家族や友人に話したことだったという。

レイピストは、責任を逃れるために、被害者の沈黙を頼みの綱にする。性的暴行のサバイバーは、自らの経験を話し、その沈黙を破るだけで、加害者に強力な一撃を加えることができるのだ。進んで名乗り出る被害者は、どうしても話を信じてもらえず、法廷でも、大学でも、ほかのどこでも、正義を見つけられないことが多い。しかし、思いきって話すことで、ほかの被害者も同じように話してみようという気になるだろうし、気づいたら自分自身の回復が進んでいるということもあるかもしれない。多くの被害者が暗がりから外に出て、性的暴行の広がりを明らかにしていけば、その数が力となる。結集した不屈の精神は、怖くて自分の思いを話せない人も含め、すべての被害者の心を打ち、孤立しているときに抱えがちな、感じる必要のないうしろめたさを消し去ってくれるのだ。

人物一覧

（注　＊付きは仮名）

サム・アーシュラー＊
アリソン・ヒュゲットとボー・ドナルドソンの友人。

ジーク・アダムス＊
モンタナ大学の学生。二〇一一年九月にケリイ・バレットに性的暴行を加えたとして訴えられた。

デイヴィッド・アロノフスキー
モンタナ大学法律顧問。カルヴィン・スミスとジョーダン・ジョンソンの大学の審理に参加した。

フレッド・ヴァン・ヴァルケンバーグ
検察官。ミズーラのレイプスキャンダルの最中に、ミズーラ郡検事局を指揮していた。

ジョシュ・ヴァン・デ・ウェテリング
ミズーラの法律家。モンタナ大学裁判所の審問でカルヴィン・スミスの代理人をつとめた。また、ジョーダン・ジョンソンに対する訴訟でセシリア・ウォッシュバーンの個人弁護士をつとめた。

グレッグ・ウィット＊
ケイトリン・ケリーの友人。カルヴィン・スミスがケリーをレイプした夜、ケリーにスミスを部屋に誘うように勧めた。

キーリー・ウィリアムズ
アリソン・ヒュゲットの親友。二〇〇八年、オレゴン州ポートランドでルイス・ローナンにレイプされたとされる。また、ヒュゲットがボー・ドナルドソンにレイプされた際に、近くのベッドルームで眠っていた。

パット・ウィリアムズ
一九七九年から一九九七年までモンタナ州選出の連邦下院議員として活動したのち、二〇一二年にモンタナ州高等教育評議員に指名された。

セシリア・ウォッシュバーン*
モンタナ大学の学生。二〇一二年二月、グリズのクォーターバックのジョーダン・ジョンソンにレイプされたとされる。

ロンディー・ヴォーヒーズ
モンタナ大学学生部長。二〇一二年七月、退官したチャールズ・クーチャーの後を継いだ。

シンシア・ウォルケン
ミズーラ市議会議員。二〇一二年一月、未訴追のレイプがミズーラで頻発していることについて議論するため、公開討論会を開いた。

ブライアン・ヴリーランド
ミズーラ市警の巡査。ケリイ・バレットを、ジーク・アダムスに性的暴行を受けたとされる夜に事情聴取した。

ロイス・エングストロム
モンタナ大学総長。

ジョン・エンジェン
ミズーラ市長。

ジム・オデイ
モンタナ大学体育局長。ミズーラのレイプスキャンダルがエスカレートするなか、二〇一二年三月に解雇された。

ディロン・カトー
「モンタナ・カイミン」紙の記者。二〇一二年二月にモンタナ大学の学生二人が被害を受けた、サウジアラビア人交換留学生による性的暴行について記事を書いた。

タニヤ・キャンベル
ミズーラの犯罪被害者支援員。

チャールズ・クーチャー
モンタナ大学学生部長。グリズのアメフト選手四人によるケルシー・ベルナップへの集団レイプ疑惑、カルヴィン・スミスによるケイトリン・ケリーへのレイプ、ジョーダン・ジョンソンによるセシリア・ウォッシュバーンへのレイプ疑惑の調査を行った。

ジェニファー・クラーク
ミズーラ郡の検察官。

スティーヴン・グリーン
セシリア・ウォッシュバーンの友人でハウスメイト。ウォッシュバーンがレイプされたとされるときに、ベッドルームのドアのすぐ外でテレビゲームをしていた。

アイリナ・ケイツ
ミズーラのテレビ局〈ＫＰＡＸ〉の記者。ジョーダン・ジョンソンがセシリア・ウォッシュバーンをレイプしたとされるニュースを最初に報じた。

ダーラ・ケック
ミルト・ダツォプロスの法律事務所に所属する法律家。トルメイン・ジョンソンが治安紊乱行為と逮捕への抵抗という罪に問われた際に、無償の法定代理人をつとめた。

ケイトリン・ケリー
モンタナ大学の学生。二〇一一年十月にカルヴィン・スミスにレイプされた。

マイケル・コッター
モンタナ地区連邦検事。妻はモンタナ州最高裁判所判事のパトリシア・オブライエン・コッター。

ジョアンナ・サザーリン＊
ヒラリー・マクラフリンの友人。マクラフリンを自宅でのパーティーに誘い、そこでボー・ドナルドソンがマクラフリンをレイプしようとした。

ジョスリン・サミュエルズ
米国司法次官補代理。二〇一四年、連邦政府とフレッド・ヴァン・ヴァルケンバーグの和解にかかわった。

ナンシー・ジョーンズ＊
モンタナ大学の学生。ケイトリン・ケリーのルームメイトで、ケリーがカルヴィン・スミスにレイプされたときに同じ部屋にいた。

ジョーダン・ジョンソン
モンタナ大学のクォーターバック。二〇一二年二月にセシリア・ウォッシュバーンをレイプしたとして訴えられた。

トルメイン・ジョンソン
モンタナ大学のアメフト選手（ジョーダン・ジョンソンとは関係がない）。二〇一一年十二月にパーティーで別の学生を暴行したとして逮捕された。モンタナ大学を出たあとは、セントルイス・ラムズ〔訳注　二〇一六年よりロサンゼルス・ラムズ〕のコーナーバックとして活躍している。

マーティ・ジョンソン
ジョーダン・ジョンソンの父。

ベンジャミン・スタイロン＊
モンタナ大学のアメフト選手。ベツィー・フェアモントのボーイフレンド。ケルシー・ベルナップはスタイロンのアパートでのパーティーで集団レイプを受けたとされる。

カルヴィン・スミス＊
モンタナ大学の学生。二〇一一年十月にケイトリン・ケリーをレイプした。

メアリー・スミス＊
カルヴィン・スミスの母。

ポール・セルズ
臨床ソーシャルワーカー。ボー・ドナルドソンの薬物・アルコール依存症を治療した。

カレン・タウンゼンド
モンタナ州第四地区裁判所の判事。ボー・ドナルドソンに判決を言い渡した。また、ジョーダン・ジョンソンの公判を取り仕切った。

ミルト・ダツォプロス
弁護士。ボー・ドナルドソンの代理人をつとめた。

ボ・タリー
モンタナ大学のアメフト選手。ジョーダン・ジョンソンがセシリア・ウォッシュバーンをレイプしたとされるときに、ジョンソンのハウスメイトだった。

アダム・デュルク
ミズーラの法律家。ジョーダン・ジョンソンの訴追手続きで特別検察官をつとめた。

テリー・トゥリーワイラー
元モンタナ州最高裁判所判事。二〇一三年、「ミズーリアン」紙に意見記事を寄稿し、モンタナ大学のアメフトチームは「野蛮人を入れすぎた」という発言で広く批判されていたパット・ウィリアムズを擁護した。

キャシー・ドナルドソン
ボー・ドナルドソンの母。

ブレイディ・ドナルドソン
ボー・ドナルドソンの兄。

ボー・ドナルドソン
グリズリーのアメフト選手。二〇一〇年九月にアリソン・ヒュゲットをレイプし、有罪判決を受けた。

ラリー・ドナルドソン
ボー・ドナルドソンの父。

ショーン・ドノヴァン
ミズーラ郡の検察官。ボー・ドナルドソンの訴追手続きにかかわった。

ジョエル・トンプソン
モンタナ州司法長官補佐。ジョーダン・ジョンソンの公判で検察官の役割を果たした。

ルディ・ハー
ジョーダン・ジョンソンのユース担当牧師、少年時代のアメフトコーチ。ジョンソンのために公判で性格証人として証言した。

キャスリン・ハアケ
「ミズーリアン」紙の記者。

デイヴィッド・パオリ
ジョーダン・ジョンソンの弁護人。

ダイアン・バーズ
元モンタナ州最高裁判所判事。二〇一〇年から二〇一一年にモンタナ大学でレイプが相次いだという疑惑を受け、調査を行った。

ケイティー・バートン
ミズーラの保護観察・仮釈放官。ボー・ドナルドソンの事件を担当した。

キルステン・パブスト
ミズーラ郡の検察官。カルヴィン・スミスを不起訴とした。その少しあと、ミズーラ郡検事局を辞め、ジョーダン・ジョンソンの弁護人となった。

ケリイ・バレット
モンタナ大学の学生。二〇一一年九月に性的暴行を受けたとしてジーク・アダムスを訴えた。

ブライアン・バンクス
学生アスリート。二〇〇二年にカリフォルニア州ロングビーチでワネッタ・ギブソンをレイプしたという濡れ衣を着せられた。レイプはなかったとギブソンが認めるまでに、五年以上刑務所で過ごした。

アリ・ビエラー
セシリア・ウォッシュバーンの友人。ウォッシュバーンからジョーダン・ジョンソンにレイプされたことを聞き、ファースト・ステップ・リソースセンターで法医学検査を受けることを勧めた。

ジョン・ピーターソン
ミズーラの石膏ボード工事請負会社の経営者。ボー・ドナルドソンを雇用していた。

アレックス・ビーネマン
モンタナ大学のアメフト選手。ジョーダン・ジョンソンがセシリア・ウォッシュバーンをレイプしたとされるときに、ジョンソンのハウスメイトだった。

アリソン・ヒュゲット
ボー・ドナルドソンの長年の友人。二〇一〇年九月にドナルドソンにレイプされた。

キャスリーン・ヒュゲット
アリソン・ヒュゲットの妹。

ケヴィン・ヒュゲット
アリソン・ヒュゲットの父。

サラ・ヒュゲット
アリソン・ヒュゲットの姉。

ベス・ヒュゲット
アリソン・ヒュゲットの母。ケヴィン・ヒュゲットの最初の妻。

マージー・ヒュゲット
ケヴィン・ヒュゲットの二番目の妻。アリソン・ヒュゲットの継母。

ジョアン・ファーゴ＊
ジョーダン・ジョンソンの公判の陪審員。

ベツィー・フェアモント＊
ケルシー・ベルナップの友人。ベルナップが集団レイプを受けたとされるときに一緒にいた。

ジム・フォリー
モンタナ大学渉外担当副総長。大学のレイプスキャンダルにおいて論争を巻き起こしたのちに辞職した。モンタナ大学の副総長をつとめる以前は、パット・ウィリアムズ議員のスタッフディレクターだった。

マーク・ブラッド
ミズーラ市警の刑事。ガイ・ベイカー刑事とともに、アリソン・ヒュゲットのレイプ事件、ケルシー・ベルナップのレイプ事件を捜査した。

クレア・フランコーア
ファースト・ステップ・リソースセンターの診療看護師。アリソン・ヒュゲット、ケルシー・ベルナップ、セシリア・ウォッシュバーンの法医学検査を行った。

コニー・ブリュックナー
ミズーラ市警の刑事。カルヴィン・スミスによるケイトリン・ケリーへのレイプと、ジョーダン・ジョンソンによるセシリア・ウォッシュバーンへのレイプ疑惑を捜査した。

ロビン・フルーグラッド
モンタナ大学アメフトチームのヘッドコーチ。ミズーラのレイプスキャンダルがエスカレートするなか、二〇一二年三月に解雇された。

マイク・ブレイディ
ミズーラ警察長。二〇一三年十二月、退官したマーク・ミューアの後を継いだ。

ケリ・フローランド
モンタナ大学の学生。ジョーダン・ジョンソンが、セシリア・ウォッシュバーンをレイプしたとされる時点で、恋愛関係を持ちたいと思っていた相手。

グウェン・フロリオ
「ミズーリアン」紙の上級記者。多くの記事を執筆し、ミズーラのレイプスキャンダルを明るみに出した。

ガイ・ベイカー
ミズーラ市警のベテラン刑事。ボー・ドナルドソンによるアリソン・ヒュゲットへのレイプと、ケルシー・ベルナップへの集団レイプ疑惑を捜査した。

ロバート・ペイジ
ボー・ドナルドソンの鑑定を行った二人の心理学者のうちの一人。

ケルシー・ベルナップ
モンタナ大学の学生。二〇一〇年十二月に、グリズリー・アメフトチームの四人の選手に集団レイプを受けたとされる。

トーマス・ペレス
米国司法省公民権局の司法次官補。二〇一二年五月、八十件の性的暴行事件に関する、ミズーラ郡検事局、ミズーラ市警、モンタナ大学の対応について、司法省が捜査を行っていることを発表した。

スージー・ボイラン

ミズーラ郡の検察官。ボー・ドナルドソンの訴追手続きとジョーダン・ジョンソンの訴追手続きにかかわった。

ジム・マイヤーズ

ボー・ドナルドソンの鑑定を行った二人の心理学者のうちの一人。

ジェイソン・マークス

ミズーラ郡検事局の検察官。

ヒラリー・マクラフリン

モンタナ州グレートフォールズの住民。二〇〇八年にミズーラでボー・ドナルドソンから性的暴行を受けた。

マイケル・マッゴーワン

モンタナ大学アメフトチームのチャプレン。ジョーダン・ジョンソンのために公判で性格証人として証言した。

マーク・ミューア

ミズーラ警察長。

マイケル・ムーア

「ミズーリアン」紙の記者。ケルシー・ベルナップの集団レイプに関する記事を書いた。

ジェイミー・メリフィールド

ミズーラ市警の刑事。ジーク・アダムスによるケリイ・バレットへの性的暴行疑惑を捜査した。

シャロン・モーティマー＊

ボー・ドナルドソンの友人。ヒラリー・マクラフリンの又従姉。ドナルドソンがマクラフリンをレイプしようとしたときに、同じパーティーの場にいた。

ジョナサン・モトル

モンタナ州政治行為局長。

ローリ・モーリン
モンタナ大学薬学部の学生課長補佐。セシリア・ウォッシュバーンは薬学部の学生だった。

ボブ・ユースタス
ミズーラのビッグ・スカイ高校に勤務する教師、アメフトコーチ。ボー・ドナルドソンのコーチをつとめていた。

ミッチェル・ラング
ミズーラ市警の巡査。ケルシー・ベルナップを、集団レイプを受けたとされるあとに病院で事情聴取した。

ピーター・ランシー
ボー・ドナルドソンの量刑審問でドナルドソンの代理人をつとめた二人の弁護士のうちの一人。

デイヴィッド・リザック
臨床心理士。レイプとそれに関連するトラウマの国内随一の専門家。

ラルフ・リチャーズ＊
カルヴィン・スミスの友人。スミスが有罪となった大学裁判所の審問で証言した。

レベッカ・ロー
シアトルの法律家。一九七七年から一九九四年までキング郡検察局に勤務し、十一年にわたって暴行特別捜査班を指揮していた。

ルイス・ローナン＊
ポートランド州立大学の学生。二〇〇八年九月にキーリー・ウィリアムズをレイプしたとされる。

謝辞

わたしを信じて話をしてくれたアリソン・ヒュゲット、キーリー・ウィリアムズ、ヒラリー・マクラフリン、ケリイ・バレット、ケイトリン・ケリー、ケルシー・ベルナップ、ローラ・サマーズに深く感謝する。彼女たちは強く勇敢な女性だ。

本書に大きく貢献してくれたケヴィン・ヒュゲット、ベス・ヒュゲット、マージー・ヒュゲット、ジョアン・ファーゴ、ガイ・ベイカー、デイヴィッド・リザック、ジョシュ・ヴァン・デ・ウェテリング、テリー・トゥリーワイラー、ベッキー・ホール、サラ・サンド、レベッカ・ロー、マイク・メロイ、キンバリー・ハルト、ビル・マイヤー、ミッシェル・ダーシー、トリーシャ・ディトリック、マーティン・シャピロ、キャサリン・リビッシュ、ステファニー・モロー、ジャネット・フォス、ビル・ブリッグズ、パット・ジョセフ、デイヴィッド・ロバーツ、シャロン・ロバーツに心からお礼を申し上げる。

ペンギン・ランダムハウス社のビル・トーマス、アリソン・リッチ、キャシー・トレガー、ローズ・コートロー、ベット・アレクサンダー、アンディ・ヒューズ、キャシー・フーリガン、マリア・カレラ、ジョン・フォンタナ、ロレイン・ハイランド、ジョン・ピッツ、スザンヌ・ハーズ、ベス・マイスター、ジャネット・クック、サニー・メータ、キャロル・ジェーンウェイ、ルアン・ウォルサー、ケイト・ランド、キャサリン・タン、エイミー・メッチ、アン・メシティ、ラッセル・ペロー、ジョン・シシリアーノ、ダン・ジット、アンク・スタイネック、ローラ・ゴールデン、ビル・シャノン、ナンシー・リッチ、ジョエル・デュー、セレナ・リーマン、デボラ・フォリー、ポーリン・ジェイムズにはたいへんお世話になった。原稿を整理してくれたボニー・トンプソンにもお礼を申し上げたい。

何年にもわたって助言、サポート、インスピレーションを与えてくれている以下の方々に感謝申し上げる。スティーヴ・ロトラー、デイヴ・ジョーンズ、ロジャー・ブリッグズ、ローマン・ダイアル、ペギー・ダイアル、ニール・ビールドマン、エイミー・ビールドマン、ロン・ハリス、メアリー・ハリス、サリー・ラ・ヴェンチャー、マイク・ピリング、ケリイ・カークパトリック、ジョン・ウィンザー、ブリジット・ウィンザー、デイヴィッド・トリオン、マイケル・ムーア、ローラ・ブラウン、ヘレン・アプソープ、パメラ・ブラウン、エド・ウォード、マット・ヘイル、クリス・ギューリック、デボラ・ショー、ニック・ミラー、マーク・フェイガン、シーラ・クーリー、サム・ブラウワー、トム・サム・スティード、カリーン・マッカンドレス、マーク・ブライアント、トム・ホーンバイン、ハリー・ケント、オーウェン・ケント、ルース・フェシッチ、デイヴィッド・ローゼンタール、チャーリー・コンラッド、ジョナサン・サウザード、マスード・アーマッド、チップ・リー、エリカ・ストーン、リチャード・ブラム、グレッグ・チャイルド、クリス・リヴリー、アニー・フィンリー、クリス・ウィジャート、モンティ・マカッチョン、マーティン・シャピロ、レイ・マイヤーズ、ジュディ・ノッグ、クレイグ・ブラウン、デニー・セドラック、ダン・ジャノスコ、エリック・アッカーマン、クリスチャン・ソモーザ、スコット・ヴァン・ダイク、ローリ・スミス、エリック・ザカライアス、ココ・ドゥギ、ジェニー・ファイガー、ジェレミー・ロジャーズ、アニア・モヘリッキ、マリー・ティルマン、ショーン・ペン、エディー・ヴェダー、エイミー・バーグ、エリカ・ハギンズ、ランス・ブラック、ダン・ストーン、チャーリー・メイス、リック・アコマッゾ、ゲリー・アコマッゾ、デイヴ・ターナー、ジェフ・フリーフェルド、コンラッド・アンカー、ジェニ・ロウ＝アンカー、スティーヴ・スウェンソン、パメラ・ヘインズワース、デイヴィッド・クォメン、ジミー・チン、リナン・オズダーク、チャイ・ヴァサヘーリ、ダグ・チャボット、ジェネヴィーヴ・チャボット、マイク・アルカイティス、ジョシュ・ジェスパースン、ジェレミー・ジョーンズ、セシリア・ペルーチ、ロベルト・サンタキアラ、ブライアン・ナトル、クリスティーン・ダーナン、ドルー・サイモン、アレクサンドラ・マーテラ、エリック・ラヴ、ジョージー・ヒーズ、マーガレット・カッツ、キャロル・クラカワー、カリン・クラカワー、ウェンディ・クラカワー、サラ・クラカワー、アンドルー・クラカワー、ビル・コステロ、ティム・スチュアート、ロビン・クラカワー、ロージー・リンゴ、アリ・スチュアート、シャノン・コステロ、モーリーン・コステロ、アリ・コーン、ミリアム・コーン、ケルシー・クラカワー、A・J・クラカワー、デヴィン・リンゴ、ゼイ・リンゴ、アビリーン・ローズ・リンゴ。

訳者あとがき

今年（二〇一六年）のアカデミー賞授賞式で、レディー・ガガが「Til It Happens To You」という曲を歌った。「自分の身に起こるまで、この気持ちはわからない」。そう繰り返されるこの歌は、米国の大学で多発するレイプの問題を取り上げたドキュメンタリー映画『ハンティング・グラウンド』の主題歌として、自身もレイプ被害者であるレディー・ガガが書き下ろしたものである。授賞式のパフォーマンスでは、数十人の性的暴行被害者もステージに登場した。

米国ではいま、キャンパスレイプが深刻な社会問題になっている。女子学生の二十パーセント以上が在学中に性的暴行の被害にあうと言われている。性的暴行を受けた学生は、ＰＴＳＤに苦しみ、大学に通うのが困難になり、最悪の場合は自殺に至ることもある。ティーンエイジャーの子どもを持つ親は、わが子をこのような「狩り場（ハンティング・グラウンド）」に送ることに不安を覚えている。

こうした事態に、国も対策に乗り出している。二〇一四年、オバマ政権は「It's On Us（わたしたちの責任だ）」というキャンペーンを開始した。これは、性的暴行に対する一人ひとりの意識を向上させ、この犯罪を撲滅しようとするものである。

レイプは、大学内外を問わず、日常的に発生している犯罪でありながら、その実情はあまり知られていない。見知らぬ人に突然襲われる、茂みに連れ込まれる、というようなイメージが根強く残っているだろう。しかし、統計によれば、レイプ事件の八十パーセント以上が顔見知りによる犯行なのである。また、レイプ被害にあった人たちが事件後にどのような苦しみを味わっているかもあまり知られていない。病院で体のいたるところを検査され、警察官や検察官や周囲の人々に疑われ、裁判で相手の弁護士に貶される。これは「セカンドレイプ」と呼ばれることがあるとおり、レイプ被害者にさらなるトラウマをもたらしている。

米国北西部モンタナ州の大学町、ミズーラで二〇一〇年から二〇一二年に起きたレイプ事件をめぐる本書*Missoula: Rape and the Justice System in a College Town*は、そのような社会状況のなか、二〇一五年四月に米国で発売され、大きな話題となった。

著者のジョン・クラカワーは、『荒野へ』、『空へ』など、過酷な自然に立ち向かう人々を描いた作品で知られているが、『信仰が人を殺すとき』以降は、宗教や戦争など、大きな社会問題を取り上げた作品を発表している。今回、彼が「レイプ」をテーマに本を書いたきっかけは、わが子のように思っている二十代後半の女性が十代のころにレイプ被害にあっていたという事実を、最近になって知ったことだったという。クラカワーは、たいへんなショックを受けると同時に、レイプの残酷さやレイプ問題の広がりについて何も知らなかった自分を恥じた。そこで、さまざまな文献を読んでリサーチをはじめる。

当初はミズーラに的を絞っていたわけではなかった。三十以上の町の事例を調べ、ファイルにまとめていた。そのような調査をしているうちに、あるレイプ事件の裁判（量刑審問）がミズーラで行われることを知った。本書で中心的に取り上げられている、ボー・ドナルドソンによるアリソン・ヒュゲットへのレイプ事件である。モンタナ大学のアメフト選手だったドナルドソンは、幼馴染みのヒュゲットを自宅で襲った。やがて逮捕された彼は、司法取引に応じ、この審問で判決が下されることになっていた。クラカワーは、かねてからミズーラという町に愛着を持っていたこともあり、これを傍聴することにした。そして、被害者のヒュゲットが被告人側の弁護人に立ち向かうのを見て、強く感銘を受けた。「立ち上がって喝采を送りたくなった」と、彼はオンラインマガジン「Salon」などのインタヴューで語っている。「そのとき、『この女性を中心に本が書けるかもしれない』と思った」

そこからこの本の構想は広がっていく。ミズーラでは、学生アメフトのスター選手ジョーダン・ジョンソンのレイプ疑惑など、ほかにも性的暴行事件が数多く発生していた。この町に深刻なレイプの問題があることは明らかだった。クラカワーはそれを追究するべく、被害者やその家族、被疑者らにインタヴューを行い、警察官や心理学者などから専門的な話を聞き、裁判に出向いた。膨大な量の裁判記録や捜査資料を読み、メディアの報道や科学論文を調べた。このような綿密な取材・調査にもとづいた本書は、ミズーラというひとつの町を舞台にしていながら、米国全体のレイプ問題をめぐる包括的で多面的な報告にもなっている。

本書を読めば、レイプにかかわる問題の多くを認識できるだろう。被害者に対する非難や中傷（酒を飲んだのが悪い、おまえが誘惑したんだ）、被害者の自己非難（わたしがそそのかしたのかもしれない）、理解のない警察（女の子たちはよくレイプされたと嘘をつくからね）、ほとんどの事件を不起訴処分にする検察（合意のない性交だったという確証が得られない）、加害者の罪の意識の欠如（ただセックスしただけなのに）、スポーツ選手の特権意識（オレたちはだれとでもファックできる）、世間の偏見（アメフトのスター選手がレイプなんかするわけがない）……。また、本書は、被害者だけでなく、加害者やその両親などの視点を盛り込んでいることで、この問題を立体的に浮かび上がらせている。

クラカワーの語りは巧みだ。これまでの作品同様、一度読みはじめるとページをめくる手を止められない。彼の文章の魔力は、その構成力にあると言えるだろう。ひとつひとつの文はきわめてシンプルなのに、それが積み重なると、ドラマティックで、実に説得力のあるものになる。本書を読んだ人は、クラカワー自身が知人女性からレイプ被害の話を聞いたときのように、生々しく被害者たちの話を受け止め、この犯罪の残酷な真実に気づかされるにちがいない。

レイプにはさまざまな誤解がある。本書でも繰り返し指摘されている、いわゆる「レイプ神話」である。露出の多い服を着ていたせいだ、抵抗したり逃げたりできたはずだ、レイプの多くはでっち上げだ……。このような誤った認識をもとに不信感を抱かれるのはとてもつらいことだと、性的暴行の被害者たちは言っている。また、男性の歪んだ性知識も問題である。本書に登場するカルヴィン・スミス（著者がインタヴューすることのできた唯一の加害者）の場合、その性知識はほとんどがインターネットのポルノから得られており、そこで行われていることがふつうのセックスだと考えていた。こうした誤解は、ミズーラや米国にかぎらず、おそらく世界各地に存在しているだろう。今後、日本を含め、さまざまな国や地域でレイプが社会問題となる可能性は十分にある。

米国では、学生たちが声を上げたことで、キャンパスレイプが社会的な議論の対象になった。その結果、レイプ被害を届け出る人が増えたり、政府が対策に乗り出したりと、ある程度の成果が出はじめている。だが、まだまだ解決には程遠いのが現状だ。最近も、スタンフォード大学の水泳選手が起こしたレイプ事件がメディアをにぎわせた。加害者のブロック・ターナーは、パーティーで出会った女性を暴行し、有罪判決を受けたが、名門大学に通う将来有望なアスリートに言い渡された刑は、禁錮六ヵ月という非常に甘いものだった。

ミズーラでは、二〇一六年二月、大学のレイプ捜査に不手際があったとして訴訟を起こしていたジョーダン・ジョンソンに対し、モンタナ州が二十四万五千ドルを支払うことに同意した。本書第三部で言及されている、高等教育局の情報公開をめぐるクラカワーの訴訟については、四月にクラカワーに対する審問が行われたが、現時点でまだ結論は出されていない。ボー・ドナルドソンは、六月に仮釈放された。

著者がはじめに言っているように、本書には読むのがつらいところがある。いくつかの場面はとてもショッキングで、胸が張り裂けそうになる。

翻訳の作業にも想像以上に苦しさがあった。そのようななか、亜紀書房の田中祥子さんにはたいへんお世話になった。訳者を支え、導いてくださったことに、心から感謝しています。また、本書を企画してくださった亜紀書房の内藤寛さん、訳文を細かくチェックしてくださった大野陽子さん、法律用語についてアドバイスをくださった鳥海哲郎さんにも厚くお礼申し上げます。

二〇一六年八月

菅野楽章

I

参考文献

Armstrong, Ken, and NickPerry. *Scoreboard, Baby: A Story of Football, Crime, and Complicity.* Lincoln: Bison Books, 2010.

Aronofsky, David. "Legal Issues & Recommendations." Memorandum to University of Montana President Royce Engstrom, February 28, 2012.

Atkinson, Matt. "Rape and False Reports." *Oklahoma Coalition Against Domestic Violence & Sexual Assaults.* www.ncdsv.org/images/OCADVSA_RapeAndFalseReports_2010.pdf.

Baker, Katie J. M. "Former Prosecutor Set to Take Over Missoula Office That Mistreated Rape Victims on Her Watch." BuzzFeed, April 15, 2014. http://www.buzzfeed.com/katiejmbaker/missoula-county-prosecutor-kirsten-pabst#.mv828lZ88X.

——. "My Weekend in America's So-Called 'RapeCapital.'" *Jezebel,* May 10, 2012. http://jezebel.com/5908472/my-weekend-in-americas-so-called-rape-capital.

——. "University of Montana Quarterback Charged with Rape." *Jezebel,* August 1, 2012. http://jezebel.com/5930780/university-of-montana-quarterback-charged-with-rape.

Barz, Diane. "Status Report." Letter to University of Montana President Royce Engstrom, December 31, 2011.

Bhargava, Anurima, and Gary Jackson. "RE DOJ Case No. DJ 169-44-9, OCR Case No.10 126001." U.S. Department of Justice and U.S. Department of Education Letter to University of Montana President Royce Engstrom and University Counsel Lucy France, May 9, 2013.

Bissinger, Buzz. "The Boys in the Clubhouse." *New York Times,* October 18, 2014.

Bloomekatz, Ari. "Brian Banks, Exonerated in Rape Case, Cut from Atlanta Falcons." *Los Angeles Times,* August 30, 2013.

Blumenthal, Richard, Dianne Feinstein, Tammy Baldwin, and Robert P. Casey, Jr. "Dear Mr. Will." Letter from United States Senators to George Will, *Politico,* June 12, 2014. http://images.politico.com/global/2014/06/12/2014_06_12_george_will_letter.html.

Brady, Mike, and John Engen. "DOJ Decision Has Made Missoula Better." *Missoulian,* February 21, 2014.

Breiding, Matthew J., Sharon G. Smith, Kathleen C. Basile, Mikel L. Walters, Jieru Chen, and Melissa T. Merrick. "Prevalence and Characteristics of Sexual Violence, Stalking, and Intimate Partner Violence Victimization—National Intimate Partner and Sexual Violence Survey, United States, 2011." Report, Centers for Disease Control and Prevention, September 5, 2014.

Brownmiller, Susan. *Against Our Will: Men, Women, and Rape.* New York: Ballantine, 1993.『レイプ・踏みにじられた意思』幾島幸子訳、勁草書房(2000)

Bucks, Frances Marks. "Van Valkenburg's Ego-Based Fight Affects Community's Well-Being." *Missoulian,* January 15, 2014.

Burns, Amy Knight. "Improving Prosecution of Sexual Assault Cases." *Stanford Law Review Online,* 67, no. 17, July 5, 2014.

Cates, Irina. "Ex-Griz Donaldson Pleads Guilty to Rape." KPAX.com, September 11, 2012. http://www.kpax.com/news/ex-griz-donaldson-pleads-guilty-to-rape/.

——. "Griz QB Served with Restraining Order After Alleged Sexual Assault." KPAX.com, March 16, 2012. http://www.kpax.com/news/griz-qb-served-with-restraining-order-after-alleged-sexual-assault/.

Cohan, William D. *The Price of Silence: The Duke Lacrosse Scandal, the Power of the Elite, and the Corruption of Our Great Universities.* New York:

Scribner, 2014.
Colb, Sherry F. "'Yes Means Yes' and Preponderance of Evidence." *Dorf on Law Blog,* October 29, 2014. http://www.dorfonlaw.org/2014/10/yes-means-yes-and-preponderance-of.html.
Culp-Ressler, Tara. "This Is Why One Study Showed 19% of College Women Experience Sexual Assault and Another Said 0.6%." *thinkprogress.org,* December 11, 2014. http://thinkprogress.org/health/2014/12/11/3602344/estimate-college-sexual-assault/.
Dederer, Claire. "Why Is It So Hard for Women to Write About Sex?" *Atlantic,* March 2014.
Dershowitz, Alan M. *The Best Defense.* New York: Vintage, 1983.
Doe, John, Plaintiff, vs. The University of Montana, Defendant. United States District Court for the District of Montana, Missoula. CV 12-77-M-DLC. Order, June 26, 2012.
Dougherty, Michael Brendan. "The Rape Culture That Everyone Ignores." *The Week,* December 9, 2014. https://theweek.com/articles/441689/rape-culture-that-everyone-ignores.
Engstrom, Royce. "Sexual Assault Report." Memorandum to UM Campus Community and Missoula Community, March 22, 2012.
Fletcher v. Montanans for Veracity, Diversity and Work. Commissioner of Political Practices of the State of Montana. No. COPP 2014-CFP-028. Dismissal of Complaint Against Kirsten Pabst, Summary of Facts and Findings of Sufficient Evidence to Show a Violation of Montana's Campaign Practices Actas to Montanans for Veracity, Diversity and Work, July 16, 2014.
Florio, Gwen. "Attorney: Ex-Griz Donaldson Will Plead Guilty to Rape Charge." *Missoulian,* September 5, 2012.
——. "Donaldson Pleads Guilty to Rape; Prosecution Wants 30-Year Sentence." *Missoulian,* September 11, 2012.
——. "Griz Football Player Jailed on Rape Charge. " *Missoulian,* January 7, 2012.
——. "Griz QB Allowed Back at Practice by Legal Misunderstanding, Says Woman's Attorney." *Missoulian,* March 28, 2012.
——. "Justice Department Investigating 80 Missoula Rapes; County Attorney Blasts Feds." *Missoulian,* May 1, 2012.
——. "Lead Detective in Johnson Case: City Revised Policy on Sexual Assaults." *Missoulian,* February 22, 2013.
——. "Missoula County Attorney's Heir Apparent Leaving for Solo Practice." *Missoulian,* February 26, 2012.
——. "Missoula Police: 2nd Attack May Be Linked to Alleged Sex Assault Involving UM Football Players." *Missoulian,* December 20, 2011.
——. "Officials: Evidence Threshold Is High for Rape Charges." *Missoulian,* January 8, 2012.
——. "Research Varies on Frequency of False Rape Reports." *Missoulian,* January 7, 2012.
——. "Saudi Student Accused of UM Rape Has Fled the U.S." *Missoulian,* February 24, 2012.
——. "Student Says She Was Sexually Assaulted by UM Football Players; County Filed No Charges." *Missoulian,* December 21, 2011.
——. "3 UM Football Players Allegedly Involved in Sexual Assault on Campus." *Missoulian,* December 16, 2011.
——. "TRO Dismissed Against Griz QB; New Civil Agreement Forbids Contact with Accuser." *Missoulian,* March 24, 2012.
——. "UM Dean Implicated 4 Football Players in Gang Rape, Emails Reveal." *Missoulian,* May 19, 2012.
——. "UM Hires Outside Investigation of Alleged Sex Assault Involving Multiple Students, Victims." *Missoulian,* December 15, 2011.
——. "UM Keeps Mum on Reasons for O'Day, Pflugrad Firings." *Missoulian,* April 1, 2012.
——. "UM Student Accuses Grizzlies Quarterback of Rape." *Missoulian,* March 20, 2012.
——. "UM Vice President Sought to Punish Alleged Rape Victim, Emails Reveal." *Missoulian,* May 20, 2012.
——. "University of Montana Helps High-Profile Athletes Find Top Lawyers." *Missoulian,* November 6, 2011.
——. "Woman Claims Sexual Assault by Griz QB; Court Issues TRO." *Missoulian,* March 17, 2012.

Florio, Gwen, and Keila Szpaller. "Jordan Johnson Found Not Guilty of Rape." *Missoulian,* March 1, 2013.

Freedman, Monroe H. *Lawyers' Ethics in an Adversary System.* Indianapolis: Bobbs Merrill, 1975.

Freud, Sigmund. *Beyond the Pleasure Principle.* New York: W. W. Norton, 1961. 「快楽原則の彼岸」『自我論集』所収、竹田青嗣編、中山元訳、ちくま学芸文庫(1996)

Gerson, Allan, ed. *Lawyers' Ethics.* New Brunswick, NJ: Transaction, 1980.

Goldstein, Dana. "The Dueling Data on Campus Rape." Marshall Project, December 11, 2014. https://www.themarshallproject.org/2014/12/11/the-dueling-data-on-campus-rape.

Grether, Nicole. "Men's Rights Activist: Feminists Have Used Rape 'as a Scam.'" Al Jazeera America, June 6, 2014.

Gross, Bruce. "False Rape Allegations: An Assault on Justice." *Forensic Examiner,* Spring 2009.

Haake, Kathryn. "Former Deputy to Run for Missoula County Attorney." *Missoulian,* November 22, 2013.

——. "Jason Marks Ends Campaign for Missoula County Attorney." *Missoulian,* March 29, 2014.

——. "Missoula County Attorney Election: Pabst Has 'Clear Ideas' for Improvements." *Missoulian,* April 15, 2014.

——. "Missoula County, State, DOJ Sign Agreements to Improve Handling of Sexual Assault Cases." *Missoulian,* June 10, 2014.

——. "PAC That Backed Pabst Violated Law, State Official Finds." *Missoulian,* July 18, 2014.

Harwell, M. Claire, and David Lisak. "Why Rapists Run Free." *Sexual Assault Report,* 14, nc. 2, November–December 2010.

Heller, Zoë. "Rape on the Campus." *New York Review of Books,* February 5, 2015.

Herman, Judith Lewis. "The Mental Health of Crime Victims." *Journal of Traumatic Stress,* 15, no. 2, April 2003.

——. *Trauma and Recovery.* New York: Basic Books, 1997. 『心的外傷と回復〈増補版〉』中井久夫訳、みすず書房(1999)

Kanin, Eugene J. "False Rape Allegations." *Archives of Sexual Behavior,* 23, no. 1, February 1994.

Kato, Dillon. "Rape Suspect Said to Have Fled U.S." *Montana Kaimin,* February 23, 2012.

Kidston, Martin. "Petition Seeks Regent Williams' Ousterfor 'Thugs' Comment." *Missoulian,* February 13, 2013.

——. "State Appeals Order to Release Records of UM Quarterback's Disciplinary Hearing." *Missoulian,* October 16, 2014.

Kingkade, Tyler. "Fewer Than One-Third of Campus Sexual Assault Cases Resultin Expulsion." Huffington Post, September 29, 2014. http://www.huffingtonpost.com/2014/09/29/campus-sexual-assault_n_5888742.html.

Kittredge, William. *The Next Rodeo: New and Selected Essays.* Saint Paul: Graywolf, 2007.

Krakauer, Jon, Petitioner, v. State of Montana, by and Through Its Commissioner of Higher Education, Clayton Christian, Respondent. Montana First Judicial District Court, Lewis and Clark County. Cause No.: CDV-2014-117. Memorandum and Order on Cross Motions for Summary Judgment, September 25, 2014.

Krebs, Christopher P., Christine H. Lindquist, Tara D. Warner, Bonnie S. Fisher, and Sandra L. Martin. "The Campus Sexual Assault (CSA) Study." Final Report, National Institute of Justice, October 2007.

Lauerman, John. "College Men Accused of Sexual Assault Say Their Rights Violated." Bloomberg News, December 17, 2013.

Lisak, David. "False Allegations of Rape: A Critique of Kanin." *Sexual Assault Report,* 11, no. 1, September–October 2007.

——. "Understanding the Predatory Nature of Sexual Violence." *Sexual Assault Report,* 14. no. 4, March–April 2011.

Lisak, David, Lori Gardinier, Sarah C. Nicksa, and Ashley M. Cole. "False Allegations of Sexual Assault: An Analysis of Ten Years of Reported Cases." *Violence Against Women,* 16, no. 12,December 2010.

Lisak, David, and Paul M. Miller. "Repeat Rape and Multiple Offending Among Undetected Rapists." *Violence and Victims,* 17, no. 1, 2002.

Lockwood, Patricia. "The Rape Joke." *The Awl,* July 25, 2013. http://www.theawl.com/2013/07/rape-joke-patricia-lockwood.
LoMonte, Frank D. "UM Cries Wolfover Johnson Privacy Issue." *Great Falls Tribune,* November 17, 2014.
Lonsway, Kimberly A., and Joanne Archambault. "The 'Justice Gap' for Sexual Assault Cases: Future Directions for Research and Reform." *Violence Against Women,* 18, no. 2, February 2012.
Lonsway, Kimberly A., Joanne Archambault, and David Lisak. "False Reports: Moving Beyond the Issue to Successfully Investigate and Prosecute Non-Stranger Sexual Assault." *The Voice,* 1, no. 1, 2009.
Maclean, Norman. *"A River Runs Through It" and Other Stories.* Chicago: University of Chicago Press, 1976.『マクリーンの川』渡辺利雄訳、集英社文庫(1999)
Macur, Juliet. "Transcript of Winston Hearing Reveals Accuser's Words, and Florida State's Complicity." *New York Times,* December 23, 2014.
Mayrer, Jessica. "Still Fighting: County Attorney Fred Van Valkenburg Stands Firm in the Face of Mounting Criticism." *Missoula Independent,* September 5, 2013.
McCaskill, Claire. "Sexual Violence on Campus." Report, U.S. Senate Subcommittee on Financial and Contracting Oversight, July 9, 2014.
Mellen, Greg. "Long Beach Unified Wins Judgment Against Accuser in False Rape Case Against Brian Banks."
Mollo, Kimberly. "Profile of a Journalist: Gwen Florio." Feature Well, May 13, 2011. https://thefeaturewell.wordpress.com/2011/05/13/profile-of-a-journalist-gwen-florio/.
Moore, Michael. "UM Rape Victim Comes Forward About Attack, Response from University." *Missoulian,* January 15, 2012.
——. "University of Montana Has Problem Sex Assaults, President Says." *Missoulian,* January 17, 2012.
Morris, David J. *The Evil Hours: A Biography of Post-Traumatic Stress Disorder.* Boston: Houghton Mifflin Harcourt, 2015.
Muir, Mark. "Van Valken burg Is Right: Time to Muzzle Holder and DOJ." *Missoulian,* February 18, 2014.
Munson, Lester. "QB's Trial Begins Amid Larger Scandal." ESPN.com, February 8, 2013.http://espn.go.com/espn/otl/story/_/id/8921202/university-montana-qb-rape-trial-begins-amid-larger-sex-assault-scandal-plaguing-missoula.
Neal, Anne D. "Statement of the American Council of Trustees and Alumni." News release, June 25, 2014.
Nerbovig, Ashley. "Missoula Sexual Assaults Spur Controversial Media Coverage." *Montana Journalism Review,* May 17, 2013. http://dev.mjr.jour.umt.edu/?p=1794.
Pabst, Kirsten. "Which Right Would You Sacrifice?" *Pabstblawg,* March 22, 2013.
——. "Why Reporters Should Be Elected Officials." *Pabstblawg,* June 19, 2012.
Paoli, David R. "Williams' Comment Jeopardized a Fair Trial." *Missoulian,* March 17, 2013.
Perez, Thomas E., and Michael W. Cotter. "Re: The United States' Investigation of the Missoula Police Department." U.S. Department of Justice letter to Missoula Mayor John Engen, May 15, 2013.
Posner, Richard A. *The Problems of Jurisprudence.* Cambridge, MA: Harvard University Press, 1990.
Powers, Ashley. "A 10-Year Nightmare over Rape Conviction Is Over." *Los Angeles Times,* May 25, 2012.
Raphael, Jody. "The Duke Lacrosse Case: Exploiting the Issue of False Rape Accusations." *Violence Against Women,* 14, no. 3, March2008.
Rennison, Callie Marie. "Privilege, Among Rape Victims." *New York Times,* December 21, 2014.
Robbins, Jim. "Montana Football Team at Center of Inquiry into Sexual Assaults." *New York Times,* May 22, 2012.
——. "Trial of Former College Quarterback Accused of Rape Starts Friday in Montana." *New York Times,* February 6, 2013.
Roiphe, Katie. "Date Rape Hysteria." *New York Times,* November 20, 1991.

Samuels, Jocelyn, and Michael W. Cotter. "The United States' Investigation of the Missoula County Attorney's Office." U.S. Department of Justice letter to Missoula County Attorney Fred Van Valkenburg, February 14, 2014.
Sebold, Alice. Lucky. New York: Scribner, 1999.『ラッキー』片山奈緒美訳、アーティストハウスパブリッシャーズ(2003)
State of Montana, Plaintiff, vs. Beau A. Donaldson, Defendant. Montana Fourth Judicial District, Missoula County. Cause No. DV-12-34. Sentencing Hearing, transcript, January 11, 2013.
State of Montana, Plaintiff, vs. Beau A.Donaldson, Defendant. Montana Supreme Court, Sentence Review Division. Sentence Review Hearing, transcript, May 2, 2013.
State of Montana, Plaintiff, vs. Jordan Todd Johnson, Defendant. Montana Fourth Judicial District Court, Missoula County. Cause No. DC-12-352. Court filings and transcripts of proceedings, 2012–2013.
Strier, Franklin. "Adversarial Justice." *World & I,* July 1998.
Taylor, Stuart, Jr., and KC Johnson. *Until Proven Innocent: Political Correctness and Shameful Injustices of the Duke Lacrosse Rape Case.* New York: Thomas Dunne, 2007.
Toland, John. *The Last 100 Days.* New York: Random House, 1966.『最後の100日(上)(下)』永井淳訳、ハヤカワ文庫(1977)
Toobin, Jeffrey. *The Run of His Life: The People v. O. J. Simpson.* New York: Random House, 1996.
Trieweiler, Terry. "'StraightTalk' Was Long Overdue." *Missoulian,* March 22, 2013.
U.S. Department of Education. "U.S. Department of Education Releases List of Higher Education Institutions with Open Title IX Sexual Violence Investigations." News release, May 1, 2014.
U.S. Department of Justice. "Justice Department Announces Investigations of the Handling of Sexual Assault Allegations by the University of Montana, the Missoula, Mont., Police Department and the Missoula County Attorney's Office." News release, May 1, 2012.
——. "Rape and Sexual Assault Victimization Among College-Age Females, 1995–2013." Special report, December 2014.
Valenti, Jessica. "The Only 'Privilege' Afforded to Campus Rape Victims Is Actually Surviving." *Guardian,* June 10, 2014.
——. *The Purity Myth: How America's Obsession with Virginity Is Hurting Young Women.* Berkeley, CA: Seal Press, 2010.
van der Kolk, Bessel A. "The Compulsion to Repeat the Trauma." *Psychiatric Clinics of North America,* 12, no. 2, June 1989.
Van Valkenburg, Fred. "Missoula County Attorney Response to Department of Justice Letter Dated February 14, 2014." News release, February 21, 2014.
White House. "Not Alone: The First Report of the White House Task Force to Protect Students from Sexual Assault." Report, April 2014.
Will, George. "Colleges Become the Victims of Progressivism." *Washington Post,* June 6, 2014.
Williams, Pat. "Pat Williams: Deep Commitment to UM." *Missoulian,* March 10, 2013.
Woo, Stu. "Montana and Its Troubled Football Team." *Wall Street Journal,* April 12, 2012.
Yehuda, Rachel. "Post-Traumatic Stress Disorder." *New England Journal of Medicine* 346, January 10, 2002.
Yoffe, Emily. "The College Rape Overcorrection." *Slate,* December 7, 2014. http://www.slate.com/articles/double_x/doublex/2014/12/college_rape_campus_sexual_assault_is_a_serious_problem_but_the_efforts.html.
Young, Cathy. "Excluded Evidence: The Dark Side of Rape Shield Laws." *Reason,* February 2002.
——. "Guilty Until Proven Innocent: The Skewed White House Crusade on Sexual Assault." *Time,* May 6, 2014.
——. "The Noble Lie, Feminist Style." *Weekly Standard,* August 1, 2011.
——. "The Rape Charge as a Weapon." *Boston Globe,* May 1, 2006.

ジョン・クラカワー Jon Krakauer
1954年生まれ。ジャーナリスト、作家、登山家。当事者のひとりとして96年のエベレスト大量遭難事件を描いた『空へ』(1997年/日本語版1997年、文藝春秋、2013年、ヤマケイ文庫)、ショーン・ペン監督により映画化された『荒野へ』(1996年/日本語版1997年、集英社、2007年、集英社文庫。2007年映画化、邦題『イントゥ・ザ・ワイルド』)など、山や過酷な自然環境を舞台に自らの体験を織り交ぜた作品を発表していたが、2003年の『信仰が人を殺すとき』(日本語版2005年、河出書房新社、2014年、河出文庫)以降は、宗教や戦争など幅広いテーマを取り上げている。

菅野楽章 Tomoaki Kanno
1988年東京生まれ。早稲田大学文化構想学部卒業。訳書にブレット・イーストン・エリス『帝国のベッドルーム』(河出書房新社)がある。

亜紀書房翻訳ノンフィクションシリーズ II-12 **ミズーラ** 名門大学を揺るがしたレイプ事件と司法制度
2016年10月15日　第1版第1刷発行

著　者:**ジョン・クラカワー**　訳　者:**菅野楽章**

発行所:**株式会社亜紀書房** 〒101-0051 東京都千代田区神田神保町1-32
TEL 03-5280-0261(代表) 03-5280-0269(編集) http://www.akishobo.com/ 振替 00100-9-144037
写　真:**小山幸彦**(STUH CO.,LTD.)
装　幀:**森敬太**(セキネシンイチ制作室)
印刷所:**株式会社トライ** http://www.try-sky.com/ Printed in Japan

ISBN978-4-7505-1442-0　C0030